i

为了人与书的相遇

Hinduismus und Buddhismus

Max Weber

印度的宗教：印度教与佛教

〔德〕马克斯·韦伯 著　　康乐 简惠美 译

上海三联书店

本书由远流出版公司授权，限在中国大陆地区发行

图书在版编目（CIP）数据

印度的宗教：印度教与佛教/（德）马克斯·韦伯
著；康乐，简惠美译. -- 上海：上海三联书店，2020.12（2022.10 重印）

ISBN 978-7-5426-7077-9

Ⅰ.①印… Ⅱ.①马… ②康… ③简… Ⅲ.①印度教
—研究—印度②佛教—研究—印度 Ⅳ.① B982.8 ② B948

中国版本图书馆 CIP 数据核字 (2020) 第 101476 号

印度的宗教：印度教与佛教

（德）马克斯·韦伯 著

责任编辑 / 殷亚平　张静乔
特约编辑 / 吴晓斌
装帧设计 / 任　潇
内文制作 / 陈基胜
责任印制 / 姚　军
责任校对 / 张大伟

出版发行 / 上海三联书店
　　　　　（200030）上海市漕溪北路331号A座6楼
邮购电话 / 021-22895540
印　　刷 / 山东韵杰文化科技有限公司

版　　次 / 2020 年 12 月第 1 版
印　　次 / 2022 年 10 月第 2 次印刷
开　　本 / 880mm×1230mm　1/32
字　　数 / 400千字
印　　张 / 17
书　　号 / ISBN 978-7-5426-7077-9/B·685
定　　价 / 85.00元

如发现印装质量问题，影响阅读，请与印刷厂联系：0533-8510898

总序一

余英时

　　这一套"韦伯作品集"是由北京理想国公司从台湾远流出版公司出版的"新桥译丛"中精选出来的十余种韦伯论著组成，即包括了韦伯"世界诸宗教的经济伦理观"以及"制度论与社会学"两大系列的全部著述，囊括了这位学术大师一生的思想与研究精髓。我细审本丛书的书目和编译计划，发现其中有三点特色，值得介绍给读者：

　　第一，选目的周详。韦伯的"世界诸宗教的经济伦理观"系列，即《宗教社会学论集》，包括了《新教伦理与资本主义精神》、《中国的宗教》、《印度的宗教》和《宗教社会学　宗教与世界》等。其"制度论与社会学"系列不仅包括《社会学的基本概念　经济行动与社会团体》，"经济与社会"的《经济与历史　支配的类型》、《支配社会学》、《法律社会学　非正当性的支配》，也包括《学术与政治》等。

　　第二，编译的慎重。各书的编译都有一篇详尽的导言，说明这部书的价值和它在本行中的历史脉络，在必要的地方，译者并加上注释，使读者可以不必依靠任何参考工具即能完整地了解全书的意义。

　　第三，译者的出色当行。每一部专门著作都是由本行中受有严格训练的学人翻译的。所以译者对原著的基本理解没有偏差的危险，对专业名词的翻译也能够斟酌尽善。尤其值得称道的是，译者全是中青年的学人。这一事实充分显示了中国在吸收西方学术方面的新希望。

　　中国需要有系统地、全面地、深入地了解西方的人文科学和社会科学，这个道理已无须再有所申说了。了解之道必自信、达、雅的翻译着手，这也早已是不证自明的真理了。民国以来，先后曾有不少次的大规模的译书计划，如商务印书馆的编译研究所、国立编译馆和中华教育文化基金会等都曾作过重要的贡献。但是由于战乱之故，往往不能照预定计划进行。今天中国涌现了一批新的出版者，他们有眼光、有魄力，并且持之以恒地译介社会科学领域中的世界经典作品。此一可喜的景象是近数十年来所少见的。近年海峡两岸互相借鉴，沟通学术资源，共同致力于文化事业的建设和开拓，其功绩必将传之久远。是为序。

2007 年 4 月 16 日于美国华盛顿

总序二

苏国勋

作为社会学古典理论三大奠基人之一的韦伯，其名声为中文读者所知晓远比马克思和涂尔干要晚。马克思的名字随着俄国十月革命（1917年）的炮声即已传到中国，二十世纪五十年代以后由于意识形态的原因，马克思与恩格斯的著作并列以全集的形式由官方的中央编译局翻译出版，作为国家的信仰体系，其影响可谓家喻户晓。涂尔干的著作最早是由当年留学法国的许德珩先生（《社会学方法论》，1929年）和王了一（王力）先生（《社会分工论》，1935年）译介，首先在商务印书馆出版，这两部著作的引入不仅使涂尔干在社会学界闻名遐迩，而且也使他所大力倡导的功能主义在学术界深深植根，并成为当时社会学研究中占主导地位的理论和方法论。与此相比，德国人韦伯思想的传入则要晚了许多。由于中国社会学直接舶来于英美的实证主义传统，在早期，孔德、斯宾塞的化约论—社会有机体论和涂尔干的整体论—功能论几乎脍炙人口，相比之下，韦伯侧重从主观意图、个人行动去探讨对社会的理解、诠释的进路则少为人知。加之，韦伯的思想是辗转从英文传播开来的，尽管他与涂尔干同属一代人，但在国际上成名要比涂尔干晚了许多。恐怕这就是中文早期社会学著述中鲜有提及韦伯名字的原因。

出于意识形态方面的原因，大陆学界从二十世纪五十年代初开始取消社会学这门学科的研究和教学，又长期与国际主流学术界隔绝，直到改革开放后，1987 年由于晓、陈维纲等人合译的《新教伦理与资本主义精神》由北京三联书店出版问世，内地学者才真正从学术上接触韦伯的中文著作。尽管此前台湾早在二十世纪六十年代就已出版了该书的张汉裕先生节译本以及由钱永祥先生编译的《学术与政治：韦伯选集（Ⅰ）》（1985 年，远流出版公司），但囿于当时两岸信息闭塞的情况，这样的图书很难直接到达学者手中。此外还应指出，大陆在此之前也曾零星出版过韦伯的一些著作译本，譬如，姚曾廙译的《世界经济通史》（1981 年）、黄晓京等人节译的《新教伦理与资本主义精神》（1986 年），但前者由于是以经济类图书刊发的，显然其社会学意义在一定程度上会受到遮蔽，后者是一个删除了重要内容的节译本，难以从中窥视韦伯思想全貌，无疑也会减损其学术价值。

大陆学术界在二十世纪八十年代中后期引介韦伯思想固然和当时社会学刚刚复出这一契机有关，除此之外还有其重要的现实社会背景和深刻的学术原因。众所周知，二十世纪八十年代中后期是大陆社会改革开放方兴未艾的年代，经济改革由农村向城市逐步深入，社会生产力得到了较快的发展。但是社会转型必然会伴随有阵痛和风险，改革旧有体制涉及众多方面的既得利益，需要人们按照市场经济模式转变思维方式和行为方式，重新安排和调整人际关系。加之，由于中国南北方和东西部自然条件和开发程度存在很大差异，在改革过程中也可能出现新的不平等，还有随着分配差距的拉大社会分层化开始显露，以及公务人员贪污腐化不正之风蔓延开来为虐日烈，这些都会导致社会问题丛生，致使社会矛盾渐趋激烈。如果处理不当，最终会引起严重的社会失范。苏联和东欧一些民族国家在经济转轨中的失败和最终政权解体就是前车之鉴。这些都表明中国的改革开放政策带来的社会经济发展遇到了新的瓶颈，面对这些新问题学术界必须做出自己的回答。

撇开其他因素不论，单从民族国家长远发展上考量，当时中国思想界可以从韦伯论述十九世纪末德意志民族国家的著作中受到许多启迪。当时德国容克地主专制，主张走农业资本主义道路，成为德国工业发展的严重障碍；而德国中产阶级是经济上升的力量，但是领导和治理国家又缺乏政治上的成熟。韦伯基于审慎的观察和思考做出了自己的选择：出于对德意志民族国家的使命感和对历史的责任感，他自称在国家利益上是"经济的民族主义者"，而在国家政治生活中自我期许"以政治为志业"。联想到韦伯有时将自己认同于古代希伯来先知耶利米，并把他视为政治上的民众领袖，亦即政治鼓动家，他在街市上面对民众或批判内外政策，或揭露特权阶层的荒淫腐化，只是出于将神意传达给民众的使命感，而非由于对政治本身的倾心。然而韦伯又清醒地认识到，现时代是一个理智化、理性化和"脱魅"的时代，已没有任何宗教先知立足的余地，作为一个以政治为志业的人，只能依照责任伦理去行动。这意味着一个人要忠实于自己，按照自己既定的价值立场去决定自己的行动取向，本着对后果负责的态度果敢地行动，以履行"天职"的责任心去应承日常生活的当下要求。或许，韦伯这一特立独行的见解以及他对作为一种理性的劳动组织之现代资本主义的论述，与大陆当时的经济改革形势有某种契合，对国人的思考有某些启发，因而使人们将目光转向这位早已作古的德国社会思想家。

此外，二战结束以来，国际学术界以及周边国家兴起的"韦伯热"也对国内学术界关注韦伯起到触发作用。韦伯的出名首先在美国，这与后来创立了结构功能学派的帕森斯有关。帕氏早年留学德国攻读社会学，1927年他以韦伯和桑巴特论述中的资本主义精神为研究课题获得博士学位，返美后旋即将《新教伦理与资本主义精神》译成英文于1930年出版，并在其成名作《社会行动的结构》中系统地论述了韦伯在广泛领域中对社会学做出的理论贡献，从此以后韦伯在英文世界声名鹊起并在国际学界闻名。五十年代以后韦伯著作大量被译成英文出版，研究、诠释韦伯的二手著述也如雨后春笋般涌现。六十年代联邦德国兴起的"韦伯复兴"运动，其起因是二战后以美国为楷模发展起来的德国经验主义社会学，与战后陆续从美国返回的法兰克福学派代表人物所倡导的批判理论发生了严重抵牾，从而导致了一场长达十年之久关于实证主义方法论的争论。由于参加论战的两派领军人物都是当今学界泰斗，加之其中的几个主要论题——社会科学的逻辑问题（卡尔·波普尔与阿多诺对垒）、社会学的"价值中立"问题（帕森斯对马尔库塞）、晚期资本主义问题（达伦道夫和硕依西对阿多诺）——直接或间接都源于对韦伯思想的理解，对这些重大问题展开深入的研讨和辩论，其意义和影响远远超出了社会学一门学科的范围，对当代整个社会科学界都有重要的参考借鉴价值。作为这场论战的结果，一方面加快了韦伯思想的传播，促使韦伯思想研究热潮的升温，另一方面也对美国社会学界长期以来以帕森斯为代表的对韦伯思想的经验主义解读——"帕森斯化的韦伯"——做了正本清源、去伪存真式的梳理。譬如，在帕森斯式的解读中，韦伯丰富而深刻的社会多元发展模式之比较的历史社会学思想，被歪曲地比附成线性发展观之现代化理论的例证或图示。因此在论战中从方法论上揭示韦伯思想的丰富内涵，还韦伯思想的本来面目，亦即"去帕森斯化"，这正是"韦伯复兴"的题中应有之意。

随着东亚"四小龙"的经济腾飞，研究韦伯的热潮开始东渐。二战后特别是六十年代以后，传统上受儒家文化影响的韩国、台湾、香港、新加坡成为当时世界上经济发展最快的四个地区，如何解释这一现象成为国际学术界共同关注的课题。美国的汉学家曾就"儒家传统与现代化"的关系于六十年代先后在日本和韩国召开了两次国际学术研讨会。八十年代初在香港也举行了"中国文化与现代化"的国际学术会议，其中的中心议题就是探讨儒家伦理与东亚经济起飞的关系。许多学者都试图用韦伯的宗教观念影响经济行为思想去解释东亚经济崛起和现代化问题：有将"宗教伦理"视为"文化价值"者；也有人将"儒家文化"作为"新教伦理"的替代物，在解释东亚现代化时把儒家传统对"四小龙"的关系比附为基督教对欧美、佛教对东南亚的关系；还有人将韦伯论述的肇源于西欧启蒙运动的理性资本主义精神推展至西方以外，譬如日本，等等。所有这一切，无论赞成者抑或反对者，都使亚洲地区围绕东亚经济腾飞形势而展开的文化讨论，与对韦伯思想的研讨发生了密切关系，客观上推动了韦伯著作的翻译出版和思想传播，促使东亚地区韦伯研究热潮的出现。

作为欧洲文明之子，韦伯是一名百科全书式的学者，其思想可谓博大精深，同时其中也充满了许多歧义和矛盾，许多相互抵牾着的观点都可在他那里找到根源，因而时常引起不同诠释者的争论。历来对韦伯思想的理解大致可分为两派，即文化论和制度论。前者主张思想、观念、精神因素对人的行动具有决定作用，故而韦伯冠名为"世界诸宗教的经济伦理"这一卷帙浩繁的系列宗教研究（包括基督新教、儒教、印度教、犹太教等）是其著作主线；后者则强调制约人的行动背后的制度原因才是决定的因素，为此它视《经济与社会》这部鸿篇巨制为其主要著作。这种把一个完整的韦伯解析为两个相互对立部分的看法，从韦伯思想脉络的局部上说似乎都言之成理、持之有据，但整体看来都有以偏概全的偏颇。须知，韦伯既不是通常意义上的观念论者或文化决定论者，更不是独断意义上的唯物论者，因为这里的宗教观念是通过经济的伦理对人的行动起作用，并非纯粹观念在作用于人；而制度因素既包含经济制度、也包含法律制度、政治制度，还包含宗教制度、文化制度，并非只是经济、物质、利益方面的制度。换言之，一般理解的观念—利益之间那种非此即彼、对决、排他性关系，在韦伯的方法论看来纯属社会科学的"理念型"，只有在理论思维的抽象中它们才会以纯粹的形式存在，在现实生活中它们从来就是一种"你中有我，我中有你"的彼此包容的、即所谓的"镶嵌"关系。应该运用韦伯研究社会的方法来研究韦伯本人的思想，放大开来，应该用这种方法看待社会生活中的一切事物，惟有如此，才能持相互关系的立场，以"有容乃大"的胸怀解决现实中许多看似无解的死结问题。

欣闻台湾远流出版事业有限公司与大陆出版机构合作，在内地携手出版"新桥译丛"中有关韦伯著作选译的简体字版，这对于两岸出版业界和学术界的交流与沟通，无疑将会起到重要推动作用。祝愿这一合作不断发展壮大并结出丰硕的果实！

在中文学术界，台湾远流公司出版的"新桥译丛"有着很好的口碑，其译作的品质精良是远近驰名的，其中韦伯著作选译更是为许多大陆学人所称道。究其原委，一则是书品优秀，这包括书目及其版本的选择颇具专业学术眼力，另外新桥的译文具有上乘水准，是由经过专业训练的学者基于研究之上的迻译，而非外行人逐字逐句地生吞活剥。仅以两岸都有中文译本的《中国的宗教：儒教与道教》一书而论，远流本初版于1989年，六年后再出修订版，书中不仅更正了初版本的一些讹误，而且将译文的底本由初版的英译本改以德文原著为准，并将英、日文译本添加的译注和中文译本的译注连同德文本作者的原注一并收入，分别一一标示清楚。此外，远流版译本还在正文前收录了对韦伯素有研究的康乐先生专为该书撰写的"导言"，另将美国匹兹堡大学著名华裔教授杨庆堃先生1964年为该书的英译本出版时所写的长篇"导论"译附于后，这就为一般读者和研究者提供了极大方便，使这个译本的学术价值为现有的其他几个中译本所望尘莫及。再则，"新桥译丛"的编辑出版已逾二十余载，可谓运作持之以恒，成果美不胜收，仅韦伯著作选译出版累计已达十几种之多，形成规模效应，蔚为大观。不消说，这确乎需要有一个比较稳定的编译者团队专心致志、锲而不舍地坚持长期劳作才能做到，作为一套民间出版的译著丛书，在今日台湾这种日益发达的工商社会，实属难能可贵。现在，两岸出版业界的有识之士又携手合作，将这套译著引介到大陆出版，这对于提高这套丛书的使用价值、扩大其学术影响、推动中文世界社会科学和人文科学的发展、提升学术研究水平，功莫大焉。

近年来，随着两岸经贸往来规模的不断扩大，两地学术界和出版界的交流也在逐步深入，相应地，两地学者的著述分别在两岸出版的现象已屡见不鲜，这对于合理地使用有限的学术资源，互通有无，取长补短，共同提升中文学界的研究素质，可谓事半功倍。进而，倘若超越狭隘功利角度去看问题，将文本视为沟通思想、商谈意义的中介，从而取得某种学术共识，成为共同打造一个文化中国的契机，则善莫大焉。

诗云："瞻彼淇澳，绿竹猗猗。有斐君子，如切如磋，如琢如磨。"惟愿两岸学人随着对世界文化了解的日益加深，中文学界的创造性大发展当为期不远矣。是为序。

2003 年 12 月 3 日 于北京

目　录

第一篇　印度教的社会制度

附　录

第一篇

印度教的社会制度

第一章
印度与印度教的一般地位[1]

　　印度一直是个村落之国，具有极端强固的、基于血统主义的身份制，这点恰与中国形成强烈对比。然而，与此同时，它又是个贸易之国，不管是国际贸易（特别是与西方）还是国内贸易都极为发达，从古巴比伦时代起，印度即已有贸易与高利贷。印度的西北地区一直在希腊文化的影响下，而南部也早有犹太人定居。祆教徒从波斯移民至西北地区，专心从事批发贸易。接下来则为伊斯兰教的影响以及莫卧儿大汗阿克巴的理性启蒙运动[2]。在莫卧儿帝国统治时期，以及在其先前也有过几次，整个（或几乎整个）

1　文献，参见附录一。
2　莫卧儿王朝（Großmoghul）是伊斯兰教的卡坡尔王国（印度西北部）国王巴布尔（Babur）于16世纪初侵入印度本部所建立的王朝。阿克巴（Akbar，1556—1605）为第三代君王，也是真正统一印度的莫卧儿帝国的实际创建者。除了所向无敌的武功之外，在内政上，他重新划分省区，建立官僚体制，收归各省之民政、军政与财政大权于中央，而成为名副其实的中央集权大帝国的君主。此外，在文化上，他采取印度教、伊斯兰教亲善的策略，颁布了一连串违反伊斯兰教教规的法令，而对其他的宗教采取宽容的态度，不仅自己娶了数名印度教女子为妻，且鼓励印度教、伊斯兰教通婚，禁建伊斯兰教寺庙，甚至不准再用阿拉伯语，因此甚受广大的印度教徒的爱戴，大有助于帝国的巩固。常年征战不识文墨的阿克巴却能根据他人的讲述而娴熟文学与历史，更雅好宗教问题的探讨，可谓文治武功皆有所成的大帝王。——译注

印度曾经形成政治上的统一达数个世代之久。然而，统一的时期也经常为长期的分崩离析所中断，国家分裂成无数个政治势力，彼此相互争战。

地方君侯遂行战争、政治与财政的手段皆已理性化，并且依据文字记载，在政治的范畴内甚至已有马基雅维利式的理论化，骑士的战斗以及由君侯装备且训练有素的军队亦已出现。尽管有人如此主张，但印度的确不是首先使用大炮的地方，虽然大炮在印度出现得相当早。国家金融制度、包税制、国家配给制度、贸易与交通的独占等等，都以类似西方家产制样板的方式发展起来。印度几个世纪来的城市发展，在一些重要方面也类似西方中古的发展。我们目前所用的作为一切"计算"之技术性基础的理性的数目制度，乃源自印度[1]。与中国人有异的是，印度人强调理性的科学（包括数学与文法）。他们发展出几乎所有社会学类型里可能有过的哲学的学派与宗教的教派。大部分的学派与教派都是基于彻底主智主义的因而也是有系统的、理性的基本要求而发展出来的，所呈现出来的生活层面也极为广泛。宗教思想与哲学思想长久以来都享有几近绝对的自由，至少一直到近代为止，比起西方的任何国家都要来得更多些。

印度的法律制度亦发展出许多有助于资本主义之成长的形式，其适合的程度并不会比我们中古欧洲的法律要来得逊色。商人阶层在制定相关法律时所拥有的自主权，至少也相当于我们中古时期的商人。印度的手工业与职业的专业化亦有高度的发展。从资

1　位数体系自邈远之古即已存在，五六世纪时则已知有零。算术与几何也是印度自行发展出来的。大的负数则用"抵消"（ksaya）的办法来解决。

本主义发展之可能性的观点而言，印度各个阶层的营利欲是如此之强烈，似乎已没有多少可供改进的空间；另外，世界上似乎再也找不到一个像印度那样几乎没有反货殖的观念又如此重视财富的地方。然而，近代的资本主义却没能自发性地从印度茁长起来，不管是在英国人统治之前还是期间。究其实，它是以一种制成品的方式输入的。此处我们必须检讨，印度宗教的性格是否构成了妨碍（西方意义下）资本主义之发展的因素之一。

　　印度的民族宗教即为印度教（Hinduismus）。"Hindu"一词首见于外来伊斯兰教徒的统治时期，意指拒绝改宗的印度土著。一直要到近代文献里，我们才发现印度人自己开始用"Hinduismus"一词来说明他们的宗教所属。不过，英国官方在进行普查时，用来称呼此一宗教的名称却跟德国所用的一样——"婆罗门教"（Brahmanismus）[1]。之所以用此名称，则是因为某种特定形态的祭司——婆罗门——乃是此一宗教的担纲者。众所周知，婆罗门构成了一个"种姓"（Kaste），而一般说来，种姓制度——一种极端严格且排他性的世袭身份制——在印度的社会生活里扮演了一个重要的角色，这点不管在过去或现在皆然。而印度古典时代的四

---

[1]　关于这点，日译本的补注者中村元有不同的看法。他认为包括德国在内的欧洲学者一般都将婆罗门教与印度教区分开来。虽然区分点并不是判然若揭，但一般说来，遵奉吠陀圣典且承认婆罗门祭司之权威的宗教倾向，是为婆罗门教。相对的，尽管以婆罗门教为本，但多方吸取民间信仰成分的宗教倾向则称为印度教。婆罗门教大体上是成立于佛教兴起之前，而印度教则受到佛教的影响。印度教在表面上看来是承认吠陀圣典的权威，但实际上其宗教的仪式典礼大都和吠陀没什么关系。——译注

大种姓，根据《摩奴法典》所言[1]，乃是婆罗门（僧侣）、刹帝利[2]（Kshatriya [骑士]）、吠舍（Vaiśya [自由民]）与首陀罗（Śūdra [奴仆]）。

　　对一般人而言，种姓制可说是个相当陌生的概念，虽然他们对轮回可能还有点模糊的了解。其实这些概念并非虚构，只是还需要利用极端丰富的资料与文献来加以阐释。

　　1911 年的《印度普查报告》里，《宗教》一栏下"印度教徒"有 2.175 亿人，约占总人口的 69.39%。除此之外，属于外来宗教的伊斯兰教徒有 6660 万人，占总人口的 21.26%；基督教徒、犹太教徒、祆教徒以及"泛灵论者"有 1029 万人，占 3.28%。列为印度本土宗教的尚有：锡克教徒（Sikh[3]），约 300 万人，占 0.86%；耆那

1　摩奴（Manu），印度神话中之人类始祖，据传说有十四世，每世 432 万年，第一世摩奴名斯婆间菩婆（Svayambhava），一说系梵天之孙，一说系梵天与舍多噜波（Śatarūpā）之子。《摩奴法典》（Manu-Smrti）为印度婆罗门教法典，系以《摩奴法经》（Mānava-Dharma-Sūtra）为基础修订而成，为印度法典中之最古老者，其编成年代约为公元前 2 世纪至公元 2 世纪之间。据该书自述，系由梵天著成，并传予其后代，即人类始祖摩奴，再由其后代波利怙（Bhrigu）传到人间。全书共分十二章，含 2685 偈，内容为关于吠陀习俗、惯例与说各之法律条文，其中诉讼法、民法等规则拙劣不全，适足以显示该法典之古老程度。《摩奴法典》古来即为印度人生活法规之准则，缅甸之佛教法典即依此法典作成，《暹罗法典》亦根据《摩奴法典》而成，爪哇亦有《摩奴法典》，巴厘岛现在仍实际应用之。——译注
2　刹帝利一般而言是指武士阶级，但亦包括王公贵族。他们拥有广大的土地，可以自由行使权力，战争之际则负责指挥庶民与奴隶出身的士卒。——译注
3　锡克教是伊斯兰教与印度教混合而成的一个教派，原先是和平主义的，后来发展成一种战斗团体，在政治上相当重要。不过就我们目前所谈的问题而言，无须详究。
　　锡克教为印度教改革派之一。开祖为那那克（Nānak,1469—1538），出生于拉合尔（Lahore）近郊。sikh 一词乃由梵文 śishya（弟子）转化而来，意指尊那克之门人。某日，那那克于沐浴时受到感召，遂发心至印度各地游历布教，解说哈里（Hari）为世间唯一永远之神。奉《圣典教书》（Granth Sāhib）为主要经典，其教义建立于印度教虔敬派之基础上，并摄取伊斯兰教苏非派（Sūfī）之神秘主义因素，主张业报轮回，提倡修行，而反对化身说、偶像崇拜、烦琐祭仪、苦行、阶级、人种之差别以及消极遁世之态度等。认为世上所有现象皆为神力之最高表现，人在神前一律平等，个人灵魂唯有与神结合方能获得解脱。然而并非否定古来印度诸神，而系以冥思来信仰诸神。信徒中包括印度教徒与伊斯兰教徒。四祖拉姆达斯（Rām Dās,1534—1581）于阿穆利萨（Amritsar）

教徒[1]120 万人，占 0.4%；佛教徒 1070 万人，占 3.42%，然而，除了 30 多万信徒外，其他都居住在缅甸（从很早前，缅甸人口就有90% 是佛教徒）[2]，剩下的一些则居住在西藏边境、印度边缘地带以及中亚，换言之，这些地方并非传统印度人居住的领域，而是蒙古利亚人的地盘。

　　利用这些前后相差数十年的普查数据作比较，当然得有所保留。印度教徒的比率自 1881 年以来已有所递减，从 74.32% 降至69.39%；伊斯兰教徒则从 19.74% 上升至 21.22%；基督教徒从0.73% 升至 1.24%；而泛灵论者则从 2.59% 升至 3.28%。这些比率的变动，尤其是最后一个数据的增加，除了因为未开化的泛灵论部落的人口出生率有所提高外，大部分也是计算的基准前后并不一致的缘故。印度教徒的比率降低，有一部分也是由于普查范围延伸至缅甸，使得佛教徒人数大量增加。此外，印度教徒比率

（接上页注）建立本山黄金寺（Darbar Sāhib），为锡克教徒信仰中心。五祖阿尔琼（Arjan Mal,1563—1606）则汇集先祖及圣者之赞咏，编成《根本圣典》（Ādi Granth）。阿尔琼后为伊斯兰教君主所杀，九祖亦为伊斯兰教徒刺杀，锡克教与伊斯兰教的冲突遂日渐激烈。至十祖哥宾德辛格（Govind Singh,1666—1708）遂将教团军事化，结成卡尔萨（Khālsā）宗教团体，信徒于入团之际，须先行"剑之洗礼"（Khandadi Pāhul），且命名为"狮子"（Singh）。因无种姓、阶级之别，故数日内即有 8 万人受洗。彼等具有强大之团结力，并要求常备五 K，即：蓄发（keś）；随身带梳子（knaga）；手带钢环（kara［腕轮］），象征万能之神无所不在；穿短裤（kach），象征节操；佩剑（kirpan），象征抗拒罪恶。这也就是韦伯所说的，锡克教自此乃成为一个战斗团体，在印度的政治史上不断扮演着重要角色，首先是反抗伊斯兰教的统治，接着是反抗英国人的统治。一直到目前为止，在印度政治上仍是一支不可忽视的力量，近年来印度一些著名的政治谋杀案件，有许多皆为锡克教徒所为。——译注

1　公元前 5 世纪由大勇所开创的印度宗教。所谓耆那教（Jinismus），是指克服烦恼而获得解脱的"胜利者（Jina）之教"。为了解脱业的束缚，耆那教主张彻底实践严格的戒律和禁欲苦行，尤其是不杀生戒，如此一来，比丘们连虫蚁也不敢杀害，衣服也不准穿着，因而裸体乞食。一般信徒唯恐犯了杀生戒，所以多半远离生产事业而从事商业与金融业。2 世纪时，教团分裂为主张完全裸行的天衣派与认可穿白衣的白衣派，目前约有 200 万信徒。——译注

2　缅甸与印度当时皆为英国的殖民地，1937 年 4 月 1 日缅甸再度与印度分离开来。——译注

的相对降低，也可以归因于其出生率和死亡率与其他教徒的差异。印度教群众的社会地位，相对而言较低，因此生活水平也较低，而这在某个程度上乃是宗教的缘故。早婚、杀女婴、禁止寡妇再婚等等，导致出生率的降低以及上层种姓妇女的高度死亡率；至于在收成不好的季节，由于食物禁忌所导致的营养不良，则对贫困的阶层有重大的影响。

印度教徒减少的另一个因素，则为单纯的改宗信仰伊斯兰教或基督教，改宗者主要来自下层的种姓，目的则在改善他们的社会地位。另一方面，并没有其他宗教教徒正式改宗皈依印度教的事例，因为根据印度教教义这是不可能的。这点可以引导我们更进一步思考印度教的独特性。

就社会学的意义而言，"教派"一词指的是由宗教达人或具有特殊禀赋的宗教人士所组成的一种排他性的团体，成员必须通过资格审查，并以个别身份加入。相反的，作为一种普世性的、大众救赎之机构的"教会"，就像"国家"一样，认为每个人——或至少其成员的所有子孙——从一出生即属于此一团体。教会要求其信徒的条件为：必须举行秘迹仪式，并且（可能）得证明自己对圣典知识的熟悉，至于积极的信徒则必须贯彻秘迹以及一切的义务。结果则是，当教会发展成熟且掌握权力时，即会根据"强制加入"（coge intrare）[1]的原则，强迫其反对者遵从上述义务。在此意义下，个人一般而言乃是"生于"教会，个别的改宗与入教，

1　《新约圣经·路加福音》第十四章二十三节："主人对仆人说：'你出去到路上和篱笆那里，**勉强人进来**（compelle intrare），坐满我的屋子。'" compelle intrare 与 coge intrare 同义。根据韦伯的说法，基督教最早的一次宗教战争是在圣奥古斯丁教徒"强制加入"（coge intrare）的口号下发动的，根据此一口号，无信仰者或异教徒只能在改宗与灭绝之间作

只有在教会已达成其终极目标——所有的人都结合在一个普世性的教会里——时，才能成立。

印度教可说是个严格讲究血统主义的宗教，仅凭其双亲是否为印度教徒而决定子女是否为教徒。它之所以具有"排他性"乃在于除此之外即无其他任何方法可进入此一共同体，或至少无法加入那些被视为具有完全宗教资格者的团体中。印度教并没有拥抱"全人类"的欲望。不管他的信仰或生活方式为何，任何人除非生为教徒，否则即为外人——一个基本上无缘接受印度教之神圣价值的野蛮人。虽然有所谓"门户开放的种姓"[1]，不过这些都是不净的种姓。赐予普世恩宠的宗教机构自然也用"破门律"来处罚某些犯戒的行为，不过那些被处以破门律者只是被剥夺了宗教性恩宠，他们仍在教会的管辖权之下。然而，印度教对于违反宗教戒律的人处以永远地逐出共同体，就此而言，它倒是像教派一样地具有"排他性"。例如，有些婆罗门的种姓成员曾被迫改信伊斯兰教，尽管事后他们企图以赎罪、净化等方式来解决，然而当他们曾经被迫食用牛肉的事实为人所知后，他们就再也不准回到原先的种姓。

此一例子倒是类似基督教早期的一些英雄主义式的教派，包

（接上页注）一选择。另一方面，伊斯兰教的圣战诫命虽是迫使所有非信仰者屈服于信仰者之政治权力与经济的支配之下，但是如果这些非信仰者是某一"圣典宗教"的信徒，那么可以不必消灭，基于财政利益的考虑，他们的存在反而被认为是有价值的。详见《宗教社会学》，页118；另参见 *Wirtschaft und Gesellschaft* 第二部第七章《法律社会学》第五节（S.474）的讨论，英译本见 *Economy and society*, Vol.2, p.820, p.834, n.26。——译注

1　关于门户开放的种姓，参见附录二。

括孟塔奴斯教派[1]，他们根据《圣经·马太福音》第十章第三十三节所言："凡在人面前不认我的，我在我天上的父面前，也必不认他"，坚持拒绝基督教徒参加皇帝崇拜的仪式，这点恰与采取合作态度的教会组织形成对比。也就是因为这样，罗马人在戴克里先迫害基督教时[2]，将崇拜皇帝规定为强制性的。

只要个别的人教还有可能，那么这些被逐出共同体的婆罗门至少还可以在那些食用牛肉的、不净的种姓里，找到个安身之处。然而，一个有意识地杀害一头牛的人则毫无可能立足于印度教共同体之内[3]。

1　孟塔奴斯（Montanus）为 2 世纪后半叶小亚细亚的弗利基亚人，或许是奇碧莉（Kybele）女神的神官改宗基督教者。他自命为先知，强烈反对当时日渐制度化与形式化的基督教会及教士制度，并预言耶路撒冷的天国会出现在弗利基亚的佩普塞城，且高唱狂信的禁欲主义。孟塔奴斯派的教义及秘仪祭典颇得人心，广传于地中海沿岸各地，至 3 世纪时，被教会指斥为异端而逐渐衰退。——译注

2　戴克里先（Diocletian，230—316），罗马皇帝，在位时间为 284—305 年。他结束了前此约百余年的混乱，建立起皇帝的绝对专权政治。为了皇帝的尊严，他一方面推行皇帝崇拜，另一方面则对基督教进行最后的大迫害。——译注

3　或者说得更正确些：即使是那些（很有理由）被怀疑参与毒杀牛只行为的种姓也会成为所有印度教徒嫌恶的对象，尽管他们在官方来说仍是被承认的印度教徒。

第二章

印度教的布教方式

印度教的布教场面在过去当然是极为盛大的，而实际上至今仍然相当可观。在大约 800 年的过程中，今日印度教的体制从北印度一个小区域出发，历经与"泛灵论"的民间信仰以及高度发展之救赎宗教的斗争，最终发展而成一个拥有 2 亿以上信徒的大体系。此一体系随着普查的持续进行仍在扩张之中。

一般而言，印度教的传布大致是以下列方式进行的。一个"泛灵论"部落的统治阶层开始时会以如下的方式模仿某些特殊的印度习俗：禁止肉食，特别是牛肉；绝对回避杀牛；完全戒酒。除此之外，还可能采用某些特定的、印度上层种姓的净化仪式。统治阶层废除了有违印度教规则的婚姻惯习[1]：实行族外婚制；禁止女儿下嫁门不当户不对的人家；同桌共食与接触亦有阶级限制；寡

1　婆罗门对于婚姻惯习方面倒往往是相当宽大的。例如在印度教化过程中，许多小地方原有的母系制度并未受到干预，再如某些甚为自持的种姓，如后文所述的，也保有图腾组织的遗制。同样的宽容也表现在饮酒与肉食（除了牛肉之外）方面。就这点而言，上层种姓里的教派成员（毗湿奴派与湿婆派）彼此之间的区别，如后面章节所说的，反倒比种姓之间来得显著。

妇不得再嫁；女儿在未成年之前即予出嫁，不问其同意与否；死
者采火葬而非土葬；在祖先灵前置供物（śrāddha［祖先祭］）；固
有的神祇则被赋予印度教的神名。最后，部落原有的祭司消失，
取而代之的是婆罗门，他们负责仪式的执行，并借此说服这些部
落的领导人（顺便提供证据），让他们相信自己原本具有刹帝利（骑
士）阶级的血统，只是暂时遗忘罢了。有时候（如果情况允许的
话），部落的祭司也会借取婆罗门的生活方式，学习一些吠陀的知
识[1]，宣称他们自己也是某个特殊的吠陀学派的婆罗门：他们乃出身
一个古代著名的婆罗门氏族（Gotra），而这个氏族又可溯源至某某
"仙人"（Rishi）[2]。他们认为自己乃是几个世纪前从印度某个地区移
民来的，只是后来忘掉了这回事，现在他们要设法与既存的婆罗
门阶级重建联系。

　　要让真正的婆罗门接受这种虚妄之语，看来似乎不太容易，
而且不管在过去还是现在，从没有一个高等种姓的婆罗门愿意接
纳他们。然而，我们还是可以发现有许多婆罗门的次种姓、某些
被承认具有婆罗门身份的人，由于他们为一些低级的种姓——可
能是肉食与饮酒者——提供服务，而导致社会地位被贬抑。这些
婆罗门倒是愿意接受上述胡诌的故事。有关这些氏族的系谱、起
源的神话（有些还可追溯到史诗或前史诗的时代），从某处抄来或

---

[1]　吠陀为印度最古老的圣典，也是哲学宗教的根源。所谓"吠陀"者，"智识"之意也。
　　婆罗门谓此乃古仙人受神之启示而诵出，悉为神智圣智者之发现，故有此名。吠陀共有
　　四种，即《梨俱吠陀》（Rigveda）、《夜柔吠陀》（Yajurveda）、《婆摩吠陀》（Samaveda）
　　与《阿闼婆吠陀》（Atharvaveda）。各书编成时代相去甚远，大约在公元前 1500—公元
　　前 500 年之间。——译注

[2]　Rishi 在佛教经典中译为仙人，亦即上注所述受神之启示诵出吠陀经文的圣智者。——译注

根本就是伪造的，被记录下来并找到证据支持[1]，使这些氏族可以提出"拉吉普"（Rajput）[2]——目前用来称呼刹帝利的词，意指"王室亲属"——身份的要求。

残存的旧生活方式被铲除，骑士及吠舍等被认为"再生族"的阶层须接受点装饰门面的吠陀教育；教养在举行佩带仪式的成年礼之后告一段落[3]，各个职业阶级的仪式性权利及义务也一概按照印度教的方式规制妥当。以此方式，这些统治阶层希望能在一个平等的立足点上与原先印度教领域内同等身份的阶层相互交往，如果可能的话，他们希望能与具有拉吉普血统者通婚及同桌共食，接受其婆罗门用水煮熟的食物，并希望自己的婆罗门能获准进入有古老传统的婆罗门学校和寺院。不过，这些都是极端困难的事，而且刚开始时免不了都要遭遇挫折。例如，当一个感兴趣的欧洲人提到这么个暴发拉吉普的出身传奇时，一个真正的——至少在今天被认为是真正的——婆罗门或拉吉普会很有礼貌地、津津有味地倾听；然而，没有一个真正的婆罗门或拉吉普会真正地视这

1　弗利特（Fleet）已证实：早在9世纪时，南印度即有大量伪造的王室家系图谱。

2　Rajput是梵文Rajaputra的讹转，原为"王子"、"王室成员"的意思。putra字意为"子"，但亦可用来指称家系成员，就如英文中的Stevenson, Anderson等。——译注

3　在印度的十二个主要的家庭祭典（十二净法）当中，表示童子期结束而达成年期的典礼名为"剃发礼"（举行之期，婆罗门为16岁，刹帝利22岁，吠舍24岁）。然而更重要的是入法礼（Upanayana），亦即在导师的主持下举行披挂圣带之礼，由此而得宗教上的新生命（再生），正式成为雅利安人社会的一员。若在入法时期内（婆罗门为8—16岁，刹帝利11—22岁，吠舍12—24岁）不行入法礼，则为失权者（Patitasāvitrīkā），即失去歌神歌之权利，名为浮浪者（Vrātya）而失再生族之特权。因此，入法礼成为雅利安民族最大的典礼。尽管同为再生族，但婆罗门、刹帝利及吠舍在行礼时所披挂的衣带与所受杖缨色彩不同。当导师传授神歌且授予带杖后，教以修梵行曰："汝梵行者也……当信师而学吠陀。"以此完成四期制中的第一梵行者之礼，自此之后，至少学吠陀12年，并学种种圣行。——译注

些暴发户为可与自己身份匹敌者。

　　然而，时间和财富终究会解决此一问题。暴发户以各种方式，包括支付大笔聘金给愿意将女儿下嫁的拉吉普，有效地改变了此一状况（目前所需的时间更短）——他们的出身被淡忘，而新的社会地位则被承认，剩下的仅只是某些差别待遇而已。

　　这就是印度教发展成熟后向异教地区传布的大致外在形式。伴随着此一外在形式的传布，还有内在形式的传布，其原则也极为类似。

　　就一种社会现象而言，"客族"（Gastvolk）[1] 普遍存在于印度教领域，直到今日仍可发现。目前在我们欧洲人周遭仍可见到的则为吉卜赛人——一种典型古代印度的客族，他们与其他客族的不同之处乃在于他们流浪于印度以外的地区。类似的情况早期亦曾出现在印度，只是规模要大得多了。那儿的客族，就像其他地方的一样，并非真的是个完全无家可归的流浪民族。更常见的情况是：客族仍是个拥有自己村落与土地的、发展较不成熟的部落，他们家庭或部落手工业的生产品主要是用来从事地区间交易的；也可能是部落的成员季节性地在地区间充当雇佣劳动力，例如收获时期的雇工、零工、修缮工与其他；或者，他们可能是传统性垄断某些特定产品在地区之间贸易的部落。

---

[1]　韦伯用的这个词所指称的是一系列不相统属的族群，这些族群似乎可以用下述极端的形态来注明。1. 由于外人的入侵与征服，他们被移入的种姓族群剥夺了固有的土地，并且被贬抑到经济上依赖征服者的地步。就征服者的立场而言，这些族群是"客"，尽管他们是比征服者更古老的住民。种姓制度一旦建立，新来者即以编派他们为最低级种姓的方式来同化这些"野蛮人"（原住民）。2. 有些族群彻底失去乡土而变成流浪的工匠，并且像吉卜赛人那样，过着四散漂泊的寄居生活。所有这两类族群显然都发现自己处于一种 Stonequist 所谓的"边际的"状态。——译注

一方面由于山林原野地区、未开化部落人口的增长，另一方面也因为已开化地区随着财富的增加而日益需要劳动力，开创出许多一般人所不愿沾手的、下等的或在宗教上被视为不净的职业，这些工作遂落入上述客族手中，这些外来人口虽然长期定居在城市，却仍然维持其部族的凝聚。客族的手工业逐渐有了高度发展，其形式有点类似特殊专业化的地方团体。我们可以发现某些高度发展的技术是掌握在一些人手中，这些人虽定居某地，在当地人看来却仍然是外人。他们并非住在村里，而是在其边缘——用德文来说，即"山丘"（Wurth）。他们不能享有村民的权利，而是形成属于自己的一个地区性的自治团体，这个团体代表他们，并有其管辖权。就村落而言，他们仅能享有客人的权利，这种权利部分是受到宗教的保障，部分则是在领主的保护之下。类似的现象亦可见之于印度以外的地区。

从事客族职业的人，通常（尽管并非总是）无法与一般人通婚或同桌共食，换言之，他们在宗教上乃是被视为"不净"的。当这种针对一个客族的宗教性藩篱存在时，我们即称这样的客族为"**贱民**"（Pariavolk）[1]。在此一特殊意义下的"贱民"一词，不应泛指被当地居民视为"异乡人"、"野蛮"或"巫术性不净"的、充当劳动者的所有部族，除非此一部族同时也是（或主要是）个

1　若就印度教而言，这样的称谓并不太正确。南印度的 Pulayan 或 Parayan（"Pariah"）种姓，绝非如雷纳神父（Abbe Raynal）所深信的是指社会最级级的阶层或"无种姓者"的阶层。他们是昔日的织工（今日亦包括农耕者）种姓，首见于 11 世纪的碑文里，社会地位并不高，并且被强迫住在村落外，但是拥有确固的种姓特权。不只皮革工（Chamar）和扫街人等种姓的地位比他们还低，更低的还有像 Dom（多半是种姓的"渣滓"）之类的种姓。我们这里使用"贱民"一词，是按照欧洲现今一般的惯用法，就像在"卡地裁判"里使用"卡地"（Kadi［伊斯兰教世界的审判官］）一词一样。

客族。最纯粹类型的贱民可见之于吉卜赛人，或者换个角度，中世纪的犹太人，他们已完全失去其**固有的乡土**，因此处于一种完全为了配合其他定居民族之经济需求的依存关系之下。

从一个定居"部族"的客族职业到上述这种纯粹类型的"贱民"之间，尚有无数的过渡阶段。在印度教的领域里，不管在过去还是现在，对于任何非教徒都树立起一道森严的宗教性藩篱。所有这些非印度教的人皆被视为具有巫术性的不净。在每一个村庄可能都有一些不可或缺的客族劳动者，例如皮革业者，然而，尽管有此不可或缺性，这些人历经数千年还是一直被视为不净。他们的出席会污染房间的空气，从而导致食物的不净，这些食物必须扔掉，以免招致邪恶[1]。因此，他们完全被排除于印度教社会之外，也无法踏入印度教的寺庙一步。

由于环境的力量过于强大，使得社会秩序的完全融合需要通过一连串阶段性的调整方能达成。首先，不管在过去还是现在，隔离的层次总是变化多端的。尽管不净的客族劳动者自古以来即被排除于村落共同体之外，我们却不能就此认为他们被剥夺了一切的权利。村落必须对他们的服务支付固定的酬劳，同时保障他们职业的独占权。再者，他们规制化的、层次分明的宗教性权利与义务，也显示出他们的法律地位已得到确认。虽说婆罗门与其他高级种姓的成员的确可能有意避免与这些客族人接触甚至同席，然而，印度教严格的宗教戒律对于这种关系的本质而言，其实更扮演了决定性的角色，因为一个不净的客族劳动者万一触犯了这些规范，不但婆罗门或村落共同体会采取行动，在某些情况下，

---

1   不净种姓者的仪式性污染，甚至——依不同种姓而异——会导致婆罗门失去性能力。

他自己的团体也会对他加以处罚。除此之外，这种触犯会带来此
世巫术性的灾殃以及彼世救赎机会之锐减。

固守这些规范与观念的、不净的客族劳动者与贱民，尽管地
位非常低下，我们仍然得视之为印度教的成员。他们之被视为成
员无疑也已有数百年之久，换言之，他们并非野蛮的部族，而只
是印度教阶级分类下的"不净的种姓"。

相形之下，有些客族的地位则是由传统规则所界定的，适用
于那些与海外贸易有密切往来的部族。这些部族既无积极性的亦
无消极性的宗教约束，他们仅只被视为"不净的野蛮人"。他们
不承认任何印度教的宗教义务。他们不只有自己的神祇，更重要
的是，他们还有自己的祭司（虽然这些现象的确也存在于印度教
之中），简单地说，这些部族根本就不在乎印度教的制度。他们
就像基督徒和伊斯兰教徒一样，与印度教沾不上什么边。

然而，在迈向印度教化的途径上，的确存在着许多过渡阶段。
正如布兰特（Blunt）在1911年的普查报告中所发现的，在普查里
被列为"泛灵论者"中，有相当多的人认为自己是印度教徒。相
反的，在某些特定的情况下，有一些在普查中被列为不净种姓的人，
则倾向于否认与印度教——尤其是与婆罗门——有任何关联。另
一方面，在力争突显其民族文化之意义的今日，印度教的代表性
人物则力求尽可能广泛地来界定印度教。他们宣称，任何人只要
能通过由普查当局所设定的印度教归属的"测试"之一，即为印
度教徒。以此，耆那教徒、锡克教徒或"泛灵论者"都可算是印
度教徒了。由于扩大了对印度教的界定，印度教徒与实际上正力
求印度教化的异教徒终于有了交集。

混居在印度教徒之间的客族人迈向印度教化的途径大致如下：

客族劳动者开始要求并接受婆罗门的某些服务，这些婆罗门原先即习于为不净的种姓服务，例如卜算结婚的日子或类似的家务事。不过其他的一些事务，他们还是会继续找自己的祭司来办。如果这些客族劳动者转移至印度教种姓的职业（通常皆为不净者），他们就必须特别严格遵守适用于此一行业的规矩，以避免太过尖锐的摩擦。他们愈是接近一个"贱民"的纯粹类型（换言之，愈是丧失在一个封闭的部落领域里的定住性，或此种定住性愈来愈不重要），他们的社会情况愈是遵照着周遭印度教徒所确立的规范，他们就愈可能会调整自己的宗教仪式以配合此种规范，而他们采用的印度习俗愈多，最后就会发现自己基本上乃是处于一个通常属于不净的印度的种姓地位。

至于这些客族旧有的部族名称，要不是直接被拿来移作种姓名称（例如仍然独占古来某些手工业或商业的贱民的情形），或者就是当他们以一个特殊的族内婚的族群加入古老的印度种姓时，将原有的部族名与此一种姓的名称并用。这些旧有部族名称的保留，也就是他们改宗归化的最后一点遗迹。"印度教化"，换言之，"部族"的"种姓"化，有各种极为不同的过渡形态。有时候同化的过程是采取一种混合的办法，部分放宽门槛，部分则紧缩标准；或者，一个部族被当作客族而为数个种姓所吸纳，部族的某些部分却仍然维持其部族组织的形态[1]。凡此种种，我们便不赘述，总之，

---

[1] 混合形态的一个例子是 Ahir。这个印度教化的部族原本是牧羊、牧牛的。在孟买省如今（1911）尚有一些种姓内部并存着 Ahir 次种姓与另一个次种姓。在 Khandesh 一地的婆罗门、Sonar、Lohar、Koli 等种姓也都不免于此。在此，Ahir 木匠、金匠、铁匠往往不与非 Ahir 的相同职业种姓通婚，然而 Ahir 木匠和 Ahir 铁匠倒是相通婚的，尽管并非同属一个种姓。此外，现今仍牧羊的 Ahir 往往还维持像部族那样的图腾组织，

可以了解到印度教的界限从外观上是多么的模糊不清。

印度教的传布方式，多半是一步步慢慢地将各种群体整个地吸纳到印度教的共同体里，并且，至少在原则上，别无他途可循。这是因为，个人从未能以个人的身份直接成为印度教共同体的一员，除非他是另一个团体（亦即某一种姓）的成员。伴随着改宗归化而来的，总是这么一套虚拟的故事：这个改宗的团体原本就是个种姓，情形就像天主教的某个教义，从来就不是（像现代的法律那样）被创造出来的，而只能是古已有之、如今重被"发现"与"定义"罢了。其中所透露出来的乃是印度教实为一种血族宗教（Geburtsreligion）。

那么，促成改宗归化的动机何在？在婆罗门这方面，作为中介者，首先是出于物质的动机：可以借着种种服务而扩大营利收费的机会，从占星算命的报酬，到作为家庭祭司与祭献祭司所得的僧禄与祭品。在归化地区，改宗印度教的支配阶层，更是酬谢丰厚的牲畜、金钱、财宝，特别是土地与租税（胡椒税 [Pfeffer-Rente]）等等，给那些能够给他们提供必要的高贵出身"证明"的婆罗门。在改宗者这方面又是出于怎样的动机呢？想要变成"种姓"的"部族"，特别是他们的支配阶层，甘受无比繁复的仪式、义务之束缚，并且牺牲诸如饮酒之类通常相当难以自动戒除的嗜欲，到底是为什么？

单就支配阶层而言，一个正统的宗教所具有的功能，亦即促

（接上页注）而不采行种姓式的血族组织。另一方面，在许多种姓里，Ahir 成为次种姓而消失无踪，或从未以次种姓的形式存在过（在《印度古代学》9 卷 272 页所录的碑文里，一个 Iodhpur 的封建君王提到他曾将 Ahir 部族逐出村落外并建立起种姓秩序）。

成政治—社会支配势力与祭司阶层结成同盟的决定性因素。加入印度教共同体，在宗教上**正当化**了支配阶层的社会地位。不只给予了这些蛮族的支配阶层在印度文化世界里所公认的社会地位，并且，经由此一途径转化为"种姓"，更确保了其相对于被支配阶级的支配者地位——此种效力的彰显，实非其他任何宗教所能匹敌。溯及过去更久远的年代，相对于我们前面所描述的 19 世纪的情形而言，主导改宗印度教而需求婆罗门服务者，可就不单只是贵族阶层了，甚至主要并不是他们（我们后面会谈到为什么他们可能有时还成为婆罗门的直接敌对者），主动者毋宁是君王。

正如东边的斯拉夫领主君侯之招徕日耳曼的教士、骑士、商贾与农夫到他们的领地去一样，东部恒河平原与南印度（从坦米尔 [Tamil] 地带至印度半岛南端）的君王也汲汲招徕娴熟文书与行政的婆罗门，为的是获得他们的帮助，以便牢固地建构起印度教模式的家产官僚制与身份制的支配，并且使自己获得印度教《法经》（*Dharma-Sūtra*）、《梵书》（*Brāhmana*）与《富兰那书》（*Purāna*）里所认定的正统氏族长（Rāja）与君王（Mahārāja）的地位。此一事实可证诸散见于印度各地的文书，其中记载着有时一次即颁赐土地给数十或上百个显然是移民来的婆罗门。

正如正当性的利益关怀之于支配阶层，类似的关怀也促使贱民自愿接受印度教制度：他们借此得以被编入一个"不净种姓"的低下地位。对其周遭的印度居民而言，他们总之是"不净"的，并且，因为印度教立场而产生的不利限制，也迫使他们不得不接受这样的地位。不过，从积极面来看，在工作机会的保障上，得以被承认为某个正统的"种姓"（不管是多么劣势特权的一个种姓），也总比单是作为一个异族要来得有利。同时，采纳某些印度教特有的组织形态（譬如我们后面就要谈到的种姓的"潘恰雅特"[panchayat]）[1]，对他们也具有某种实质的意义：这样的组织正好可以像工会似的（并且正当地）彻底维护低阶种姓的利益。只是，替代之道当然还是有的。

就这类贱民的印度教化而言，宗教企望本身，或许至少在过去，总还是个迷人的要素，况且（我们就要谈到），印度教正是为社会上被压抑的阶层开启了宗教的企望。此种（我们后面会加以阐释的）宗教企望的特性，部分地解释了何以这些劣势特权阶级对于印度教化的反抗要比我们所预期的少得多，尽管印度教所造成的社会阶层之间的尖锐落差实在举世无匹。当然，不净种姓起而反抗印度教体制的情形，所在多有。后文（第二篇）里我们会谈到某些特殊的无产者之反婆罗门的先知预言。至今他们仍不断发出声浪，断然地否定婆罗门的一切权威。然而，只要一个共同体在外表的任何一点上表现得像个种姓，那么印度的官方看法及其相应的普查报告数据，便都倾向将此等共同体认定为"种姓"（尽管有疑问，且有违该共同体的意愿），而不是纯粹的客族。来自低阶种姓的反抗固然有，问题是为何没有如我们预期的多？更重要的是，为何严重对抗印度教种姓秩序的历史性宗教革命，却完全相反的是来

1　一个种姓内部如果有最高权威存在的话，应该就是种姓大会，这样的大会在文献中被称为"潘恰雅特"。传统上，任何以执行正义或进行仲裁为目的的会议，不论规模大小，一概称为"潘恰雅特"，简言之，它是一种很广义的习惯法庭，而种姓的"潘恰雅特"则不但具有审判权，而且具有行政甚至立法权。按照字源，"潘恰雅特"意即五人会议，实际上它是指几个元老或专家的集会，可能就是指导种姓大会的委员会，经常应邀出面解决争端，或是仲裁，或是调解，有时则宣布何种行为违反习俗。至于因种姓之不同而有规模与性质各相异的"潘恰雅特"，参见《阶序人》（杜蒙著，王志明译，台北，1992），p. 335 以下。——译注

自并且主要是奠基于相对而言极具优势特权的阶层？这显然是需要解释的，我们后面也会试着加以探讨。

　　目前，我们可以先提出一个大体上无误的看法：劣势特权阶层、客族与贱民之"内化"于印度教的种姓秩序，多半是一种社会弱势阶层适应既有且确固的种姓秩序，以确保其社会经济地位之正当性的过程。一个地区之全体纳入或集体排拒印度教的举动，通常是由君王或支配阶层所领导的，而**正当性**的关怀无疑是采行正面措施最为强烈的动机。

　　印度教是如此强大的一股势力，虽然在过去数百年里，曾经有过横跨当时整个印度文化地区的两大反婆罗门的救赎宗教——耆那教与（反对程度更深的）佛教。这两大宗教虽未曾有过普遍性的优势，却也曾是官方所承认的信仰。随着印度教的复兴，这两者即大败亏输，且节节败退：耆那教徒下降到只占全体人口的 0.4%（这是 1911 年的数据，1891 年还有 0.49%，1901 年则为 0.45%）[1]，况且其中大多数都居住在印度西部的某些个城市；至于曾为国教的佛教，只剩下奥利萨（Orissa）一地为数约 2000 人的一个教团，其他可见于印度的佛教徒则全都是外来移民。的确，印度教在其复兴时期亦不乏对这些异端的血腥迫害之举，不过，印度教之所以能取得异常迅速的胜利，关键显然并不在此。关键所在，除了一连串有利的政治条件之外，最重要的是：印度教能够以其独特的方式（一如印度特殊的社会环境所起的作用那样），赋予支配阶层的**正当性关怀**一股无与伦比

---

[1]　数目的减少是否真如 1911 年普查报告所认为的仅是由于城市的高死亡率，还大有问题，因为 1881—1891 年间数目还有相对的增长（从 0.45% 到 0.49%）。城居的耆那教徒大体上死亡率要比城居的印度教徒来得低。

的宗教助力，而这正是那些救赎宗教所无法提供的。相应于此，则是个更为显著的现象。

目前我们已经从印度教通过"部族"的归化而传布的过程里，观察到印度种姓秩序的重点所在。然而，印度教真正的吸引力尚在于：一旦成立，它的力量就会强大到将甚至是宗教范围之外的一切社会力都整合到自己的形式里来。以此，诸多反婆罗门、反种姓秩序，亦即直接反抗印度教之根本要素的宗教运动，都一再乖乖就范地回归到种姓秩序里。为何如此，道理并不复杂。当一个基本上反种姓的教派接纳了原属印度种姓的成员进入其共同体，并且使他们解脱了原有的种种仪式义务时，结果则是：这些抛弃原来种姓礼仪的所有改宗者，悉数被其种姓破门逐出而成为无种姓者。除非这个教派能够一举推翻整个种姓秩序，而不光是争取到它的部分成员，否则，就种姓秩序的立场而言，此等教派不过是客族之类——一种宗教上的客属族群，地位尴尬暧昧地存活于依然健在的印度教社会秩序之旁。至于原来的印度居民会对他们采取何种态度，则实际地取决于他们在新的共同体内所发展出来的生活样式。如果他们的生活样式在印度教看来是亵渎仪礼的（譬如吃牛肉），那么他们就会被看成贱民民族，若再长此以往，则被视为不净的种姓。我们知道其间的转换是变动不定的。倘若情况与上述相反，特别是当新的教派本来就具有仪式主义的性格，或者（多半如此）以礼仪分殊为其发展基调，那么时移势易，这些被牢固的种姓等级秩序结构团团围住的共同体会逐渐感觉到自己本质上无异于一个负有特殊仪式义务的种姓。

这些本来的异教者自然有其利益的考量，亦即确保自身相对于其他种姓的社会地位。仪式上的特殊性并无碍于他们的印度

教化，因为印度本来就有些种姓不雇请婆罗门，而拥有自己的祭
司。长此以往，此种教派要不是整体被承认为一个种姓（**教派种
姓**［Sekten-Kaste］），就是成为一个种姓之后，再按成员的社会地
位分成各种次种姓（当然这是在其内部有了相当的社会分化后的
发展）。或者情形有如我们前述的由部族归化到印度种姓秩序里的
发展方式，亦即：教派的上层、祭司、领主、富商等争取成为婆罗
门、刹帝利、吠舍，而其余的平民则成为一个或多个首陀罗种姓，
为的是借此分享一般印度上层种姓所享有的社会—经济特权。

　　目前，古老的教派灵根派（Lingayat）正经历着如此的发展[1]。
灵根派在中世纪时原本对婆罗门及种姓秩序采取非常强烈且根本
性的反对态度，可说是一种"基督新教式的"反抗；然而，经过
长时期典型的内部身份分化发展过程后[2]，最近，从一次次的人口普
查里，显示出它愈来愈顺服于种姓秩序的倾向，甚至于要求它的
成员也应该按照印度古典的四大种姓被登录到普查报告里。耆那
教教团的成员，如今由于一再地与一定的（商人）种姓通婚，印

1　灵根派是湿婆信仰的一个重要然而却非正统的支派。根据英国学者 Eliot 的说法，此派
　　大约是在 12 世纪后半叶兴起于加尔延一带（今海得拉巴境内），创始人为巴沙伐（Basava）。
　　Eliot 也认为灵根教徒的信仰接近清教徒：他们否认种姓、婆罗门的最高权威、祭礼和其
　　他仪式，以及一切后期的婆罗门教文献。在理论上，他们尊敬吠陀经典，实际上则有自
　　己的圣典。他们是严格的素食者和禁酒者。他们不坚持童婚制度，也不反对寡妇再嫁。
　　唯一崇拜的对象是以生殖器偶像为形态的湿婆神，经常随身携带这种偶像，悬挂在胸前
　　或手臂上，每日取出礼拜并沉思冥想。尽管选择这种标记作为崇拜对象，然而并不举行
　　任何猥亵的仪式。他们认为真正的灵根教徒不会因为出生或死亡而遭受污染，不会受到
　　巫术的伤害，在死亡时灵魂不再转生，而是直接归向湿婆神，因此不需要为死者进行任
　　何祈祷。详见李荣熙译，《印度教与佛教史纲》（Ⅱ），pp. 362—363。韦伯提到此一教派
　　有"愈来愈顺服于种姓秩序的倾向"，不过法国人类学者杜蒙对此论点并不同意。详见
　　王志明译，《阶序人》，pp. 359—362、556。——译注
2　情形和新英格兰的"五月花号"清教徒的门阀一样，换言之，相对于后来的改宗者，最
　　初的改宗者的后代成为一种尊贵且享有高度特权的次种姓。

度教徒也因而常视之为印度教里的人。佛教基本上一点儿也不抵触种姓秩序，不过，根据下述理由，佛教僧侣却被印度教视为特殊的异端分子，而他们本身也自视为非印度教徒。但这并无碍于北部边境孤立的佛教教团在僧院俸禄式地世俗化之后，采行一种独特的种姓分化的形态[1]。

即使是伊斯兰教，在印度也不得不被卷入种姓体制的洪流里。这点恰好与伊斯兰教初期典型的身份等级结构相联结：先知穆罕默德的——真正的或号称的——子孙，以及某些在宗教系谱上与先知氏族亲近的家族（sayyid 与 sherif），是其特权身份阶级[2]。由于财政考量，原先毫无限制的传教运动停止下来，并且原为伊斯兰教徒所专享的免税特权也不让新改宗者分润，这同样也造成新旧教徒间的隔阂——在印度，来自中东与波斯的移民与印度的改宗（伊斯兰教）者相对峙。最后，相应于古伊斯兰教社会的封建性格，地主的氏族相对立于无氏族的农民以及（特别是）职工。这些等差，伴随着继起的种种变动，决定了伊斯兰教种姓在印度的发展方式。

此外，有许多印度种姓除了崇拜自己的神祇之外，也尊崇伊斯兰教的圣者以及锡克教派之类的混合形态，或者印度伊斯兰教之采用许多源自印度教的仪式惯习等，此处便不再讨论。我们所关心的仅止于印度教生活体制的同化力量及其特殊的机能，亦即，

1　伊斯兰教徒侵入印度后，佛教徒被迫逃往尼泊尔，受到当地国王的保护。至今，佛教仍盛行于该地，只不过已经密教化，僧侣可以娶妻，并从事世俗的事务。——译注

2　sayyid 为阿拉伯语的殉教者之意，所指的不单是为宗教奋战而死者，尚包括在诵读《古兰经》或祈祷时不幸死亡者，在印度的伊斯兰教徒之间特别受到崇拜。sherif 在阿拉伯语中是指贵族。

社会地位之正当性的确认，以及相关联的经济利益的赋予。

印度教内在的社会生活体制里的这些中心意义，特别表现在此一宗教教义层面与仪式伦理层面之间的相互关系上。

第三章

印度教的教义与仪式

　　和中国的儒教一样，印度教也有"教义"与"伸张正义义务"的双重性，只不过内容有所不同。就术语而言，首先有 Dharma 与 Mata 的分野[1]。Mata 指涉形上的救赎学说。例如基督教义（Kristi-mata），要言之诸如：只有人，而且所有的人，皆有"灵魂"；一个超世界的存在从空无中创造出世界和所有的灵魂；每个灵魂都只在地上活一次，然其为"永恒的"，因为人死后必在天堂或地狱度其永恒的岁月；上帝借一处女创生神人一体的圣子，圣子在地上的事迹与功业对人类具有救赎的意义。像西方那样由于对某些基督教义的不同解说而产生教派的分立，对印度人而言一点儿也不足为怪，因为他们熟习同样的现象，亦即：各个哲学派别与教派之间尖锐的学说对立；婆罗门底下的某些毗湿奴派与湿婆派彼此之间甚至连对方的神祇名称都不得说出口。

　　同样的，有些事实也不至于困扰印度教徒，例如：像基督教

1　Dharma 在汉译佛经里译为"法"；Mata 的语源为"思想"之意。关于这些术语，参见 Shridar V. Ketkar, *An Essay on Hinduism* (London, 1911)。此书为"现代主义"的印度观，因此并非全无偏见。

里的情形，某些教义是一个教徒所绝对必须接受的前提——类似的情形，如我们即将看到的，也存在于印度教（虽然某些印度人会否认这点）；另一方面，也有某些教义，在一个类似基督教的教会里，甚至像天主教那样具有如此严格教条权威的教会里，是可被争议的，并且可以自由讨论——此种思想的自由，在印度教里得到最为彻底的发展，甚至极端到根本没有"教条"的概念。那些极为重要且极具特色、并且在任何教派的基督教徒看来唯独是自己特有的教义，却轻易就可为印度人所接受，且不因此而有碍其为印度教徒，例如，接受整个有如基督本质论及其附带的种种神学论点（事实上，它已深刻影响了毗湿奴派克里什那传说的形成），以及接受"因信称义"的教义（此一教义早在基督纪元前许久就已存在于印度教，特别是薄伽梵派 [Bhagavat]）[1]。

　　从印度的观点看来，基督教教义中尚有一些很重要的成分，或者更正确地说，一些前提，对印度人而言是一种蛮人的教义（Mleccha mata）[2]，正如希腊人之看待基督教为一种异教徒的哲学一样。此种差异或许亦导致基督本质论与因信称义说被纳入印度教时，在意涵上有着极为巨大的改变，并且使得基督教教义无论如何得放弃其具有普遍妥当性的诉求。在印度教里，某个教义可以

1　薄伽梵派为印度教的一个宗派，传说为公元前 4 世纪到公元前 3 世纪时刹帝利出身的毗湿提瓦所创的一神教。其唯一真神薄伽梵是具有一切善性且真爱洋溢的神，人若专奉此一信爱（bhakti），则必得神的恩宠，死后升天，与神共享无限喜乐。此教传布甚广，最后亦以毗湿提瓦为真神的一个名称，而被视同为毗湿奴神。《薄伽梵歌》为此派的圣典，而此派的教义与基督教和净土宗多有类似之处。——译注

2　Mleccha，音译为弥戾车、弥离车、蜜列车，意译边地、边夷无知者、卑贱、垢浊种、奴中奴，泛指边地之卑贱种族。梵语原指"言语不分明者"——如中文所说的"南蛮缺舌之人"，古希腊人称呼希腊以外的人或事物为"barbarous"（"barbarian"["野蛮人"]一词即自此而来）——引申指顽愚卑贱之种族，相传该族居住在印度西方或北方。——译注

是"正统的"，但未必具有"强制性"，就像在统合之后的基督新教教会里，改革派与路德派对于圣餐的解释有着教义上的差异一样。这并不是枝微末节的问题，而是就我们观念里的"宗教"而言，具有根本重要性的问题。在基督教的概念里，人之皈依"宗教"，主要是为了救赎目的（sādhya［化］）本身，亦即宗教许诺。其中，更重要的是"救赎之道"（mārga［道］），亦即手段的问题：人类是否能借此手段以达到救赎的目的。

若不计及此世的救赎财，印度教整体而言提出至少三种显然绝对是彼世的救赎目标供人选择（三大类下再分细目）。一、再度转生于世上，尽管仍为有限的生命，但境遇至少不比今生差，并且还要更好。或者，在范畴上相同于基督徒但内容大异其趣的：再生于极乐世界，这可能是 1. 在神的世界里（salokya），2. 靠近神（samipya），3. 化身为神（sarupya）。不过，此种再生和前者一样，有其时限，并且还会再转生于世。二、永生于一超俗世之神（毗湿奴）的神圣殿堂里，亦即个人灵魂不死于上述三种方式的任一种。三、个人的存在终止，并且 1. 灵魂与宇宙全一者合一（sayujya），或者 2. 遁入"涅槃"（nirvāna），只不过关于涅槃境界的本质，要不是众说纷纭，要不即是一片模糊。

以上三种救赎目标都是"正统的"，而第三种（尤其是第 1 项）特别是婆罗门的诉求，尤其是最高级的婆罗门教史曼尔塔派（Smārta）所好[1]，而"不死"（第二种目标）对他们来说就算不是反

---

[1] 史曼尔塔派为印度教之一派，特别注重实行圣传（Smrti），尤其是《家庭经》（Grihya-sūtra），于家庭内实修种种简明之祭祀仪礼，后扩大成为一派流行。其特色为礼拜五神：毗湿奴（Visnu）、湿婆（Śiva）、杜迦（Durgā）、太阳神（Sūrya）、智慧学问之神（Ganeśa），即以五所供养为日常祈祷。其宗教性之实修，系以六派哲学中之弥曼差学派之教说为基础；哲学性之教理，则以吠檀多学派商羯罗（Śankara）之"不二一元"说为依据。——译注

印度的，也是"非古典的"，情形类似道教的救赎教说之于儒教徒，或虔敬派的恩宠信念之于古典的路德派信徒。不过，忠实于"古典"的印度教徒总是能在第一至第三种救赎目标之间作个选择。只是，通达这三大救赎目标之任一者的救赎之道，则随着个人所遵循的教义之不同而有着相当大的歧异，诸如：禁欲、冥思、纯仪式主义的功德、社会成就意义下的功德（特别是职业美德）、热切的信爱（bhakti）等等累积性的、选择性的或排他性的因救赎目标之不同而异的各种手段。古典文学中（《摩诃婆罗多》）亦不乏如此的观念：个人可以自依救赎目标与救赎之道，从而自他所信从且受之庇荫的神那儿得到救赎财。"汝身所受，如汝之所信"这句话，在此得到最大胆的解释。

　　如此看来，在一个"宗教"里，想要得到比这更大程度的宗教"宽容"，似乎是不可能的。事实上，我们甚至可以推论说印度教根本就不是我们所说的"宗教"。而这正是印度教的某些代言人，如凯特卡（Ketkar）等人，极力向我们肯定的。在印度教的概念里，最接近西方所谓的"宗教"者，厥为"sampradaya"一词[1]。就此而言，是否属于某一共同体，并不取决于出生（亦即所谓的"开放的种姓"），而是取决于共通的宗教救赎目标与救赎之道，这也就是印度教学者所称的"信仰共同体"（Theophratrien）。在印度，此种"信仰共同体"，特别是耆那教、佛教，以及毗湿奴派救世主信仰的再兴和前述性力崇拜的湿婆教派，只要是仍执着此种根本原则的情况下，就全都被视为彻底异端的信仰——尽管如佛教并不否认印度教诸神的存在与力量，而毗湿奴教派的信仰共同体与性力教

1　意指古来确定而传于后世的传统道理。——译注

派也都还崇拜印度教的三大神（梵天、毗湿奴、湿婆）之一；甚至（至少从我们的观点，而大半是从印度教的观点看来），这些信仰共同体所特有的救赎资财与救赎之道，与印度教并没有什么基本的差异，至少其间的差异还不如正统教派相互间的差异来得大。和印度教相反，所有这些"信仰共同体"接受个人（以个人的资格）加入他们的团体，然而这也还不是他们之所以被视为异端的决定性因素。因为，加入某一个"教派"，并不会导致被印度教破门逐出，相反，正如古代史诗较晚期的部分与《富兰那书》所呈现的，自印度教独特的宗教思想形成以来，教派的出现毋宁是个相当普通的现象。

一个虔诚的印度教徒不光是个教徒，而且还是个印度种姓的成员。并且，情形可能是父亲属于湿婆派，儿子却是个毗湿奴派的信徒[1]。实际上这也意味着，前者受教于湿婆派的精神指导者（导师 [Guru]），而后者接受毗湿奴派导师的指导；在导师的传授下，学习完教派的祈祷文句（"真言"、曼陀罗 [mantra]）[2]后，个人即成为此一教派的成员，带着教派的印记（诸如额前彩绘），上教派所属的寺院，只崇拜（按个人的皈依）毗湿奴神或湿婆神或其化身（对他而言，三大神当中的其他两个只不过是其所尊奉的神之显现形式），除了遵循自己所属种姓的仪式之外，亦奉行教派的特殊仪式。这完全是正统印度教所采行的方式。

1　此种情形在古碑文资料里已有所记载。有个国王整修祖先所建的宗教建筑（706），因而提到他的一个祖先是毗湿奴信徒，另一个是湿婆信徒，而孙子和曾孙则是薄伽梵派（Durgā 或 Lakschmi）的信徒。

2　亦即陀罗尼（dhārani）、咒、明等。此词之起源本系表思维之工具，亦即"文字"、"语言"之意，特指对神、鬼等所发之神圣语句，唱诵曼陀罗之风，印度自古以来即很盛行，由吠陀经典即可见一斑。——译注

　　然而，上述信仰共同体之所以为异端，正在于：和正统教派相反，他们抹去个人的仪式义务，亦即个人与生俱来的种姓义务，并且无视或破坏个人应就的"法"（Dharma）。因此，当个人所弃守的是重要的义务时，他也就弃离了种姓，而失去了种姓的人，同时也就失去了与印度社会的联系，因为个人唯有借着种姓，方属于印度社会的一员。"法"，亦即仪式义务，是关键所在。印度教首要即为仪式主义，正如当代印度教代言人所说的：mata（教义）与 mārga（救赎目标）是变易不居的——换言之，可供"自由选择"的；而 Dharma 是"永恒的"——换言之，"绝对妥当的"。

　　碰上其他的宗教，印度教徒首先要问的不是"教义"（mata），而是律法。对他而言，基督新教教徒的"法"，正面的无非是洗礼、圣餐、上教堂、礼拜日与宗教节日休假，以及餐桌祈祷。所有这些事项皆可为印度上层种姓的成员所接受，唯独圣餐礼**例外**——意味着要强迫喝酒精性饮料，并且还要与非种姓成员同桌共食。而负面的，诸如准许教徒吃肉，特别是牛肉，并且喝烈酒，这些在在都为它烙上不净的异端蛮人之教（Mleccha-Dharma）的印记。

　　那么，印度教徒的"法"，内容为何呢？答案是："法"，相应于社会地位之不同而异，并且由于尚有"发展"，故而并非绝对确定不移。首先，这意指"法"乃是取决于个人所生就的种姓，当新的种姓自旧的种姓分裂出来时，"法"也就跟着分殊化。其次，这也意味着"法"会随着知识的进步而继续发展。然而，此种对于"法"的见解，在保守的印度教圈子看来，却只属于遥远的过去，属于先知感召的时代（在印度为卡利时代）；这样的时代，对任何由祭司或教士所统治的宗教而言（包括犹太教、基督教与伊斯兰教），都必须是已然过往、不复再现的——为的是屏障自己以防止新的改革运动。

不过，"法"无论如何还是可以被"发展"出来的，正如教派宗教的神圣命令是通过"发现"前此未知、然而从来就存在着的理论与真理而得成立一样。此种"发现"主要是靠着相关权威的宗教裁判与具有约束力的解答。就婆罗门而言，这些权威包括：法典解说者（Castri）与婆罗门学派的圣法习得者（Pandit）、婆罗门的高等学校、南印度斯陵吉里（Śringeri）的圣职者[1]、北印度桑喀什瓦（Sankeshwar）的商羯罗阿阇梨（Schri Śaṅkarācārya）[2]，以及婆罗门僧院长老（其地位类似古爱尔兰教会于修道院建制时期的修道院长老）。就其他种姓而言，"法发现"则源自各种姓机关的判决，有疑义时，一律以婆罗门的裁决为准（以往较今更甚）。

总之，律法的首要基础在于神圣的传统，这不外乎婆罗门的

1　Shringeri 为南印度迈索尔（Mysore）地方的一个僧院，相传是由吠檀多派（Vedānta）的大学者商羯罗（Śankara, 约 700—750）所创立，尔后成为商羯罗之绝对不二论哲学系统的中心地。——译注

　　　商羯罗是印度正统的吠檀多派的哲学家，他遍历诸国，攻破异敌，并创立教团以弘扬自己的学说。他留下许多著作，其中《吠檀多经注解》是现存最古老的注解。他的哲学被称为"绝对不二论"，至今仍为印度思潮的主流。——译注

　　　吠檀多派是印度六派哲学中最有力量的一支。吠檀多之意为"吠陀圣典之终极"、"吠陀之究极旨趣"，具体而言是指《奥义书》。此一学派对《奥义书》所含的教说进行解释，将之体系化，故被称为吠檀多派。其开山始祖虽为公元前 1 世纪左右的跋多罗衍那（Bādarāyana），但此派之根本圣典《梵经》直至 5 世纪左右才编成，以此确立其根本的哲学立场。《梵经》后来亦称为《吠檀多经》或《根本思维经》。吠檀多派反对持精神与物质二元论的数论派哲学，而以梵为宇宙之唯一绝对终极原因之一元论为《奥义书》之中心论题，目标在于对梵的考究以得解脱。其后，此派出现许多优秀的注释家与哲学家，逐渐衍生出众多立场互异的派别，其中，以主张"绝对不二论"的商羯罗派、"有限不二论"的罗摩拏遮（Rāmānuja,1055—1137）派、"二元论"的摩陀婆（Madhva,1197—1276）派为代表。——译注

2　承传商羯罗学问的僧院长被尊称为商羯罗阿阇梨，此种大师受到印度传统读书人最高的崇敬。Schri 则为尊敬祝福之意。——译注

判决实例及其文献经典里理性发展的教义。由于婆罗门所体现的并非官僚等级制，故而此处并没有某个特定教职之"无误的"教理权威存在，情形正如伊斯兰教、犹太教与早期的基督教会。各个种姓现行的律法的内容，事实上大部分是源自很久以前巫术惯习中的禁忌规范与巫术规范。然而，印度教的律法之所以有效，是因为其较之天主教教会现今的仪式戒律而言，可说是更彻底而且实际上更具重要意义的、完全的僧侣产物，并且经僧侣之手而文献化，这使得印度教产生相当深刻的转化。

第四章

吠陀经典在印度教里的地位

　　印度教和其他圣典宗教一样，有其公认的绝对神圣的经典，亦即吠陀经典[1]。印度人至少原则上必须谨守的少数"信仰"义务之一，即不得（至少不得直接地）否定吠陀经典的权威。按照传统的观点，举凡否定吠陀经典权威的教派，例如耆那教与佛教，即不属于印度教派。尽管此一观点如今并不具有普遍的妥当性，不过仍然是个标准的看法。然而，所谓承认吠陀经典——时间上贯通十数世纪（有的是 600 年前，有的则是 2000 年前）的歌谣、赞诗、仪式性与巫术性法式的大集成——实际上是什么意思呢？

　　吠陀的内容原先是口耳相传的，随着吠陀祭司在献祭时的不同职责而分为许多类别。当婆罗门各学派分别将之手书为文字之后，依古老成规，非婆罗门是不准阅读的，正如在天主教教会里，《圣经》为教士、僧侣所独占的情形一样；并且，婆罗门只能传授

1　此处我们所指的仅止于《吠陀本集》（*Samhitā*），亦即诗歌、祈祷文和咒式等的集成。在广义上，所有的圣书，包括任一吠陀之下的《梵书》与《奥义书》甚至《随闻经》等经书，都可算作是吠陀经典。

其中的某些特定部分给非婆罗门的俗人，但也只限于最高种姓[1]。然而，这不仅仅是出于将巫术性法式垄断为秘法的缘故——这些咒文法式原本是所有僧侣一般都使用的；其中还有比拉丁文《圣经》之独占的情形在客观上更要来得迫切的原因——尤其是在婆罗门的地位稳固之后，更有这层顾虑的必要。《新约圣经》中含有伦理内容的部分，首先必须由教士来加以相对化的解释（必要时，甚至要作出与原意相对反的解释），为的是使之能一般适用于大众教会且特殊适用于教士组织。吠陀经典却没有这样的问题，因为，其中根本没有所谓的"伦理"（就此字之理性意涵而言）。吠陀的伦理世界，不外乎由歌者所表达出来的英雄时代的一切，而这些歌者所在意的无非是君王与英雄的赏赐，并且不忘强调他们自己本身和诸神的力量（而他们甚至可以用巫术手腕影响诸神）。

　　赞歌，尤其是祈祷式，早就被认为具有巫术效力，也因此被僧侣所用而定型化。这使得它们免于遭受被净化的命运，诸如类似的中国古代文献受到孔子（或者其他人）的删修，犹太人的历史与宇宙创生文献遭到祭司们的编整。然而，结果却是：吠陀经典里几乎找不到印度教基本的神迹与人事，譬如印度教的三大神[2]，或者根本不存在于吠陀里，或者并非现行名称，更不用说他们后来的种种特性。吠陀的神祇都是些功能神与英雄神，相当荷马式的，

1　其实，所有的"再生族"——亦即婆罗门、刹帝利与吠舍——皆可学习吠陀，事实上也可算是一种义务，只有所谓"一生族"的首陀罗被摈除在外。《科多马法典》云："若首陀罗故意闻读吠陀之诵声，则其耳塞；若自诵之，则其舌糜；心忆念之则身体破坏。"参见高楠顺次郎、木村泰贤，《印度哲学宗教史》，p. 324。——译注

2　即创造之神梵天（Brahma）、维系之神毗湿奴与毁灭之神湿婆。毗湿奴在《梨俱吠陀》中为一太阳神，但地位颇低。梵天与湿婆神并未出现在《梨俱吠陀》中，直到若干《奥义书》中才跃居重要地位。——译注

一如吠陀时代的英雄：城居的车战战争君主，带领着一批荷马式的扈从，还有一群类似的、以养牲畜为主的农民围绕着。

吠陀的主神里，最重要的是性格恰相对反的两大神：因陀罗（Indra）与婆楼那（Varuna）[1]。雷神因陀罗是个刚烈的战神与英雄神（有如耶和华），也因此是非理性的英雄命运之神；睿智的婆楼那是掌管永恒秩序（特别是法秩序）的全知的功能神。这两大神祇事实上在印度教里根本无影无踪，没人崇拜，只靠着吠陀学者的庇荫而在历史上存在。不过，倘若计及以下两项事实，这就算不上什么稀奇事：其一，众多印度教神祇的神格之不稳定性；其二，缪勒（Max Müller）称之为"单一神教"（Henotheismus）的惯习，亦即早自古代的歌咏者以来，为了邀得神宠，一旦诉请某位神祇，即奉之为最有力的甚或唯一的神[2]。

---

[1]　因陀罗，吠陀神界中最受重视之神，其地位接近印度民族神。《梨俱吠陀》赞歌中，超过四分之一皆赞颂此神；为屠龙（乌里特那，Vritra）的勇士，喝苏摩神酒，举金刚杵退治恶魔，天地为之震动。此神之神格颇复杂，作为雷霆之神、战神等等，大抵皆偏向勇武一面，而较缺乏道德（伦理）的层面。后为佛教所吸收，即帝释天，为佛教之护法神，忉利天（三十三天）之主。

婆楼那为吠陀神界之司法神，极受敬畏。此神原本具有极大的能力，在自然界支持天、空、地，司四时昼夜之运行；在人间则总裁祭事，维持道德，代表古代印度民族最高的道德理想，亦即普遍的道德律，遵奉者有赏，背叛者则受罚。不过，随时代变化，其地位渐次低落，先为夜神，再而为水神（《阿闼婆吠陀》），《摩诃婆罗多》史诗中即以水神的身份出现。后为佛教的密宗所吸收，称为水天，密教十二天之一，护世八方天之一，为西方之守护神，乃龙族之王。——译注

[2]　Max Müller, *History of Ancient Sanskrit Literature*, p. 529, 532.

缪勒（1823—1900），德国的东方学、语言学者，生于德国 Dessau。曾就读于柏林大学、巴黎大学，师事薛林（Schelling,W.J.V.）、伯普（Bopp,F.）、布诺夫（Burnouf,E.）等人。1847 年渡英（后归化英国），刊行《梨俱吠陀》全集六卷（1849—1875）；复刊行四卷（1890—1892）。自 1850 年至去世为止，历任牛津大学副教授、教授等职。1875 年以后，完成《东方圣书》（*The Sacred Books of the East*）之编译，系吠陀经典、佛经、耆那经典，乃至《古兰经》、老子、孔子等关于东方宗教典籍之英译文集。借比较语言学、比较神话学、

　　吠陀尚且与印度教的律法正面冲突。如果说，官方公认吠陀——在其并非绝对不可或缺的条件下——有如基督教的新教徒之尊奉《圣经》，是印度教的"形式原则"，那么，在同样的条件下，印度教在仪式上的"实质原则"，亦即其普遍性的律法，无非就是牛的神圣性，以及绝对禁止屠牛。凡是表示抗拒此种规约者，便不是印度教徒[1]；吃牛肉的，不是"野蛮人"就是非高级种姓者。这样的观念从何而来，我们姑且不予理会，问题在于：吠陀里不只没有这样的禁制，尚且还视食牛为理所当然之事，更别说是禁止屠牛了。对此，印度教的"现代派"是这样解释的：由于当今这个时代（卡利时代）是如此的颓败，以至于古典黄金时代的自由在这点上不复可得。再者，若将眼光从仪式规则转移到印度教的内在意义结构，则诸如灵魂轮回以及以轮回观为基础的业报（报应）教义等如此根本紧要的概念，要不是全然不见于吠陀记载，否则

（接上页注）比较宗教学等新科学的研究方法，对解明印度学、东方学有无比之贡献，例如以比较语言学的观点，论证印度语系与欧洲语系为同一来源。缪勒为欧洲学术界研究印度文化之启蒙者，亦可说是英国学术界之梵语学元老，现代宗教学研究的开创者之一。日本学者南条文雄、高楠顺次郎即出身其门下。

　　所谓"单一神教"，是指在多神教的世界里，**一时地**崇拜某一特定的神祇为主神，并且将所有可能的功能都归属于这个神祇，且认其为唯一至上的神。单一神教在本质上与绝不承认他神之存在的一神教有所区别，但与明确地确立多神之相互分划的功能与组织的多神教也不相同；并且，就其一时的一神崇拜这点而言，也与单神崇拜——在众神之中永远只崇拜某一个神祇——有所分别，因此，缪勒也称单一神教为交替神教，最显著的即为印度的吠陀宗教。——译注

[1] 崇拜母牛（较和缓些，一般的牛），无论在经济上或仪式上都走到极端的地步。至今，畜牧的合理经营都还滞碍难行，因为牛只在原则上必须自然死亡，因此尽管不再有利用价值，都还得继续喂食（通过卑贱的种姓之手违背礼仪地毒杀牛只，多多少少缓和了一下情势）。认为牛的屎尿可以净化一切。一个虔诚的印度教徒和欧洲人共餐之后，至今仍用牛粪来洁净自己的身体（有时连同他的住屋）。没有一个虔诚的印度教徒在经过撒尿中的牛时不将自己的手按住尿水，然后像天主教徒用圣水那样，将之洒于前额与衣服上。收成不好的年头，则不计一切牺牲也要先保留牛的饲料。

就必须将之牵强附会地解释到吠陀经典里年代湮远、意涵模糊的某些章节里[1]。

　　吠陀宗教只知道一个地狱（阎罗王殿）与一个众神的天国——基本上相当于荷马与日耳曼之传说时代的"父祖之国"[2]。吠陀里不仅没有特殊的梵天，就连半似基督教的天国、半似奥林匹克神界的毗湿奴天与湿婆天也没有，更不用说再生之"轮"与涅槃了。吠陀宗教之肯定现世生命与财富，不仅止于印度教后来那种大众宗教的现世性之对反于达人宗教的程度，其彻底的此世取向，和世界各地类似的宗教——从半卡理斯玛、半封建的战争—掠夺共同体中生长出来的宗教——如出一辙。

1　业报与轮回思想大体而言并未见于吠陀时代，但起源于《梵书》时代，至《奥义书》时骨干已立，终至学派时代而完成。其中，《奥义书》早期哲学家耶求那尔克雅（Yājñavalkya）的立论至为关键。耶求那华尔克雅，又作祭皮衣仙，公元前 8 世纪左右之印度哲学家，其学说被认为系佛陀以前印度代表性之哲学论说，后世吠檀多学派实源出于此。——译注

2　《梨俱吠陀》中虽有神（Deva）与父祖（Pitr）的区别，但常有混用的倾向。《梵书》则区别之，天道（devayana）与祖道（pitryana）各别，而视祖道为再生于此世之境。在吠陀宗教里，有 Yama（焰摩）神，乃日神（Vivasvat）与娑郎尤（Saranyu）之子，与其妹阎美（Yami）为同时出生之神祇，故称双王。另据波斯古经《阿凡士塔注》（Zend Avesta）所载，人类之祖威梵哈梵特（Vivanhvant）始作苏摩酒祭祈神，由此功德而得一子，名为伊摩（Yima），此子即是焰摩。由上所述，可知此神之起源甚早，然其发达时期或在吠陀时代之后期。《梨俱吠陀》中有关于此神之赞歌，称焰摩为"唯一应死者"，是为人类最初之死者，为众生发现冥界之路，故为死者之王。此时代焰摩之住所，在天上最远之处，系一常奏音乐之乐土，有二犬为使者，常徘徊人间嗅出死者，以导之入冥界。然而在《阿闼婆吠陀》中，则将焰摩之住所转至下界，称为焰摩城（Yama-pura），系专依死者生前行为之记录而司掌赏罚之神。在《摩诃婆罗多》等史诗里，详细记有焰摩恐怖之形象，穿着血红色衣服，头戴王冠，骑水牛，一手持棍棒，一手执索。此一时代之焰摩具有两种性格，一即所谓之死神，率领众多使者取人性命，故当时称"死"为往焰摩宫，称"杀"为送焰摩宫；另一则为死者之王（Preta-rāja）、法王（Dharma-rāja），住于南方地下，为祖灵世界之支配者。后世印度教神话传说中，则将焰摩视为专为死者灵魂带来苦恼之恐怖神。此一观念后为佛教所采用，传入中国后音译为"阎魔"，与道教信仰相结合，而产生所谓阎罗王的观念。——译注

不错，我们固然可以从吠陀里得到关于印度教之教前史的讯息，然而并无法从中得知印度教本身的内涵及其最早的历史形态。吠陀之为印度教的圣典，差不多就像《旧约》里的《申命记》之于基督教。尊奉吠陀的权威乃是印度教徒的义务，而其作为"信仰之默示"（fides implicita）的意义[1]，比起在天主教会里的情形要更加根本紧要得多。原因正在于吠陀里从未提到"救世主"降临世间，并且通过启示另立新法取代旧法。然而在实际上，尊崇吠陀只不过意味着尊崇印度教的传统——与吠陀相联结并且不断阐释其世界图像的传统，以及传统之担纲者**婆罗门**的社会地位。我们所得之于吠陀的，也只不过是其之于古典印度教的地位，以及印度教往后发展的前驱阶段。

要了解婆罗门在古典印度教里及其现今的地位，就必须了解其与**种姓**制度的关联，若非如此则无以清楚认识印度教（即使我们已说了上述种种）。古老的吠陀对于种姓同样**一无所知**，这恐怕是吠陀最大的一个缺憾。至于后来的四大种姓的名称，吠陀只在唯一的、并且被认为是相当晚出的一处提到，更不用说种姓秩序后来取得的、并且成为印度教之专有特征的实质内容[2]。

种姓（意指种姓所提出与要求的仪式义务与权利）与婆罗门

1　"信仰之默示"，指随时准备将自己的确信置于教会权威的规范下；相对的则为"信仰之宣示"（fides explicita），亦即公开地、个人性地承认教义。两者皆为天主教的术语。——译注

2　专家们在《梨俱吠陀》的《原人歌》（*Purusha Sukta*，吠陀时代的最晚期产物）里发现"种姓制度的大宪章"（Magna Charta des Kastensystems）。至于《阿闼婆吠陀》，则于后文中再及。

　　《原人歌》中谓：由原人之头生婆罗门，由肩生王族，由腿生吠舍，由足生首陀罗，云云。为了正当化种姓制度，后世的婆罗门学者便屡屡援引"原人歌"以为据。——译注

的地位，是印度教的根本原理。而其中又以种姓为第一义，没有种姓即无印度教徒。对于婆罗门的权威，则有千差万别的态度：从奉为规范而无条件地服从到完全否定。确实有某些种姓否定婆罗门的权威，不过事实上这也只是意味着不尊重婆罗门为祭司者，不把婆罗门对仪式上的疑难问题所作的裁决当真，也从来不去请教婆罗门。乍看之下，这似乎和"种姓"与"婆罗门"两相联结于印度教里的事实相抵触。再者，虽说种姓对任何印度教徒而言都是绝对必要的，反之——换言之，任何种姓都是印度教种姓——并不亦然，至少在今天看来是如此：在印度，我们看到伊斯兰教徒有种姓——从印度教徒那儿借用过来的；佛教徒也一样。甚至印度的基督教徒也不能不在实际上承认种姓。然而，这些非印度教种姓，如下所述的，不只没有特殊印度教救赎教义所置于种姓上的巨大重点，并且也没有依据种姓间的距离远近（最终判准是与婆罗门的距离远近）以决定种姓之社会阶序的最高特征。这就是印度教种姓与婆罗门之间的关联之关键所在。某个印度教种姓尽管再怎么排斥婆罗门为祭司、为教义与仪式的权威，或在任何方面如何地拒斥婆罗门，总归还是逃不了这样的客观的情势：其社会阶序最终仍决定于其与婆罗门正面或负面的关系。

"种姓"本质即为社会阶序，而婆罗门之踞有印度教的中心地位，根基即在于社会阶序决定于婆罗门。为了了解这点，我们将转而观察印度教种姓的现况（普查报告里对此有部分学术水平不错的描述），并且连带地要简短讨论一下古代律法书籍及其他资料中相关的古典种姓理论。

印度教的种姓秩序如今已深受动摇。特别是在自古以来即为欧洲势力进入印度的门户——加尔各答（Calcutta）地区，许多的规范皆已无效。铁路、旅馆、外来工业影响下的职业流动与劳动集中、学院等等，都是肇因。"伦敦行走"（Londongänger），意指留学欧洲并与欧洲人自由交往的人，在上一代还被逐出种姓，但愈来愈不复如此。火车上的种姓包厢制度，类似美国南部各州区分"白人"与"黑人"使用不同列车与候车室的做法，也行不通。一切种姓顺位关系全都在松动，英国人所培植的知识阶层则和其他各处一样，成为特殊民族主义的担纲者，并且更加强了此一缓慢但莫之能御的转变过程。尽管如此，旧秩序在现今依然坚固。

第五章

婆罗门的地位与种姓的本质
——和"部族"、"行会"、"身份团体"的关系

首先，"种姓"概念的特征为何[1]？或者，让我们反过来问：什么不是种姓？或者，与种姓事实上或表面上相关的团体所具有的哪些特征是种姓所没有的？以及，我们打一开始就要处理的：种姓与部族的区别何在？

通常，一个部族，只要不是全然变成客族或贱民，就会有一块固有的部族领地。然而一个原生的种姓则从未如此。种姓的成员绝大部分住在乡间，并且（以一定人数为单位）分村而居。在每一个村落里，通常只有一个种姓拥有完全的地权。不过他们还有从属的村落工匠与劳工一起过活。无论如何，种姓并不是地域性的领域团体，这和他们的本质相乖隔。一个部族，至少原先是以血族复仇的义务为纽带直接或间接通过氏族的媒介而维系起来的。种姓则完全不然。部族原先一般而言都包含有许多、往往几乎是所有为了满足生活所必须要有的职业。一个种姓，至少现今，也可以是包容着各式各样不同职业的人群（某些高阶种姓自古便

---

1 "种姓"（Kaste）一词最初从葡萄牙语而来，印度自古以"varna"称之（"肤色"之意）。

是如此）。不过，情形往往是：只要种姓并未失去其种姓的性格，那么种姓成员若非甘冒被逐出种姓的危险，所能从事的职业总是非常有限。即使今日，"种姓"与"职业类别"还是紧密结合的，后者的变更即意味着种姓的分裂。此种现象并未见之于"部族"。一个部族通常包罗着各种社会等级的人。一个种姓也可以分解为许多极为不同等级的次种姓。现今，几乎毫无例外地，一个种姓往往包含了数百个次种姓。此时，这些次种姓彼此之间也会建立起等同于或几乎等同于不同种姓之间的关系。一旦如此，这些次种姓实际上也就是种姓，全体共通的种姓名称只具有（或几乎只具有）历史的意义，用以支持其名下的次种姓在面对其他种姓时的社会地位。因此，在一个更大的共同体内部，种姓实质上与社会等级密不可分。

决定性的关键在于，部族一般而言原本就是个政治团体，若非独立团体（原先多半是独立的），即为某部族联盟的一部分。或者，就如一个（希腊式的）"Phyle"：作为某一政治团体的一部分，在政治目的的规制下，享有一定的政治义务与权利，诸如投票权、政治权位的份额权，以及轮流或按比例分担政治—国家财政的赋役义务等。种姓则从未成为一个政治团体，尽管在个别的情况下也会和一般行会、手工业行会、氏族及其他任何团体一样，被政治团体课以赋役义务，就像印度在中世纪（特别是孟加拉）所常见的情形。种姓本质上总是被包含于一个社会共同体里的一种纯粹社会性、（多半是）职业性的团体。然而，种姓并不必然且绝非惯例只是某一个政治团体的分支团体，而毋宁是远远超出任何政治团体的界限之外，即使是其所从属的政治团体的全部范围也不足以完全涵括。有的种姓分布于全印度，然而至今所有的次种姓以及大部分的小种姓都只分别局限于其各自的小地区里。政治区划往往强烈影响某一地区里的种姓次序，然而最重要的一些种姓则超然于政治单位之上¹。

　　若就社会规范的实质内容观之，部族与种姓的区分则在于：部族所行的是血族外婚制、图腾共同体外婚制以及村落外婚制，族内婚只在以部族整体为单位的情况下进行，不过绝非惯例。相反，种姓主要是以内婚制为其基本原则。饮食规则与共同生活规约是种姓固有的特征，但在部族则不然。

　　我们已看到，部族一旦失去其定住性而成为客族或贱民，即可能和种姓相类似，甚至相似到实际上无法分辨的地步²。至于两者之间还有哪些差别存在，则留待我们检验种姓的实证特征时再来讨论。现在，问题是：和"部族"相反，种姓一方面往往与职业类别密切相关，而另一方面又与社会阶序有密切的关联，那么，同样是以这两种原则为建构基础的团体，如职业团体（行会：

1　在现今的印度教种姓（主要种姓）里，我们发现有 25 个种姓遍布于全印度各地，人数约为（印度教总共 2.17 亿教徒当中的）8800 万。其中包括古老的祭司、战士和商人种姓：婆罗门（1460 万）、拉吉普（943 万）、Baniya（300 万或 112 万，全视计不计入分裂出去的次种姓而定）；以及古老的官吏（书记）种姓 Kayasths（217 万），古老的部族种姓如 Ahirs（950 万）和 Jats（698 万），不洁净的大职业种姓 Chamar（皮革工，1150 万），首陀罗种姓 Teli（榨油业者，421 万），高贵的手工业种姓 Sonar（金匠，126 万），古老的村落工匠种姓 Kumhar（陶工，342 万）与 Lohar（锻冶工，207 万），低等农民种姓 Koli（苦力 [Kuli]，由 Kul, clan 之义而来，大体意指"教父"，317 万），以及其他各种不同来源的种姓。由于种姓名称既多且杂，并且明明源之于同一种姓然而在各地的社会顺位却又不一，使得直接的比较极端困难。

2　例如 Banjaris 在中央省是一个"种姓"，在迈索尔则是个（泛灵论的）"部族"组织，但两者的营生方式（职业类别）倒是一样的。同样的例子所在多有。

Gilde,Zunft)[1]与"身份"团体，与种姓之间又有着怎样的关联呢？

　　首先，我们先讨论种姓与行会的关系。印度的商人行会（Gilde）——包括行商与坐贾（自产自销的工商业者）——与手工业行会（Zunft），早已存在于城市发展的时代，特别是各大救赎宗教成立的时代（我们后面会看到，行会与救赎宗教颇有关联）。行会多半是在城市里，但也有在城市外的情形，其余绪至今尚可得见。当其鼎盛时，行会的地位颇类似于其在西方中世纪城市里的情形。商人行会团体（Mahājan, 词意同于"popolo grasso"）一方面与君侯相对立，另一方面则与经济上处于从属地位的手工业者相对立，如同西方的文人行会与商人行会之相对立于下阶层的手工业行会（popolo minuto）[2]。同样的，印度也有下层手工业行会的团体（panch）。此外，在印度的家产制诸侯国里也不乏埃及与罗马晚期的那种赋役制行会。不过，印度的发展方向自有其独特性，换言之，此种城市行会（商人行会与手工业行会）的萌芽，非但没有导向西方式的城市自治，即使在大家产制国家形成之后，也

1　韦伯根据标准日耳曼词汇的用法，将 Gilde 与 Zunft 区分开来。在 Gilde 里，商业利益具有支配性的地位，往往"整个市镇"只有一个这样的团体；至于 Zunft 里，则制造业者较为重要。不过此一区别并非那么清楚，这点韦伯自己也很慎重。此处有时视情况将Zunft 译为"手工业行会"。——译注

2　直到 13 世纪为止，意大利（主要是在北部）的城市一直还控制在封建贵族手中，然而当时意北工商业已日渐发达，为了保障自己的利益，富商及企业家乃联合起来组织称为"popolo"的团体，以对抗贵族。popolo 在意大利文中即"人民"之意。到了 13 世纪末叶，他们已成功控制了一些城市。至于"popolo grasso"，指的是受过大学教育或拥有资本的阶层，他们被组织成七个上层行会（arti maggiori），亦即法官与公证人、货币兑换商、进口布商、佛罗伦萨毛布商、丝织品商、医师与药物商以及毛皮商人的行会。起初，所有的城市官员都必须从这七个贵族所加入的行会里选举出来。"popolo minuto"（小企业经营者）则是由 14 个较低的行会（arti minori）组成的，他们经过数次的暴动之后，才正式获得参与权。——译注

没有促成与西方"领域经济"相应的社会—经济领域组织[1]；相反，萌芽期早在这些组织之前的印度种姓制度压倒了一切：种姓制度若非全部排挤掉这类组织并取而代之，就是使其萎缩凋敝，总之，不令它们取得任何可观的重要性。就其"精神"而言，此一种姓制度完全相异于商人行会与手工业行会。

西方的商人行会与手工业行会当然也不会漠视宗教的利害关系。与此相关，社会阶序的问题在行会里也扮演了紧要的角色，譬如行会在游行队伍中应该排在哪个位置的问题，往往比经济利益的问题更能引起顽强的斗争。再者，在一个"封闭性的"行会里，换言之，一个严格限制"营生"（Nahrungen，具营业权者）数额的行会里，师傅的地位是世袭的；有些类似行会的团体以及从行会里发展出来的团体，会员权甚至是继承的对象。在古代晚期，成为赋役制行会的成员，正和农民之受束缚于土地一样，是一种世袭性的强制义务。最后，西方中世纪里也有在宗教上被降格的"不体面的"行当，相当于印度的"不净的"种姓。尽管如此，存在于职业团体与种姓之间的根本差异，并不因此而有所宽解。

首先，某些事务，对于职业团体而言，部分是例外、部分是偶然的结果，然而对于种姓而言，却具根本重要性。不同种姓之间的巫术性距离即为其一。1901年，"联合省"（总数约4000万人）的居民里大约有1000万人是属于不净的种姓，亦即若与其有身体上的接触，即会遭受仪式性的污染；在"马德拉斯州"（总数约5200万人）里，差不多有1200万的居民，只要和他们在一定的距

1　"领域经济"（Territorialwirtschaft）是指经济发展上的一个阶段。此词由史摩勒（Gustav Schmoller）所创，他将经济发展阶段分别为"农村经济"、"城市经济"、"领域经济"、"国民经济"。——译注

离之内（距离依种姓之不同而异，尽管不曾直接接触他们），也会受其污染。反观（西方）中世纪的商人行会与手工业行会，并未在各个行会与工匠之间设下仪式性的藩篱，除了如上所述的一小撮从事"不体面行当的人"，如贱民或客族劳动者（诸如皮毛工与刽子手），由于其特殊的地位，而在社会学上接近于印度不净的种姓。各种上流职业间的确是有婚姻上的藩篱存在，然而并未有任何仪式上的壁垒——像种姓之间在仪式上根本的壁垒分明。"体面人"的圈子里更是完全没有居处饮食上的仪式性障碍，而这可是种姓差异的分辨基础。

更进一步，种姓根本上是世袭的。不过，种姓的世袭性不同于西方绝对封闭性行会——此种行会无论在哪个时代都绝非多数——的那种世袭性，亦即，并非垄断营利机会于一定最高摊派数额的结果。此种生计垄断的分摊制度，也存在（并且至今多少尚存）于印度的职业种姓里。不过情况最显著的地方并不是在城市，而是在乡村。况且即使是在村落里，生计的份额限制也与"行会"组织毫不相关，并且也毫无必要。因为典型的印度村落工匠都是（至今仍是）世袭的农工与实物给付雇工（Instleute, Deputatleute，如德国东部人所说的）。此外，最重要的一些种姓（尽管并非全部），都保证其个别成员一定的地位（相当于我们西方的师傅地位）。并且，并不是所有的种姓都独占某一整个行当，就像行会至少会企图那么做的。西方的行会，至少在中古时期，原则上都是奠基于学徒之自由选择师傅，这使得子孙有可能去从事不同于父祖的职业，但这在种姓则是从未有过的现象。当行会随着营利空间的逐渐窄化而增强其对外的封闭性时，相反的现象倒往往见于种姓，换言之，正是在有利的营业时空下，种姓最易于保持其仪式规定的生活样式以及其世袭的行业。不仅如此，两者间还有另一层更重要的差异。

西方中古时期的职业团体彼此之间尽管斗争不已，却也有其相互友爱的倾向。意大利的"商人团体"（mercanzia）[1]、"popolo"，北欧的"Bürgerschaft"，原则上都是职业团体的联合组织。南欧的"人民首长"（capitano del popolo）[2]与北欧——虽非必定，但亦不少——的"市长"（Bürgermeister），就其最原先的特殊意涵而言，皆指职业团体的誓约共同体之首长；这些团体或以合法或以非法的手段取得其政治权力。不究其法律上的形式为何，中古晚期城市的成熟政治形态（亦即社会学上最重要的城市类型之一），**事实上**乃是奠基于其营业市民的兄弟爱上，并且通常是借着行会之结为兄弟的形式来达成，这与古代城邦之最内在根本为奠基于共同防卫团

1　mercanzia 其实并不只限商人，还包括经营其他企业者，此一组织本非政治性的团体，不过等到 popolo 起而控制城市行政时，由于 popolo 是由各个行会的代表组成，mercanzia 自然成为 popolo 的前身，mercanzia 之首长（podesta mercatorum）往往成为最初的 capitano del popolo。——译注

2　城市共同体的最高长官，在意大利多半被称为"人民首长"（capitano del popolo, capitaneus populi），任期短，多半一年选举一次，支领薪资，并往往按照自治体的 podesta 的模式，由外面招聘而来，此时，他必须带着自己的官吏干部一起来。popolo 提供给他一支多半由市区或由行会征召而来的民兵部队。就像 podesta 一样，他通常是住在一个备有高塔的特殊的"人民之家"——popolo 的要塞。协助他的，特别是在财务行政上作为特殊机构的，是由各行会按市区分别选举出来的短任期代表（anziani, priori）。人民首长所要求的权力包括：在法庭上保护人民、对自治体官方的决议提出异议、向官方提申建议案，并经常直接介入立法。不过，最重要的还在于他之共同参与 popolo 本身的决议。人民首长往往会获得参加城市自治体各机关会议的权利，可加以监管，亦可将之解散，有时，他还有权召集城市市民、执行议会的决议（如果 podesta 没这么做的话）、宣布或解除放逐令、参与监督与管理共同体的财政——特别是被放逐者的财产。在官方序列的顺序里，人民首长是位于 podesta 之下，不过，若如上述的情形，他又是城市自治体的官员，亦即 capitanus populi et communis（popolo 与自治体之长），然而实质上，他多半是两人之中较具实力的。他通常还握有城市自治体的军事力量，并且当军队是由雇佣兵所组成时，情形更是如此，因为佣兵军队唯有靠着富裕的 popolo 人民的租税给付才能够维持。——译注

体与氏族的兄弟爱上是一样的。要记住，"兄弟爱"（Verbrüderung）
正是基础所在。

　　还有些事也不能说是不重要的，诸如西方城市的建立，不管
是在古代或中古时期，无一不是与市民的祭典共同体之成立携手
并进；其次，行政干部的会食聚餐、商人行会与手工业行会的酒
店聚饮及齐步游行上教堂，在在都历历如绘于西方城市的官方文
件里；中古时期的市民，至少在圣餐时，无不彼此欢庆相偕地同
桌共食。无论何时，兄弟亲睦总是以聚饮共食为前提。重点并不
在于必须真的日日行之于生活里，而是要在仪式上有此可能。即
使只是如此，也不为种姓秩序所接受。

　　种姓之间彻底讲求"兄弟爱"是不可能的[1]。因为种姓的建构
原则之一，是不同种姓间的共同生活里至少应该要有仪式上牢不
可破的屏障[2]。婆罗门的食物光是被一个较低种姓的人瞄上一眼就
会受到仪式性的污染。在最近一次的大饥荒里，英国行政当局不
得不广开大众食堂以赈济所有饥民，当时的记录却显示出：所有
种姓的贫民皆迫于饥困而同来进食，尽管平日在非自己种姓者眼
前进食是仪式上严格禁止的[3]。不过，即使是饥馑当头，较严格的种
姓并不以事后再用赎罪仪式来清除巫术感染的可能性为满足，在

1　此种对比，和社会学上所有的现象一样，并不是绝对的，也并非没有过渡的形态，然而
　这样的一种"基本的"特征，就历史上而言，倒是具有决定性的意义。

2　不同种姓间的同桌共食，实际上只不过更证实了此种原则的存在。例如某些拉吉普与婆
　罗门次种姓间的同桌共食乃是基于后者自古以来即为前者的家庭祭司。

3　在1866年的饥荒里，孟加拉的一批因违反礼仪与食事规则而被破门逐出者组成了一个下
　级种姓（Kallar）。后来，其中又有人因为无法以一卢比（rupee）购买六西尔（seer）食物，
　而成为违反规定的少数者，于是分离出来成立一个次种姓，相对于他们的是早先违反以
　一卢比换十西尔食物之比例的多数者。

威胁把进入食堂进食者处以破门律的恫吓下，他们得以贯彻种种
要求，诸如：雇用高级种姓的厨师——他们的双手被所有的种姓
都认定是仪式上纯净的；同时，往往用粉笔在食桌周围画线，或
以其他类似的办法，为各个种姓创造出象征性的别室（chambre
separee）。面对饥饿致死的威胁，就算再强的法术也无能为力，有
鉴于此，即使是严格的仪式主义的宗教，诸如印度教、犹太教与
罗马的宗教，皆有办法在仪式上为此种极端状态开启方便之门。
只不过，从此种例外状况到西方那种同居共食与兄弟爱，还有很
长的一段距离。在诸王国成立的时代，我们发现有国王邀请各
个种姓（包括首陀罗在内）上他餐桌的情形，不过，至少按照古
典的看法，他们还是分别坐在不同房间的；并且，由于有一个自
称是属于吠舍的种姓被安排和首陀罗坐在一起，遂引发了一场在
Vellala Charita 里（半传说的）著名斗争，我们在下面还会详加讨论。

　　现在，让我们再看一下西方的情形。在《圣经·加拉太书》
第二章第十二、十三节里，保罗指责彼得在安提阿起先和未受割
礼的外邦人一同吃饭、随后却在耶路撒冷人的影响下退出而与外
邦人隔开，"其余的犹太人也都随着他假装"。这段对于伪装的
指责，尤其是针对着这么一个使徒，并未被删除，或许正清楚地
显示出事件本身对于当时的基督教徒而言是多么的重要。确实，
颠覆同桌共食的仪式障碍，实意味着打破犹太人自发性的聚居
（Ghetto）——其作用远远超乎任何强制性的聚居；这不但破除了
犹太人在仪式上被赋予的贱民的地位，对基督教徒而言，这更意
味着基督教之终获"自由"，保罗对此一再额手称庆，毕竟这实现
了他所宣扬的普世博爱的教说，换言之，打破了国与国之间、身
份与身份之间的壁垒。为圣餐共同体而打破血统出身上的一切仪

式障碍（正如在安提阿所发生的）——作为宗教上的先决条件，同时也就是西方"市民"概念诞生的时刻，尽管要等到一千多年后，中古城市的革命性"誓约共同体"（conjurationes）的出现[1]，才算真正地落实了此一概念。因为，若无同桌共食，或换个基督教的说法，若非共进圣餐，那么，誓约兄弟团体与中古的市民体制将永无可能。

　　印度的种姓秩序为此种种设下了一道（至少靠着自己的力量）无法超越的障碍。种姓之间不仅横亘着永远的仪式壁垒[2]，更甚的是，彼此间即使没有经济上的利害冲突，多半也都相当冷漠，往往是死命的嫉妒与怨怼，原因无他，只为彼此彻彻底底皆以"社会阶序"为取向。这与西方职业团体间的情形恰相对反。在西方，不管礼仪问题与阶序问题在职业团体间扮演了何等（往往是相当重要的）角色，这些问题从未产生过像对印度人那样锁定在宗教上的重要意义。此种差异也在政治方面导致颇为重要的结果。

　　印度的行会团体"Mahājan"，由于团结一致而成为诸侯非常重视的一大势力。常言道："君侯必得承认行会对于人民所行的一切，不管是善是恶。"行会借着贷款而从君王那儿获得特权，令我们想起西方中世纪里的情形。行会的"长老"（Schreschthi）属于最有权势的名门望族，与当时的战士贵族和祭司贵族比肩并列。此种状况所行之时与所到之处，种姓的势力尚未伸展，并且还受到敌视婆罗门的救赎宗教的阻挡与动摇。而后，情势逆转为种姓

1　有关西方中古城市的"誓约共同体"，参见韦伯，《非正当性的支配——城市类型学》，pp. 56—76。——译注

2　邦库拉（Bankura）的一个太守曾应一名羌达拉（Chandala）的请求，强迫金属工种姓 Karnakar 与羌达拉同桌共食；根据 Mahmudpuria 的起源传说，这导致 Karnakar 的一部分人逃往 Mahmudpura，并在那儿组成一个坚持较高社会阶序要求的次种姓。

制度的全面支配，不只使得婆罗门的权势大增，君侯的力量也得到伸展，而行会的势力就此崩溃，因为种姓彻底排拒市民之间与业者之间一切的团结和政治上紧密的兄弟之情。只要君侯尊重传统礼仪，并且重视对他而言最重要的、种姓基于传统礼仪的社会要求，他便不只可以（而且实际上也如此）坐观种姓的相互争斗，从中取利，并且，特别是当婆罗门站在他这一边时，对于各种姓也就一无所惧。以此，我们不难猜想是什么样的政治利害关系在种姓体制取得全面性支配的转变过程中插上一手。此种转变将印度的社会结构——一度似乎贴近欧洲城市发展的门槛——导向正好远离西方发展的轨道。"种姓"与"手工业行会"、"商人行会"或任何"职业团体"的根本重要差异，在这些世界历史进展的分岔路上，醒目地显示了出来。

如果说种姓与"行会"或其他任何一种单纯的职业团体根本是异质性的两样东西，那么，根本核心与社会阶序紧密相连的种姓，和以社会阶序为其特有本质的**"身份团体"**（Stand）之间，又是怎样的关系？什么是"身份团体"？"阶级"是指从一定的利害关系角度上而言具有相同经济地位的人群团体。拥不拥有物财，或具不具备某种工作资格，构成了"阶级地位"。相反，"身份团体"则意味着某种社会荣誉或不名誉，重要的是，它乃是取决于一定的生活样式，并且由此种生活样式表露出来。社会荣誉有可能直接附着于某个阶级地位上，并且确实多半决定于身份团体成员平均的阶级地位。当然，这并不是唯一必然的情况。相反的，身份团体的成员资格也会影响到阶级地位，因为身份团体所要求的生活样式（Lebensführung），自然是拥有一定资产或某种营生技能者才能达到的，而其他人即被排拒于外。身份团体可以是封闭性的（"血族身份团体"[Geburtsstand]），也可以是开放性的[1]。

种姓毫无疑问的是一种封闭性的身份团体。身份团体资格所附带的一切义务与壁垒，无不存在于种姓，甚且更被强调到最高点。西方所谓的封闭性身份团体，是指不与非团体成员通婚。不过，一般而言，此种婚姻上的壁垒只不过严格到：若不顾禁忌而与外人通婚，即构成"非正婚"（Mißehe），而非正婚子女则被"左降"。此种婚姻壁垒如今仍残存于欧洲的高级贵族间。在美国则见于南部各州的白人与黑人（包括所有的混血儿）之间。不过，不消说背后所招致的社会杯葛，在那儿杂婚可是法律上绝对禁止的。

今日，在印度，不只是种姓与种姓之间，就连次种姓与次种姓之间，也都是严禁通婚的。法典上早已将种姓间的混血儿列入比其父母任一方都更低的种姓，并且绝无可能跻身于前三个（"再生族"）种姓。在更早以前，情形并不是这样，而且至今仍为某些重要种姓的惯习：即使是现今，我们还是偶尔可以发现属于同一种姓的次种姓之间，甚或是社会地位相当的种姓之间，充分通婚的情形[2]。这在更早以前，无疑是较为普通的现象。尤其是，通婚原先显然并不是被禁止的，一般惯行的毋宁是上嫁婚（Hyper-

---

1 若以后者而论，用"职业身份团体"（Berufsstand）代称也是不对的。决定性的关键在于"生活样式"，而不在于"职业"。生活样式固然可以要求某种职称（比如军职），然而能够顺应生活样式之要求的职务内涵（例如作为骑士而非佣兵的军事职务），方为决定性的要点。

2 根据盖特（Gait）1911 年的普查报告（Vol. I, p. 378），此种通婚的情形行之于孟加拉的同等高贵种姓 Baidya 与 Kayasth 之间、旁遮普的 Kanet 与 Khas 之间，有时亦行之于婆罗门与拉吉普之间、Sonar 和 Nai 与 Kanet 之间。富裕后的玛哈拉塔农民亦可以用丰厚的婚资娶得 Mohartha 的女子。

gamie）[1]。高阶种姓的女子下嫁较低种姓的男子，会贬损女方家族的身份荣誉，然而拥有较低种姓的女子为妻却不会有此顾忌，他们的子女也不会受到贬抑（即使有也只是某些方面），直到确实是后世才制定的继承法里，他们才受到较不利的待遇，正如以色列当地"婢女（及异族女子）之子在以色列不得继承"的规定是后世才制定的法规一样。世界各地无不如此。

即使在入侵且占领印度的战士极度短缺妇女的情况——此种情况，和世界各地一样，迫使战士们不得不去娶被征服者的女子——已告一段落后，经济上有能力负担多妻制的高阶层男子对于合法享有多妻的兴趣仍然未变。结果是，印度的低阶种姓女子拥有一个广大的婚姻市场，并且越低阶者越大，反观最高阶种姓的女子，其婚姻范围却仅局限于自己的种姓内，更甚者，由于低阶种姓女子的竞争，即使是在这个有限的婚姻市场里，她们也未必一定能独占。这导致低阶种姓的女子因需求甚殷而抬高出嫁的身价，并因而多少造成一妻多夫制的现象[2]；相反，高阶种姓的女子则难于找到身份相当的夫婿，并且越是难找到，未能及时成婚也就越是失婚女子及其父母的耻辱。女孩的父母亲必须以极为可观的妆奁来买一个女婿，而女婿的招募（通过婚姻中介者）则成为

1　所谓上嫁婚，是指女子不得嫁给等级比自己低的男子的婚俗。旁遮普省的拉吉普现今仍盛行上嫁婚，甚至连 Chamar（不洁净的皮革工种姓）的女子都可以花钱买来。——译注

2　村落与村落之间或特殊的团体（例如 Goli）之间，之所以形成婚姻联盟（Ehekartell）——诸如常见于 Gujarat 的 Vania（商人）种姓以及农民种姓的情形，是由于富裕者和城市居民的上嫁将婚资抬高到中等家庭与地方人民无力负担的情况下，由后者所作出的反击，而不是所谓的"原始群婚"的一种"遗习"。在印度，如 1901 年的普查报告所指出的（*Census Report*, 1901, XIII, p. 193），有的村落整体——**包括不净的种姓在内**——都将彼此视为亲戚，新婚者被所有人称为"女婿"，老一辈的被所有人称为"叔伯"，这明白地显示出，这种现象绝非和"原始群婚"有一丁点儿关联；印度如此，他国亦然。

父母自女儿幼时便最为担忧的事。事情最后发展到，女孩子如果长到青春期都还未能找到夫家，那么简直就是一种"罪恶"[1]。

伴随着童婚制的[2]，是杀女婴的风气。杀女婴一般都是贫穷人在生活拮据的情况下不得已而行的，然而在印度，这却是高层种姓特有的惯行[3]。综观以上可知：种姓在通婚的问题上将"身份"原则推高到了极点。如今，上嫁婚只是行之于同一种姓内部的通则，即使如此，也只限于拉吉普种姓以及某些在社会上和其亲近或在地理上接近其古来部族领地的种姓（诸如Bhat,Khattri,Karwar,Gujar,Jat）。一般而言，种姓仍然严守族内婚制，并且多半是以次种姓为单位的族内婚，顶多不过被婚姻联盟（Ehekartell）多少破坏一些。

类似的情形也发生在同桌共食的生活规范上：一个身份团体通常绝不会和社会等级较低者往来。在美国南部诸州，一个白人若与黑人有任何社交往来，必然招致其他白人的杯葛。就一个"身份团体"观之，"种姓"不过是将此种社会等差提升和转换成具有

1　其结果是导致一种怪异的现象，可见之于Kulin婆罗门所喜好且大大有名的婚姻惯习：由于他们是如此地被渴求为女婿，所以便做起交易来，办法是订定要求一定酬劳的契约，进行一场缺席婚姻。以此，女方便免除了嫁不出去的耻辱，但此后仍待在娘家，见不见得到新郎，要看是否有什么商业上或其他的原因，将新郎带到他有个（或有很多个）这种"妻子"的地方。新郎一旦来到，即出示契约书给岳父，然后以岳家为"下榻处"，免费地尽情享有那位女子——毕竟她终究是个"合法的"妻子。

2　童婚制所造成的结果包括：1.在与寡妇独身制结合下，印度有部分5到10岁的少女成为寡妇（并且终身不再婚）。寡妇独身制源于骑士时代惯习下的寡妇自杀制度——领主死时须以其私人物品，尤其是他的妻妾来陪葬。2.由于少女未成熟即结婚，所以产妇死亡率高。

3　尤其是拉吉普。尽管英国官方已于1829年发布严格的法令，然而到了1869年时，拉吉普塔纳的22个村落里，相对于284名男孩，只有23名女孩。追溯到1836年的调查，在一些拉吉普的地区里，1万人口当中居然找不到一个1岁以上的活着的女孩。

宗教性甚或巫术性的意义。自古即广泛流传于印度外围地区的"禁忌"概念及其社会惯习，或许便助长了此种转化。除此之外，促成的因素尚包括沿袭而来的图腾仪式主义，以及视某些工作为巫术性不净的观念（此种观念各处皆有，只不过在内容上和深度上出入甚大）。

印度教的饮食规则本身就复杂得很，所牵涉的问题还不止于：1. 可以吃些什么；2. 可以和什么人同桌共食。这两方面都有严格的规定，最严格的情况多半仅限于同一种姓的成员。更进一步的问题是：3. 可以自何人手中接过特定的食物，在高贵的家庭里，这实际上意味着谁可以来当厨师；以及 4. 哪些人连瞄一眼食物都不可以。在第三个问题上，有食物与饮料的分别：端视其是否牵涉到水或水煮的食物"卡恰"（kachcha），以及以奶油烹煮的食物"帕卡"（pakka）。关于前者，规定特别严格。与固有的会食规则（较狭义而言）相关联的是可以和什么人一起抽烟的问题。旧有的习惯是大伙儿一起轮流抽同一管烟，因此是否一起抽烟，决定于抽烟伙伴在礼仪上的纯净度。总之，所有这些规则，都同属于一个包罗了种种规范系列的范畴，而这些规范正是仪式性种姓阶序的"身份"特征。

所有种姓的社会阶序无非是取决于：最上层种姓（在印度种姓里无疑便是婆罗门）是从何者手里接取卡恰与帕卡食物，以及与谁一起同食共饮和抽烟。同样重要且互相关联的一个问题自然是：婆罗门是否掌理某一种姓的成员之宗教事宜，以及在诸多层次极为不同的次种姓里，婆罗门是为哪一个服务。婆罗门对于同桌共食问题的裁决决定种姓的阶序；婆罗门虽非唯一决定者，但握有最后的决定权。在宗教服务的问题上，同样也是如此。在仪式上属于洁净种姓的理发师，只无条件地服务于某些特定的种姓；或者为这些种姓之外的其他顾客刮胡须，但只照顾"手指甲"，而不及"脚趾甲"；至于某些种姓，他根本不提供服务。其他各行的职工，特别是洗衣工，多半也是如此。通常，除了某些例外，同桌共食的问题是以种姓为分疏单位，而婚姻问题则是以次种姓为单位，至于祭司与职工的服务，多半——同样也有例外的情况——是如上述的，以同桌共食的规范为准则。

第六章

种姓的社会阶序概观

从上文的讨论里，我们或许已明白了种姓阶序关系的极端复杂性，并且亦不难得知其之所以不同于一般身份秩序的缘故。种姓秩序是极为宗教—仪式主义取向的，其程度之激越无处可及；如果说"教会"一词尚能适用于印度教，那么种姓秩序或许可说是一种"教会身份的"位阶秩序。

在（1901年的）普查报告里，为了依阶序排列出印度各州现有的2000到3000个种姓（或者更多，因计数方法之不同而异），故而按照下列标志将之分为几个不同的种姓群体。首先是婆罗门，接着是一连串种姓（或有权或虚妄的）。自称属于古典理论中的另外两个"再生"种姓，亦即刹帝利与吠舍，特征是：他们有权披挂"圣带"。此种披挂圣带的权利是他们当中许多人新近才重新获得的，在最高等级的婆罗门种姓看来，当然只有再生种姓中的某些成员才能拥有。种姓一旦被承认拥有此种权利，就等于是被列入仪式上绝对"洁净的"种姓行列，高等种姓的婆罗门会从他们手上接过任何种类的食物。

接下来是第三类的种姓，亦即古典教义中所说的"洁净的"

首陀罗（Satśūdra）。他们是北部、中部印度的 jalacharaniya，意思是可以供水给婆罗门的种姓——婆罗门从他们的水壶里取水。然后是北部、中部印度的另外一些种姓，婆罗门不一定接受他们的供水（接不接受，端视婆罗门的地位而定），或者根本就不接受（此时，这些种姓称为 jalabyabaharya）；高等种姓的理发师不会无条件为他们服务（不修趾甲），洗衣匠也不洗他们的衣服。然而他们并不被认为是仪式上绝对“不净的”种姓，相当于古典教说里一般的首陀罗。最后是一些被认为不净的种姓。他们不许上寺庙，也得不到婆罗门和理发师的任何服务，并且必须居住在村落外头，因为任何人接触到他们（在南印度，甚至距离他们不到一定的范围）都会受到污染（Parāyans 之际必须保持 64 英尺以上）[1]。相应于这些禁制的，都是源自古典教义里所规定的、在仪式上不准与其他种姓成员性交的一些种姓。

尽管此种分类并非印度全境率皆有效，并且也不平均，甚至有许多明显的例外，但大体上还是可以成立的。准此，我们尚可再依各式各样的特征将这些类群细细分出各等阶序。在高等种姓里，评断的判准是：有关血缘组织、族内婚、童婚、寡妇独身、火葬、祖先崇拜、饮食、与不净种姓往来等方面的规矩在实际生活上被遵循的程度；下层种姓的分疏标准则是：婆罗门是否为他们服务，这些婆罗门的阶序高低如何，以及婆罗门以外的种姓是否接受他们所提供的水。肉食与否，至少吃牛肉与否，也是决定种姓阶序的一个表征（虽非必然）[2]。此外，对所有种姓阶序皆具决定性的是

1　梵文 parayana 是“通过”的意思。——译注
2　在所有这些方面，与较高阶序的种姓比较起来，阶序较低的种姓作出更为严格要求的情形并不少见。此种阶序规则极端复杂，我们此处实无法作更进一步的详论。

职业与薪资的种类，这对通婚、同桌共食及仪式上的位阶都会产生极大的影响，后面我们会谈到。除此之外，尚有许许多多个别的标准[1]。

　　要将印度所有的种姓都列在一张阶序表上，自然是不可能的事。首先，是因为阶序的排列各地不同，并且仅有一部分种姓广布于全印度，而大部分种姓只局限于一定区域内，因此跨地区性的阶序排列根本无从确定。再者，某些种姓里，特别是高等种姓，包括一些中等种姓里，各个次种姓之间有着强烈的阶序差别，因此往往必须将某个次种姓远远排在另一个评价较低的种姓之下。

　　困难的是，到底怎样的一个单位该被视为"种姓"？在同一个"种姓"里，换言之，印度教传统视之为种姓的一个团体里，既非必然互相通婚，也并非总是完全同桌共食。有通婚现象的仅限于少数种姓，并且即使有，也不是无所保留的。族内婚的单位多半是"次种姓"，而某些种姓里有着数百个次种姓。这些次种姓要不是纯地区性的团体（分布于大小不一的各地区里），就是各自依（自称或真正地）族裔来源、以前或现在的职业类别、生活样式上的其他差异，来界定与分疏种种团体；他们自视为种姓的一部分，并且将种姓的名称与自己的名称并用，而其正当化的途径则为：本身原先即由种姓里分裂出来，后来被接纳到种姓里，或者是径自占有种姓的地位。

1　例如孟加拉的 Makishya Kaibarthas 就逐渐拒绝与 Chasi Kaibarthas 相交往，因为后者亲自把他们的农产品拿到市场上贩卖，而前者并不这么做。有些种姓则因为他们的妇女帮忙照顾铺里的生意而被认为是品位低下的种姓，正如一般认为让妇女参与经济劳作是特别不入流的一样。将许多营业项目认定为低下的这种观念，大大地影响了农业的社会结构与劳动结构。是否在营业活动中使用牛马或其他挽兽驮兽、使用哪些和使用多少，往往依种姓阶序来决定（例如榨油者使用牛畜的数目即依其种姓阶序而定）。

　　唯有次种姓是在生活样式上有着统一的规制，并且是唯一的有组织团体——只要是在有种姓组织存在的情况下。种姓本身往往只不过标记着这些封闭性团体所提出的社会要求，经常是（但并非总是）他们的母体，并且有时候（但很少）存在着某些贯通于所有次种姓的组织。较常见的情况是：种姓拥有一些传统上整体种姓所共通的生活样式的特征。总之，种姓的统一性在原则上是与次种姓并存的。逾越种姓界限的婚姻与共食，要比同一种姓的次种姓成员间的逾矩受到更严厉的惩罚。不只如此，正因新的次种姓较易于成立，次种姓之间的藩篱也就不那么坚固，然而一旦被认为是种姓的共同体，彼此之间壁垒分明的现象总是非常的牢固。

　　种姓的阶序由于其争议性与变易性，故而实在难于确定。曾作此种尝试的 1901 年普查报告可一而不可再，原因是其所引起的骚动与不满实与所得结果不成比例——不仅引燃了种姓之间社会阶序之争的战火、吹响了争夺阶序之"历史证明"的号角，并且招来各式各样的抗争与异议，还留下一大批可观且不无价值的文献。阶序地位有问题的种姓试图利用普查来稳固他们的地位，并且，正如一位普查专员所说的，他们将普查当局视为一种先锋机构。结果多得吓人的阶序诉求就此出现。例如孟加拉的最低种姓羌达拉（Tschandala）——据说是婆罗门妇女与首陀罗男子所生的混血儿，实际上是个印度教化的孟加拉客族——自己改名为"Namaśūdra"，并试图"证明"自己是洁净种姓的后裔，甚至是婆罗门的血脉。撇开所有这些争议不谈，许多原先是佣兵与盗匪的族裔、在境内和平化后过着平静生活的农耕种姓，也趁此机会标榜自己是刹帝利；未获承认的"婆罗门"（古老的部落祭司）也趁机要求确认他们的地位；所有涉及商业的种姓则要求被承认为吠舍；泛灵信仰的诸部族要求被登录为种姓（并且阶序愈高愈好）；前面提及的某些教派也企图借此再度被编整到印度教的社会里。

由普查所引起的这种阶序问题的混乱实是前所未有的。但是种姓位阶次序的变动，在过去也不是完全没有。那么，是由谁来裁决阶序问题的纷争呢？连带地，我们要问：与种姓相关的事情，决定权到底又是在谁的手上呢？而关于这个问题的范围本身同时也是我们要加以探讨的。前面我们大体上已指出，关于位阶次序的问题，婆罗门在理论上至今仍享有决定性的权威。在婆罗门必得列席的官方宴会里，阶序问题向来就必须有个妥当的决定。虽然如此，实际上，不论今昔，婆罗门从来都不是这个问题的唯一决定者。在过去外族入侵以前的时代，决定阶序问题的，就我们所知，通常是君王或其司礼官。司礼官员若非本身即为婆罗门，至少原则上也会请益于精通律法的婆罗门。不过，许多例子显示，印度君王经常因各种各样的原因擅自将某些种姓降级，或将某些人，包括婆罗门在内，逐出种姓之外；受害者往往感觉这是对他们的当然权利的不法侵害，被降级的种姓往往为此持续数百年的抗争，然而婆罗门多半忍受下来。

即使是在广大领域里，种姓阶序的原有秩序或重新排列，不管是形式上或实质上，都还是操纵在君王手里，例如十一一二世纪时仙纳（Sena）王朝治下的东孟加拉，只不过君王会请益于他所招徕的婆罗门。同样的，君王也有权决定各个种姓应尽的义务。在印度最后一个土著王朝，亦即18、19世纪之交的摩诃刺侘王朝（Mahāratha）治下，关于种姓义务的处理，是婆罗门将他们对于这些问题的解答上呈给本身即为婆罗门家族出身的执政者波斯瓦

(Peschwa)，而波斯瓦显然是自行参酌各项争论点之后再加以定夺，发给证书。如今，此种世俗的助力已然消逝——只有在印度的各土王属国里仍然残存；这或许也是婆罗门的决定不再如往昔那般为人所遵守的一个原因。无论如何，宗教力量与世俗力量总是为维持正统秩序的共同利益而互相帮衬。

君王之所以能够发展出相当实质的权力，实因婆罗门既非一个教权层级制的祭司团体，亦非一个有组织的巫师行会，更不是一个统一的组织实体。在此情况下，君王便得以选择最顺服于自己的婆罗门。王权的伸张固不足怪，令人惊异的反倒是婆罗门与种姓的强大势力。这是由于被认为可破除妖术的圣法所具有的不可侵犯性。在种姓的相关事务上，印度的君王可以无条件地运用"自由裁量高于一般法"（Willkür bricht Landrecht）[1] 的原则，并且有巫术性的支援为其后盾，这不同于行会的势力所能凭恃的唯其在经济上的重要性。君王的法官必须完全按照各个种姓传统的习惯法来判决，并敦请当事人的种姓成员来当陪审员，此外，唯有当事件有判决的问题时，才由平时对种姓事务握有决定权的各种姓本身的机关手中移送到法官那儿。至今，各种姓本身的机关仍自行处理各类种姓事务，诸如裁示放逐、课处罚金、解决纷争，以及基本上独立地通过本身的判例来为新出现的法律问题建立规范。因此，无可回避地，我们必得探究一下种姓裁判的对象、实际施

1　brechen（bricht 的原型）原为"打破"之意，此处指"使无效"或"优先于"的意思。西方中世纪盛期，以传统为依据的规则，以及非官方的自治（根据身份团体或利益社团的自由结社所订立的法规而衍生出来的秩序）被承认为法源，而此种小地域的法源优先于大地域的法源。关于种种法源的冲突，参见 Max Weber, *Economy and Society*, pp. 753—754。——译注

行的情形和种姓的机关。为此，我们也必须试着解答前此仅仅稍微触及的问题，亦即，不胜枚举的各个种姓到底是以哪些基本原则来建构与划分的。

第七章

氏族的地位与种姓

印度的社会里，还有一项与种姓制度息息相关的重要特征是我们必须探讨的。种姓的形成固然是印度社会的一大特色，**氏族**之举足轻重的地位亦是其根本要件。印度的社会秩序仰赖"氏族卡理斯玛"（Gentilcharisma）原则来建构的程度之深，远非世界其他各地所能比拟。所谓"氏族卡理斯玛"，是指非凡的（原先纯粹是巫术性的）或至少不是一般大众所能均沾的人格特质——"卡理斯玛"，并非像原先那样仅仅附着于一个人身上，而是附着于一个氏族的全体成员身上。特别是从我们西方王朝"君权神授"的世袭制里，即可得窥此一社会学上颇为重要的概念之一斑；要不然，任何一个纯正的天生贵族（姑不论其出身如何）之特殊"血统"的承传，也还是属于同样一个概念范畴。氏族卡理斯玛这个概念，是原先灵动而又个人性的卡理斯玛所可能历经的种种日常化（Veralltäglichung）的方式之一。

相对于和平时期的世袭首领（在某些部族里也可能由女人出任），四处征战的君主及其扈从原本都是以战果来证明其个人巫术性资质的英雄，也就是说，战争领袖的权威无不是奠基于严格的个人性卡理斯玛，和巫师权威的建立如出一辙。其继承者原先也是靠着个人性卡理斯玛的庇荫而享有权位。然而，问题是，声明具有继承权者往往不止一位。要求依循秩序与规则来解决继承人问题的必然呼声，迫使众人考虑种种可能性。其一是由在位者来指定适任的继承人，或者是由其门徒、扈从或官吏共同推选出继承人——原先殊无规则可循的种种问题，历经规则化的推进，遂发展出诸如"选帝侯"[1]、"枢机主教"等官员所组成的选拔机构。最后，显见于各处的一个信念异军突起：卡理斯玛是一种附着于氏族身上的资质，故而必须在氏族当中寻找有继任资格者——结果竟导致原先与氏族卡理斯玛概念全然无关的"世袭制"之出现。

巫术的精灵信仰所涵盖的领域越广，并且越是保持着信仰的首尾一贯性，那么，氏族卡理斯玛所可能支配的范围也就越大。除了英雄能力与巫术祭祀力量之外，任何一种权威、任何一种特

---

1 "选帝侯"是神圣罗马帝国一种特殊的推举皇帝的制度。自奥图大帝（Otto the Great, 936—973）建立帝国以来，所有皇帝均由日耳曼贵族选出。虽然在撒利安（Salian）王朝和霍恩斯道芬（Hohenstaufen）王朝时，都能控制贵族的选票而使王位成为世袭，然而贵族中虽然有些很早就被公认有投票权，但究竟谁有真正有投票权则是一个长久争论的问题，有时出现两个皇帝，就是此一缘故。到了查理四世（Charles IV, 1347—1378）出任皇帝时，他决心将皇帝的选举制度化，遂于 1356 年颁布了所谓的"金皮书"（Golden Bull）。"金皮书"的目的在于确定有投票权的贵族——或"选侯"（Elector）——的人数，以防止以后的纠纷。按"金皮书"的规定，选侯共七人：三个教士，即科隆（Cologne）、托来弗（Treves）、美因兹（Mainz）三城的总主教；四位俗人，即巴拉底奈特伯爵（Count of the Palatinate）、萨克森公爵（Duke of Saxony）、布兰登堡侯爵（Margrave of Brandenburg）和波希米亚国王。1623 年，巴伐利亚取代巴拉底奈特成为选侯国。1648 年，巴拉底奈特恢复其选侯地位，巴伐利亚仍保留其选侯地位直至 1777 年。此外，汉诺威（Hanover）也在 1692 年被擢升为选侯国。为了保证选侯的地位，"金皮书"声明他们的封土是不可分割的，而俗人封土则仅由长子继承。如此，上述选侯的封土不仅不会因诸子分别继承而割裂，而且也不会受到其他方式的割让；换言之，选侯的封土只会有增无减。因此，"金皮书"虽然在表面上是为了防止选举的纠纷，实际上却保障了选侯领土和权力的持续增长，日耳曼的政治重心自此正式从皇帝转移到选侯。——译注

殊技能——不只艺术方面，包括工匠技艺在内——也都可被视为由巫术所制约的，且附着于巫术性氏族卡理斯玛上。此一发展在印度远远超过世界其他地方一般所见的程度。然而，氏族卡理斯玛概念在印度独一无二的支配地位亦非旦夕可竟其功的，而是必须与古老纯正的卡理斯玛思想——认为卡理斯玛是只附属于个人身上的最高禀赋——及"教养"身份的观念（亦即启发教化的观念）周旋战斗。

印度中古时期的手工业关于修业与开业的许多程序里，含带着强烈的个人性卡理斯玛原则的痕迹，其程度比起显见于修业期间及徒弟"晋升"为匠人之际混入巫术性因素的情况更加明显。不过，由于职业分类原本就从很大程度上依据种族之别，并且许多行业的实际从事者都属于贱民部族，因此自然而然地大大促进了氏族卡理斯玛的魔力。氏族卡理斯玛的支配表现得最为强烈明显之处，乃是权力地位的领域。在印度，权力地位一般是借由"世袭性"，亦即氏族卡理斯玛的血缘纽带来继承。村落自有其"世袭的"首领，并且时代越往前推，这种世袭的情形就越是普遍；商人行会、手工业行会、种姓也都各自有其"世袭的"长老。一般而言，不会出现例外的情形。祭司、王侯、骑士与官吏的卡理斯玛世袭性是如此的不证自明，以至于诸如家产制支配者之自由任命官职的继任者、家庭之更换祭司与工匠，乃至于城市里的自由选择职业等现象，唯有在传统大为崩坏的时代或新开发地区制度尚未稳固的情况下，才可能看到。

不过，要注意，卡理斯玛的世袭性只不过"原则上"能实现。因为不只是王侯或祭司的氏族，会在个别的情况下，一如个人那样，因明显欠缺巫术性资质而丧失其卡理斯玛，一个新人（homo novus）也可通过证实自己是卡理斯玛的担纲者，而正当化其氏族的卡理斯玛。因此，在个别情况下，任何这类的氏族卡理斯玛权威都是不稳定的。根据霍普金斯（W.Hopkins）的描述，阿玛达巴德（Ahmadabad，印度古吉拉特邦首府）的 Nayar-Sheth——相当于西方中世纪的"市长"，就是由城市里最富有的（耆那）家族的长老来出任[1]。他与织布行会同样是世袭的毗湿奴派长老一起，事实上决定了城市里一切（有关仪式与礼节的）社会问题的舆论。其他（同样是世袭的）长老，除开他们的行会与种姓之外，就没什么影响力了。不过，在霍普金斯进行调查之际，有个自外于所有行会的富裕的工业家，开始成为有力的竞争者。

工商行会长老、种姓长老、祭司、秘法传授者、工艺师傅等人的儿子如果显然不适其位，那么就会丧失权势，而由同族的适任成员或次富氏族的成员（通常是长老）取而代之。在社会关系尚处于或再度处于变动不居状态的地方，不能光靠新的财富，而是要使巨大财力结合个人性的卡理斯玛，才能够正当化富者及其氏族的权位。尽管在个别情况下，由氏族卡理斯玛所确证的权威并不是那么稳定，然而氏族的地位一旦确立，日常生活往往也就产生出顺服的惯习。不管是在哪一个领域里，经由卡理斯玛之获得确切的承认，因而从中获益者，往往并非个人，而是氏族。

在中国，氏族通过精灵信仰（祖先崇拜）而产生巫术性凝聚，从而对经济层面产生种种影响，此事我们先前已（于《儒教与道教》里）论述过。在那儿，氏族卡理斯玛的光环虽为家产制的考试制度所打破，然而其对经济的影响，与印度的情形如出一辙。在印度，

---

1 霍普金斯为美国著名的印度学者，以印度史诗的研究著称。Nayar 为部族名称。——译注

由于种姓组织、种姓广泛的自治以及行会更深一层的自治（原因在于没有礼仪上的束缚），商业法的发展实际上几乎完全操之于利害相关者自己的手中。若就商业在印度所具有的极端重要性观之，我们照理该认为，印度会有理性的商业法、公司法与企业法的发展。不过我们若检视一下印度中世纪的法律文献，便会吃惊于这方面法律的贫乏。印度的司法与求证手续，部分是形式主义且非理性的（巫术性的），部分则由于教权制的影响而毫无形式可言。与仪式相关的问题只能通过神判（Ordeal）[1] 来解决。其他的问题则以一般的道德原则、"个案实例"，或者以传统为主、君主的敕令为辅，作为其法源。不过，与中国相反的是，印度的形式审判程序的发展过程中，有一套与传唤相关的规则化办法——传唤法（in jus vocatio）；摩诃剌侘王朝时，是由庭丁来执行传唤的任务。

继承人同时继承债务的办法的确存在，不过只限定在一定的世代内。当然，以劳务来偿还债务的办法亦为人所知，只是若非尚未脱离巫术形式的框架，就是仍然停留在单一债务制度的阶段。共同债务原则上并不存在。公司法一般而言直到后来才紧接着宗教团体法而发展起来，在当时尚付之阙如。所有的法人团体与共有关系，一概被混杂在一起处理。利润的分配则有如作坊（ergasteria）那样，以一人为首，在许多工匠合作下，按一定规则共享[2]。通行于中国的一个原则是：只有对私人关系上的族人、亲戚、朋友，才给予无条件的赁贷（或抵押）。这个原则也同样行之于印度。

---

1 古代一种司法判决的方式，使被告接受种种考验（例如忍受炮烙之刑、服毒、水刑等），观其结果而视之为神的判决。——译注

2 Brihaspati 法典（Jolly 英译《东方圣书》卷33），XIV, 28, 29。

对于其他人，唯有在有担保人或出具公证借据的情况下，借贷关系才成立[1]。

在个别的层面上，后世的法律惯习自然是充分地适应商业的要求，然而，主动自发地去提振商业却是从来没有的事。在此种法制状态下却仍然一度勃兴的资本主义发展（如前所述，后面还会再提到），只能从行会的力量来解释：他们懂得如何利用杯葛、暴力和尽可能交付专业法官来仲裁等手段，彻底实现自己的利益。在这样的条件下，信用制度的氏族血缘关系性，毋宁是必然的情形。

在商业法的领域之外，氏族卡理斯玛的支配还有另一层更加深远的影响。由于我们习于将西方的封建制度视为一种社会—经济体系，以致忽略了其特殊的起源与内涵。在采邑关系刚成立时，迫于军事性的需要，必须在**异族**之间定出一种**自由契约**，以作为领主与封臣之间的忠诚关系的基础。从而，奠定于此种异血族基础上的整个采邑持有者，愈来愈自觉为一个身份性的整体、一个封闭性的骑士身份团体，最后，忘记了自己曾是氏族（Sippe,Clan,Phratrie）或部族的一员，而只知道自己是个身份团体的成员。印度的情形则完全不然。

在印度，倒不是没有君主个人将土地或政治权力授予扈从和官吏的情形；这在历史上其实班班可考。只不过，支配阶层的面貌并非以此勾勒出来，封建身份的形成也非奠基于土地采邑。真正的基础，诚如巴登－鲍威尔（Baden-Powell）所正确指出的，在

1　同上，XIV，17。

　　日译者表示，此一法典不可能作成于 6 或 7 世纪以前，所以此种社会惯习的成熟，应当是相当后世的事。——译注

于血族（Sippe）、氏族（"Clan", Phratrie）与部族（Stamm）[1]。氏族的卡理斯玛首长对于征服地所作的分配，是将支配权赋予其血族成员，而耕地则交付给一般的氏族成员。所谓的征服者阶级，指的是分散在部族所支配的征服地上的一群氏族（Phratrien）与卡理斯玛领导氏族（Herrensippen）。支配权的"授予"，来自氏族首长（Rāja）或部族君王（Mahārāja），并且根本上只限于其男性族裔；换言之，支配权的获得是基于血缘关系，而非自由订定的忠诚关系——氏族成员只因其为氏族的一员而自然拥有要求授予支配权的权利。每一次的征服都会为君主的族裔及其支族带来新的官职采邑。因此，征服便成为君王的律法（Dharma）。总之，在个别层面上虽与西方并无明显的差异，然而上述这种对反性，也决定了印度古代俗世的支配阶层迥异于西方的性格。由一个卡理斯玛篡起者，带领着他自由招募而来的扈从打破古老氏族之强固组织的情形，固然所在多有[2]，然而历史的发展总是一再地走回氏族卡理斯

1　见其 *Indian Village Community*（1896）。在细节方面，巴登－鲍威尔的论点或许尚有可议之处。爱尔兰语中的"Clan"有多重意义。军事化组织整体的典型分化是：1. 自整体中分出作为"氏族"（Phratrie）共同体的"部族"（Stamm），此种"氏族"，以我们此处常用的术语来说，即为受军事（原先是巫术）训练的士兵团体。2. 自整体中分出血族（Sippe），以此处所用的术语而言，即为卡理斯玛领袖之奠基于氏姓卡理斯玛的男系子孙。纯粹的士兵并不必然属于某个"血族"，而是属于他的氏族和（有时候）军事性的年龄阶级，除此之外，还属于一个"家"或一个图腾团体（或图腾式的团体）。相反的，一个支配者的姓族并没有图腾，或者毋宁说并不保有图腾，而是自图腾中解放出来——印度的支配者部族越是往支配者阶级的方向发展，并且越是发展得彻底、完全，图腾（Totem, devak）的痕迹也就越是消失无踪，并且最终只能成其为（或者毋宁说保持为）"血族"。另一方面，氏族若开始感觉自身是个后裔共同体，而不是防卫兄弟关系，也就是成为某种"血族"，那么氏族卡理斯玛的差别也就会开始消逝。

2　例如孔雀王朝的创建者旃陀罗笈多（Chandragupta）出身卑贱一事，即存在于印度本土的传说中，罗马史家亦有记载。笈多王朝的创建者旃多笈多一世也是如此，所以他和他的子孙都夸耀说他娶了里甲吠族的女子为妻。

玛组织的运行常轨。

氏族卡理斯玛思想很早以前便笼罩了教权制势力的担纲者，并且他们受到的影响最为彻底，原因是他们本身的巫术性卡理斯玛使他们打从一开始便站在图腾组织（或图腾崇拜团体）的那一边。在印度，某些地方的军事贵族一直将巫师视为身份在其之下、但仍然令人相当畏惧的一方神圣，并且在某些被伊斯兰教征服的地区里，此种情形一直延续到中古时期。就雅利安人而言，古老的祭献祭司早在最古老的吠陀时代便已成为高级的祭司贵族，而这个贵族阶层又分别依世袭的职务与相应于氏族卡理斯玛的世袭"学派"而分成各个氏族。基于这些氏族所宣称的巫术性氏族卡理斯玛之优越，他们及他们的子孙——婆罗门——就此成为整个印度社会里传播此一原则之最主要的担纲者。

至此，很显然的，巫术性氏族卡理斯玛必然异常强烈地有助于种姓之巫术性分类结构的形成，并且自始即包藏着种姓制度的胚芽，否则，种姓制度也就不至于那么强烈地发挥出有利于氏族维系的功能。所有自认为上流的阶层，皆不得不按照支配种姓的模式来界定自己的位阶。族外婚制则奠基于氏族的基础上。举凡社会地位、仪式义务、生活样式与职业样态，最终无不取决于伸展到所有权威地位里的氏族卡理斯玛原则。正如氏族卡理斯玛之有助于种姓的发展，种姓也反过来支撑了氏族的卡理斯玛。

以此，让我们将注意力转移到各个具体的种姓上。

第八章

种姓的主要集团

古典学说里的四大种姓，长久以来便被近代社会科学视为纯粹的文学产物。此种看法如今已不再流行。我们上述的讨论也显示出，这样的推论未免言之过甚。截至目前，婆罗门都还是以对方被编列为古老的四大种姓当中的哪一个，来决定打招呼的方式，也难怪现今的种姓无不个个努力要挤进这四大种姓之中。载有种姓相关事务的诸多碑铭文献，证实了古代四大种姓的意义。当然，值得注意的是，古代碑文作者全然受到文学传统的束缚，和现今声称名列"刹帝利"或"吠舍"等级的种姓代表并无两样。不过，可以肯定的是，法典上的记载尽管如此单纯化与类型化，但无论如何总是其时代状态的写照，而非全然凭空杜撰。

法典上所说的两个下层种姓，或许根本算不上现今意义上的种姓，不过总算是标示出古典时代就有的两个种姓阶序等级。毫无疑问，它们原先不过是个"身份"。文献上有个地方说："在婆罗门与刹帝利出现之前，吠舍与首陀罗早已存在。"吠舍是古代的"平民"(Gemeinfreien)，上有贵族，包括军事贵族（酋长氏系及后来的骑士氏系）和其他地方亦有的祭司贵族；下有不属于平民的"奴隶"，亦即首陀罗。迦凡阿雅纳（Gavāmayana）祭典里，一个雅利安人与一个首陀罗的象征性斗争，就像是斯巴达人所举行的意味相同的祭典[1]。事实上，此种对立，远比另外两个上层种姓和吠舍之间的对立强烈得多。

婆罗门与刹帝利只限于从事某些符合其身份性生活样式的活动：婆罗门从事祭祀、研习吠陀、接受喜舍（特别是土地）、禁欲苦行等[2]；刹帝利则从事政治支配和骑士的武勇行为。吠舍所从事的农业与商业（尤其是放贷取息），对婆罗门和刹帝利而言是有失身份的行当。不过，非常时期，换言之，确实无法以惯常的活动来维持其合于身份的生活所需时，婆罗门和刹帝利也可以暂时（有所保留且例外地）从事吠舍的经济活动。

相对的，首陀罗的生活样式就是指卑仆贱役。在他们手下的一切工作，古典文献里一概称之为**手工业**。手工业活动，在此比起其他任何地方来，之所以被更为浅显且照字面地理解为服务于其他种姓的苦役，可以从印度特有的村落手工业之原始性格里得到解释。如前面简短提及的，所有的手工业者实际上也只不过是一种世袭的劳工（Instleute），用英文术语来说，是在某种"编制"（establishment）下的一员，并非个人的奴仆，而是村落共同体的仆役，世袭地拥有村落佃贷给他们的土地[3]。原则上，村落并非按

1　参见 A. Weber, Collektaneen, Indische Studien, X。

2　对于端正的婆罗门而言，连加入现代的军队都是不可能的事，因为如此一来，他可能非得听命于下层种姓或夷狄出身的长官不可。

3　在摩揭陀时代的德干地区，此种村落劳工分为两种典型的范畴。其一是 Baruh Balowtay（早期典型的手工业），包括：木匠、铁匠、鞋匠、陶匠、理发师、洗衣匠、歌手、占星者、皮革工、守卫、神像清理者、Mullah（在印度教村落里负责宰杀豕羊以供祭祀之用）等。其次是 Baruh Alowtay（较晚形成的手工业），包括：金匠、铜匠、锻工、运水夫、村落

件计酬式地换取他们的服务，而是分予他们一定的收成比例与实物。属于这个集团的工匠，种类因地而异，然而，不管在任何地方，直至今日，他们大体上仍是共通的一种典型。

若就婆罗门与拉吉普现今的职业种类观之，我们发现，这些种姓的成员，无论他们是多么的落魄，也绝少从事这类**古老**的手工业。然而，拉吉普当"农夫"的情形极为常见，事实上整个拉吉普种姓大多是农夫。不过，即使在现今，亲自耕作的拉吉普在位阶方面怎么也比不上坐收租金的地主。由于海外输出的畅旺（当然，还外加其他的因素），地租节节高升，结果导致坐收租金者的人数异常快速地增长。声称拥有刹帝利位阶的其他种姓，往往要求排名在"农民化"的拉吉普之上。基于其种姓自古以来对工商业的排斥，以及服侍于宫廷的传统，拉吉普宁可充当私人的家内仆役（即使是最卑贱的劳役，总还是仪式上纯净的），也不愿从事手工业。从另一方面来看，高层种姓成员对于此种家内劳动的需求自然也是很大的，因为这些家仆必须是在仪式上纯净因而能够贴身服侍男女主人者，特别是能够供水给他们。同样的情形也决定了婆罗门种姓对于某些职业的垄断，例如高层种姓家里的厨师就几乎非他莫属。此外，婆罗门也和我们西方中世纪的教士一样，大多从事必须精通文字与教养有素的职业，特别是行政事务。在南部，婆罗门对于行政职务的独占，一直到最近依然如此[1]。

（接上页注）守门人、信差、园丁、榨油者和一班宗教事务上的吏役。实际上，所有这些职位都被填满的情形并不多见。参见 S.Grant Duff, *History of the Mahrattas* (London,1912)。此种村落实物给付劳工的典型组合方式并非四处皆然。在孟买，原先为农民的 Mahar 也在此列，他们成为土地测量专家后即被贬为村落劳工且被迫迁居于村落外缘（如今，尽管保守派抗议，他们多半转行为司机）。

[1] 相反的，由于礼仪上的顾虑，婆罗门难以从事医师的行业，加入工程技师行业的也同样不多。

以上所述皆与传统内容相符。

一、婆罗门

关于高等种姓被规定的生活样式，法典里也记载了其他一些重要的特征，这些特征非但真实确凿，部分而言还相当古老。凡是到达一定年龄而尚未获佩圣带者，法典即降等发落之；再者，法典也一一规定了与各年龄阶段相应的典型生活样式。无论如何，事实上只有最高等的种姓，亦即**婆罗门**，才彻底实行这些规定。婆罗门从来不是个"部族"，尽管他们半数以上是定居在恒河上游平原，亦即其权力发展的故乡，以及孟加拉。他们原先是巫师，后来转化成一个教权制的、有教养者的种姓。婆罗门必须完成一定的修业课程，其内容在古典时代便已规定下来，亦即在一名自由选择的婆罗门导师的指导下，机械式地背诵由导师一字一句口授的吠陀经典与古典作品，以及学习神圣的（巫术性的）咒语和仪式的进行。此种基础教育，显然是一种纯粹学问式的僧侣养成方式，带有古老巫术性禁欲苦行的某些痕迹，也让我们了解到婆罗门的起源乃出之于原始巫师。

婆罗门发展成为一个种姓的一般阶段虽清晰可见，真正的原因则不然。吠陀时代的祭司阶层显然不是个封闭性的血族身份团体，虽然某些古老的祭典祭司家族的氏族卡理斯玛资质是确立的，并且与古代巫师纯粹个人性的卡理斯玛并存于氏族共同体里。在祭典时各司其职的祭司里，担任主角的是劝请者（Hotar）[1]。婆罗门

---

[1] 印度古代的主要祭官有四种：请神之官名劝请者，赞神德之官名咏歌者（Udgatar），供

在而后的发展过程中崭露头角，似乎是基于多重因素。或许，按照古老的看法，祭典与巫术咒语的渐次定型化，使得献牲典礼的"主祭"，亦即婆罗门，愈来愈居于独占性的领导地位。不过，主要的原因恐怕还在于王侯与贵族的家庭祭司所踞有的地位，愈来愈压过主持共同体献祭仪式的祭司[1]。如果目前这个说法恰当的话，这同时也意味着防卫共同体之衰退，而为封建君主及其封臣所取代。巫师因而跻身于古代祭典祭司贵族的圈子里，最后则取代并接收了他们的遗产。

婆罗门因"家庭祭司"的角色而崭露头角的这个事实，足以解释印度教的祭司阶层何以始终未曾往任何一种"官职"的方向发展。他们的地位代表一种特殊的发展：从世界各地皆有的巫师行会组织，发展成一种愈来愈要求身份权利的世袭种姓。此一发展同时也意味着"知识"（具有巫术效力的咒语法式）之胜过古代祭司纯粹经验性的"能力"。总之，婆罗门势力的高涨，与巫术在各个生活领域里的分量逐渐增高息息相关。研习《阿闼婆吠陀》——具有特殊意义的巫术咒文法式集成——的学派，要求王侯的家庭祭司（亦即宫廷婆罗门、帝师，purohita）必须来自他们这个门派，并且声称占星术及其他特殊的婆罗门知识领域亦为他们所独创[2]。

（接上页注）养神之官名祭供者（Adhvaryu），司祈念之官名祈祷者（Brahman）。劝请者诵一定之赞歌（rc），劝请所祭之神来至祭坛；咏歌者唱歌（saman）而赞叹之；祭供者低声唱祭词（yajus）而捧供物；祈祷者即婆罗门，统监祭祀之全体，以整理祭事之形式。此种制度之完成虽然较晚，但此种职事分配方法已见于《梨俱吠陀》。在未成婆罗门种姓之前，已随人格与家世而略定其职位。参见《印度哲学宗教史》，p.40。——译注

1　关于这点，参照 Caland 的论文，收于 Zeitschrift für die Kunde des Morgenlands, XIV (1900)，p. 114。

2　参照 Bloomfield, The Atharva Veda, in Grundriß (Bühler ed.)。

巫术在各生活领域里的胜利并非未曾经历一场奋战，法典里处处可以闻到其中的硝烟味。也只有在婆罗门势力的节节高涨中，巫术的胜利方有可能。君王在战场上的胜利，和其他生活上的成就一样，都被视为巫术灵验的表现，而一切的失败，除了当事者本身的仪式性错失之外，统统要归咎于家庭祭司身上。

　　既然婆罗门的知识是一种秘密，那么理所当然是由其子孙来独占教理的传授。所以除了教养资格外，还要讲求出生资格。《献牲祭典》的"dacapaya"一节，要先验证世系：献祭的祭司必须有十代饮苏摩神酒的先祖，这或许是因为先人的功绩也于献祭之时同受祝祷吧。认为婆罗门资格乃奠基于个人性卡理斯玛的古老观念，只有微弱的蛛丝马迹可寻：见习僧（brahmacārin，亦即婆罗门的徒弟）仍然必须遵行相当严格的巫术禁欲式的生活戒律。其中，特别是性与经济上的禁欲，亦即必须守贞与托钵维生。按照古老的看法，师傅是以巫术手法将其门徒"打造"成婆罗门，并且原先并不拘其出身为何。得道婆罗门的关键性权力来源是其精通的吠陀知识，而这种知识素来被视为具有特殊意味的卡理斯玛资质。例如，有个婆罗门，因其为首陀罗妇女所生而受到非难，他的回应是：建议与对手举行过火神判，以一决两者在吠陀知识上的高下 [1]。在修业与一应的典礼都完成之后，婆罗门应该着手成家，做一名在家者（grihastha）。此时，他开始婆罗门的生涯——如果他真的开张立业，而不再只是个坐食者——或从事于有必要时才获准从事的行当。

1　见 A. Weber, *Collektaneen über die Kastenverhältnisse der Brahmanen, Indische Studien*, X , p. 1 f. 所引 Pañcav, 14, 6, 6。

　　婆罗门所从事的无非是献牲祭祀与教授学徒。他们有严格的礼节要恪守，特别是在经济方面；尤其是不得利用个人的服务来谋取一个固定的像"职业"那样的"生计"。婆罗门只收"赠礼"（dakshinā）[1]，而不受"酬劳"。请求婆罗门服务而赠予礼物则是礼仪上的当然义务。举行献祭而不给赠礼，不仅会招来恶鬼，而且婆罗门也会凭其法力加以严厉的报复，诸如诅咒或献祭时故意犯下仪式错误，使得祭典主人难免灾厄——以此而有一套定式的报复"方法"发展出来。赠礼的最低限额皆有明文规定，而婆罗门之间的不当竞争是被禁止的。事先打听可能被赠予多少礼物亦无不可，在某些情况下甚至会规定非如此不可，但由于婆罗门震慑人心的巫术力量，使得他们享有——按照 A. Weber 的说法——"真正利欲熏心的狂迷放纵"。没有什么能伤得了婆罗门的肚子，这让人想起《浮士德》里（关于"教会的胃"）的一段名言；不过这也仅止于仪式上的意义，因为婆罗门仅以简单的手法就可赎去他们违反饮食戒律的罪。

　　婆罗门所享有的社会与经济特权，远非世上任何一个祭司阶层所能比拟。甚至婆罗门的粪便都具有宗教上的意义——可以用来当作占卜的工具。严禁世人压迫婆罗门的"ajucyata"原则，包括林林总总的事项，诸如：法官不得判定婆罗门败诉、婆罗门应得的"恭敬"（arca）——至少依婆罗门自己的要求——远高于君王所应得的。关于婆罗门作为一个宗教身份团体的特性，我们将在后面（第二篇里）再加以讨论，此处，我们将仅止于观察其随

1　dakshinā，亦译为"衬"，其义有四：1. 泛指一般之布施，此时亦通于檀施、布施等用法。2. 指信徒以金钱、财物等布施僧侣。3. 指信徒所施与僧侣之金钱、财物。4. 指僧侣于信徒布施食物后，为信徒说法，此时亦称"达衬说法"。——译注

着特殊种姓要求（对于"dāna"，亦即"布施"，的要求）而来的经济特权。

　　婆罗门得自权贵的报酬，古典形式上除了金钱与值钱的宝物之外，尚包括牛群、土地，以及从土地与税收而来的定期金收入。获得土地赠予，至少根据婆罗门的理论，乃是婆罗门种姓独占的专利，并且也是他们最重要的经济特权。记载着捐赠俸禄的无数碑文（亦即现存印度碑文的大部分）显示出，印度中世纪时期典型的纯正种姓的婆罗门，实际上是世袭的俸禄持有者。婆罗门典型地一直都占有最高的世俗地位（王侯的宫廷祭司）[1]，并以此而成为王侯在一切个人与政治事务上的精神指导者。此种地位正是所谓"婆罗门阶层的面包"之基础所在，而婆罗门种姓的政治与社会权位也正是以此为根源。没有宫廷婆罗门的君王，便不是个完全的君王，就像没有君王的婆罗门也不成其为完全的婆罗门一样[2]。直至今日，婆罗门的权位仍然奠基于其为仪式上之告解神父，及其在权贵人士的诸多家庭祭典中的不可或缺性，其程度远高于依

1　亦有数名王侯以一婆罗门为帝师的记载，参见 A. Weber, *Collektaneen*。

2　法国人类学者杜蒙（Louis Dumont）在《古代印度的王权观念》一文里即清楚指出：
　"（印度）宗教精神原则与王权原则之间的关系可以从一个制度获得完全的了解，这个制度把此关系具体呈现为人与人的关系，把抽象的理念相当完整地表现出来。国王不只是要雇请婆罗门从事公共祭仪，他还必须与某一个婆罗门建立起固定的私人关系，这个婆罗门即是国王的王家祭师（purohita, 字面意思是'在其前面者'）。……它的意思是指一种精神上的代表或前锋，几乎是国王的'大我'。众神拒绝享用没有王家祭师的国王所献的祭品。……不仅如此，国王一生中的一切行动也都要依靠他，因为没有他就不能成功。……其关系像婚姻一样紧密。正如《黎俱吠陀》早已说过的：'他富足地住在其宫中，大地供应他各种礼物，人民自然服从他，他是一个婆罗门永远走在他前面的国王。'俗世的权威之所以获得保障，是因为国王以私人身份向化身为王家祭师的灵性权威表示顺从。"杜蒙著，王志明译，《古代印度的王权观念》，《阶序人》（台北：远流，1992），p. 478。——译注

赖种姓的组织之力。

　　婆罗门以其家庭祭司的地位，强制要求那些想要保持优位的种姓，接受诸如氏族制度与婚姻制度等相应于其身份地位的社会秩序，而不待各种姓相关机构的裁决。在经济上，婆罗门家庭祭司的地位有点类似我们西方的"家庭医生"。原则上，除非不得已，否则不得轻言更换已聘用的祭司——根据古典文献，至少在一年之内不得更换。与此原则相应的是，通过严格的礼仪来防范婆罗门之间的竞争，以保障"主顾"（jajmani）关系，就像我们的家庭医生经常以类似的一贯手法来维护其身份利益，而罔顾病者的需求。此种完全自愿性的主顾关系，取代了教权制教会组织的教区制度，在其中，婆罗门的整体地位仍然类似于古代的巫师与巫医。

　　当婆罗门见到他的儿子的儿子时，就应当再度离开家庭退隐到山林去。以此，他得以通过禁欲苦行而练就巫师的神奇力量，能够对神祇与世人施展魔力，而最终成为神化的"超人"。此种现今仅止于理论层面的种姓义务，可说是巫师之年龄阶级（Altersklassen）组织的残余现象 [1]。

　　高贵的婆罗门一般而言至少不可能会是个教团的永久雇员。印度教根本不知"教团"（Gemeinde）为何物。高等种姓的婆罗门也从未成为任何印度教教派所雇用的教士或任何村落团体的附属

1　所谓"年龄阶级"者，乃在部族社会中将男子按年龄分成几个集团，例如少年（成年仪式以前），青年（成年仪式以后，未婚），中年（已婚），老年等，而对各集团分派特定之生活模式与社会功能（例如军事、政治、宗教）之制度。"年龄阶级"制度可见之于某些台湾原住民社会。——译注

祭司[1]。我们后面会看到，印度的教派信奉者与祭司或秘法传授者之间的关系，完全迥异于西方的教派教团与其雇用的"牧师"（ministri）之间的关系。高等种姓的婆罗门从来不会乐意像个首陀罗那样成为某个教团的"仆人"。即使成为某个寺院的僧侣，有时就足以让一个婆罗门降了好几级。此一现象部分是婆罗门阶层作为一巫师种姓的社会特质使然，部分则由于印度社会之封建结构的缘故。另外，也有部分原因是，在部族与村落团体的印度教化之前，祭司原本就在其中占有相当的地位。

担当起祭祀功能的人，一般说来，是在村落世袭性的"编制"里——就像伊斯兰教的神学者（Mullah），及其他现今可见的各种寺院仆役。渐次转化成印度种姓的各个贱民部族，原本不仅有很多自己的神祇，而且也有自己的祭司，后来都成为种姓的神祇与祭司。某些和其他种姓混居在一起的工匠种姓，则极其顽强地坚持只接受自己种姓成员的服务而不理会婆罗门[2]。至于自己合村聚居的部族种姓，一般都保有他们原来的祭司。婆罗门势力的进入，靠的是知识的力量，尤其是他们在占星术方面的知识，这就不是那些村落祭司或种姓祭司所能匹敌的。

1　婆罗门出任毗湿奴派的祭司或担任寺院里的工作（例如 Vallabhakhari 教派提供的高报酬职位）或甚至更低的职务（例如在 Gujarat 的 Yajurvedis 信奉者当中任职），也是常有的事，不过无论如何都会使他们降低等级。

2　尽管普查报告中举出许许多多现今尚存的例子，此处让我们留意一下卡玛拉（Kammalar）这个由熟练的金属、木材和石材工匠所组成的种姓的情形。他们自称是工匠之神 Viśvakarma 的后裔，应诸王之聘而遍布于缅甸、锡兰与爪哇，声称自己的阶序要高于祭司和新来的婆罗门。显然，他们想以巫术性技艺的担纲者之身，成为其他种姓的导师（Guru），亦即精神上的灵魂司牧者，以至于说："卡玛拉是全世界的导师。" Pulney Andy, *Journal of Indian Art and Industry*, 见 Coomaraswamy, *The Indian Craftsman*, p. 55 所引。另见我们下文的讨论。

对婆罗门而言，以上这些祭司都只不过是些低级种姓者——
如果还能获得他们承认的话。在所有不净的种姓看来，此种蔑视
倒无可厚非，但对洁净的种姓而言，这就令人不快了。前面提到，
服务于统治家族的部族祭司，有时也会被承认为婆罗门，尽管多
半是社会地位不高的婆罗门。由于此种排斥，以及因服务于被鄙
视种姓而使得有些婆罗门被降级等因素，导致非常强烈的社会分
化现象；然而，此种现象并非我们此处所要讨论的重点[1]。许多婆
罗门，现今可说是大多数，已转而从事他业，他们的种姓阶序问
题，也不是我们此处所要探讨的。我们所关心的毋宁是：婆罗门
的特殊地位及其与君王和骑士种姓（亦即刹帝利）之间的紧密关联。
以下，让我们转到刹帝利这个种姓。

二、刹帝利

吠陀经典里的印度古代军事君主，无非是"骑士团"
（Maghavan）里的同侪者第一人，差不多相当于众豪强中的"佼佼
者"。到了古典时代，这些世系被"刹帝利"种姓所取代[2]，而后者
事实上到后来也已销声匿迹。

从最古老的文献里，我们仅能略知一点印度军事组织最开始
时的状态，亦即，荷马式的君王带领着他的氏族与扈从（王臣），
盘踞于城寨里。像北欧的勇猛战士（Berserker）[3]、以色列的摩修亚

1　普查报告里有一些非常详尽的描述。
2　"刹帝利"（Kshatriya）一名来自 Kshatra（王权），为"有主权者"之意。——译注
3　Berserker 是北欧神话中的勇士。原意为可变幻为熊的人（Berserk=Bärenhaut），后转为
　　具有异常力量、发怒时常不着铠甲即迎向战斗的勇士。中古拜占庭时期，统治者经常维
　　持一支由具有此种格斗之勇的卡理斯玛的人所组成的队伍，作为统治的武器。——译注

(Moshuah)、卡理斯玛勇士与战斗首领等，全世界普遍都有的卡理斯玛英雄，都得回溯到那悠远的时代，直到史诗时代我们才觅得其中一些蛛丝马迹。彼时普遍得见的种种措施，诸如将青年组织成兄弟战士团，让幼童修行系统化的巫术性英雄禁欲，征调氏族的壮丁于男子集会所（Männerhaus）[1] 共营不婚而坐拥虏获女子的集体生活，克尽（防卫）义务的男子可以退而娶妻生子，年事已高而无法奉公者则安排养老（在日本为隐居），所有这一切皆已成过眼云烟。不过，在入法礼（Upanayana，古代的成年礼）里——"再生"种姓的青年必须完成此一仪式，以获得身份成员的认证，否则即被视为（有如女人的）首陀罗——的确还是能看到古老的卡理斯玛战士检验的遗迹，同时，凡是未加入防卫团体者即为"女人"——亦即毫无政治权力者——这个原则的古风遗俗亦可由此得见。只是，此一仪式在孩童尚称幼小时即予举行，故而像西方的"坚信礼"一般，只不过是古制的残迹。

古典文献里的刹帝利，并没有我们西方中世纪的骑士所具有的那种特殊性格。因为早在严格的种姓制度实行以前，他们的社

----

1 根据韦伯所述，为了防卫或进行掠夺而行使的武力，如果逐渐由临时性而发展为持续性的组织时，"具有武装者只有将其他亦具有军事能力者，在政治上给予平等对待。其他未接受军事训练者或无力从军者，都被视为女性，实际上在许多原始语言中，的确也明确称之为'女人'。在这种战士组合（Vergesellschaftung der Krieger）中，自由与武装同义。舒兹（Heinrich Schurtz）曾深入研究过，以各种形式存在于世界各处的'男子集会所'，就是源自上述的这种战士组合——舒兹称之为'男子联盟'（Männerbund）——的一个构成物。当战士专业性高度发展时，'男子集会所'在政治行为的领域里，扮演着几乎与宗教领域内修道院的僧侣组合完全相似的角色。只有那些证明具有军事能力、完成修炼而被接受加入战士团体的人，才属于'男子集会所'。未通过试炼者，则被视为'女人'而留在女子与小孩之间，失去军事能力的人亦一样。……属于战士团体的人，与妻子和家庭分离，过着共产制度的团体生活，借着战利品或对外界的人——特别是女性（女性提供农业劳动）——所课租税过活"。参见 *Economy and Society*, p. 906。——译注

会地位便是奠立在氏族卡理斯玛的基础上，而不是奠立在一种采邑等级制上，并且以后也未改变。他们不是君王即为诸侯，再不济也还是村落里坐拥一定经济特权的名门望族。

　　根据古典文献，刹帝利的任务是在政治与经济上"保护"人民。如果君王不能保护其子民免于盗贼与掳掠，那么他就得交出政权。据古文书所传，后世诸王国的任何官员，包括包税者，也都负有保护与交替的基本义务（负责的额度随地区大小而异）。就此而言，这样的种姓义务乃是出之于实际的生活经验。的确，就像某些更进一步的特点所显示的，这其中包含了关于君王之卡理斯玛角色的最古老观点的痕迹。战败的君王不只要为自己的罪过负责，还得担待起其子民的罪过。下错判决的君王也得连带地承受那些被他有意或无意伤害到权利者的罪过——类似于日耳曼法律中"判决非难"（Urteilsschelte）所隐含的观念[1]，只不过更加强烈。子民富足安乐，境内没有饥荒，那么他就是个好君王；一旦有饥荒，就表示他触犯了巫术性禁忌，或是其卡理斯玛有所不足，君王应该适时罪己赎过。当君王不断暴露出他缺乏卡理斯玛时，人民可以而且有义务将他赶走。

1　此处简述日耳曼人早期的法律程序如下：在日耳曼，定期的集会称为 Ding，特别是定期的司法集会（echtes Ding），后来则用来指称包括临时的司法集会（gebotenes Ding）在内的一般司法集会。在此种集会里，原则上要采取如下程序：召集全体有资格的司法集会人（Dinggenosse），由议长（法官）敦促集会人当中的特定者（判决发现人，审判人 [Urteilsfinder]）作出判决（此一程序称为判决质问 [Urteilsfrage]），当审判人提出判决（判决发现 [Urteilsfinden]，判决提案 [Urteilsvorschlag]），经由所有其他的集会人（见证人 [Umstand]）予以承认，最后再由法官宣告之。若是见证人当中有人对判决发现人的判决提案有异议时，他可以对此一判决加以非难（判决非难 [Urteilsschelte]），在古代当此种情形发生时，是由非难者与判决发现人决斗来决定何者为是何者为非。此外，此种程序并不限于狭义的"司法审判"，其亦为"法发现"的一般程序。——译注

基于这种卡理斯玛的观念，印度中世纪的诸大王国里，轻易地就发展出家父长式的"福利"与"治安"的理论。不过，它们却由于英雄卡理斯玛之转化为一种骑士身份的"职业义务"而黯然失色。根据古典时代与中古时期的文献，战争就是刹帝利种姓的律法（Dharma），而战争除了在统一的王国出现时一度中断外，可以说就像（西方）古代城邦之间那样，战火连绵不断。当君王战胜所有其他人之后，方才取得举行盛大马祭（aśvamedha）的权利 [1]，有幸司祭的婆罗门可以获得 10 万头牛，而这与古罗马在战争终结时关闭门神（Janus）神殿的习惯，即使连次数上都大体相对应 [2]。在当时，君王若不想积极以武力或计谋征服邻邦，在印度教的世俗或宗教文献看来，简直就是一件不可思议的事 [3]。卧病而死，在刹帝利军国主义的荣誉法典里，不只是不名誉，且根本就亵渎了种姓的律法。当刹帝利自觉体力已衰时，即当寻求战死沙场。

根据传说，古代的刹帝利因反抗婆罗门而遭到报复，最后甚至被根除而消失殆尽。这个传说自然有其真实的成分，就像毗

---

[1] 根据印度史诗《罗摩衍那》的说法，举行"马祭"的程序是这样的：为了取悦天神，同时也为了证明自己的强大，君主会挑选一匹马，按照习俗把它放出去任意奔跑。它的脖子上系了一张金箔，上面刻着王榜，说明它为哪个国王所有。马的后面跟着士兵，凡是马走过的一切城镇和土地，他们要求全归国王，如果有人胆敢反对，或扣留这匹马，他们就得准备作战。马匹奔走一年后，即带回来举行盛大祭典，献祭给天神。——译注

[2] 关于此一祭典的举行是历史上所流传的。

Janus（原始词为 Dianus），是古罗马的门户守护神，有前后两面，一往前看，一往后看。其后转变为城门之神，又转变为任何开启或开始，例如一天或一年之始（元月 [January]，即因此而来）。古罗马的守护神朱庇特（Jupiter）据说即由此而来。根据罗马人的传统，朱庇特神殿的正门只有在战争时才打开，让他跟随罗马的军队出征，战争结束胜利归来即关闭神殿的正门。——译注

[3] 当摩诃剌侘王朝的创建者有一年没有出征时，邻国的君主即认为他一定是身染了致命的重病。

湿瓦米多拉（Viśvamithra）与婆私吒（Vasischtha）斗争的传说一样[1]。佛陀时代（前 6 世纪）的古刹帝利，是个具有高度教养的城居的身份团体，可媲美西方中世纪早期普罗旺斯地区的骑士阶层[2]。他们后来为拉吉普所取代。拉吉普起源于现今的拉吉普塔那（Rajputana）与南部的奥德（Oudh），约于 8 世纪时跃居支配地位，并且以典型的战士阶层身份广布于各个王国，即使至今仍多为文盲。就是这样的部族，后来过渡成为大君主麾下为数甚伙的职业骑士与佣兵[3]。不过，拉吉普仍然是这些同类当中最为尊贵者，并且是照着刹帝利的样式最彻底被印度教化的。

古刹帝利氏族在教养上与婆罗门相匹敌，后来（我们将看到）成为反婆罗门之救赎宗教（如佛教）的担纲者。相反，拉吉普必须臣服婆罗门教养的优越性，并且协同家产制王国担当起印度教的复兴。唯独他们特有的、原本即为非古典的族外婚的分化组织，显示出他们乃是源自职业雇佣骑士的部族。拉吉普人当中没有哪一家的系谱可以往前推溯到 5 世纪以前，而有九成的人是居住在印度的北部，特别是西北部。

拉吉普塔那地区直到近代都还具有支配性的、政治的采邑制度，最符合古典时代的文献里所记述的类型。拉甲（Rāja［氏族长］）拥有最好的土地作为领地（波斯语 Khālsā）。被赋予政治支配权的封臣也同时分配有土地，但必须服兵役、行参觐与受封礼，

1　属于吠陀时代的这个斗争在印度神话中相当有名，版本也很多。毗湿瓦米多拉为刹帝利，婆私吒（又作婆薮仙人）则为婆罗门的代表。参见杜蒙的讨论，《阶序人》，pp. 484—486。——译注

2　十一二世纪时，法国南部普罗旺斯地区的骑士阶层以生活品位优雅、高尚闻名。——译注

3　定居于**城市**的拉吉普，见诸 10 世纪的碑文（*Epigraphia Indica*, Ⅲ, 169）。

并于封君死亡（Herrenfall）时付规费给新封君[1]。拉甲拥有种种权利，包括：1. 收获课税权；2. 荒地处分权——若付斧钺税，则封授伐木权，若付一定总额租金，则授予开垦权与世袭占有权；3. 采矿、寻宝等类似的王权；4. 罚金征收权。所有这些经济权利都是可以（部分也行）授封给臣下的。

在印度，相应于氏族卡理斯玛的普遍性，采邑关系通常只行于支配者阶层——起码只优先行于有血缘关系的氏族成员里，而不是奠基于非氏族血缘关系者的个人性忠诚关系上。在很早以前，这并不是一种土地领主的采邑关系，而是因政治而来的经济权利与个人权利。刹帝利是王族，而非封建庄园领主[2]。在德拉威人（Dravidas, Dravidian）诸王国里[3]，每个村落都有王田（majha），与之并行的是免税的祭司田地（pahoor）。当王权扩充之际，君主便于旧有的村落首领（munda）之外，加派自己的"代理人"（mahta），或者取而代之。这些村落首领出身的、拥有卡理斯玛特权的（bhuinhar）家族，有免税的所有地，而其他的土地则成为可课税的，并且被视为"王领地"。所有这些，大体都为征服者所采用，然而多半也都封建化了。我们发现，中世纪时，纯粹封建社会结构的各种要素几乎遍布于全印度，特别是在西部地区，而且往往

1　封建的主从关系，乃是存在于特定的个人与个人间，而具有高度的个人专属性的关系。因此，当领主或封臣死亡时，此种关系即随之消失，采邑又回到领主或其继承人的手中（不过，多半会以付规费的方式重新取得采邑的使用权）。因领主（Herr）之死而导致采邑的归还，称为 Herrenfall；因封臣（Mann）之死而导致采邑的归还则称为 Mannfall。将财产归还原出处（如因妻之死而还嫁妆于娘家），一般称为（heim-）fallen; Herrenfall 与 Mannfall 即源出于此。——译注

2　不过，刹帝利虽为武士，但同时也是拥有大片土地的贵族，可以任意处分其土地，例如将之捐赠给婆罗门。

3　德拉威人是居住在南印度及北部锡兰的人种，方言为德拉威语。——译注

完全是西方式的。例如：拉甲的徽饰[1]、骑士臣服礼（Schwertschlag）[2]
的授封仪式。不过，法典上并未记载有关村落里固有的土地领主
的权利。这些权利并非封建化的产物，而是后来政治权力俸禄化
后才产生的。

　　在大君王之下，高级军事将领的地位往往是与土地采邑紧密
结合的，后者则成为世袭性经济权利的泉源[3]。高级官员亦复如此[4]。
政治上的大采邑持有者在当时仍多为君主的后裔或亲属[5]。但也不
是全无例外[6]。　不论君主或封臣，其支配权在大多数情况下都是可

1　*Epigraphia Indica*, VIII，229。不过在此之前的王朝也各有独特的徽饰，例如孔雀王朝的若
　　干徽饰最近即由 K. P. Jayaswal 发表出来（*J. R. A. S.*，1936, p. 437f.，又如 Walsh, *J. R. A. S.*,
　　1938, p. 30）。此外，笈多王朝的徽饰，若从货币上看来，应该就是孔雀。
　　　　西欧封建时代贵族的徽饰，据说是十字军时代才出现的。第一次十字军组成时，为
　　了区别穿着盔甲的骑士，欧洲的贵族采用了伊斯兰教徒在衣服、武器和装配上的标志，
　　用徽章或图样来表示功勋与身份。因此，徽章的装饰，成为骑士之间的一种共通而神秘
　　的标志。到了13世纪时，这些徽饰（尤其是在盾上）不只为家族所使用，也为寺院、城镇、
　　国家所使用。有时也会写上一些简洁的格言，如"善意待人，不多也不少"（En Bonne
　　foi, Ni plus ni moins）等等。——译注

2　*Epigraphia Indica*, VI，53（10世纪）：印度的名称可以作此解释。
　　　　所谓"臣服礼"是指欧洲封建时代领主授封采邑给封臣（通常是个骑士）时，封臣
　　所行的礼节：他必须双腿跪在领主之前，交出双手向领主宣誓效忠；领主把他扶起，亲
　　吻额头，以剑轻击他的两肩，仪式即告完成。据日译者所言，韦伯此处所说的印度名称
　　是指在此碑文上的 bâlgachchu 一词，但此词在犍陀罗语中是"洗刀"的意思，而不是如
　　德语中 Schwertschlag 一词意指领主以剑轻击封臣两肩，而伴随着洗刀仪式的，是将土地
　　从一个王那儿捐献给另一个王。不过，对于此一碑文中此词的解读，尚有争议，譬如赖
　　斯与介绍此一碑文的弗利特即各持相异的说法。——译注

3　*Epigraphia Indica*, VI，p. 47（10世纪）：一名封臣战死沙场后，其作为该军队指挥的地
　　位即被授予他人。该名受封者因此获得数个村落作为未垦荒地的采邑，亦即世袭的采邑。

4　*Epigraphia Indica*, VI，p. 361.

5　例如 Iba 诸村落被授予国王的女婿，并同时集体成为一个特别的政治区域：*Epigraphia
　　Indica*, IV，p. 185（坦米尔地区，11世纪）。

6　至少我们可以这么说：许许多多的采邑授封，并不仅限于亲属。在歼灭述拉王国（Chola-
　　Reich）后，胜利者克里什罗王的阵营里发出一份文告（10世纪），便提及大量土地并不
　　只封给亲戚的情形（*Epigraphia Indica*, IV，p. 290）。

以转让的[1]。当时印度大部分地区长期处于争斗倾轧的状态中。我们至今仍可在印度南部的村落中看到纪念骑士对抗外来的家畜盗贼因而殒命升天的墓志碑铭[2]。

若问：在当今的拉吉普种姓中，最能够代表古老传统的那部分人，典型的出身为何？答案只能说是：他们乃源自政治权力的把持者，其中包括小王侯、封建采邑骑士、官职贵族，以及具有政治权利义务的庄园领主。只不过，这些贵族绝非纯粹的官职（文书）贵族，而是由各种类型极为不同的军事—政治采邑持有者所构成的一个身份团体，特别是也包括即将提及的军事俸禄者在内。印度的法制与行政之转变，特别是军事制度方面的转变，无不由此清楚地呈现出来。

出现在史诗与最古老的历史记述（例如麦加斯梯尼与阿里安的记述[3]）里的印度军队，是类似荷马式的军队，只不过有着更进一步的发展。英雄（curah）及其扈从（arugah）为善战者，决斗是寻常之事。各部队首领并非"战略家"或"军官"，而是因自身之英雄性卡理斯玛资质而头角峥嵘的好战士。战斗之前，军队的确

1　例如某个王侯将部分支配权当作嫁妆转让的情形，见 *Epigraphia Indica*, IV , p. 350 ；某个封臣将一个村落（包括支配权？）转卖给另一个封臣的情形，见 *Epigraphia Indica*, III , p. 307 f. (11 世纪）。

2　例如 *Epigraphia Indica*, IV , p. 180, V , p. 264。

3　麦加斯梯尼（Megasthenes）曾被派到印度的孔雀王朝当大使，在华氏城住过几年（约前303—前292），并将实际的见闻写成一书，名为《印度记》（*Ta Indika*）。此书现已散佚不传，书中片断却为多位希腊、罗马作者所引用，例如斯特拉波（Strabo, 前 63—19）著名的《地理学》（*Geographica*），狄奥多罗斯（Diodorus, 约前 1 世纪）的《历史书库》（*Historische Bibliothek*），以及阿里安（Arrian, 约 96—180）记述亚历山大入侵印度的《亚历山大远征记》七卷当中的第四卷，及其《印度记》（*Indike*）。关于外国人记载中的印度古代历史，资料详见季羡林，《玄奘与〈大唐西域记〉》，选自《季羡林学术论著自选集》（北京，1991，pp. 199—201）。——译注

有着既定部署准备，然而一旦开打，即毫无秩序可言；英雄们只要看到自觉最值得一拼的对手，立即冲锋突击放手一搏。在史诗里，首领一死，自然意味着全军瓦解。军队中除了扈从之外，还有一些无法自我装备武器与战车的战士，例如那些君王与贵族的家士（Ministeriale）[1]，此外也有职业战士，他们平日从君主那儿领受薪饷，生活优沃，一旦战死，还有君主为他们照顾寡妇。依照阿里安的说法，自我配备武器的战士虽位于贵族与祭司之下，但与一般农民仍有所分野。除了荷马所知的那种按氏族来编整军队的方法外，印度当时已有依十人、百人、千人为单位的纯战术性的部队编制；骑兵队与步兵队都配备有一定比例的战车与大象。这样的部队（Heer），不久之后即变成一支由军官所指挥、由国王的粮仓所给养、愈来愈仰赖君主来装备的"军队"（Armee），原来征集民兵与召集骑士的方式就此消失。

　　君主的行政转变成家产官僚制的方式，换言之，一方面，官僚的等级秩序有着层次井然的规划，职权与审判程序也都相应于地区与事项而清楚规定；另一方面，宫中府中之别却不甚分明，数量多得令人眼花缭乱的官员在权限上若非经常变动，就是不确定、非理性，而且往往取决于偶发事件[2]。

1　所谓"家士"，是指非自由人出身而被其主人用来担任重要家职或军事职务者。他们因为工作的性质，无法参与直接的生产劳动，原则上从主人那里接受土地（"服务领地"［Dienstland］），由之得到收入。因本非自由人，他们的任免或领地的收还，理论上主人可自由为之。此点——与独立性强而出身自由人的封建家臣不同——是他们会被任命为某些官吏的因素。无论如何，他们既被授予土地，即具有领主的地位。当他们的主人是一国之君时，他们所担任的家职也可能包括"宫宰"等最高的官职，因此地位逐渐升到一般自由人之上。到了13世纪左右，他们更明确地占有下层"贵族"的地位，所谓"骑士"，大部分便来自此一阶层。——译注

2　参见 Rose 的论文，收于 *Indian Antiquary*, 36（1907）。

如碑文上的记载，由于仓储与赋税经济，广泛的书记制度早在第一个大王朝——亦即公元前 4 世纪至前 3 世纪的孔雀王朝——时便已发展出来[1]。佛教君主阿育王的行政当局喜好文字书写到了不可思议的程度，其漫无边际的极端情形，从不计其数的法令中可以充分得知[2]。正如家产官僚制里的共通现象，国家领域内各地方组织的行政长官职位，尽可能授予亲属[3]。考他利雅（Kautaliya）所著的《实利论》（Arthaśāstra），在据称是孔雀王朝始祖旃陀罗笈多（Chandragupta）的一名大臣旃纳基亚（Chanaukya，日译本指出应为 Chanakya）的编纂下，使得这幅图像更为完整[4]。以此，行政所据以为基础的是包罗广泛的统计。所有的居民都必须按种姓、氏族、职业、财产与收入来注册登录，旅行要有护照，人民生活的各个层面都受到管制。仅次于政治阴谋的是妨害"工作欲"，这在财政上被认为是最大的祸害。因此，乡间的戏院与乐队、各处的酒肆与饭馆都有所限制，政府还会利用"密探"介入到人民最隐秘的

1　参见 Bühler 的论文，*Indian Antiquary*, 25 (1896)，p. 261 f. 。
　　孔雀王朝时，为防备紧急状况而有贮藏谷物的措施。记载着此种措施的布告铸于铜版之上，现已发掘出来；由铜版的铸造看来，当时各个地方必定都有此种仓储措施的实行。——译注
2　阿育王时开始有为君主制作诏敕文书的"书记"官吏出现，此一说法有赞成者，如 V. A. Smith (*Ashoka*, Oxford, 1901)，特别是 Bühler (*Indian Antiquary*, 26, p. 334)，也有反对者，如 S. Levy。
3　根据碑文所载，阿育王任命自己的诸子为总督，屯驻于各个地方。
4　与我们此处有关的部分已由 R. Shamasastry 翻译出来，收于 *Indian Antiquary*, 34 (1905)。
　　Arthaśāstra 通常指古代印度有关处世、财利等学问之论典。《梨俱吠陀》中已有此类论说，其后《梵书》等天启文学亦陆续发展之。此类论典中，最为著名者即为此处所提到的《实利论》，该书以散文体之梵文书写，计 15 篇，150 章，各章章末附有摘要其内容之简洁韵文。20 世纪初发现该书之写本，为处世、政治、军事、外交等之指南书。其内容包括学术、教育、秘密侦探、都城、税收、行政、司法等，对于史书极端缺乏的印度而言，该书之价值实不言而喻。——译注

私生活里。

君主自行经营商业，其行政机关则通过对市场的管制来操控价格[1]；与《本生经》(Jataka) 所虚拟的状态相反的是[2]，此种控制乃是君主的一种财政政策。只要是可以想得到的税收来源都要抽税，从妓女税（这些妓女是君主应行商的需求而准备的），到市民罚金（君主在法律起草者的建议下，派人故意引诱人们做下违法的事，再课以罚金）。行政机关所要关心的，本质上只限于——只要在位的是印度教的君主，而非佛教或其他虔敬教派的君主——为军队征调足够的兵员，以及课税这两件事。时日一长，行政机关就会愈来愈想要通过包税制与俸禄制来确保这两方面的顺利进行，特别是在莫卧儿 (Moghul) 王朝治下。军事俸禄授予的办法是：接受俸禄者有义务筹组一定员额的军队，相对地也会收到相当额度的军饷、口粮与特支费。在此一办法影响下，进而遂有食邑俸禄 (jagir Pfründe) 的产生——形式上明显的是模仿古代的寺院俸禄与婆罗门俸禄[3]。食封者查吉达 (Jagirdar) 很容易就发展成为庄园领主，特别是当他被授予荒地处分权时——尽管其权利原来是政治—军事性质的[4]。即使到了 1000 年左右，这些官吏仍然主要是

1　拉甲所据有的商业独占诸如：克什米尔的番红花、南印度的宝石、西部的马匹、东部的武器与细布，以及全印度的大象。
　　西印度，亦即印度河流域，古来即为有名的名马产地。孔雀王朝时代，私人不准拥有马匹或大象，因为那被视为君主的财产，委托给君主所任命的专人照管。——译注
2　《本生经》叙述了释迦牟尼佛前世前生积行各种各样善行的故事，其中言及释尊时代（或其后）的社会状态，故为了解古印度社会图景提供了极为丰富的资料。——译注
3　jagir 在印度意指给某人特定地区的租税收入，即中国的"食封"。Jagirdar 即为"食封者"——拥有 jagir 的人。他们原为资本家，在接受 jagir 的同时，也承担了提供定额军队给君主的义务，但后来他们逐渐有转化为大庄园领主的倾向。——译注
4　印度有类似罗马军事边境采邑的固有军事采邑"ghatala"。

依靠着君主的粮仓过活[1]，而货币经济则一拨拨地侵入国家财政，并且就像中东地区一样，得到私人资本的助力。

君主采取包税制与采邑俸禄的方式来确保他的税收收入，换言之，用之以交换一定总额税收纳入国库。从包税制发展出被称为"查米达"（Zamindar，于孟加拉）与"吐鲁达"（Tulukdar，特别是在奥德省）的土地领主阶级[2]。他们之成为真正的地主，是英国人来了以后的事：英国行政当局在制定税额时，对他们课以赋税的义务，也**因此**而将他们视为"所有权人"。就其权利的起源而论，我们只消看看他们在莫卧儿王朝治下所握有的权利清单，即可知其乃源之于莫卧儿王朝的行政惯习，换言之，责成诸地区提供军事与财政给付的担当者同时也负责其他的行政事务（包括司法），并且预付这些行政的费用。

包税制度，以及授权企业家募集军队并委之以广泛的财政裁量权，此一方式亦见之于近代初期的西方国家。然而，印度各大王国所缺者，为统制机构的发展——西方诸王侯公国即借着此种统制机构而逐渐将军事与财政大权收回自己的手中。唯有摩诃剌侘王朝基本上再度收回国家财政，并且因此而在行政技术上胜过莫卧儿诸国。比起异族王朝之强烈仰赖中间者的存在，摩诃剌侘王

1　Rose, *Indian Antiquary*, 36（1907）.

2　在《支配的类型》里，韦伯指出："为了交换上述各式各样的服务（军事的、国库的，等等），首先必须让那些人有能力负担其义务，因此他们可以占有不同程度及类型的统治权力。此类占有通常有一期限，而且可以被购回。但是当资金不足时，占有经常或为**既定**之事实。那些分到这种**既定**权力的人，至少即成为**庄园领主**（Grundherr），但不同于纯粹的地主，因为他经常还可以拥有广泛的政治力量。此一过程的典型范例出现在印度，即所谓'查吉达'、'查米达'以及'吐鲁达'等阶级，他们因此而拥有控制土地的权力。"（p. 101）——译注

朝——至少在主观意愿上——可说是个民族王朝：婆罗门种姓因此被起用于各种行政部门，包括军事方面；而在其他政权下，婆罗门还得跟低层的书记种姓相竞争。伊斯兰教政权特别喜欢在行政上利用书记种姓，以对抗婆罗门。

印度行政史的这一页，结果是各式各样的俸禄大量出笼。其中特别导致一个土地领主阶层从包税者与军事俸禄者之中发展出来。他们必须负担所辖区域的行政费用，并且担保应付一切军事与财政上的需求。果能如此，这些领主即得免除几乎所有的统制与干预，而他们的隶属民则差不多等于是被整个从国家那儿"霸占"过来。

印度特有的一个发展，是奠基于农民纳税义务上的一连串层层叠叠的租税负担，以及租税可以土地收益来支付的现象。在"农民"，亦即土地的实际耕作者的上头，首先，有可能是一个、通常是一群土地收租者，他们被视为土地所有权人而负有缴纳租税的义务。在这些人和国家权力之间则多半还有一个中间人——查米达或吐鲁达，他或者只是收取租税的一部分（在印度东北部通常是租税总额的一成）[1]，或是握有更广泛的领主权利。有时，这样的中间人不止一个，而是在古来的包税者之外，还有一个通过"地权确认"（birt）而被赋予收租权的人，或者是一个因为接受租税拖欠额之支付义务而"买下"村落，因而取得收租权的地主。最后，或许还得再加上世袭的村落首长，他们拥有收租权并且往往带有一种土地领主的性格。自 18 世纪初以来，摩诃剌侘王朝即有系统

1　东北部的这种模式原先是来自这类包税人的收益不许超过租税总额之十分之一的规定。类似的情形亦见之于中东地区。

地实行这种针对个别俸禄持有者分摊租税收入份额的制度——个别俸禄持有者先于国家享用租税，余额再上缴国库，并且和诺曼人的采邑政策一样，设法确保每个俸禄持有者不只是在自己的辖区里取得收入，而且至少在别人的辖区里也可以获取部分收入。

立足此种经济基础上的社会各阶层之特有性格，决定于此种经济基础的起源与特性。西方的封建领主制，和中东及印度的领主制一样，都是从家产制国家中央权力的崩解发展起来的，前者诸如卡罗琳王朝，后者则如哈里发政权、摩诃剌侘王朝、莫卧儿帝国[1]。不过，在卡罗琳王朝，此一发展是奠基于极度自然经济的基础上，并且通过依照扈从关系而建立的忠诚义务，使得位于君主与平民之间的支配阶层与君主结合在一起。封建关系亦见之于印度，只是此种关系在印度并非贵族或庄园领主阶级之形成的决定性因素。一般而言，在东方，印度也一样，典型的领主制是从包税制与强烈官僚体制国家里的军事俸禄制与租税俸禄制发展出来的。因此，就其本质而言，始终是一种"俸禄"，而不会变成"采邑"[2]；其结果并不是封建化，而是家产制国家的俸禄化。可与之相

1　关于伊斯兰教政权，参见后面将引用到的 C. H. Becker 的作品。

2　"我们称所有下列的情形为'俸禄'（Pfründe）与'俸禄的'官职组织：将来自财货的固定收入，包括土地与其他等等基本上为经济用益权的收入，赐给官吏享用终生，以酬谢其履行（不管是真实的还是虚拟的）官职义务，这些财货被君主**永远地**赐予官吏以给他们提供经济的保障。"（《支配社会学》，p. 32）

　　"采邑也可以从法律的角度与'俸禄'区分开来，只是其界限全然变动不居。俸禄是一种终身的——而非世袭性的——报酬，以交换其持有者之真正（或虚拟）的服务；报酬是基于官职，而非在职者之故。因此，在西欧中古初期，俸禄并不像采邑一样（如史图兹所强调的），必须在封君亡时归还，而是在俸禄持有者死亡时归还。在西欧中古盛期，非世袭的采邑并不被视为真正的采邑。俸禄所得属于'职务'，而非个人，可以'使用'，但不能被占有。……至于采邑，在采邑关系尚存期间，则是封臣个人的财产；然而，这份财产是不能转让的，因为它是紧密联系于一种高度个人性的关系，也不能被分割，

比拟——尽管并不发达——的西方类型，并非中古时期的采邑制，而是买官制[1]，以及 17 世纪（Seicento）教廷的俸禄制，或法国的法服贵族制[2]。东西方之所以会有这种不同的发展，除了历史阶段的差异外，纯粹的军事性条件也是个重要的因素：骑兵，在欧洲的封建时代乃是战争技术最优越的武力，然而在印度，尽管骑兵的数目并不少，但在军事意义与效用上，自亚历山大大帝至莫卧儿王朝时期，相对而言皆不如步兵那样受到重视。

莫卧儿帝国的政府形式，就我们现今所知，接近土耳其的类型及其原型——哈里发与萨珊王朝的行政模式。只是，由于租税制度的极端合理化，所以印度的书记制度早在外族入侵以前，就已将其势力扩张到政治团体的基层里去，譬如和村长并立的村落书记，虽然是此一书记官僚体系的最下一级，然而却相当重要。这些书记官僚握有大笔俸禄，不过却也是婆罗门与其他高级种姓（例如暴发的新贵）之间相互争夺的资源。摩诃剌侘王朝的治下，彻头彻尾都存在着这种二元的对立，一方是 Deshmukh（地方官）与 Patel（村长）——皆为摩诃剌侘人，另一方则是与之并肩而行的 Deschpandya 与 Kulkurnu（村落会计）——多半是婆罗门。

刹帝利这个概念在内容上并不清楚——到底它是指小王族之

（接上页注）因为它是用来维持封臣负担服务的能力。俸禄持有者通常（有时则是普遍地）可以不必负担职务的费用，或者由其俸禄的部分所得来支出。至于（采邑）封臣则往往得自行负担（授予）其职务所需的费用。"（《支配社会学》，p 164）——译注

1　印度的拉甲时而也会贩卖林林总总的租税俸禄与其他各类政治俸禄给别人。

2　法服贵族（Noblesse de la robe），是指相对于穿着短袍（robe courte）的出身于贵族的军人，而着"长袍"（robe longue）的拥有学位者之中，因出任司法官或财政官而被授予贵族称号的人。他们主要出身于新兴的市民阶级，对立于封建贵族而为法国绝对王权的支持者，从而形成新的官僚阶级。贵族的称号最初只限一代，其后即告世袭化。——译注

流，还是指骑士阶层？这个疑问也得从印度的政治结构上才能解说得清楚。印度的政治形势一直是摆荡于两极之间，一是分裂为无数小王国（原来只不过是酋长国），一是集结为家产制帝国。早在史诗时代，英雄式的决斗固然存在，但军队的纪律也已萌芽。此种有纪律的军队，如同亚历山大入侵印度时所见的，并不是自行武装的，而是由国家来武装与补给。自行武装，或战士与战争手段分离，这种军事制度史上最重大的二元对立形式，在印度一直相持下去，即使到了莫卧儿王朝治下也未曾消失。

自行武装的骑士在社会上的评价，往往不同于仰赖君主或佣兵领袖来供给武装的人。不过，自拉吉普兴起以来，雇用各种半野蛮的部族为佣兵，以及将土地权与支配权授予军功卓著者，势必造成身份性差异的剧烈流动。同时，政治团体的社会结构也摆荡于封建组织与家产制之间。有关这点，全世界所共通的现象是：倘若情势偏向封建体制，君主就会任用古来的俗世或宗教上的显贵宗族；而情势若有利于家产制，君主则将政治权势授予下级身份出身者。

现今的"拉吉普"里，混入了多少古代酋长与扈从贵族的血统，无人能知[1]。不过，应该是不多的。因为，在家产官僚制时代，出现了大量被列入古老贵族位阶序列里的新贵，他们来自包税者与官职俸禄阶层，通过土地的授予成为庄园领主，或者，更通常的情形是佣兵与职业军人家族在经历了几个世代之后，要求被承认为"刹帝利"，就像即使在今天，一些半印度教化的部族与农民种姓——他们起初被征集为佣兵，但在内乱终结、偃旗息鼓之后，

1　参照 R. Hoernle 的论文（*J. R. A. S.*, 1905, p. 1 ff.）。

不得不转而经营和平的生计——也如此要求一样。过去曾经建立起强大帝国的其他一些部族，则在被英国人打倒与征服之后，如今全然处于一种"部族"与"种姓"之间的特殊中介地位。其中，特别是西北海岸的土著部族摩揭陀。

摩揭陀这个部族名称（Mahāratha，意指"大战士"）早在纪元前就已出现在碑铭上。玄奘在其著名的游记中还曾经称赏过他们的骑士道战术 [1]。当时，他们已采用阵法交战，尽管还是有着英雄性忘我的遗习，战士及其大象在开战前似乎往往沉陷于狂欢迷醉之中。在伊斯兰教政权治下，他们依然持续其城寨采邑制与职业战士的活动；最后，他们起而反抗莫卧儿王朝，而在 18 世纪建立起印度最后一个奠基于印度教的民族国家。"贵族"（assal），亦即昔日的战士，要求享有刹帝利阶序，并且显然亦与拉吉普家族间通婚混血。基本上，他们履行印度教的礼节仪式与氏族制度，并且有真正的（deshashth）婆罗门做他们的祭司，然而图腾（devak）组织的遗制仍然透露出他们部落的根源。农民则被他们以身份性

1　此处是指《大唐西域记》，卷十一，关于摩诃剌侘国的记载。此国位置大约在今日印度的马哈拉施特拉邦（Maharastra），首都在今何处，虽然仍有争执，不过目前大都倾向巴达密（Badami）。641 年，玄奘取道西南印度到此国参访阿旃达佛窟（Ajenda Cave），遂留下关于此国的记载："摩诃剌侘国，周六千余里。国大都城，西临大河，周三十余里。土地沃壤，稼穑殷盛，气序温暑，风俗淳质。其形伟大，其性傲逸，有恩必报，有怨必复。人或凌辱，殉命以仇。窘急投分，忘身以济。将复怨也，必先告之，各被坚甲，然后争锋。临阵逐北，不杀已降。兵931失利，无所刑罚，赐之女服，感激自死。国养勇士，有数百人，每将决战，饮酒酣醉，一人推锋，万夫挫锐。遇人肆害，国刑不加，每出游行，击鼓前导。复饲暴象，凡数百头，将欲阵战，先行饮酒，群驰蹈践，前无坚敌。其王恃此人象，轻凌敌国。王刹帝利种也，名补罗稽舍（Pulakesin II, 610—642），谋猷宏远，仁慈广被。臣下事之尽其忠矣。今戒日大王，东征西伐，远宾迩肃，唯此国人，独不臣伏。屡率五印度甲兵及募召诸国烈将，躬往讨伐，犹未克胜。其兵也如此，其俗也如彼。人知好学，邪正兼崇，伽蓝百余所，僧徒五千余人，大小二乘兼功综习。天祠百数，异道甚多。"《大唐西域记校注》（北京，1985），pp. 891—894。——译注

的差异隔离开来。

此种异部族骑士的贵族身份并不是全然没有争议的，更何况是作为佣兵的部族，他们所提出的刹帝利身份的要求，根本从未被承认过。纪元之初，刚刚开始印度教化的南印度坦米尔族（Tamil）[1]，有着如下的身份秩序：唯有（移民进来的）婆罗门被认定为"再生族"，因为唯有他们有权披挂圣带；其次是坦米尔族的僧侣（Arivar，苦行者）；接着是被称为（灌溉用水之）"水主"的土地领主贵族乌拉瓦（Ulavar），君主与封臣皆自其中产生；然后是各种不同的牧牛者与工匠的种姓；最后是第五等身份的 Padaiachia（佣兵）。各个身份等级间皆严格地区隔开来。后来由婆罗门所作的阶级区分里，则将商人置于其时已大体农民化的委拉拉（Vellalar，昔日的乌拉瓦）之上；当然，此处，一如他处，婆罗门是不把统属于君主的职业战士列入再生种姓的[2]。

非军事起源的官职持有者占有何种地位，仍是个问题。莫卧儿王朝的包税者查米达，来自各种不同的种姓，故而并未赢得自己特有的种姓阶序。先前的部分官职俸禄者的境遇则未必如此，只要出身下级阶序者能够争取到相当于婆罗门或拉吉普（或同等

---

1 关于坦米尔族，参见 V. Kanakasabhai 的杰出作品，*The Tamils 1800 years ago*（Madras, 1904）。

2 古老的"战士"（实际上往往是强盗和偷牛贼）部族，例如卡地（Khati），他们原先是辛德（Sindh，印度河流域地方）的城寨主，后来被驱逐而迁居于阿玛达巴德（Ahmadabad），现今部分是土地领主（Talukdari），部分是农民。卡地人是太阳崇拜者，有婆罗门做他们的祭司，并建立起中央集权组织。至于古代较次级的佣兵部族则在职业选择上较不那么稳定。孟买的"卡特利"（Khatri），原来是个战士种姓，主张享有刹帝利的等级阶序，如今甚至要求有权披挂圣带，然而实际上已沦为木棉织作工；那儿的古代佣兵部族 Halepaika，在德拉威王国灭亡后，已转业为棕榈油蒸煮工。

　　据日译者所言，卡特利（Khatri）恐怕是刹帝利（Kshatriya）的讹转，为居住在印度西部与恒河河谷各地的种姓，所从事的职业多为商人、书记、丝织师傅等。——译注

阶序的种姓）的地位就算数。至于哪些人、能够争取到什么程度，
端视行政当局的种类而定。最后，理所当然，是那些大王朝里根
本不带军事色彩的书记官僚，他们向上攀升的阶序至今仍有强烈
的异议。

官僚阶层的家产制起源，表现于阿玛泰雅（Amatya）这个名
称（原意为"家人"）。就我们所知，至少印度本土的君主，和古
代中东各国一样，并不使用人身不自由的官吏[1]。只是，官吏出身的
阶级之社会阶序，则随着时代而有所改变。骑士阶层自古以来对
于官职的垄断即被家产制所打破。早在孔雀王朝与笈多王朝时期
（前者始于公元前 4 世纪，后者始于公元 4 世纪），大君即通过出
身首陀罗种姓的官吏来统治国家。婆罗门文献则将此种情形推定
为卡利（Kali）时代之始，不过，这实相应于举世皆然的家产制国
家特性，尤其是东方的家父长制国家。

古代的刹帝利种姓无疑是将连带着政治权力的采邑，当作自
己独占的囊中物。不过，他们却没有能力确保这种独占，而这正
是他们没落的原因。家产制国家不只需要婆罗门，同时也需要通
晓文字的其他种姓成员来当官吏；食君之禄的官吏，诸如市民出
身的包税者，负责租税课征，佣兵队长负责募集军队，还有查吉达、
吐鲁达、查米达等各式各样的租税俸禄者，他们被赋予政治权力，
而不受制于任何等级出身。事实上往往连君主本身也只不过是个

1　人身自由的官吏所具有的身份荣誉感，表现在这样的格言里：官吏之享有其地位，乃
　　是基于"和君主，他的主子，的交好谅解"——语出十二三世纪西恰罗怯罗雅王朝
　　（Chalukya-Dynastie）的碑文（*Epigraphia Indica*, V, 213）。虽然如此，官僚阶层的主体
　　终究属于"bhritya"（用人）的范畴，从后宫守卫到贫困的佣兵等，皆属之。
　　　　恰罗怯罗雅王朝有二，第一王朝建于 6 世纪中，即玄奘《大唐西域记》与本书里所称
　　的摩诃剌侘王朝，亡于 8 世纪中；第二王朝建于 10 世纪末，12 世纪末衰亡。——译注

幸运的暴发户。也有君主在碑文里记载自己是婆罗门之足（亦即首陀罗）的后代。按照严格的理论，即使是君主的族裔也无法改变首陀罗的身份。例如，最近孟加拉的拉吉旁西（Rajbansi）种姓开除了一名成员，原因是他将女儿嫁给一个拉甲的后裔，这人却是厨子种姓的一员。

如一般通例，政治权力地位的影响力，总是其他一切力量所不敌的。因此现今与拉吉普及军事贵族竞争种姓阶序的，通常是非军事的官职贵族，尤其是强大的书记种姓。例如孟加拉的纯官僚种姓卡雅斯特（Kayasth），以及孟买半官僚的军事俸禄种姓普拉布（Prabhu）——一个为数有限且仅限于孟买一地的阶层，曾为军事阶级而在笈多王朝治下受封（课税、书记、军政等）地方行政主管权的俸禄，并且延续了很长一段时期。在孟加拉，土著的拉吉普家族为数非常有限，在当地著名的家族当中，似乎只有一个确实是属于拉吉普家族，这是因为自仙纳（Sena）王朝以来[1]，孟加拉即处于家产官僚制组织之下。在其他地方亦为书记种姓的卡雅斯特，在（16世纪的）Vellala Charita 里还是"纯粹的"首陀罗，而如今在孟加拉却要求被承认为阶序比拉吉普更高的刹帝利。

这些有文字教养的官职种姓在职业上大不同于文盲比例奇高的拉吉普和其他古代的军人种姓。只有极少数的拉吉普出现在近代政治与私人经济的官僚行政中，相反，婆罗门与书记种姓却在

---

[1]　仙纳王朝于11世纪后统治着孟加拉的一部分，至于延续到什么时候则不得而知。

其中扮演着突出的角色。举凡律师、新闻等"专业"，无不如此[1]。卡雅斯特的种姓阶序一直不断地受争议，特别是来自孟加拉古老的医生种姓拜迪雅（Baidya）的异议[2]。拜迪雅声称他们拥有比卡雅斯特更高的阶序，因为他们不只能参加全式的入法礼，而且有权自行诵读吠陀经典。卡雅斯特这方面则批判拜迪雅是在大约100年前才借助于受贿的婆罗门而骗取到披挂圣带的权利。就历史的观点而言，可以说双方都有理。卡雅斯特固然无疑是首陀罗，然而，尽管医学在印度作为专门科学乃是个老字号，但医师种姓在过去最多也不过是和其他古老的行会团体（Mahājan）的种姓一样，只享有吠舍的阶序。如今，拜迪雅种姓及其他地方相类似的种姓，总是主张他们享有比拉吉普更高的阶序，理由是拉吉普并不认为亲自耕种是一件绝对有失身份的事。拜迪雅更可以用下面这个事实来支持他们的阶序要求，亦即：孟加拉的仙纳王朝乃是源之于他们这个种姓。

总而言之，现在大体上被承认为刹帝利阶序的诸多种姓，具有极为驳杂的性格特征，特别是，他们真切地呈现出了历史变迁的足迹，亦即印度教自书记行政制度创始以来，在政治上所经验的历程。而更富争议性的，毋宁是古典学说里的第三种姓：吠舍。

---

1 在加尔各答，30% 的卡雅斯特是雇员，婆罗门则与他们于雇员、律师、医生、编辑、工程师等行当里争逐高下。在孟加拉省，74% 的拉吉普与92% 的摩揭陀是务农的，而仅各有 2% 与 0.3% 在行政部门里；从事"专业"的则仅剩 0.8% 与 0.02%。这样的职业百分比差不多等同于古加拉特（Gujarat）地方被人瞧不起的农民种姓"苦力"（Kuli）。那儿的婆罗门与普拉布各有 7% 与 27% 担任政府公职，22% 与 18% 从事"专业"；商人种姓的罗哈尔（Lohar）亦各有 5.8% 与 27% 在政府行政与专业领域里。甚少有拉吉普成为经商的店东，而摩揭陀则几乎没有。摩诃剌佗种姓至今仍是喜好封建阔气与慵懒的好手。

2 在梵文里，baidya 是医生的意思。

三、吠舍

在古典学说里，吠舍种姓大概相当于我们所谓的"平民"阶层。从负面看来，或者说，向上比较，吠舍没有祭司与世俗贵族在仪式、社会和经济上的特权。往下相比，也就是相对于首陀罗，吠舍拥有一项最重要的特权（尽管从未被明示过），亦即土地拥有权，这是首陀罗从来不被允许的。在吠陀经典里，"吠舍"是用来指"人们"、（支配者的）"子民"。

在古典文献里，吠舍主要是指"农民"。不过，即使是在法律典籍里，放债取息与商业也被认为是吠舍可以从事的行当。有一点值得注意的是，古典时代家畜饲养与农耕之间存在着极大的分野。唯有前者（而非后者），才是婆罗门在绝对必要时所能从事的行业。这颇符合相当古老且甚为普遍的观点：牲畜的饲养在世界各处差不多都是男人的工作，而原始的耕作则是女人或奴隶的事。从后古典时代至今，吠舍即"农民"的影像完全消失，其实早在历史时代之始，商业即被认为是吠舍真正的本业，Vaiśya（吠舍）与 Vanik（商人）被视同为一。如今声称享有吠舍阶序的种姓试图证明他们本来就是个商人种姓。

农民被排除于市民有产者与营利团体的同等位阶之外，乃是种种因素使然。首先是封建化的趋势，再者是家产制财政的形成与社会结构的俸禄化。早在古典时代，吠舍就已被视为是要被高等身份阶层"吃掉"的对象，到了中古时期，他们只让人注意到是个纳税者。中世纪的印度是个村落的国度。国家的范围，如我们先前所说的，是按照村落的数目，亦即纳税的单位来计算[1]。土地租税一直都是最关键性的财政来源，并且也是采邑封授与俸禄建构的最重要基础。君主在古典时代被称为"六取一者"，因为按照古老的传统，取收成的六分之一为地租被认为是合理的。实际上，租税远高于此，甚至高到——和古老信念相反的——发展出这样的理论：率土之滨，莫非王土。在孟加拉与南印度的某些被征服地区，实情大约即是如此。

有关印度的村落体制，我们多亏有巴登–鲍威尔（B. H. Baden-Powell）根据英国租税勘察资料所作的广泛研究[2]。至于其他的碑铭与文献资料来源，只能对印度农民的过去作出微弱的投影。不过，至少从莫卧儿王朝以来，甚或更早以前，对于农民地位最具关键性的因素，厥为国家财政的利益。自彼时起，问题的重点即在于：谁是租税担负者？

如果一个村落里的每一块耕地都被分别课税，并且每个地主都分别按其所有土地的多寡来课税，那么这就是一个 Ryotvari 或 Raiyatvari 村落[3]。那儿没有领主，取而代之的是古来的氏族卡理斯玛村落首长（patel），他被视为政府官员而享有相当的权威，负责收税，并且拥有免税且世袭的公职属地（在印度中部，作为一种世袭部落首长的采邑），居住在村落中央且往往有防御设施的屋子里。耕地边界之外属于村落的"共有地"（Mark，如今已不存在），它们属于国家所有，唯有国家有权授予到那儿定居的权利。

1　后来多半是以拉克（lakh），亦即所得单位，为基准，其基础在于租税的勘定。

2　特别是 *The Land Systems of India* (Oxford, 1892)，3 vols.。此外，我们已于前文中引述他关于村落共同体较简短的论著。

3　Raiyat 意指"子民"、"被保护者"（客）。

另一种情形是一群土地所有者共同负责向国家缴纳全村的租税额（jama）。这个土地所有者团体往往有个——原先则几乎总是有的——"潘恰雅特"（panchayat）作为其代表机构，并且握有所有关于村落与村落所属共有地（荒地）的处分权。潘恰雅特将耕地分租给农民、村落工匠与村里的商人，并且自由地分割荒地，从村落共有地中分出"自营地"（Sir-Land）给个别成员，必要时也分给作为整体的村落共同体，并同意后者可作有期限的出租。在这样的村落里，并没有一个因自身的卡理斯玛特权而享有崇高地位的村落首长，有的毋宁是一个领导行政的"兰巴德"（Lambardar），作为与国库对立的村落利益共同体的代表。土地分配权及相应的租税分摊义务，可以按世袭份额（patti）来分割，此即 pattidari 村落；也可以按别的判准来分割，特别是按各个土地所有者本身的给付能力，此即 bhaiachara 村落。

巴登－鲍威尔的解释是正确的：pattidari 村落是从土地领主的庄园发展出来的。查米达村落（Zamindari-Dorf）——意指个别的大地主的领地——至今仍所在多有；而前所提及的考他利雅的《实利论》里，也早有将荒地封授给能够保证支付租税总额者的建议；况且拉甲的经济权益——虽非其严格的政治权力——是可以分割的，而碑文里也常有将村落的一定额度（vritti）封授给多位婆罗门的记载，凡此种种皆足以证实巴氏的立论。不过，巴氏认为连 Bhaiachara 村落的起源也是如出一辙，只不过份额的部分似乎不见了。这点倒是颇有可议之处。因为，至今仍知租税勘定是有可能导致 Raiyatvari 村落转化为 Bhaiachara 村落的形式，亦即转化为对村落共有地具有共同负担与处分权的形式。

除了明确地区分出近代村落的各种类型之外，巴登－鲍威尔还确切地表明支配阶层之土地租赁以氏族（Sippe und Phratrie，巴氏用的是 Clan）为基础的固有习尚，以及昔日的土地过剩对于村落结构的影响，会产生出什么结果来。依巴氏的论点，类推于亚洲其他地区，我们特别可以看清以下特征：1. 村落完全的集体共耕（农耕共产主义），并非印度原始的农业体制，也不是后来的农业结构的基础；2. 部族（有时是其分支：氏族团体 [Phratrieverband]）自认为是其占领地的所有者，并且起而抵御外来的侵犯；3. 古代的印度村落并没有（至少并不必然有）像欧洲那种作为农民所有地之一部分的村落"共有地"（Allmend），以及农民对于共有地的权利——此乃土地过剩与氏族团体仍然延续的结果；4. 以一种相当于或类似于西方的采邑制为其基础的土地领主制，在印度农业体制的发展上几乎毫无重要性可言，印度农业体制的发展毋宁是取决于征服者的氏族（Sippe, Phratrie, Clan）共同体，以及租税俸禄的授予；5. 最古老的土地所有权来源，若非开垦即为征服。

今天在印度南部的自力耕作者阶层，印度土语叫作"upri"，官方则称之为"占有者"（occupant），具体而言，他们是一些亲自耕作并且向 pattidari 与 Bhaiachara 共同体缴纳租金的人。自从英国施行改革法案以来，他们对于土地所有权的关系，类似于葛莱斯顿（Gladstone）[1]的农业改革后的爱尔兰佃农（Paechter）。显而易见，这并非他们最原先的处境。古典文献，尤其是法典，甚至《本生经》及其同时代的作者，既不知有土地领主制，对于现今的"共

1　William E. Gladstone（1809—1898），英国自由主义政治家。1867 年任自由党党魁，自 1868 年起出任过四届首相。——译注

同村落"（joint village）[1]亦一无所知。有的只是土地的购买与部分租佃（除了村落的土地之外）。印度北部倒是有共有地制与部落牧羊者雇佣制。村落成员比外地人拥有优先承购权，这原本就是毋庸置疑的。南印度的村落有时会数个集结起来以形成一个新的共同体[2]。村落委员会有时会获得君主的封授[3]，几个村落有时也会以它们的 panch 为代表，积极一体地成为，譬如说，一个捐赠者[4]。显然这其中存在着一种独立于租税负担关系之外的、原初的"村落共同体"，特别是在外来的征服者与被征服者相对立的地方，一定会出现这样的一种"村落共同体"[5]。

自古以来强固的次发性共同体关系，总是从要靠灌溉来耕作之处发展起来的；此时，应得多少水利自然是取决于负担费用的多寡。不过，灌溉设施也正是导致强烈经济分化的可能根源。特别是，河塘池堰及其附属设施往往是以捐赠的方式来兴建的。更常见的情况则是，由有钱的企业家独自或集资来兴建，再以收取租金的方式来供水。此即南印度的"水主"（Wasserherr）的由来。

经济特权阶级的另一个更重要的起源因素殆为"职田"

1　参照 Caroline Rhys Davids, "Notes on the Early Economic Conditions in North India," *J. R. A. S.* (1901)，p. 859 ff. 。

2　见诸 8 世纪的坦米尔碑文，*Epigraphia Indica*, III，p. 142 ff. 。

3　*Epigraphia Indica*, IX，p. 91（9 世纪）.

4　见公元前 1 世纪的大碑文，*Epigraphia Indica*, II，p. 87 f. 。

5　印度的农地区划方式并不是德国那种（耕地与垄地）交错的形态。世袭的份地往往是按地质的差异分割成区块（有时进行轮作），但大体而言是范围甚大且不按面积比例计算的区块。个人拥有的耕具数量决定了他可以配得耕地的多寡。由于农地原来非常充裕，因此没有测量的必要；相反，灌溉用水却极具经济价值，要是有人胆敢专擅，正如巴登－鲍威尔所说的，必然会遭到反抗。为了平均生计所需，也有重新划分耕地的情形。随着国家财税压力的增大，类似俄国的现象也发生在印度，换言之，依照租税负担的程度来决定拥有土地的权利（可能也是义务）。

(Watan-Land)，亦即村落的首长、祭司、会计，或其他主事者因职务而拥有的土地[1]。这些土地是世袭的，后世转而可以变卖，重要的是它们要不是免税的，就是只需缴纳固定的税额，而不像一般的农家必须缴纳收成的一部分，且其比率实际上（尽管并非理论上）是可能被调高的。摩诃剌侘王朝治下的官职俸禄者，不管其收入来自何方，至少在其出身的村落里，他们总是力图确保职田要落在并且牢牢掌握在自己的手中，对于上流支配阶层而言，不让自家的官职采邑落入他人手中，已是个名誉问题。租税负担越重，职田的拥有就越是一种特权，并且因而越是成为社会高级阶层需求甚殷的纯粹投资对象。官职俸禄在北印度也是古代史诗中就有记载的。依照官职的大小，俸禄的范围可以从一小块领地的收益，一直到整个城市。显然古代的家产制王朝在此曾极力防止官职俸禄转变成对某块土地的世袭所有权，这也是后世的摩诃剌侘王朝在南印度所致力而未竟其功的。

职田的特殊性原先即与氏族的身份性紧密相连，说得更确切些，其特殊性即在于其为公职属地，且为具有氏族卡理斯玛的村落首长之氏族所拥有。同样的，显然还有许许多多与所有者之身份性格相关联的所有权存在。首先，在雅利安人的村落里，征服者排除被征服者而完全独占土地的情形，必然是此种分殊化产生的泉源，至于其后的发展我们则无由得知。相反的，我们发现了诸如"对婆罗门俸禄的权利"这样的一种土地所有权的确认，以及印度中世纪许多碑文里记载的所谓"bhumichchida"的一种土地

1　关于这点，在我们前面引用到的巴登－鲍威尔的大部头著作里有详尽的描述。

所有的法律形式[1]。这无疑是指一种世袭的、免于税额被任意提高的土地所有，而其特殊性的由来，不外乎拥有这块土地的氏族所具有的个别身份地位，易言之，氏族卡理斯玛。

根据巴登－鲍威尔的调查，在一个土地收租者的特权团体（"共同村落"）里，其中的个人总会根据本身之为某个卡理斯玛（王侯）氏族的成员所具有的"出身权"（mirasi，巴登－鲍威尔译为"birthright"），而要求拥有部分的共同所有权。事实上所有含带着确切世袭权与（有时有）一定租金的所有地，专门术语就叫做"miras"。所有权的 miras 性质主要是决定于氏族（后来为种姓）的世袭身份性格；这类所有权者所构成的阶级，即使本身经营农业，也会尽可能地避免亲自耕作，以防仪式性的降等贬级，诸如有时发生在贫穷化的拉吉普和其他上流地主身上的情形。

出现在印度中世纪记录里的"村落居住者"，是诸如证人、捐赠者，以及不在王侯氏族、官僚、都市商人之列的"农民"（Landleute）——显然并不是个被贬降身份的阶层[2]；因此，我们无法确定他们究竟是坐收地租者、真正的农民，还是处于两者之间的人。一般而言，最有可能的应该是前者。即使是对于当代各个种姓有着出色描述的普查报告，在这一点上也是非常含混不清。当然，农村各阶层间的差异如今是相当变动不居的。

在村落居住者中，有两个阶层显然最能保持其（以我们德

1　此词拼法应为 bhumicchidra。土地因分割捐献而成为土地所有，其法律形式称为 bhumicchidra-nyaya，经常出现在笈多王朝以后的土地捐献状里。

2　例如 9 世纪的碑文里所载的（*Epigraphia Indica*，Ⅰ，p. 184），与君王和 thakur（封建领主）并列的，是被译为"乡民"的 janapad。在碑文里有时会出现 Rayat，不过就其个人而言，显然是个自由人。

国人的观点来说）"独立"农民的地位，此即西部与北部的昆比（Khunbi），以及南部的委拉拉（Vellalar）。前者主要出现在农村的社会分化基本上并不是以财政而是以军事来作基准的地方，换言之，骑士与职业军人和农民区分开来，在这种情况下，社会的分化通常并不怎么严格[1]。然而后者却是前面所提及的古代的平民（地主）阶级，他们在家产制与佣兵制时代被农民化，其后又随着印度教体制的普及而再度被编制到种姓阶序里。这两个种姓是印度最杰出、特别是在商业方面最为干练的农民，尤其是昆比，他们显然相当能接受近代经济的手法，譬如乐于将他们的积蓄投资在工厂与有价证券上。

除此之外，还有其他许多印度教化的部族，诸如Jat,Gujar,Koch 等，属于社会上相对而言较高阶序的农民种姓，其中有些是昔日的佣兵种姓，而今转变成定居落户的地主，有些则是并非贵族、然而颇具社会地位的地主阶级，如今残存分散于各地者。

另外一些自由农民，有的在内乱时期因托身投靠而成为村落里握有政治权力的采邑持有者的部曲（佃农），有的则因为负债或者单纯迫于威逼蚕食而沦为佃户[2]。不过广大的印度农民阶层之所以沦落为坐收租金者纯粹的压榨对象，原因倒不在此，而在于诸大王国所施行的财政制度。这些农民不可能被视为"再生"种姓

---

1 根据在 Udeypur 发现的一张君主所颁赐的采邑令状，直至 12 世纪，一个小村落的居民都还只被分为 Rashtrakutra（骑士）与 Kutunbi 这两个阶级。见 *Epigraphia Indica*, IV , p. 627。
   Kutunbi 是指拥有田舍等土地财产而自成一户的户主，是自孔雀王朝以来便已存在的名称。——译注
2 参见 Baden-Powell, *Land System*, II , p. 162 ff.。

的成员。许许多多已印度教化（尽管程度不一）的土著部族也属于农民阶层，不过碍于礼仪的因素而未被接受为"吠舍"[1]。一般而言，在没有仪式性不净的因素存在时，他们被视为"洁净的首陀罗"[2]。总之，农民种姓的命运带有社会变动的痕迹，而社会的变动则是由官僚国家的财政措施所造成的。其中的一连串决定性条件，部分是全然一般性的，部分则是印度所特有的。

西方中世纪时期，一般平民之所以丧失社会地位，众所周知，是因为他们被排除于接受军事训练而具有武力的防卫共同体的圈子之外，以及骑士型职业战士的出现。在经济上，这是由于人口的增长，再加上一般的文化条件，导致农业愈来愈集约化，而集约性的农作使得靠家庭劳动过活的自由农民的劳动力愈来愈被农务所占据，以至于在经济上"无暇"于军事任务，终而被和平化。这些平民大众——和塔西佗所记载的相反——愈来愈必须亲自去耕作。在西方，一如罗马的辛辛纳佗的传说（一个刻意制造的传说）和北欧民族的例子所显示的[3]，亲自耕作并不会使人地位低落到像在印度（至少在进入历史时代之后的印度）的那种程度。

印度农民之所以被矮化，除了农业制度发展中的特殊缘故之外，还有一些其他的社会契机使然。在世界各地，包括西方古代（连同犹太人在内）与中古，城市与市民阶级的发展使得"农民"（pisang）

1　碑文里有过这么一则记载（*Epigraphia Indica*, IX, p. 277）：有个 Jodhpur 地方的封建王侯自夸说，他曾将 Ahir（前面提过这个种姓）逐出某地，然后在那儿建立起"Mahajan"（一般人民团体），亦即婆罗门、prakriti（翻译者多半属意"刹帝利"这个解释）与吠舍。

2　不过，委拉拉（Vellalar）并不在首陀罗之列，这是从来就可以肯定的。

3　传说罗马为国难当头时，欲迎辛辛纳佗（Cincinnatus）为狄克推多（dictator，军政合一的独裁者）；当使者到达时，他正在田地里耕作。将外敌驱逐出境后，辛辛纳佗即解甲归田，再拾农耕旧业。——译注的社会地位低落[1]，因为农民既无法适应有教养的城市社会的惯习，也跟不上他们在军事与经济发展上的脚步。市民（paura）与乡民（janapada）的对立，也同样浮现于印度各式各样的文献里。不过这里头还得再加上印度特有的情况。

正如我们后面将提及的[2]，随着城市的发展，印度的和平主义的救赎宗教，例如佛教，以及最为严格的耆那教，所主张的"Ahimsā"原则，换言之，禁止杀生（任何生物）要求，也跟着产生。以此，耕作时必然会杀害蝼蚁昆虫的农民在仪式上就更被贬等降级，贬抑的程度远甚于农民在犹太教和（古代及中古）基督教里的情形。而且，某些痕迹直到市民的救赎宗教消失或衰退之后还依然可见。而从事血腥宰杀之事的畜牧业，自然就此沉沦到社会的更底层。许多特殊植物的种植，诸如蔬菜、烟草、萝卜及其他，由于林林总总的仪式理由而被视为低贱或不净。最后，文字"教养"与"知识"愈来愈被强调为宗教与身份地位上最重要的资格，取代了原来的巫术性卡理斯玛，而使得农民受到最强烈的社会贬抑，此一现象亦见之于犹太教与中古的基督教（例如阿奎那）[3]。

在古代，职业阶序里排首位的是畜牧，接下来是农业，最后是到处都受到农民鄙视与怀疑的商业，特别是放贷者[4]。不过，商

1　pisang 一词由 paysan 转变而来。请比较"paganus"（在罗马是"农民"，后来是"市民"，基督教里是"异教徒"）与犹太人的"am haarez"。

2　见第二篇，特别是论及耆那教的部分。

3　过去常被忽略的一个事实是：农民在基督教里获得如今的尊重与地位，是理性主义与怀疑论在市民阶级当中发展起来之后，教会不得不借助农民的传统主义本能以维续教会势力的结果。

　　阿奎那（Thomas Aquinas）对农民的轻视，详见《经济与历史》，p.263。——译注

4　参见《摩诃婆罗多》，XIII，60, 23；《摩奴法典》，IX，327。

业后来在社会上却占有相当高的地位[1]。这是吠陀时代位阶秩序的一大转变。在当时，商人（pani）只不过是个游走四方的人，通常出身于异族，白天里讨价还价，夜里偷鸡摸狗，将所得财富偷偷藏在隐秘之处，既吝于向神供奉牺牲，也不对人布施救济（特别是对圣歌手与祭司），其"神不知鬼不觉的宝库"也全然不同于贵族之神人均沾的库藏，所以弄得人神共愤。正如皮歇尔（Pischel）与葛德纳（Geldner）所指出的[2]，"Ari"：富人与权贵，因此而有善恶二义。他们是最引人注目的，却也是最遭厌恨与嫉妒的，既脑满肠肥又傲慢无礼，等闲人是无法和其融洽相处的，特别是他们除了对圣歌手与祭司不施分文外，一般人也别想从他们那儿得到好处。就此而言，他们当然该布施奉献，而且还应该常常这么做，果真如此，他们就会成为神祇的宠儿、人们的宝贝。只不过，商人就是不这么做。

无论如何，早在《阿闼婆吠陀》里就已载有增财聚富的祈祷文：商人以其钱财投诸市场，以赚取更多的钱财[3]。所有的原始宗教无不尊崇财富，根据《梨俱吠陀》所言，财富更可以使人晋升天国[4]。连首陀罗的地位都可因财富而生变化，因为即使是婆罗门也收取他们的钱财。

对于商业的仇视到了城市发展的时代便告消失殆尽。有钱和

1　相反的，畜牧业却由于必须进行诸如去势之类的举措，故而无法像商业那样获得优势地位。

2　Pischel and Geldner, *Vedische Studien*, III , 72 f.

　　皮歇尔为德国的印度学者（1849—1908），文学、语言学、文化史皆为其研究范围，在吠陀经典与俗语的研究上尤有贡献。葛德纳为德国的东方学者（1853—1928），以吠陀经典与祆教经典的研究最为著名。——译注

3　*Artharva Veda*, III , 15. 因陀罗正是商人之神。

4　*Rigveda*, VIII , 13, 5.

务商自印度中古至今一直都是吠舍的典型属性，然而，其种姓阶序却颇经历了一番剧烈的变迁。在行会当道和城市蓬勃发展的时期，像金箔师这样的种姓，在印度（和西方一样）是独占鳌头的，在某些地区其地位至今仍然未变，有着和婆罗门几乎相埒的阶序；不过根据北印度的文献，他们却被视为一种典型的恶棍痞子行会[1]。同样的，某些孟加拉的商人种姓在大王国兴起之时，由于扮演诸王侯之金主的角色而达到权力的顶峰，而后亦被贬斥为首陀罗种姓，据说其原因在于他们与仙纳王朝诸王的冲突，其中特别是与瓦拉拉仙纳王（Vallala Sena）——这位国王在近代各种姓争取阶序排名的运动中，一向被指责为古代种姓阶序的颠覆者。

相当多的证据显示，家产官僚制支配的兴起，不只为这些种姓，也为诸贵族种姓，带来极大的转变。孟加拉现存的种姓秩序便显示着一场大灾变的痕迹，而其他地区的种姓秩序则有着市民势力萎缩或发展停滞的残迹，这些在在都使得吠舍与首陀罗之间的界限含混不清。目前占有高等种姓阶序的商人，只有部分是古来的城市商人种姓，其余的则是靠着家产制君王所特许的独占性商业组织而发展出来的。然而，绝非任何商人种姓均为高等种姓。有些商人种姓就是不净的，很有可能是来自垄断某种商品买卖的贱民部族。以此，我们再次看到，行政史清楚地反映在种姓关系中。

在印度，"货币经济"的发展大约相当于希腊商人崛起于西方之际。在此之前，早已有前往巴比伦、稍后前往埃及的海外贸易与远程商队贸易。在巴比伦，货币的铸造，换言之，以某种方式在一定重量的金属片上做记号，稍后是打印、铸型，原来不过是

1　例如考他利雅的《实利论》里 Chanaukya 的说辞。

大贸易商家之间用来私下流通的信用，在印度也是如此[1]。孔雀王朝的君主，包括阿育王在内，都未曾铸造货币[2]。直到希腊与罗马的贵重金属流入，才促使1世纪左右的君主们着手进行货币的铸造，而古来私铸的货币及其代用品仍在印度境内通行了相当长的时期。

在印度，和巴比伦一样，虽然没有国家所铸造的货币，却也未曾妨碍资本主义商业和政治资本主义的兴起。约自公元前7世纪起，资本主义发展与扩张持续了将近一千年。"市场"出现之处即成为行政中心，没有市场（mouza）的村落则在摩诃剌侘王朝时被编入kusha里——一种附带有行政功能的市镇（Marktflecken），相当于西洋古代晚期的Metrokomia。城市失去了它原先的性格——原先只是王侯的要塞（pura,nagara）。特别是在海岸地带，城市衍生出市街的部分，与古来王侯所居之宫殿的关系，恰如意大利的Mercato与Piazza（del campo della signoria）之间的关系：前者是经济性的市场，亦即人们进行买卖的广场，后者则是点召校阅和比武竞赛的广场——此种二元并立的情形，基本上可由如今西耶那城里Palazzo Pubblico（市政厅）前后的两个广场看得最清楚。

1　参照Kennedy的论文（*J. R. A. S.*，1898, p. 281）。关于印度的货币史概论，参见《印度地名辞典》（*Imperial Gazetteer*）中的 The Indian Empire, Vol. II , Ch. IV , p. 137 f. 。根据后者，现今作为货币本位金属的银，印度根本不产，而公元最初几个世纪被君主用来铸币的金，也只有很少的产量。和西方贸易所得的贵重金属——其数量我们可以从伊斯兰教徒劫掠所得的数目得一梗概——在印度主要是作窖藏用，当然，行会势力最盛的时期，或者再度兴盛（2世纪），与黄金之大量从罗马帝国输入以及罗马形制金币的铸造，二者在时间上的一致，恐怕亦非偶然。

2　孔雀王朝时代，王朝本身并未铸造货币，而各地方则有各种形式货币的铸造，这在印度学界向为定论，韦伯亦认同此说。然而，根据近年来K. P. Jayaswal等人的研究，孔雀王朝的标志（或徽章）多少较为清晰起来，而刻有此一标志的货币也在孔雀王朝时代的遗址中发掘出许多来。因此，很明显，孔雀王朝本身确曾铸造货币。不过，各地所铸造的种种货币应当是和王朝的货币并行流通不悖的。——译注

而伊斯兰教城市里的军营（Kasbah）与市场（Bazar）的二元性
亦复如此[1]。富有的贵族搬进城里，以便消费掉他们的收入。据记
载，只有坐拥一克罗（Kror，等于 100 lakhs，lakhs 是大俸禄的
计量单位，所谓的大俸禄，是相应于作为其收益来源的村落的数
目）的人，才准进城市里[2]。除了坐食者之外，现在则有借经商以
聚积财富的机会。

　　远程的商队贸易通常皆在商队队长的组织下成立，商人行会
（creni，后来为 gana）的势力渐增，而与骑士和僧侣贵族鼎足而立。
君主在财政上必须依赖行会，然而除了离间和收买他们之外，拿
他们毫无办法。史诗中就曾经有过一个国王在战败之后表示出他
对商人——除了对他的亲戚和祭司外——颇有顾忌的记载[3]。在某
些城市里，会有一位氏族卡理斯玛的首领出任行会首长，在国王
之前代表全体市民的利益，从旁协助他的则有作为他的顾问的行
会长老（亦即"市场有力人士"[Marktherrn]）[4]。当时，地位最为

1　以下就是有关坦米尔城市 Kaviripaddinam 在公历纪元稍前时的情形之描述：在商城里，
　　多半是商店、作坊和雅瓦那（Yavana，西方人）商人的住所；在王城里，则有华美的商
　　店，住着婆罗门、医生、占星者、吟唱诗人、优伶戏子、花饰专家、珠练制作者和坐食
　　者。王城和商城之间则是市场。坦米尔君王还拥有罗马佣兵（参见 V. Kanakasabhai, *The
　　Tamils 1800 years ago*, Madras, 1904)。

　　　　韦伯对于城市中此种"政治—军事"场所与"经济"场所二元并存的现象，在《非
　　正当性的支配——城市的类型学》一书里，有较为清晰的说明："因此，一方面是用来
　　保障和平的城堡与城市之军事-政治的市场（亦即操兵与军队——也就是市民——的集
　　合场所），另一方面则是保障城市之和平的经济的市场，两者通常是以两元的方式并存
　　的。……中世纪时，西耶那（Siena）的 pizza del campo（比武、竞技场）是在市政厅的
　　正前方，与厅后的 mercato 市场分开。"（p.20）——译注

2　*Indian Antiquary*, XIX, 1890, p. 231 f.

3　《摩诃婆罗多》，Ⅲ, 249, 16; Ⅻ, 54, 20。另参见 W. Hopkins, "The Social and Military
　　Position of the Ruling Castes in India," *Journal of the American Oriental Society*, Ⅷ, 57 ff.

4　例如在阿玛达巴德（Ahmadhabad）。

尊贵的三个身份团体分别是：俗世贵族、僧侣贵族及商人。他们往往被视为同侪，相互通婚，与王室往来且平起平坐。商人融资给王侯从事征战，并以此为个人或行会取得支配权的抵押或授予。就像西方（特别是法国）的"commune"，亦即身份团体的誓约兄弟同盟侵入国家的领域一样，印度亦有类似的情形[1]。祭司教养贵族、骑士贵族与市民财阀新贵，三者竞相争逐社会影响力，甚至有钱的手工业者，换言之，因参与经商买卖而致富的工匠，也结交起王侯来。部分手工业（至少），似乎拥有职业选择的自由。这是个任何阶级的人，包括首陀罗在内，皆可借机取得政治权利的时代。

家产制君主的权势，随其训练有素的军队及官僚组织兴起之后，对于行会的势力，以及王朝在财政上必须依赖行会的情形，愈来愈感到不耐。据说，有个商人在拒绝贷给某个孟加拉国王一笔战争贷款时说道：君王的律法（Dharma）并不在于从事征战，而在于保卫和平与人民的安和乐利。他还说：贷款一事当然还是可行的，只要国王肯以一座合适的城堡来作抵押。后来，国王的怒气终于在一次宴会上爆发出来——因为商人种姓拒绝听从宫廷总管的安排和首陀罗同桌共席，且抗议而去；国王在听取官员有关此事的报告之后，将这些商人种姓的阶序贬降到首陀罗之下。不管 Vellala Charita 里这段故事的真伪如何，总是明白点出了存在于君主与商人之间的典型的紧张关系[2]。

1　例如一个行会掌控了某一地区的行政（*Indian Antiquary*, XIX, 145，7 世纪的一则碑文）。某个村落的商人行会团体在其首长的号令下，因兴建水塘而对村落课征税赋（*Indian Antiquary*, XIX, 165）。

2　Vellala Charita 的这个故事重见于 Chaudre Dus 的著作：*The Vaiśya Caste, I. The Gandhavarniks of Bengal*（Calcutta, 1903）。这是一本为了应对 1901 年的普查——试图确定各种姓的阶序——而产生的典型著作。

　　君王的官吏与市民财阀势力的对立，是自然不过的事。考他利雅的《实利论》就曾数落金匠的不是，一来是因为他们自古以来即为私人铸币的担纲者，再者，他们自然是王侯的金主。市民阶层除了人数确实较少的弱点之外，印度特有的其他种种因素，都一再使得他们在和家产制君侯角力时落入下风。首先是救赎宗教，换言之，耆那教与佛教之彻底的和平主义。这些救赎宗教大约与城市的兴起同时发展起来，二者间在何等意义上所可能有的因果关联，我们在下文中将予以讨论。其次是虽未完全发展但已俨然成形的种姓分化。这两者都是市民阶层之军事力量发展的绊脚石：和平主义在原则上、种姓制度在实际上，阻碍了希腊式城邦或欧洲式兄弟誓约同盟的形成。

　　在此情况下，既无法出现西方古代城邦的重装步兵，也无法发展出西方中古时期的行会军队与佣兵军队——二者皆为当时最高军事技术的担纲者，例如佛罗伦萨市的军队，就我们所知，是欧洲最先使用火器的。麦加斯梯尼（Megasthenes）曾看到印度的一些"自治"的城市[1]。例如当时的毗舍离（Vaiśāli)就是个自由城市，由一个五千人议会，换言之，凡是能提供一头战象的人所组成的议会，通过一个 uparaya（副王，即官吏）来进行统治[2]。史诗中亦有无王之国的记载，不过将它视为不正统的，说人们不应当住在那儿[3]——这反映出在经济上与社会上仰赖君主以维生的祭司们的

1　参见 Lassen, *J. A.*, III, p. 727, 786。

2　以下所及，参见 Hopkins 的论文（*J. A. O. S.*, 1890, XIII, 57 ff.）。
　　毗舍离的方位大约在今印度恒河北岸、干达克河（Gandak）东岸之毗萨尔（Besārh）。Hopkins 在这篇论文里（p.136）就是根据 Lassen 前引文（*J.A.*, II,727—766）所述关于毗舍离的共和政治。此外，uparaya 应是 uparāja 之误。——译注

3　《摩诃婆罗多》，XII, 67, 4 ff. 。

利害关系。此外，"身份的"权力也出现端倪。特别是人民的集会（Samiti 与 Sabhā），自古以来若非军队的召集，即为——如史诗所载的——法庭的召开，在法庭上是由具有卡理斯玛资格或因长老地位而获资格的法官来作判决；若无这类法官，史诗中即不承认集会为合法的 Sabhā[1]。

在史诗中，国王所咨询的是他的亲戚与朋友；当时，贵族——实际上是最高层的官员——往往形成国王的顾问会议。不过，在中世纪的南印度，王权仍受到相当大的限制：类似西方的身份制议会，身份代表者的集会握有一定的权限。根据史诗的记载，在城市里，除了城市长老[2]与市民（paura）之外[3]，还有作为官吏的僧侣——随着书记行政的发展，僧侣的势力也愈来愈伸展开来，在史诗的后期部分，僧侣几乎独占了国王顾问的位置。当时，城市变成"有学问的僧侣所居住的地方"[4]，就像西方中古早期，城邑（civitas）即为主教驻驿所在一样。在城市行政上，国王任用一定数额的吠舍种姓出身者（如果他们有钱的话）与一定数额的首陀罗种姓出身者（如果他们有才德的话）为官吏，而他们显然都是扮演行会赋役或租税之征收者的角色[5]，真正从事行政工作的，毕竟总是国王的官吏。就目前所知，西方式的城市共和行政从未在印度持续且典型地发展开来，尽管往共和制发展的条件可说是相当充分的。在大多数的印度城市里，国王及其官僚干部才是支配者，

1　同上，V, 35, 58。

2　《摩诃婆罗多》，V, 2, 7。

3　同上，I, 221, 31。

4　《摩诃婆罗多》，III, 200, 92。

5　同上，XII, 88, 6—9; 118, 1 ff.。

尽管他们在个别情况下可能对行会的势力感到十分顾虑。行会一般而言只不过是单纯的金钱势力，并没有自己的军事组织作后盾，一旦王侯发现仰赖祭司与官僚较为有利时，行会只有走上崩溃一途。

资本的力量在印度当然还是强大的，许许多多的小君主无时无刻不在谋求金融的助力，然而，就像世界各地一样，长久而言，资本仍无法和大王朝相抗衡而保持其独立的势力。此外，婆罗门与国王还可利用种姓组织这种内在优势来对抗行会的势力。种姓可以将顽抗的成员破门逐出，而这种精神性的强制手段在经济史上所扮演的强势角色，也见之于我们西方的中古时期。行会通常会设法使本身的规则获得尊重，例如要所属成员遵守竞争限制，然而，当其成员分属于不同的种姓时，行会要做到这点，最终不得不求助于这些种姓运用其强制手段，甚或求助于国王[1]。在打倒行会势力之后，国王往往反倒指派某些商人为御用商人，在重商主义的利害观点下赋予他们广泛的独占权，有时也授以高位，正如见之于我们西方近世史上的情形。

总之，行会自古以来的独立性及其代表市民阶级以对抗国王的地位就此消逝。印度全境几乎难以再见到行会的踪影。在摩诃剌侘王朝治下，"市场"便是行政中心，但每个市场各自为政，因此在有许多市场存在的城市里，拥有自己市场的各个市区便有如地方的乡村市镇（kuscha）一般，分别被单独组织起来。西方所固有的那种"自治行政"全然不见。印度的某些地方，特别是南部，行会与特权"御用"商人的旧有地位，仍以某种社会特权和独占

1　参照 *Imperial Gazeteer*, V, p. 101, "Ahmadabad"。

权的形式一直延续到中古时期，虽然权利的个别内容我们并不清楚，不过大都逐渐转化为纯粹名目上的荣衔[1]。

众多商人阶层在家产制王朝的独占制度下兴衰起落的情形，如今依然反映在印度商人种姓的地位上[2]。古老的行会组织及"Mahājan"（亦即行会誓约团体[3]）的形式，仍残存于古加拉特（Gujarat）的某些地方[4]。除了某些特定教派，例如耆那教，以一种类似种姓的组织从事商业外（我们在后面的章节里会加以讨论），某些属于古代商人身份阶层（亦即 Vanik）的种姓，如今仍保持着其原有的阶序关系。其中，特别是邦尼亚（Bhaniya）这个种姓，他们遍布全印度，尤其是印度西部，全体皆为严格的印度教徒（素

1　坦米尔国王曾将某个城市的 Aujuvannam 与 Manigranam 权利授予外国商人（有一次是给一个犹太人），参见 *Epigraphia Indica*, III, 67;IV, 290 f. 。权利的详细内容似乎无法确定。第一项是"五种姓权"，应该就是成为北印度那种工匠的 Mahajan 团体之一员的意思，意味着对五种手工业的买卖独占。这"五种手工业"无疑是指传说中手工业者之神的五个儿子所从事的行业：铁、木、铜与黄铜、石、金的加工业。关于这点我们下面还会提及。第二项则是指某些行业被明白地指定为从属于获得权利者，而他本人则被称为"市长"；除了免税权之外，据说委托代销（批发？）的独占也包括在他的特权之中。此外，还有特定的岁入和荣耀排场，诸如他可以使用特定的礼服、轿子、伞、灯和音乐等权利，也和这样的地位结合在一起。

2　例如孟买省的 Lamanis 与 Vanjanis 种姓（又称为 Banjaris）原是个游走四方的客族，根据 16 世纪的记载，他们当时操控着印度西部诸国的盐与谷物的买卖，并且随着军队而移动。他们或许是当今的 Vania 种姓（Bania）的一个来源。

3　Mahajan 这个名称意指 popolo grasso（富裕市民，参见第一篇第五章 p. 46 注 2），绝不仅限于行会。不过，若据碑文所载，这个名称原先单纯是指"尊贵者"，亦即地方上的婆罗门，在某些情况下亦及于其他的再生种姓。然而到了行会时代，在行会城市里，Mahajan 成为行会专属的名称。在许多地方，特别是北印度的中西地带，现今仍有一些商人的次种姓声称 Mahajan 是指他们。

4　关于这点，请参照 W. Hopkins 讨论行会的精彩论文（收于其著作 *India:Old and New* 里）。素

食者与禁酒者），并且披挂圣带[1]。相反的，在孟加拉（仙纳王朝诸
王实行最严密的家产官僚制组织的地方），自当时起便被贬斥为低
等阶序的，正是那些古代的商人种姓：Gandhabanik（香料商）与
Subarnabanik（黄金商）。后来才在经济上抬头的烈酒商人种姓，
尽管他们当中颇有些巨富，但礼仪上的缘故，他们几乎从未被允
许与古来的商人种姓平起平坐。至于细节，此处无法详论。如上
所述，现今的吠舍种姓是多么真实地背负着印度及其政治制度之
历史命运的足迹，特别是其"市民阶层"（Bürgertum）的命运。

四、首陀罗

另一方面，古封建时代遗迹仍残留于现今者，诚为某些多半
较占有利阶序的种姓，也就是过去任何王侯宫廷与贵族家庭所不
可或缺的一些职业种姓，诸如吟游诗人[2]、占星者、系谱家、占卜师
等等——对于包括反婆罗门分子在内的许多下阶层种姓而言，他
们如今仍是不可或缺的。他们几乎都属于再生族，其阶序往往
比吠舍阶级还高。前面提及的拜迪雅（Baidya [医师]）教养贵
族之所以占有高级种姓阶序，同样也是因为他们与贵族门第之
间的关系。

和过去一样，现今仍有不少种姓宣称他们属于吠舍阶级，诸

1　他们显然已大大改变了他们的礼仪，使得原先印度教颇为忌讳的海外旅行（我们后面还
　　会论及）得以行得通。对于现代环境的适应程度，随各个不同的商人种姓而异，关键在
　　于各种姓的内规在多大的范围上准许其成员开设分铺及出外拜访客户。邦尼亚在这方面
　　是特别无所避忌的，所以也就较其他种姓来得"现代"。

2　亦即遍布于各地的 Bhat 种姓。

如早先的工匠种姓或如今仍为工匠种姓者，特别是当他们将自己拥有的物资进行加工并自由地贩卖于市场时，人们通常尊之为"Vanik"（商人）[1]。至此，我们便踏入首陀罗种姓所在的领域，这些种姓乃是印度手工业的担纲者[2]。

首陀罗底下分为两大部分。首先是在社会上，换言之，在仪式上较低位阶的首陀罗，特征是：婆罗门绝不从他们那儿取水，或者，绝不担任他们的家庭祭司——因为在像南部那些地方，任何种姓都只从自己的种姓成员那儿取水。属于这个阶级的分子相当多，首要的是古来的村落手工业者，这些工匠与劳工没有完全的土地所有权，只靠着园艺栽种、实物给付或薪资酬劳过活，其劳动自村落生成之始即为补充农民家庭经济不可或缺的一部分。和他们地位相同的还有其他靠着实物给付过活的村落仆役[3]，通常包括村落祭司在内。我们很可以断言，他们构成了村落里自古以来被拒于土地占有之外的首陀罗阶级的历史核心。

和他们处于相同地位的，是一些跨地方性的手工业，织工种姓为其中最大的一支。其次则为缝衣匠、多数的陶匠[4]、部分的行商、酒商和榨油者，最后是为数众多的农工和小农种姓。在较大的地方上，当这些村落的差别待遇者人数够多时，会自组一个特殊共同体，有自己的村长（patel），通常是从最高级的手工业者，例如

1　相反的，优位种姓者若亲自在市场上抛头露面，就会被认为有失身份，有时甚至会导致种姓的分裂。

2　以下所述，参照 Ananda K. Coomaraswamy（D. Sc）的小书：*The Indian Craftsman*, Prosthain Series（London, 1909）。这本好书里引用了许多我无法找到的材料。

3　就其构成分子而言，各处的地方性差异非常大。

4　陶匠的种姓阶序差异性相当大，全视他们是以转盘或依模型制作、使用牛或使用通常被视为低贱的驴而定。

木匠之中，推举出来[1]。

在这些种姓之上，存在着另外一个基本上地位较不那么低下、且被视为"洁净"的阶层。在这个阶层里，除了许许多多在各个地方有着相当不同阶序、在数量上占此一阶级之大半的农民种姓之外，还有一个典型的、在质量上有其重要性的种姓范畴，亦即所谓的 Nabasakh 集团，或九部集团（Neun-Teile-Gruppe）。他们显然是所谓的 Satśūdra（"洁净的"首陀罗）的核心。此一集团的职业包括城市手工业与城市商业，诸如：　酱、香水和油料的贩卖者及糕饼师、园艺师，有时也包括陶匠。与他们同格或更高一等的是金银匠、漆器匠、石匠、木匠、丝绸织花匠，以及其他一连串诸如此类的特殊奢侈品手工业和城市手工业。另外还有一些种姓则因为偶然的历史因素而属于这个范畴[2]。同样，被视为"洁净的"、各种各样的家仆首陀罗种姓亦属此列。

这样的分类显然并不是统一连贯的。某些部分全然出于现实的要求。像那些专事贴身服务的人，例如家仆与理发师，基于职务而必须碰触主顾的身体，我们亦不便将之列为不净的种姓。至于另外一些人，则可以这样解释：那些随着城市之勃兴而起家的手工业者，由于并不是村落的隶属者，打一开始便比那些"仆役"要在社会上高一等，更因此而享有礼仪上的特权[3]。实际上，参与城

---

1 这个例子是 Coomaraswamy 在其前引书里从 Weddeburn, *The Indian Raiyat as Member of the Village Community*（London, 1883）一书里引述出来的，这本书我没能见到。

2 孟加拉于 1901 年时有 16. 4% 的人口属于九部集团，原先包括下列种姓（如今这些种姓仍占此一集团成员的 84%）：三个农民种姓（Baruis, Malakan, Sadgop）、铁匠及其相近的金属匠（Kamar）、陶匠（Kumhar）、理发师（Mayra）、纺织工（Tanti）与榨油者（Teli）。纺织工与榨油者多半属于位阶较低者，而陶匠也通常是如此。

3 村落佣人的新旧位阶级别亦与此一发展相关联，参见 p. 75 注 3。

市零售交易的手工业者，早已因此种人身独立的经济地位而处于社会上较有利的位阶。此外，他们在城市全盛时代往往被编入行会组织，然而此处的种姓，例如纺织工，也和西方一样，受雇且支薪于行会并受到残酷地压迫。就此而言，古代城市的经济分化结构，或者说得更确切些，此种结构在印度的萌芽与发展，甚至一直到近代都还保留着其痕迹。无论如何，城市经济对于首陀罗阶级种姓的发展具有非凡的意义。从古代文献里可以发现这样一个看法：城市根本就是首陀罗，换言之，手工业者的聚居处[1]。不过，城市经济本身，以及基于城市经济而来的各项手工业的兴起，绝不足以解释个别手工业者之间为何会有不同的阶序。

法典责成首陀罗善尽"服侍"的义务[2]。只有在还没找到有什么好侍奉的时候，才可以当个独立的商人或手工业者。这句话如果还可以加以解释的话，那么无疑就是：大领主的奴隶与仆役，除非在其庄宅内毫无利用价值，否则就得取得主人的同意，和西方与东方的古代与中古时期及农奴解放前的俄国一样，偿付领主一定的税赋（Apophora,Obrok,Leibzins），以换取独立地经营生计。只是，似乎找不到直接的证据。不过类似情形的线索于今犹存[3]，另外，固有的赋役奴隶制在印度工商经济里无足轻重的情形，亦与此吻合。总而言之，文献里清楚地指出，除了 1. 对印度具有特殊重大意义的村落工匠，2. 城市行会工匠之外，还有 3. 领主的工匠存在。不过所有这些似乎都不是首陀罗真正的原型。

---

1 考他利雅《实利论》，Shamasastry ed. , *Indian Antiquary*, 34, 1905。

2 《摩奴法典》，Ⅷ , 413; Ⅹ , 99, 100。

3 例如印度西北部存在着一种小的"奴隶"种姓，也就是家仆，由于家内事务并不多，所以主人允许他们在外自营生计。

从史诗时代到中古时期，部分而言直到近代，印度手工业的经济秩序里出现过四种类型的工匠。1. 个别村落的隶属民，居住在村落边缘的小丘（Wurth）上，接受一定的实物配给或一点儿土地，此即隶属民工匠（Helotenhandwerk）。他们的工作是依严格的薪酬制运行，换言之，所有的原料都由顾客提供。2. 居住在特殊的工匠村落里，有自己的行政运作的工匠[1]。他们在村落里出售他们用自己的材料或技术制造出来的东西，自己或通过商人将产品销售到外地去，或者前往顾客处制作对象，此即部族工匠（Stammeshandwerk）。3. 被国王、公侯、寺院或领主安置在其领地里的工匠，他们或为隶属民，或为负有劳动义务的自由民，负责供应主人所需的物品，此即庄宅工匠（Oikenhandwerk）[2] 或赋役制工匠（leiturgischeshandwerk）[3]。后者部分而言与计价劳动联系在一

1　例如描述恰罗怯雅（Chalukya）王朝某位国王之建制的大碑文（*Epigraphic Indica*, V, 23 f.）里便有此预设：有自己的 Gouda（村落首长）出现的织工行会，便居住在特别的织工村落里；除此尚有谷物输入者、棕榈液制造者、榨油者，与其村长和氏族聚居在建制地上。国王对所有这些人课以一定的税赋，算是对 Mahādeva（湿婆）神及其神妃的奉献。

2　"庄宅"（Oikos），根据韦伯所说，Karl Rodbertus（1805—1875）是最早用此名词来称呼古代"大规模家计"的学者。在"庄宅"中，"需求基本上是以自给自足为一主要标准，其方式则通过'家'之成员或附属劳动力的服役，生产的物质手段无须通过交换方式即可获得。例如古代世界的庄园及皇室的家计——特别是新王国时代的埃及（前1400—前1000），家计需要的物资大部皆由徭役或实物贡纳的方式来提供，这是附属的家计单位的义务。……同样的现象亦曾存在于中国与印度，中世纪欧洲亦曾有过，即查理曼时代宣布的《庄园管理条例》（*capitulare de villis*），只是程度较浅"。*Economy and Society*, p. 124。——译注

3　自家产制兴起以来，尤以军事工匠（造船工与甲胄工）最足为赋役制工匠的代表，据载，他们多半不许为私人服务。冶锻工与类似的工匠特别受到严格地监视（他们便是在古罗马国家形成"工匠百人团"，centuria fabrum 的手工业部门）。
　　Leiturgie 一词在古希腊雅典时代（公元前四五世纪），指的是由富人（自愿或强制性地）提供金钱或劳役来支持一些公共事务的制度。例如"trierarchy"，是由富裕的市民提供资金来建造三层桨的战舰（trireme），并须负担此一战舰的一切开销（包括水手、修补等）；另外如"choregia"则是提供酒神祭典所需的合唱团、戏剧等。此外还有其他许多。

起。4. 独立的工匠，居住在城市里一定的街道上，其制品及劳务皆为计价商品或计价劳动，可以自由地在市场上出售，此即市场工匠（Bazarhandwerk）。

最后这个范畴的工匠，其实大部分都不是永久定居于城市者，而是第二个范畴的一个分支。据说，居住在孟买的工匠甚至到现在，一旦年老或相当富裕之后，往往还会迁出城市再回到他们的种姓村落居住。总之，此一范畴根本不是原生性的，而第三个范畴也同样不是。王侯，尤其是南印度与锡兰岛商业城市的富有王侯，即从远方招来建造宫殿与神殿的工匠，并且以土地来换取他们作为御用工匠的建筑劳务与艺术劳务。他们的法律地位各不相同。除了这种纯粹赋役制的、以劳务俸禄或实物报酬雇用的工匠之外，我们发现还有一些自由来去的工匠，他们或基于契约，或基于一

（接上页注）被提名的市民如果觉得还有人更有能力负担，则可提出抗辩，对方可以接下此一职务，也可以拒绝，条件是必须与原被提名人交换财产，要不然就得诉诸法庭。此一制度后来为罗马所承袭，例如被选为"市议员"（decuriones）者即需负担当地的公共支出，并负责税收，不足须补齐。古埃及亦有类似制度。中文词典一般皆译为"圣礼崇拜"，此为后出之义，此处译为"赋役制"。参见 *Oxford Classical Dictionary*,p.613。

　　韦伯借用此一名词来说明古代团体——包括"家"、氏族、家产制国家或者像雅典那样的古代城邦——解决其公共事务（即国家财政）所采取的手段。其特点为实物贡赋及徭役，然而不同职业、不同身份的人，其义务也各自不同。"此种'赋役'通常是为了统治当局的预算所需，或是为了互助的目的。当这种农民、工匠及商人所必须负担的徭役及实物贡赋是为了满足个人统治下的家计时，我们称此为'庄宅实物赋役'；如果是为了整个团体，则称之为'互助实物赋役'。以此方式来提供介入经济活动的团体的预算所需，其原则即称为'赋役式供应'。……在政治组织中，此一制度扮演了近代所谓'财政'的角色；在经济团体中，由于将主要的家计分摊给一些早已不受共同体维持及利用的人去负担，这就使得主要的'家'有了可以分散的可能性。每一小单位有其自营生计，但负有提供中央单位所需的义务，就此程度而言，他们还是从属于此一中央单位，例如负担各种徭役及贡赋的农民或农奴，附属于庄园的工匠以及其他各式各样的负担者。"——译注

定价目自由提供劳务受雇于人 [1]。第一个范畴的隶属民工匠恐怕至少大半是从第二个范畴里分支出来的，人们将原先到顾客那儿服务的贱民部族的工匠召唤到村落里，然后让他们在那儿定居下来。此种隶属民工匠的起源究竟有多么古老，实无可考，因为最古老的文献里对于工匠的地位并无清楚的交代。很可能是，随着定居之后很快便有隶属民工匠的发展。不管怎样，最原初的形式应该就是部族工匠：一个部族或其中的一支以自己的村落为立足点，逐渐为愈来愈远的地方生产物品，有时甚至迁移到王侯领地或宫廷附近，在那儿形成新的封闭性工匠村落。关于这类村落，我们手中恰好有来自王侯领地附近的报告。

　　就像婆罗门应王侯的招聘前往其领地居住一样，国王御用的工匠享有工匠中最高的阶序是很可以理解的 [2]。特别是随着石材建筑之引入印度（前 3 世纪），大建筑时代的来临 [3]，必然导致对于专门工匠需求的激增，特别是完全新兴的石匠与泥水匠，他们的地位因此而上升，连带地，他们的助手及雕饰工的地位也得以提升。同样的，随着贵重金属之从西方输入，相关的手工业工匠亦得到地位的提升。一个重要的例子是南印度及其周边岛屿的 Kammalar

---

1　在锡兰岛上，国王御用工匠的土地俸禄是以劳务的种类来决定的。在法律上，允许工匠随时放弃俸禄以退出劳务。

2　此种工匠享有极为优厚的人身保护。在孔雀王朝治下，凡是对工匠的身体造成重大伤害者，就得领受死刑。孟加拉的 Tanti（织工）种姓比起其他地方的纺织工享有较高的地位，恐怕就是他们原来是国王御用的工匠之故。

3　Pataliputra 古城（华氏城）直到阿育王时（前 3 世纪）仍为木造建筑，经其修建后始有砖制城墙与石屋。在印度统一的大王朝治下，其官僚政体至少有一部分是被建构为应建筑之需的官僚体。

　　华氏城是孔雀王朝的首都。这个古城原本只有木造城墙的事实，是从麦加斯梯尼（Megasthenes）的《印度见闻录》及考古发掘的结果才得知的。——译注工匠，他们的阶序排列是：1. 铁匠，2. 木匠，3. 铜与青铜匠，4. 石匠，5. 贵金属与宝石类的工匠——在迈索尔（Mysore）被称为五种姓工匠（Panchvala）[1]。他们崇拜的是毗首羯磨，以之为祖先与职业神[2]，拥有——如先前所提及的——自己的祭司与所声称的高位，甚至说自己是婆罗门之后[3]。南印度至今仍存在的种姓大分裂，亦即"左手"与"右手"的分化，便是起因于对婆罗门的反抗。然而，一般而言，其阶序仍高于古来的手工业者的阶序[4]，诸如陶匠与纺织工[5]。不管怎么说，社会阶序与经济的权力关系总是视相当个别的状况而定[6]。

文献与碑铭显示出这些王侯的庄宅和赋役制手工业有相当可观的规模[7]。其中往往还有一些为了手工业而设置的王侯官吏及王

1　史诗中称作 Panchkhalsi。他们长久以来保有同桌共食的习惯及职业互通的可能性。

2　Viśvakarma 意为"一切创作之主"，为帝释天之臣，司掌建筑雕刻等。《梨俱吠陀》称之为"宇宙之建造者"，史诗《罗摩衍那》《摩诃婆罗多》与《往世书》皆奉之为工艺之神，担任诸神之工匠与建筑师，乃诸神中之巧匠，因此，古印度之匠人多祭祀此神。——译注

3　关于 Kammalar，参见 Coomarascamy 前引书 55, 56。在孟买，同样的五种工匠：铁匠、木匠、铜匠、石匠、金匠，总称为"panchals"。他们各有自己的祭司，谨守吠陀礼仪（素食、禁酒），装成是婆罗门一样，屡屡受到摩揭陀 – 波斯瓦（Mahratten-Peschwas）的迫害。

4　在玛拉巴（Malabar），他们或许是宗派分立者之故，被视为不净的。

5　这样的分裂或许也有起自同一个种姓者。在孟买，Sutar 原是担任木匠的村落实物给付劳工；其城居的种姓成员则为造船工，声称自己是"婆罗门"，在得不到承认时，他们就培养自己的祭司，并且拒绝参与村落木工的聚餐。

6　当村民对于隶属民工匠有额外的要求或超出传统惯例的要求时，例如非适时的修缮，那么他就得支付特别的津贴，此时，对于隶属民工匠而言，其独占地位便成为有利的条件。在印度，和其他各地一样，特别是村落的铁匠似乎往往借此抬高可观的身价。

7　这些王侯御用工匠（及类似的寺院工匠）是印度工艺之高质量劳动的担纲者。由于有一定的俸禄，他们花得起"时间"来制造艺术产品。库马拉斯瓦米（Coomaraswamy）提及德里的一个花瓶乃是由一个王室御用工匠家庭的三代人所制造的（虽未指出直接的资料来源）。

朝的各部委员会，而这些官员的任务应该就是监督工匠[1]。义务劳役之为货币税所取代一事[2]，与行政组织的发展相呼应，其结果则导致这类工匠与王领城市里其他负有证照与租税义务的手工业者的合流。定居工匠可以在一定程度之内垄断其行业，代价则为租税贡纳[3]。另一方面，在王侯的庄宅里却有往作坊（Ergasteria）发展的趋势[4]，正如见之于西洋古代后期，特别是埃及以及拜占庭和中东之中古时期的情形。当我们发现国王有将工匠授予寺院、婆罗门或骑士封臣的情形时[5]，一般而言我们可将之理解为庄宅或赋役制工匠。情形当然也可以是：当国王愈来愈争取到土地的最高所有权及其对臣民之经济给付的自由裁量权时，他或许就有权将隶属民工匠，甚至是部族工匠也授予他人——尽管似乎不太可能如此。

在行会全盛时代，城市手工业者在某种程度上亦分享了行会的兴盛。凡有行会组织形成的手工业，往往收取高额的入会费（每个行业各自不同，有时高达数百马克——在当时的印度而言可算是一笔小财富），结果是在富裕的计价劳工同业公会里，如同商人行会一般，发展出会员地位的世袭制，并设有罚金制度，且以这类强制手段来规制劳动条件（放假日、工作时数等），从而保证

1　希腊和本土的资料（考他利雅《实利论》）里关于这种国王的"商业团体"的记载，本质上和 Robert Knox 于 1682 年关于锡兰岛诸制度的描述相类似（A Historical Relation of the Island Ceilon）。参见 Coomaraswamy 前引书 p. 34 ff. 。

2　王侯御用的金匠、铁匠、陶匠等所负的赋役义务可以用一定兑换率的金子缴纳（Coomaraswamy 前引书，pp. 38—39）。

3　在垄断独占和手工业租税被废止，而英国工业产品成为强大的竞争者之后，手工业者认为租税的废除危害了他们的生存（Coomaraswamy 前引书）。

4　Knox 描绘了锡兰岛这类作坊组织的情形（摘录于 Coomaraswamy 前引书，p. 33 f. ），它们显然十分类似于埃及、希腊晚期、拜占庭和伊斯兰教地区的作坊。

5　例如见于 Epigraphia Indica，Ⅲ，195 f. (11 世纪)，及其他多处。

商品的品质。只是，如先前所提及的，多数手工业者仍强烈依赖商人及其销售体系，此外，其自治制度也随着家产制国家的发展，而步上了行会屈服于渐次抬头的种姓组织与王室官僚体制的权势之下的命运。由王侯所任命的行会首长早已存在，特别是王侯驻驿所在的城市；当然，由于财政利益的考虑，国王对于手工业的控制也愈趋严密，而此种财政上的利害应当也有助于种姓秩序的确立。毋庸置疑，许多行会直接转变为种姓（或次种姓），或者一开始即因其本为贱民部族的一部分而与种姓无所区别。

工匠种姓，至少其中的高级种姓，例如艺术品制造者，有一套确定的修业制度。修业者以父亲、伯父或兄长为师傅，修业期满后，一切工作所得皆归师傅所有，因为他们同时也是家长。亦有跟随同种姓的其他师傅修业的情形，内容遵循严格的传统规范，修业期满则被纳入家共同体，服从业师的统制。理论上，修业者必须按照《工作论》（*Śilpa Castra*）的指示——僧侣经院之学的产物——习得基本技术。因此，石匠有时也被视为文士种姓，并领有"ācārya"的称号（"阿阇梨"，师傅）[1]。

印度工匠所使用的工具一般而言相当简单，所以至少有一大部分是工匠自己制造的。不过某些手工业者仍奉其工具为神物，甚至在达舍诃剌（Daśahārā）祭典里至今还是种姓崇拜的对象[2]。在印度的种姓秩序里，除了其他一些传统主义的因素之外，就属这

1　此种阶序的游移，西方可与类比的是哥特式大教堂建筑时代的"建筑师"的地位——一个 Hasack 所处理的问题。

2　梵文里达舍诃剌意指"除去十罪"的恒河，后来转而意指在逝瑟吒月（Jyaistha）的第十日（即现在五六月间）祝祷恒河的祭典。至今，摩诃剌侘族及迈索尔地方的印度教徒仍盛大举行此一祭典。——译注

种工具的定型化（例如美术领域里造型的定型化及自然样式的拒斥），为技术发展的最大障碍。某些建筑手工业，特别是所有与祭祀相关的行业，其技术过程里部分带有巫术性的祭典性格（例如画像眼睛的画法），就必须遵照一定的样式。技术上的变革往往得征求神谕（尽管多半是否定的），例如，据说陶匠就曾征求过薄伽梵的神谕。

各个地区的王室手工业与城市手工业里的严格种姓闭锁到底存了多久，实在不得而知。跨行经营情形所在多有[1]，不过原则上伴随着严格的世袭性主顾关系制。

最后，最低级的种姓阶层是那些被认为在仪式上极为不净且具传染性者，包括：1. 由于从事不洁净的体力劳动而到处为人所轻蔑的一些行业，例如扫街人之类；2. 由于印度教在仪式上的禁忌而被视为不净的行业，诸如鞣皮业与制革业；3. 一些掌握在客族游民手中的行业。如果我们撇开基于特殊的仪式理由所造成的例外（例如制革业）不谈，而认为此处所区分的这三个手工业阶层，亦即起源于城市—王室工匠、村落工匠与客族工匠的这三者，大体上相当于洁净的首陀罗、普通的首陀罗与不净的种姓这三种种姓的划分，那可就大谬不然了。同样的，倘若不将那些直接或间接受到仪式所制约的例外考虑进去，那么我们所得到的将是一幅杂乱无章且不合理的种姓分化图像。许许多多乍看之下无法厘清的种姓阶序排列，只有在其具体的历史脉络底下才有办法理解。至于其他的许多情形，则可举一般的事由以作为某个种姓或次种

1　例如北 Jaipur 即有兼营木工、石工与金属工的情形。见 Coomaraswamy 前引书 p. 56，引用 Col. *Hendley, Indian Jewelry*, p. 153。

姓之所以上升或跌落的基础。不过，这都取决于种姓或次种姓本身之起源、发展与转变等诸多相关条件。准此，在我们对种姓秩序的实际情形作过这番视察之后，需得再回头探讨一般原则性的问题。

第九章

种姓的种类与种姓的分裂

英国普查专家正确地将种姓区分为"部族种姓"与"职业种姓"这两种基本类型。关于前者,我们前面已有所叙述,现在仅加以补充。从历史上追究起来,源自部族与客族之印度教化的种姓,为数恐怕相当可观,种姓阶序的图像看起来之所以那么不合理,主要是他们的缘故。无疑的,在其他条件相同的情况下,当一个部族于其印度教化之际即定居于自己固有的土地上时,自然会比纯粹的(也已印度教化的)"贱民"部族享有更高的阶序,而提供佣兵与职业军人的部族就更是如此了。

指认部族种姓的办法有以下数端,首先是从其名称上来识别(尽管不少部族在印度教化时采用了职业名称);其次是他们往往拥有一个共同的祖先(高级种姓通常会有个次种姓的祖先);或者他们保有图腾组织的遗习;或者保有部族神,特别是保有部族祭司为种姓祭司;最后,种姓成员全都只来自某一特定地区。最后这两个特征只有在与一个或其他特征配合时,方有其重要性,因为纯粹的职业种姓也可以全然是地域性的,以及拥有自己固有的祭司。此外,部族种姓的族内婚形式较不那么严格,而且其"部族"

的性格愈强，对于异种姓成员之加入的排斥性也就愈小。纯粹的职业种姓在所有这些方面是最具排他性的，一个证明是：种姓在礼仪上的排他性特别是取决于种族的异同，而并不只是反映在宗教层面上。

部族种姓最容易被辨认出来的情况是：在属于同一职业的许多种姓当中，总有一些是除了职业种姓名称之外，还冠有部族名称者。至于种姓原先即为部族种姓的可能性到底有多大，则不易确知。下级种姓倒有可能多数是从客族和贱民部族转化而来的。不过，总之不是全部。相对而言，很少上层手工业者，特别是城市的自由工匠与赋役制工匠，以及古来的商人种姓，有此种起源。他们恐怕大多是经济专业化与所有—劳动分殊化的产物，唯其进而转化为"种姓"一事，正是印度特有的发展，而有加以说明的必要。

有别于部族之编入种姓秩序的方式，如今只有从种姓之**分裂**一途才能完整说明。

种姓的分裂往往是以（全然或部分）拒绝通婚与同桌共食的形式表现出来，此种情形首先可能是由于种姓成员的**迁徙**。因为迁出者在种姓的礼仪义务上颇有可疑，至少无法考察是否忠实遵守此种义务[1]。既然唯有印度本土，以及唯有在正确的种姓秩序建立的情况下，方才是礼仪上的净土圣地，以至于从严格的礼法观点上看来，即使是在印度境内的迁徙——迁徙到礼仪相异的环境里，都是颇为可疑的，所以除非绝对必要，否则不宜外出旅行。因此，印度境内的迁徙，比起经济情势的剧烈变迁所预期的，要有限得多。

1　畜牧者的迁徙生活亦是其阶序低落的原因。关于商人的旅行则如前述。

九成以上的人口居住在其出生地，一般而言，唯有古老的村落族
外婚制才导致迁居到另一个村落。倘若部分种姓成员长期性地迁
居于外地，结果通常是分裂为新的次种姓，因为居留原地的种姓
成员并不完全承认迁出者子孙的种姓成员资格。

　　由于印度教体系是由恒河上游向东扩展，所以在其他条件一
致的情况下，大体而言，同一种姓的东部次种姓在阶序上比不上
西部。

　　种姓分裂的另一种情形是：部分种姓成员不再遵守某些既有
的礼仪规范，或者反过来，实行新的仪式义务。其原因不一而足，
诸如：1. 属于某一教派，并不承认某些礼仪规定或采用新规。此
种情况并不多。2. 贫富的分化，致使富有的种姓成员采行高级种
姓的礼仪义务，以便跻身于其行列，或至少提升目前的阶序，其
前提条件是不与原先的种姓同胞通婚及同桌共食。单以贫富的等
差作为共同体分裂的原因，是现今极为常见的一个现象。3. 职业
的改变。就严格的习俗观点而言，不只是偏离传统的行业而转事
他行，有时就连单纯的劳动技术变迁，都可以被传统的遵循者拿
来当作宣告共同体分裂的口实。即使实际的结果并不见得如此，
但是此一因素总是种姓分裂最为常见、事实上也是最为重要的一
个诱因。4. 部分成员在礼仪传统上的动摇，致使忠实的传统遵奉
者宣告共同体的瓦解。

　　新的种姓亦有可能因种姓间为礼仪所不许的性交而产生。根
据古典理论，所有不净的种姓皆源于种姓间的混血。这当然完全
不符史实。只是如今仍有因种姓混血，亦即婚外姘居，而产生新
种姓的例子。最后，种姓的分裂亦可能单纯是由于无法调停内部
各类纷争的结果。只不过以此作为分裂的理由实在让人无法苟同，

因此一般都是以所谓对方不守礼法来作借口。

新的种姓与次种姓的产生原因中,我们最感兴趣的是其经济方面的因素,亦即贫富的分化与职业或技术的变更。我们或可肯定地说,贫富的分化在以前本土王朝的时代里导致种姓分裂的情形要比晚近少得多——合法的职业转换唯有在"就职需求孔急"的形势下才有可能。因为权势远非今日可比的强大的婆罗门,在当时无处不全力护持既已建立的种姓秩序。种姓的稳定性即使无法阻止贫富分化的产生,在当时也足以强力阻碍从种姓的立场看来无法接受的新劳动技术与职业变更。二者皆具礼仪的危险性。然而至今,职业与技术的变更固然会导致新种姓与次种姓的产生,但此一现象本身却也是革新的一大障碍,并且有利于传统的维护——尽管受到新进的资本主义强而有力的发展不断冲击。

一切的历史迹象在在显示,固有的严密种姓秩序原本是建立在职业种姓的基础上。首先,部族种姓与职业种姓之间的地理分布便显现出这一点。当然,某个种姓到底原先是由于种族的分殊,还是由于氏族卡理斯玛的职业分化,因而衍生出来——特别是就较古老的种姓构成而言,实在无法确定[1]。不过,显而易见,后来成为异族征服地区的东孟加拉以及印度南部,可以被认出原来是部族种姓的种姓,无论在数量上或分量上都远远超出职业种姓。相反,在北印度本部的传统地区,源之于氏族卡理斯玛职业阶级(无论可考不可考)而无种族分殊的种姓,相对而言就远为多见[2]。其次,职业种姓,特别是手工业种姓,乃是严格的种姓秩序与传统的担

---

1 "职业种姓"的典型例子是孟加拉古老的铁匠种姓 Lohar。此一种姓无疑是由数个种族混合而成。

2 关于所有这些问题,参见 Gait 极为出色的一篇文章,*Census Report* 1911, 1, p. 377 ff. 。

纲者——当然还有纯粹的农民种姓，这点对他们而言基本上是不证自明的。此种固守传统的现象，如今特别表现在这些职业种姓顽强地坚持其相传而来的本业上，只有一些相当古老的贱民部族在这方面的执着超乎其上[1]。

当然，由于来自欧洲的致命竞争与印度现今的资本主义发展，使得不少的职业种姓不再可能固守其本业，或单依凭手工业的基础而继续存在。然而若不在此范围内，仍然留守传统业务的手工业种姓成员的比例，就经济之彻底变革这个出发点而言，还是高得惊人。现代特有的工作机会，特别是在大型工业里，至少大多不是由古来的手工业种姓所进驻，涌入者毋宁是离乡背井的游民、被歧视的贱民种姓或某些高级种姓里被降格的成员。现代资本主义企业家（至少就印度人这部分而言）以及商业人员与高级职员，除了大部分来自某些旧有的商人种姓之外，显然——就现代办公室工作的性质及其所要求的素养观之——也来自文士种姓，他们原先就比手工业种姓有更多的职业选择机会[2]。

手工业种姓之所以墨守传统主义，不只是因为经济上各个生产部门的范围泾渭分明，而且也是基于如今仍常见的一个现象，亦即种姓成员之间不得相互竞争的生计保障。就这点而言，自古

1　在非传统的大城市加尔各答，诸印度种姓当中，有超过 80% 的洗衣匠还操其传统本业；同样的，超过 50% 的印度教的渔夫、清道夫、制篮者、糕饼业与家仆等种姓，甚至包括金匠种姓，仍固守旧业。然而仅有 30% 的书记种姓（Kayastha）仍为"书记"，更仅有 13% 的婆罗门担任祭司、教师、习圣法者与厨师（*Census Report*, 1901, VII, Blackwood 的报告，p. IV）。至于古老的织工种姓，由于欧洲的竞争，仅剩 6% 仍留在本业。

2　他们的数目在后文里（第十一章）会提到。在孟买省，从事**行政**管理工作的几个最重要的种姓分别排列如下：Prabhu（古官吏种姓）27%，Mahar（村落官吏）10%，婆罗门 7.1%，Lohana（高级商人）5.8%，Bhatia（商人）4.7%，Vania（古代的大商人种姓）2.3%，拉吉普 2%，其他所有的种姓都只有 1% 以下的成员从事行政工作。

以来最受保护的莫过于古老的"村落土著",亦即居住在村落外缘、靠着实物报酬过活的工匠。然而顾客保障的原则,换言之,主顾关系(jajmani)的确保,还不止于此,现今仍有许多手工业种姓坚决地贯彻这个措施。我们在婆罗门那儿已看到这个原则,从词义上(jajmani=Opfergeber[供物奉献者])可以了解此一概念源自与婆罗门种姓的关系,而且或许还可以把它译成"个人的管区"。在婆罗门,此种关系是靠身份礼节来保障,在其他许多种姓则是靠着种姓组织以及特别是——印度惯见的——世袭性(氏族卡理斯玛)来保障。制革的种姓代代从某些家族收受死亡的牛只,并且代代为这些家族提供皮靴及其他皮制品,同时他们的妻子也代代成为这些顾客的产婆。乞丐种姓有其一定的乞食区域,类似我们的烟囱扫除人(只不过前者是世袭的);Nei 种姓是其世袭顾客的理发师、修指甲师、修趾甲师、沐浴师与牙医师[1];Bhangi 是一定区域的清道夫。据说,某些种姓——例如 Dom(家仆、乞丐)——的顾客是可以被转让的,并且往往是嫁妆的一部分[2]。凡在主顾关系实行之处,侵害到别人的顾客权至今仍是被破门逐出的一个原因。

　　古老的手工业种姓不仅是严格的传统主义的担纲者,并且一般而言,也是最仪式主义的种姓排他性的担纲者。族内婚制与同桌共食的封闭性,再没有比他们实行得更彻底的。而且,这并不止于上级种姓对下级者的关系。不净的种姓对于与非成员的感染性接触所具备的警戒心,和洁净的种姓同样强烈。这证明了此种

1　后两种工作在礼仪上被降格。

2　Blunt, *Census Report* 1911, p. 223. 关于联合省与奥德省(Oudh,印度教的古典故园)的描述,亦为本节的资料出处。

相互间的排他性并非社会性的，而是礼仪性的，根源于这类种姓古老的客族与贱民的性格。正是在古老的手工业种姓及部分而言不净的种姓里，我们找到特别符合印度教严密规范的共同体。

许多手工业种姓，特别是连同那些下级种姓，所具有的高度种姓—传统主义，除了下面我们会谈到一个重大的宗教因素使然之外，同时也是由于他们本身的严格种姓（通常皆为次种姓）组织所致。此种组织一般而言正是种姓纪律的担纲者。关于这点，我们下面会再详谈。

种姓组织相当于古老的村落公社——有其村落首长以及由氏族长或家族长所组成的议会[1]。村长的地位并非绝对的世袭制，而是氏族卡理斯玛的世袭制。不适任的村长在某些情况下会被废位，不过，继任的人选通常还是出于同一个家族。此种氏族卡理斯玛的原则贯通于所有出现在印度的组织，从政治体——严格的长子继承制在后来才成为圣法——到行会皆然。通常，行会首长与长老（Schreschthi）同样都是依氏族卡理斯玛原则而世袭的。对种姓而言，至少种姓首长（Sar panch）之位同样也是如此，即使"潘恰雅特"的成员地位也莫不如是。

此种情形之得以延续与维持，或许是原本为"共同体"提供经济与公家劳务的担子，全都落到印度村落里素来世袭定居而领

1　关于村落—潘恰雅特的存在，如今受到强烈的质疑，例如：Mc. Gregor 在 *Census Report* 1911, Vol. Ⅶ, p. 200 当中关于孟买的描述。根据这位描述者所说的，只有种姓—潘恰雅特存在，譬如属于同一种姓且居住在同一村落内的农民潘恰雅特。倘若根据欧陆现有的资料来判断，问题在于：在许多村落里由村民（"独立农民"）所组成的潘恰雅特是否原来即为种姓机关，或者种姓机构是模仿村落制度而后成立的。至于村落里，相当于潘恰雅特、担当司法裁决机能的委员会，于古典时代即已存在，这点倒是可以充分证明的（《摩奴法典》，Ⅻ, 1087）。

取实物报酬的工匠身上的缘故。证诸碑文的记载，同样的情形也发生在大希腊化时代中东诸国的工匠身上。另外，也有可能是印度大家产王朝时代，君主正式封授地位给各个手工业部门管理与生产负责人之故。然而，最具决定性的因素还是在于古老的、凌驾于一切之上的氏族卡理斯玛原则，及其受到婆罗门的支持。

在印度的宗教组织与（尤其是）政治组织里，我们现代观念下的首长"选择"（Wahl），从来就不曾是个自然根本的准则。在那些领域里，我们乍看之下以为的"选择"，通常不外乎是对一个具有个人卡理斯玛或氏族卡理斯玛的人，加以义务性的承认或欢呼赞同[1]。改革派长老教会里旧有的"长老"地位，仍属卡理斯玛性格。相反，今日的"最高宗教会议"（Synodalordnungen）组织，则是现代的代表制观念的产物。同样的，如今出现在印度各处的"Sabhā"（全体种姓成员或至少所有的家族长出席的集会），也是现代的产物[2]。

一般而言，潘恰雅特的管辖范围是地区性的。跨区性的目的团体与执行一定业务的卡特尔（Kartell）存在于种姓内部。作为种姓的一部分或种姓之结合体的行会，如今仍得见其遗迹，同样的情形还可见之于包含非种姓成员在内的行会。在例外的

---

1 "由具有卡理斯玛特质的管理干部推举继承者，并由共同体加以承认。就其典型形式而言，这个过程确实不应被视为'选举'或'提名'或类似的形式。它并非一项自由的选择过程，而是一个由客观的责任所限定的行为。领袖的选定根据的不只是多数原则。它的目标在于确定**正确**的人选，选出真正具有卡理斯玛的人物。在这种选择过程中，少数人的意见极可能比多数人的更为正确。最终的决定经常需要全体一致同意。"（《支配的类型》，p. 74）——译注
2 他们如今，譬如说，不仅要决定派遣学生到日本留学的事情，并且也有权决定重大的社会惯习的变更，例如寡妇独身制的废除这个问题早先根本不可能经由"决议"的方式来解决，而完全是取决于婆罗门的判断。

情况下，我们还可以看到位阶在潘恰雅特之上、综括全体种姓的中央机构。此种情况大多出现在长久以来有着政治统一王国建立的地方，相反的，在缺乏政治统一之处，地区性的种姓分裂现象也就最为显著。

第十章
种姓的纪律

潘恰雅特（或者相当于潘恰雅特的机关）的管辖范围为何，实在莫衷一是。现今，职业的问题绝非其重心所在：种姓（次种姓）如今的主要功能并不是个"行会"或"工会"。重点毋宁是在于礼仪问题。由潘恰雅特所裁处的礼仪问题里，按频率的多寡依次为：各式各样的通奸或其他违反两性间之礼仪准则的问题，种姓成员间其他礼仪性触犯之忏悔与赎罪的问题，诸如违反通婚与同桌共食的律则或违反洁净与饮食的规定。这类问题的处理，自古以来即扮演着重要的角色，因为种姓里若包容巫术性的亵渎者，便有可能为全体成员招来灾殃。

不过，职业的问题在某些古老的种姓里，特别是固守传统的中级尤其是低级的种姓里，仍然扮演着重要的角色。首先，种姓理所当然地要关切其成员转而从事礼仪位格低下的或可疑的事业的一切举动，无论其为一项新职业还是一种新技术，有时，这在实际上实在是事关重大。不过也有一些和礼仪不相关的情况，其中特别是主顾关系权利（jajmani-Recht）的破坏，不管是由于种姓成员还是无种姓者或异种姓者的侵害所致。此外，还有其他种姓权利被外人侵害的情况。古老的种姓，尤其是固守传统的种姓，特别强烈地介入这类经济利益问题的情形，或许正足以反映出种姓秩序的这些层面在早些时基本上具有更普遍性的意义。

手工业种姓，其中特别是许多低级种姓，所认定的这种属于行会，或者说，属于工会的机能，一方面可由手工匠与熟练劳工的典型利益状态来加以说明，另一方面，至少部分而言，也反过来说明了这些低级种姓往往特别显著的种姓忠诚。种姓成员间欠债不还、财产分割与琐碎事端的诉讼，于今并不少见。然而，我们也时而会发现，种姓试图阻止其成员彼此间反目相向地出庭作证。不过，问题多半是出在礼仪方面，并且有时还牵涉到相当重要的事情。现今这类问题似乎有显著上扬的趋势：潘恰雅特与萨巴（sabhā）在礼仪这个领域的权力增高，实际上这也是缓缓前进的解放运动——从婆罗门的权势中解放出来——的一种象征，并且在这些显然相当古老的种姓事务上显现出来。此种任务的接掌，在印度教里就相当于西方教会之"会众自治"的努力。

种姓机关的强制手段分别为：对外来第三者加以杯葛，对种姓成员处以罚金并判以礼仪性的赎罪，若拒绝接受判处或严重违反种姓规范，则处以破门律（bahishkara）。后者（在现今）并不是逐出印度教的意思，而是逐出个别的种姓。不过其结果当然还是颇具影响力的，例如任何外人若是继续接受被处以破门律的种姓成员的服务，那么他就会遭到杯葛。

大多数的潘恰雅特（以及其他类似的机关）如今皆独立地作出裁决，而不再咨询法典解说者（Castri）与圣法习得者的意见，咨询与否可以自由选择。当然，某些种姓，特别是较低下的种姓，至今仍征求某些圣座（位于桑喀什瓦或斯陵吉里的寺院）的判决。

由种姓自主地设定新的法律规范，就古老的印度教观念而言，是绝对不可能的。神圣律法终究是古已有之，只能再度被"发现"或启示出来[1]。不过，由于今日的印度教体制里缺乏政治上的强制力量，并且因此使得婆罗门的地位大不如昔，结果导致事实上时有自主设定法律规范，以及自主地在正确的形式上认识既存法的可能。正如种姓阶序之僭越的情形，此处，古王国之政治的、家产制的教会国家结构的没落，也正清楚了然地朝着种姓传统之缓缓瓦解的方向迈进。

就部族种姓的情形而言，其印度教化的程度愈不彻底，古老的部族组织的种种面相就愈是顽强地保留下来，而取代了典型的种姓组织，其中的细节，我们此处便不再详述。

最后，在高级种姓方面，特别是婆罗门与拉吉普，就我们所知，即使是其次种姓，自古以来总是没有任何统一的永续性组织。若有紧急事情发生，例如种姓成员严重违反礼仪规范，按照古来的惯习，僧院的首长便集会议决，若是现在，便由该成员所属

---

1 韦伯在《支配的类型》里曾经提到："就纯粹类型的传统型支配而言，法律或行政法规不可能经由立法程序制定。就算实际上是新创的法规，也只有在宣称其为'古已有之'（valid of yore）——如今只不过是经由'睿智'（wisdom，古日耳曼律例中的 Weistum）**再度发现**——的情况下才能取得正当性。此种'律例的发现'（Rechtsfindung [法发现]）的立法方式只能求诸传统文献；换句话说，必须假先例及较早的判例行之。"（pp. 29—30）所谓的"法发现"是指：日耳曼民族将存在于日耳曼古代以至中世的律例之发现程序，以及经由此一程序而发现之律例，统称作 Weistum。在律例的发现有其必要时，属于该律例之共同体中的所有成年男子原则上应集合起来，然后由集会之主席（通常为该团体之贵族）向与会者之一（即"律例发现人"或"判决发现人"）要求"律例的发现"（即所谓"判决质问"）。被要求发现律例的人，必须发现律例并提出（即"律例的宣示"[Rechtsweisen] 或"判决提案"）。该提案若经所有与会者同意，即由主席宣告完成律例之发现程序。此一程序，形式上看来乃是"既存法"（由我等之父祖时代传下之法）的发现程序，而非"新法之创造"。但实际上当然也有借**发现**既存法之名而行**创造**新法之实的可能。——译注

种姓部门集会议处。当然，婆罗门以及婆罗门出身的圣法习得者（Castri, Pandit），连同被认定为圣法研究之中心的高等学院与僧院，以及古来便已确立地位的圣职等，一般而言是懂得如何确保其权位的。只是，诸吠陀学派、哲学学派、教派与禁欲宗派之间自古以来的相互竞争，以及自古即具尊贵地位的婆罗门氏族，与经由僭越而逐渐晋身婆罗门地位的阶层和因为贬斥而没落为下层婆罗门的次种姓之间的冲突对立，结果导致深沉的紧张关系，同时也妨害了内部一致对外之身份意识的团结感。在拉吉普方面，婆罗门宫廷祭司（purohita）对其在维持礼仪之端正上的强大影响力，弥补了种姓机构之阙如。不过某些次种姓还是拥有强固的机构，况且一般而言其身份意识甚为强韧。这两个种姓固然全体严格地恪守在礼仪所容许的范围内，然其在职业从事上的非常多样性则是相当古老的，《摩奴法典》上所载的种种紧急业务即足以说明这点。

纯粹的书记种姓为印度王朝家产制的产物，在此一种姓里，家产体制的历史影响力于今犹存；相异于古来的社会与封建贵族，他们对于高级种姓阶序的要求，远远超乎于对身份意识的讲究，这从他们现今所从事的职业上即可清楚了解。在商人种姓身上则余留着昔日行会的痕迹，如今其组织已远不如土著王侯治下来得严谨，后者往往不仅利用经济的、特别是城市的种姓，而且也利用贱民部族，来作为赋役义务以及与此相应的独占权的担当者。

以此——尽管已长篇大论，仍不免极不完整——我们或可结束对于种姓制度的描述，从而转向其之于经济问题的影响。

第十一章

种姓与传统主义

　　由于种姓制度对于经济层面的影响毕竟属消极性质，因此只能靠推断而非归纳以作成结论，此处我们也只能提示一些一般性的通则。我们的中心论点毋宁是：种姓秩序，就其整体本质而言，完全是传统主义的，并且在效果上是反理性的。只是，应尽量避免错寻其根源于谬误之处。

　　马克思指出，印度村落工匠的特殊地位——依存于固定的实物给付而非市场销路——乃是独特的"亚洲民族之停滞性"的根由。这是对的。但是，除了古来的村落工匠之外，尚有商人与城市手工业者存在，他们或者为市场而劳动，或者在经济上依存于商人行会，这和西方的情形是一样的。印度从来就是个村落国家。只不过西部，尤其是内陆地区，城市刚开始时规模并不大，而印度城市市场的地位，在许多方面也和西方近世初期的领土国家一样，是在王侯的"重商主义式的"管制之下。因而若就社会分化的观点言之，无论如何不应该只是村落工匠的地位一项，而应该是连同种姓秩序整体，方为停滞性的原因所在。只是我们也不能将其影响力看成是太直接性的。

有人或许会认为，必须在同一工场内采取分工合作的方式才能进行的"大型经营"之所以无法产生，礼仪上的种姓隔离无疑是决定性的因素。其实不然。种姓律法对于作坊中劳动统合的必要性所采取的宽容态度，正如其对于尊贵家庭之需求劳动统合与服务的宽容态度。如我们所知，上层种姓所需的家内仆役在礼仪上皆是纯净的。"工匠之手在其职业上总是洁净的"[1]，此一原则同样意味着对于劳动统合之必要的让步，换言之，让人可以接受即使是外来的计酬工匠或叩门职工所提供的建设、修缮等劳务或个人性的服务。作坊（Ergasterium）同样也是洁净的[2]，因此在同一劳动场所内使用不同的种姓员工自然不会有任何礼仪上的妨碍，就像西方中世纪的取息禁令并未阻碍企业资本的发展一样（当时企业资本根本尚未以固定利息投资的形态出现）。阻碍的核心并不在于这类个别性的难题——这样的难题是任何世界大宗教体系都会，或似乎会以其各自的方式加之于现代经济的；关键所在毋宁是整个体系的"精神"。尽管并非易事，然而目前要雇用印度的种姓劳工于现代工厂里终究还是可能的。况且在此之前，一旦近代资本主义以其成熟的机制自欧洲输入，在印度即有资本主义式的——一如见诸其他殖民地区的形式——利用工匠劳动力的情形。虽然如此，我们无论如何都不能认为，工业资本主义的近代组织形态可以在种姓体制的基础上**产生**出来。倘若任何职业的变更、任何劳动技术的变革，都可能导致礼仪上的降格贬等时，在这样一种

1　《Baudhayana 法经》，I，5，9，1。所有公开贩卖的商品也是如此。
　　法经的原文为：'工匠之手无不净。'——译注
2　《Baudhayana 法经》，I，5，9，3。矿场及所有的作坊（除了酒类制造工场之外）都是仪式上洁净的。

礼仪规则的氛围里，自然是不足以自内部产生出经济与技术之革命的，甚至连最初的萌芽都不可能。

工匠本身固有强烈的传统主义，必然也会更因此种种姓体制的礼仪规范而被推展到极致；而商业资本企图在代工制的基础上组织工业劳动而努力时，也势必会遭遇到比在西方更加强烈的抵抗。商人本身在典型的东方商业阶层结构里保持其礼仪上的隔离状态，而这种商业阶层结构无论在何处从未自发地创造出近代资本主义的劳动组织。情形就像彼此之间及对第三者在礼仪上采取闭锁态度的客族，例如犹太人，会在某一经济领域里并肩致力于所业。有人将某些印度教的大商人种姓，特别是例如 Vania 之类，称为"印度的犹太人"，若就此消极意义面而言，倒是对的。他们当中有些真是唯利是图的高手。特别是一些早先被认为是社会地位低下的或不净的种姓——也因此特别不受（我们所认为的）"伦理的"要求所束缚的种姓，如今在财富累积方面显示出一种惊人的步调。在这方面与他们竞争的是家产制国家典型所见的、原先独占书记、官吏、包税人与类似的政治利得机会者之地位的种姓。

也有某些资本主义的企业家是出身于商人种姓。不过，正如我们先前所见的，唯有当他们取得资本主义企业所必需的"知识教育"时，方足以和文书种姓出身者相匹敌[1]。而他们之遂行商人教育是如此地积极强烈——就资料所允许我们如此判断的，以至于

---

[1] 关于印度教诸教派及各种救赎宗教与印度的金融和商业之间的关系，我们稍后再谈。

我们绝不能说他们在商业上的"禀赋"是"天性"使然[1]。然而不管禀赋如何，没有任何迹象显示，他们有自力创造出近代资本主义之合理经营的可能。而此种理性的经营在彻底固守传统主义的印度手工业里无疑地亦从未产生。话虽如此，印度教的手工业者却是出名地勤奋，尤其比信仰伊斯兰教的印度工匠要勤奋得多。并且，整体言之，印度教的种姓组织在古老的职业种姓内部，往往发展出一种极高度的劳动和财富累积的热切。论及劳动的积极热切，首推手工业者，某些古来的农业种姓亦如此，他们当中特别是（例如南印度的）Kunbi，在以前就累积了可观的财富，如今则是以现代的形式达成。

在英国治下，由于直接且强烈的刺激，近代工业资本主义，特别是以工厂的形式被引进印度。只不过，相对而言，其规模是如此之小，而所遭遇到的困难却是如此之大。在英国支配数百年之后，目前工厂劳工只有约 98 万人，不过总人口的 3.3‰[2]。此外，劳工的征募实为不易，即使是薪资最高的工业部门[3]。直到最近的劳动保护法案成立后，工厂劳动才稍受青睐。女性劳动的参与只是零零星星的，而且多半是来自最下等的种姓，尽管在一些（纺织）工厂里，女性的劳动力是男性的两倍。印度的工厂劳动阶级也显

1　参照孟加拉普查报告（1911）中关于 Baniya 之商业教育的描述。以下事实恰足以驳斥职业种类的"天性"说，亦即：职业变迁强烈的古老种姓往往转而从事一些就"天性"观点而言在心理上与原先所事最为对反的行当，然而前后两种职业间却因共同使用到某些后天学得的知识与技能而相关联。所以，例如前述提及的，古来的测量师种姓——他们的成员对于**道路**自然是特别熟悉——往往转而从事司机的行业。类似的例子所在多有。

2　这是 1911 年普查报告的数字。
　　近代受薪劳工的人数在第二次世界大战爆发之际推定大约 200 万。——译注

3　例如在加尔各答，劳工必须由外面招募而来。在近郊的一个乡村里，只有不到 1/9 的居民说的是孟加拉本地的语言。

现出传统主义的特征，一如见之于欧洲资本主义早期的现象。

印度的劳工很想快点赚些钱以使自己独立。对他们而言，提高工资并非促使他们更加勤奋工作或增进生活质量的一个诱因，而是相反的，会使他们休更长的假，因为他们负担得起，或得以让他们的女人穿金戴玉[1]。高兴就离开工作，在他们来说是理所当然的事，并且想尽可能快点儿带些积蓄回到家乡去[2]。换言之，他们只不过是个"随机"劳动者，欧洲意义下的"纪律"是不为他们所知的。因此，尽管工资只要欧洲的 1/4，同样的业绩却需要 2.5 倍的劳动人数以及更多的监督，所以除了纺织工业之外，其他工业不能与欧洲的工业相竞争。对企业家有利的一点是：截至目前，劳动者的种姓区隔使得任何工会组织和真正的"罢工"没有发生的可能[3]。工厂中的劳动，诚如前述，是洁净且共同进行的（只不过井边的水杯是要分开来的，至少一个给印度教徒，一个给伊斯兰教徒，并且同一个种姓的人才睡同寝室）——然而至今为止，劳工彼此之间的和睦仍是不太可能如市民之誓约共同体的[4]。

1　韦伯在《新教伦理与资本主义精神》一书里，对此现象有较为详尽的说明："提高计件工资率的结果，往往不增加同一时间内的工作量，反而使之减少，因为劳动者对于工资率的提高所表示的反应，不是一天工作量的增加，而是减少。……他并不问：'若尽量工作，一日可进益多少？'而只问：'要赚取以前所赚的 2. 5 马克，以济我传统的需要，需做多少工作？'这也就是此处所谓'传统主义'的那种作风的一例；就是说，人们并非'天生'就希望拼命赚钱，而只希望照着习惯活下去，并且能赚到为此所需要的那些钱就行了。"（张汉裕译，p. 18）——译注

2　v. Delden, 前引书，p. 96。

3　1920 年作为全国性工会的全印工会会议方才成立，1929 年其中的稳健派退出另组印度联合工会（1935 年再强化扩大为国民联合工会）与前者对立，1938 年两者再度合并，仍用全印工会会议的名称。然而到了 1941 年时，亲英的印度工会再次脱离，摆出相对抗的态势。——译注

4　参照 v. Delden, 前引书，pp. 114—125。

可惜的是，关于各个种姓之参与近代资本主义经营的详细资料——至少可供外人利用的数据——相当有限[1]。

关于主要种姓的收入状况（官职、年金、有价证券以外的财源——《所得税法》第四部），根据普查主任官员所作的报告，盖特（Gait）在《1911 年普查一般报告书》里举出下列令人关注的事实[2]：

在孟加拉，接受经济部门的所得税勘查的人数大约有 2.3 万人。占总人口 51.7% 的伊斯兰教徒（2400 万）当中，只有 3177 人扣缴所得税，占缴税人数的 1/8。然而，光是 Kayasth（书记）这一个种姓就占有这样的比例，其收入部分得之于企业，部分来自"专业"。其次是婆罗门，接受课税的人当中有 50% 是以企业收益为主，与之匹敌的是 Shaha，一个 Sunri 的小次种姓（11.9 万），他们独占酒类的交易，也是接受课税人口比例最高的一支。除此之

---

1 在加尔各答，现代的"熟练"劳工主要是来自几个种姓：Kaivartha（农民与渔民的古老部族种姓）、Kayasth（书记）与 Tanti（古织工种姓）。非熟练的所谓苦力劳工则同样是来自前面两个种姓，以及被蔑视的 Goala 种姓（榨乳者，古代的贱民部族）和 Chamar（孟加拉地区不净的种姓，为数甚伙的皮革业者）。此外，被剥夺其传统业务的最下级种姓也最常见于苦力劳动。原有的工厂劳工则多半来自以下四个种姓：Tanti（织工）、Kaivartha（农民与渔民）、Chamar（皮革工）与 Kayasth（书记）。相反的，例如 Chhatri（据称是刹帝利，实则为古代的佣兵部族）有 45% 是农民、"差役"与家仆，几乎没有担任公职和在工厂劳动的。在孟买省的纺织工业里，63% 是织工种姓，11.7% 是 Bhatia（古老的商人客族），9.8% 是 Vani（绅商），3.8% 是拉吉普，1% 强是 Prabhu（官吏）与 Mahan（村落吏员），其余为其他种姓。商人和最后提到的这几个种姓基本上是企业家（若是拉吉普则为地主）。孟买省从事商业（食品业除外）的种姓百分比如下：婆罗门 3.2%，Vania（古绅商种姓）24.8%，Bhatia（古商人客族）7%，拉吉普与摩揭陀实际是 0，Prabhu（官吏）9.3%，Lohana（辛德地区的古绅商种姓）6%，织工、Koli（小农）、Kunbi（农民）与 Mahar（村落吏员）则为 0，Pandhari（棕榈汁蒸馏者）2%。古来的商人种姓有相当大的比例如今从事食品业（尤其是零售商）：Vania 中有 40%，Bhatia 有 61.3%，Lohana 有 22.8%，而所有其他的种姓很少有从事食品业的，高级种姓则完全没有。

2 p. 480.

外，只有制油和油商的 Teli 种姓超过 1000 人被课税，所有其他的种姓都在这个数目之下。普查报告让人意外的是，古来的商人种姓 Gandhabanik 与 Subarnabanik，按其名称原来应是香料商与贵金属商人，却各只有 500 人被课税；不过若就人口（大约 10 万到 12 万）比例来说，还是比 Teli 种姓要高（150 万）。属于下级首陀罗的商人种姓，例如他们的供水并不必然被婆罗门接受的 Shaha，比起 Teli（在孟加拉，其地位相当于 Nabasakh 集团）与 Gandhabanik、Subarnabanik（昔日或许真的拥有吠舍阶序的）这两个种姓，在近代营利机会的追求上较不那么踌躇，这是很可以理解的，正足以显示出纯正的古印度教的传统主义精神。

固有的印度教种姓对于理性经营的适应性，明显的是优于孟加拉的伊斯兰教徒，而伊斯兰教徒这种相对的劣势则普遍地见于其他各省。伊斯兰教的 Scheikh 种姓也有高额纳税者（特别是在旁遮普省），不过主要是大地租收入者，同样的，拉吉普、Babhan（高级的地主与谷物大盘商种姓）、婆罗门和近似拉吉普的 Khatri 也是如此[1]。

在比哈尔（Bihar），缴交资本主义收入税的种姓以 Agarval（Kewat 的次种姓，Kewat 是个非常古老的商人种姓）排名第一，其次为 Kalvan 与 Sumri（棕榈汁蒸馏业者种姓）和 Teli（制油者），就量方面而言，他们和高级的婆罗门及 Babhan 种姓旗鼓相当（这七个种姓合计占所有可课税的"交易"所得的一半）。

在古印度教发源地的恒河上游平原与旁遮普及南印度，收入

---

1 在孟买省，地租收入者主要是分布在下列这些种姓中：婆罗门、Prabhu（官吏）、Mahar（村落吏员）与 Lohana（商人）。

最大且比他人多得多的，大抵就数 Baniya（古老的商人种姓），并且是来自商业所得，而在西北部，Khatri（自古以来即为高贵且全印知名的商人与书记种姓）则与婆罗门比肩在地租收入方面扮演重要的角色，不过在营业收入方面则独占鳌头。另一方面，（恒河上游平原的）Kayasth，从事"专业"的所得收入则是不成比例地高。

印度本地人的财富——部分而言相当巨大——长期以来相对地很少投入近代企业作为"资本"；在黄麻工业里，这种资本更是几乎没有。不只是企业家与董事会，连同工厂经理，在尝过"痛苦的经验"后，结果是：现在即使是印度最为本土的黄麻工业里，除了工头之外，担当起技术与商务机能的，几乎都不是印度人（多半是苏格兰人）[1]。各厂家平均拥有 3420 个劳工的黄麻工业，是印度最高度发展的大工业 [2]。

由于对金钱追求的热度不同，特别是知识分子和在印度教的观点看来较不受伦理束缚的商人（酒精业者）所占的有利地位，所以和伊斯兰教徒相较之下，印度教徒的财富很明显地更加倾向于密集的商业投资，这点和以下这个事实相对应：比起伊斯兰教徒来，印度教的——同时也就是传统主义的——劳工那种经常为人所乐道的工作热度是更加强烈的。这两种现象同样都是受到种姓义务之遂行——对印度教而言具有特殊性意义——所制约。我们现在就要转而讨论这个重点。

1　参照 v. Delden, *Die ind. Jute-Industrie* 1915, S. 86。

2　v. Delden, 前引书，S. 179。

第十二章
种姓秩序的宗教救赎意义

我们已看到，印度教本身对于教义（mata）方面有着非比寻常的容忍度，而将重点完全置于仪式义务（Dharma）上。然而，印度教还是有某些"教条"（Dogma）——这是我们现在要讨论的——如果教条指的是信仰真理（Glaubenswahrheit），完全不信者会被视为"异端"，而一个团体（不只是个人）若是不信即会被逐出印度教共同体。

首先，印度教承认某些公认的学说体系。我们将在下面讨论到知识阶层之救赎宗教时，简短地加以说明。此处，我们感兴趣的是，某些异端的哲学思想确实存在。其中有两个特别经常被提及，亦即唯物论者的哲学与佛陀（佛教徒）的哲学。何以后者的教说特别成为异端？因为即使是印度教的种姓也有拒斥婆罗门权威的情形。一切种姓皆可获得救赎的思想也见之于印度教内部。接纳来自各个种姓者成为修道僧的做法，倒可能是使其成为一个礼仪上不净的教派种姓的原因。更重要的是，佛教徒拒绝承认吠陀与印度教的礼仪有助于解脱，并且自有一套（部分而言）比婆罗门更加严谨的法（Dharma）。这使得他们不但在礼仪上被指责为失却种姓性格，更甚者是尚且抱持着异端教说——姑不论这是否真的是他们不被承认为印度教徒的真正理由。然而，其故安在？是什么使得他们和"唯物论者"的异端共同对立于正统派的义理？

佛教徒和唯物论者一样，否定"灵魂"的存在，至少否定"自我"这样一个单位的存在[1]。这点，并且如后文所述恰是决定性的一点，对于佛教徒而言具有几乎是纯粹理论性的意义。然而这似乎也就是（异端的发展在理论层面上）最重要的冲击所在。因为，整个印度教哲学，以及除了纯粹的礼仪主义外我们仍可称之为印度"宗教"者，端在于灵魂的信仰。

没有任何印度教徒会否认印度教的两个基本宗教原理：灵魂轮回信仰（Samsāra）与业报的教义（Karma）。这两者，而且唯有这两者，是整个印度教真正的"教条性的"教义，并且与印度教所特有的、蕴生于既存社会秩序亦即种姓秩序的神义论，有着密不可分的关联。

灵魂轮回的信仰是直接来自相当普遍的一个观念，亦即关于死后精神命运的问题。这在世界各地皆有，印度古代亦然。由于动物的繁殖状态以及不同肤色人种的共存关系，印度自然成为此种观念的发源地。《罗摩衍那》里所记载的出现在南印度的猿猴军，很有可能就是黑色的德拉威人。不管对不对，猿猴显然是被视同为人类，而这种看法就南印度而言倒是很可以理解的，因为那儿是黑色民族的居住地，在雅利安人看来，他们和猿猴差不多。

正如同其他地方，离了肉体的灵魂原先在印度也很少被视为

---

[1] 此处我们暂且相当概括性地使用此一词语，而不虑及印度哲学对于灵魂的本质已发展出许多不同的形上观念。

"不死"的。葬礼是为了使死者安息并抚平他们对幸运的生存者的嫉妒与愤怒。"祖先"到底住到哪儿去了，确实是个大问题。在婆罗门看来，若不供奉牺牲，就会使他们饿死，因此供奉一事意义重大。有时候，人们也会祈祷神祇"长寿"，慢慢地就累积出这样一个想法：不管是神还是人，在彼岸的存在都不会是永远的[1]。当婆罗门开始思考其自身的命运时，逐渐得出"再死"这样一个教义，亦即逝去的精神或神祇会再度有另一个存在。此种存在同样是显现于此一世间的想法，也出现在世界其他各处，并且和"兽灵"的观念相结合。以此，便得出了教义的根本要素。

　　灵魂轮回的教义与报应教义——善行与恶行的报应乃是通过更尊贵或更耻辱的再生来完成——的结合，同样的并不只见于印度，亦见之于他处，例如希腊。只是，婆罗门的理性主义所特有的两项原理使得如此的教义带有极端彻底的意味：1. 彻底相信任何与伦理相关的行为必然会影响到行为者的命运，并且没有任何的影响会消失掉，此即"业"的教义；2. 业报的观念是与个人在社会组织里的命运相结合的，换言之，相联结于种姓秩序。个人所有的（礼仪或伦理的）功德与过失构成一种银行账户，户头里的收支差额无可避免地决定了灵魂再生时的命运，命运好坏的程度则端视账户中或盈或亏的大小而定[2]。"永恒的"报偿或惩罚是不会有的——这对于一时的作为当然是绝对不对称的，不管是天堂

1　参照 S. Boyer, *Journal Asiat*, 9, Ser. 18 (1901)。关于（来世的）"再死"，目前特别是要参照 H. Oldenberg, *Die Lehre der Upanischaden und die Anfaenge des Buddhismus*（Goettingen, 1915）。

2　命运的信仰、占星术与占卜长久以来即广为流行于印度。但进一步观察，占卜纵然可以告知命运，然而个人命运好坏的排列定位终究是经由业来决定。

还是地狱，个人所待的时间终究是有限的。这两者一般而言只扮演次要的角色。天堂原先也只是婆罗门或战士的天堂。地狱则是可以逃脱的，即使是罪大恶极之人——只要在临死时通过纯粹仪式性且最为便捷的办法，亦即念诵一定的咒文（即使是无意识地，或经由他人，甚或是敌人）。

相反的，一般而言，没有任何的仪式手段和任何（现世的）作为可以让人逃离再生与再死。疾病、残缺、贫穷，一言以蔽之，人生所畏惧者，不管有意识或无意识的，都是个人要自行负责的结果，就巫术意义而言即是恶行的果报——这原是世界普遍的一种想法，然而在此却被推究到极致，亦即人的整个命运无非是由个人的所作所为决定的。由于伦理报应会在此生此世实现的想法和实际的观察大有出入，结果导致轮回思想之彻底形态的出现。这个在婆罗门手上完成并且原先显然带有密教意味的教义即是：前世的功德与过恶决定现世的命运，现世的功德与过恶决定来世的命运；人在生与死的无尽循环当中，命运全然操之于个人的所作所为。这就是业报教义的最彻底形式。

当然，根据文献，特别是碑文上的记载，此种极端的观念并不是一直都贯彻到底的。自古流传下来的葬礼——只要人们想以此来左右死者之命运的话——即与此观念相矛盾。此外，和基督教的情形一样，人们期望以祈祷、供奉、捐献和兴土木的方式来增进祖上的功德并改善其未来的命运。然而凡此种种，以及其他观念的类似遗绪，都只是体现了下列的这个事实：个人不断地企图改善自己再生之际的命运。碑文上就是这么记载的。人们供奉牺牲与捐献兴筑，想在来世享有和现世一样或比现世更好的生活状况，例如再生而有同样的妻子或同样的儿子；王后贵妃则希望再生而有类似现世这样的尊贵地位。由此，显现出与种姓秩序决定性的关联。

个人的种姓地位绝非偶然。"出生的偶然性"，是传统主义的儒教的命运信仰与西方的社会改革思想共通的一种社会批判观念，在印度几乎完全没有。个人生在什么种姓，是其前生的作为所致。比起其选择（套句德国的玩笑话说）"生父生母"的态度来，个别的印度教徒实际上可以说更加"在意"或"不在意"其所属种姓的选择，当一个虔信的印度教徒看见一个不净的种姓成员处于悲惨状况时，只会这么想：这个人必有许许多多前世的罪过要补偿[1]。不过，事情的反面是：一个不净种姓的成员也会想要以符合种姓礼仪的模范生活来换取其再生之际更好的社会机运。至于今生，逃离现存种姓是绝对无望的，至少没希望往上爬升，因为无法摆脱且循环不已的业报因果关系呼应着永恒的世界、永恒的生命，特别是，永恒的种姓秩序。

真正的印度教教义没有所谓的"世界末日"。根据一般广为流传的教义，世界也有回归到混沌状态的时期，有如日耳曼人的"诸神的黄昏"，只不过很快地就再度开始轮回不已。诸神和人类一样都不是"不死"的。有的教义认为，人也可以因超高的德行而转生为神，例如因陀罗（Indra），不过这也只是个变易且可替代的人格的一个名称罢了。尽管个个虔信的印度教徒并不尽然明了此种业报教义——历史上所曾经出现过的最彻底的一种神义论，认为世界是不断地变易于一个严密合理的、一切取决于伦理的宇宙之中——的种种堂而皇之的前提假设，然而这并无碍于其实际效应

---

1 Blunt, 1911 年普查报告里，一个上层的印度教徒在论及 Chamar 时对他这么说。

的问题，亦即我们此处所关怀的问题。他（虔信的印度教徒）被锁定在一个唯有通过此种理念关联才具有意义的机制之中，这样的归结制约着他的行动。《共产党宣言》的结尾说："无产者在这个革命中失去的只是锁链。他们获得的将是整个世界。"对低等种姓的虔敬印度教徒而言，亦是如此。他们可以获得"世界"，甚至是天上的世界，他们也可以变成刹帝利、婆罗门，甚至成为天人或一个神——只不过，不在今生今世，而在来生来世，一个和今世一样的世界秩序里。

种姓的秩序与位阶是永恒的（按照教义），就像天体的运行及物种与人种之间的差异。想要破坏它，是无谓的。转生的结果，人可能变成生存在"狗的肚肠中的一条虫"，不过，依其行止，他也可能向上转生于一个王后和婆罗门女子的子宫里。只是，其绝对的前提是在今生严格履行种姓义务，并回避礼仪上的重大过失——特别是试图逃离其种姓。

原始基督教的来世论所提出的"坚守个人的职业（Beruf）"[1]，

1　关于"bleibe in deinem Beruf"，根据韦伯的说法，马丁·路德在翻译《圣经》时，以 Beruf 来译出两个完全不同的词意。一个是保罗的 Klesis，此一意义下的 Beruf，"是纯粹宗教性的概念，意指通过使徒在《福音书》中的教导所传达的神的召唤（*Berufung*）……与现今世俗的'职业'（Beruf）意思完全不相干"。第二个则是《传道书》（*Jesus Sirach*）中的 pōuos 的翻译，据韦伯的说法，Beruf 在此首度完全用来指我们现下的意义。然而，此种表面上完全不同的用法之会通，是在《哥林多前书》，7：17-24，此处，Klesis 显示出德语 Stand（身份、状态）之意，例如 Ehestand（婚姻状态）或 Stand des Knechtes（奴隶的身份），但这绝不含现今之 Beruf（职业）的意思。不过，路德将"各人……要守住这身份"，即所谓的（《哥林多前书》，7：20）末世论的劝告，翻译成"Bleibe in deinem Beruf"（亦即本文关键所在）；后来在译《传道书》时，由于两者内容相似，故将 pōuos 也同样译成 Beruf，译文也因此成为"Bleibe in deinem Beruf"。此即 Beruf 一词得以结合神的召唤与世俗的"职业"这两个观念的决定性机缘。详见韦伯于《新教伦理与资本主义精神》一书的第三章开头及注解1—3（尤其是注3）里极为详尽的说明。——译注

以及"忠诚守分"的想法,紧密地联结于印度教之再生应许的教义,其紧密的程度是其他任何"机体论的"社会伦理所不能比的。因为,在印度教里,职业的固守并不是像基督教的家父长方式那样,与职业的忠诚及虔敬安分的德行等社会伦理教义联结在一起,而毋宁是完全出自个人一己的救赎关怀。除了害怕改革会带来巫术性的灾祸外[1],固守职业的最重要动机还在于印度教至高无上的准则:种姓的忠诚。谨守传统规范而不贪工钱、不偷工减料的工匠,根据印度教的教义,即可再生为国王、贵族等等——按照其现在所属的种姓阶序而定。然而,古典教义里也有如下的著名原则:"履行自己的(种姓)义务,即使不怎么出色,总比履行他人的义务要好,不管那有多么风光:因为其中往往潜藏着危险。"为了追高求上而不顾自己的种姓义务,必然会给自己的今生或来世招来不幸。

印度教的职业道德是所有可能想见的职业义务观当中最为传统主义的。不同的种姓间相互疏离忌恨,因为任何人的命运都是自己"应得"的,别人较佳的命运并不会使得社会上命途多舛者乐于接受,在此基础上,只要业报教义仍然颠扑不破,革命的思想与"进步"的努力都是无法想见的。特别是对于因种姓礼仪的正确性而赢面最大的下级种姓,改革的诱惑是最少的,而未来的伟大许诺将因其乖离种姓而受危害的想法解释了为何他们至今仍强烈地执着于传统。在这样一种结合着业报教义的种姓礼仪主义的基础上,通过经济的理性主义以打破传统主义,根本是不可能

---

[1]　印度的黄麻种植者至今仍不愿给土地施肥,只因为这是"违反习俗"的(v. Delden, *Studien über die indische Juteindustrie*, 1915)。

的事。在这个永恒的种姓世界里，诸神也只不过是高于婆罗门、却低于因禁欲而获得巫术力量的巫师——关于这点我们下面会讨论到——的一个种姓，任何想要脱离这样一个种姓世界和脱离再生与再死之无可避免的网罗者，唯有遁出现世而航向印度教之"救赎"所导引的彼岸。有关印度教之救赎信仰的发展，我们以后再谈，现在让我们先来处理另外一个问题。

第十三章

种姓在印度的历史发展条件

如果说他处亦有的业报神义论之与种姓社会秩序的**结合**，是印度教所特有的现象，那么我们要问：此一种姓秩序——就其形态而言，是他处所未有的，或仅有萌芽的程度——何以发生于印度？在许多方面，即使是一流的印度学专家之间也意见不一，因此只能加以猜测。在此条件下，循着上述的讨论，我们或可作出以下的推论：

很明显，光是职业的分化本身是无法产生如此尖锐的（种姓）分别的。从赋役制的行会组织产生出种姓的说法，既无法证明，也不太可能。原先按种族的差异所形成的种姓数量如此之多，因此职业分化至少即不足以充分说明此一状态，不管职业分化曾在其间起过多么大的作用。除了身份性与经济性的因素之外，人种的因素亦十分紧要，这是殆无疑义的。

有些人或多或少偏激地想简单将种姓的分化等同为人种的分别。"身份"的最古老语语 varna，意指"色"。传统上，种姓通常是以典型的肤色来加以区别：婆罗门，白色；刹帝利，红色；吠舍，黄色；首陀罗，黑色。人体测量学的调查研究，特别是李士莱(Risley)

的研究，已得出各个种姓之人类学特征的典型区分，并建立起其间的关联。然而，我们并不能就此认为：种姓秩序是个"人种心理学"的产物，亦即内在于"印度精神"之"血"中的神秘倾向；或者，种姓便是不同人种之对立的表现，或在"血内"作用之"人种互斥"的产物，或在"血内"即注定适合于各个种姓业务的不同"天分"[1]。人种问题，更正确地说，人种的差异性，特别是——就社会学而言，此乃关键性的一点——极端相异的各种族并存于印度的这个事实，对于种姓秩序的发展的确意义非凡[2]。不过，我们应当将之置于妥当的因果关系上来看待。

在古吠陀时代，仅有雅利安（Ārya）与大斯尤（Dasyu）的对立。"雅利安"一词现今仍用以指称"尊贵者"、"士绅"。"大斯尤"则是这些入侵征服者的黑肤色敌人，就其文明而言恐怕不稍逊色，城居且有政治组织。和所有从中国以至于爱尔兰的民族一样，雅利安部族当时也经历过车战与城居的骑士时代。这个骑士阶级在术语上称作"Maghavan"，亦即"赠予者"之意。作此称呼的，是

---

1 这类看法基本上亦见之于北美黑人问题的解释。对于人种之间所谓"自然的"反感，有人正确指出，数百万混血儿的存在即足以反驳此种所谓"自然的"异质性的议论。印第安人在血统上的异质性至少不输（若非更甚于）黑人，然而美国白人却乐意寻求印第安血统于其系谱中。如果酋长之女波卡洪塔斯（Pocahontas）要为所有那些美国人负责任的话，那么她必须和强王奥古斯特（August der Starke, 1697—1733, 萨克森与波兰国王）一样多产才行。

波卡洪塔斯（1595—1617），弗吉尼亚著名酋长 Powhatan 之女。据说弗吉尼亚殖民地的建立者史密斯（J. Smith）被印第安人俘虏时，她挺身相救。史密斯归国后，她被英国人当作人质逮捕（1612），后来成为基督教徒，1614 年与英人罗尔夫（J.Rolf）结婚，赴英定居，后殁于英国。——译注

2 直到 12 世纪，在 Intravati 一地，雅利安人与德拉威人之间的种族界限仍表现于诸碑文的不同语言里。行政上亦保持此种区别。然而，在"从各处而来"的（亦即种族混合的）民众聚集的一个场所，兴建了一个神殿（Epigraphia Indica, IX , 313）。

圣歌者与魔术师，他们靠着此种赠予生活，称颂赠予者，咒骂吝啬鬼并施巫术加害之。他们在当时，特别是在雅利安人当中，已扮演有力的角色，并且显然随着时代的递嬗而更增重要性。魔术师以"我们和赠予者"、"我们的赠予者"来称呼自己所属的骑士团。在当时，他们的咒术对于军事胜利的助力即已著称，进入"婆罗门"与"史诗"时代后，其声名更是高达前所未闻的程度。

原先战士与祭司（Rishi）这两个种族是可以自由转换的。然而在史诗时代，国王毗湿瓦米多拉（Viśvamithra）必须积数千年的苦行之后，畏惧其巫术力量的诸神才会授予他婆罗门的资格。婆罗门的祈祷会帮助国王得到胜利。婆罗门的地位远高于国王。他不仅仅是个礼仪上的"超人"，其威力甚且与诸神并驾齐驱，没有婆罗门襄助的国王就会被说成是"不受教的"，因为宫廷婆罗门的教导乃是理所当然之事。不过，现实往往与此种要求大相径庭。在中世纪早期，亦即佛教出现之前，被骑士所征服的地区里，亦即现今的比哈尔地区（Bihar），骑士（刹帝利）团体根本不承认婆罗门在社会上是和他们平起平坐的。后来，首先是由于印度教的家产制大帝国在正当性的考虑下起用婆罗门，其后由于伊斯兰教的征服粉碎了刹帝利的政治—军事力量，而起用他们本身所厌恶的婆罗门来建立支配政权，所以婆罗门于古典文献和法典上明载的种种要求便因而定型化下来。

此种祭司支配之所以开启种姓秩序的大道，理由殊多。人种的对立紧相关联于外在习性与生活样式的对立。外观上最显著的对比究属肤色的不同。尽管征服者为了妇女之不足而娶被征服者之女为妻，然而肤色的差异仍然阻碍了像诺曼人与盎格鲁—撒克逊人的那种融合。世界上无论何处，高贵的姓族为了荣誉之故总是只准门当户对者来追求自己的女儿，至于儿子则听任他们自谋满足性欲的方式。此处，肤色的不同之所以事关紧要，并不在于什么神秘的"人种本能"或不可知的"人种质量"之差异，而端在于：与被轻蔑的被征服者通婚是绝不可能完全得到社会认同的。混血儿，至少，上层女子与下层男子结合所生的混血儿，总是受到社会歧视的。

此种因巫术性畏惧而牢不可破的壁垒，使得血统权的重要性，亦即氏族卡理斯玛，必然在一切生活领域里扮演愈来愈重要的角色。我们先前已有所见：在巫术性神灵信仰的支配下，所有的地位几乎都与巫术性卡理斯玛的维持相关联，其中特别是宗教的与俗世的权威地位，然而在印度，举凡一切地位，即使是工匠的技艺，转眼就朝氏族卡理斯玛的方向演变，最后径直变成"世袭的"。此种现象不只见于印度，却在印度有着举世无匹的彻底发展。此即种种地位与职业之种姓建构的苗头所在。

朝向固有种姓建构的这种发展，实与诸多外在条件相关联。氏族卡理斯玛的血族与氏族占领了被征服地，定居在村落里，并将被征服民贬为地租贡纳者、村落劳动者、农耕或手工业劳工，且斥逐他们移居到村落外缘、周边土丘或专给隶属民与工匠居住的村落里去，不过，很快地，手工业贱民部族的劳工也移住进来。征服者本身采取类似斯巴达人的方式保有"地权"，亦即有权处置一块贡纳租税的份地（Klero）[1]。然而，尽管斯巴达的隶属民所处的地位与印度的村落工匠和被征服部落所处的地位有此种外形上的

1　希腊文 klerikos 及 kleros，原义为"签"。一般说法认为最初的共同体是以抽签来分配其所有土地，引申而指希腊公民世袭的私有地，亦可称为"份地"。拥有 kleros，在古希腊乃是成为完全公民的重要资格。——译注

类似，在其他方面两者则大有不同，这是我们在理解种姓的形成时所必须谨记于心的。定居于村落的征服者氏族与被征服者是整体地相对立的。人身奴隶制在此无甚意义，更重要的现象毋宁是被征服者（首陀罗）的确是奴仆，只不过原则上并非个人的奴仆，而是一整个再生族的奴仆。

征服者发现被征服部族间有某种或许相当可观的手工业发展，而这种手工业的发展与产品的销售，并不是通过以市场和城市为中心的地区性职业分化来进行，相反的，手工业的产销是跳脱出自给自足式的家内经济，通过区域间与种族间的职业专门化来进行。我们知道类此现象的几种原始形态，例如斯坦恩（Steinen）关于巴西的记述，以及其他研究者的记述：个别的部族、分支部族、村落，或者由于靠近原料产地、靠近河流或其他交通路径，或者由于偶然获得某种技术而成为世袭的秘法，使得他们以"部族业务"担当者的角色产销某种特殊物品；随着家内生产剩余的增加，他们开始将货品销售到更远的地方去；他们中受过特殊训练的劳动者则四处为专门职工，并暂时或最后永久地移住到异族共同体内部。世界各地，不论风土多么不同的地方——当然也包括残存着许多类似痕迹的西洋古代与中古时期，都出现过这种种族的劳动分化现象。

种族间的劳动分化在印度之所以始终专擅胜场，是由于城市及其市场的低度发展。君侯的城堡与农民的村落数百年来一直都是商品市场的所在。在征服者的村落里，由于人种的对立——这给予氏族卡理斯玛主义决定性的支持，结果征服者血族共同体的凝聚力一点儿也未稍趋弛缓，即使在他们最终全都农民化之后。当家产制国家财政开始运行之际，更强化了此种发展。国家财政当局发现便宜行事之道，一来是只要与某一个负责任的租税担负者交手，二来则是让拥有完整地权的村民整体共同负担纳税义务。当局首先指向古老的征服者村落，通过整个村落共同体成员的连带责任，取得一定税额的保证，而听任他们自由分配和处置耕地。被征服的部族或许——不过没有证据足资证明——也得缴纳专门业务的贡租，并且同样是一次付清总额，结果是强固了古来的手工业生产结构。

城市向来都是支配者的城塞。除了支配者之外，其中或周边还有许多移入者，包括赋役式地（因而多半是世袭地）被束缚于一定职业上的奴隶、负有连带纳税责任的客族劳动者团体，以及手工业部族的成员，他们全都在王侯所任命的监督官吏的管辖之下。从国库之着眼于证照税和消费税的利益一事上，如我们先前所见的，产生出一种类似西洋风格的城市市场政策。城市手工业，尤其是城市价格经济的发展，则促成手工业行会与商人行会，最终为行会联盟的出现。不过，比起村落的实物给付雇工和部族与客族的工商业来，这只不过是九牛之一毛。工商业的专门化，整体而言，仍不外乎客族发展行进的轨道。然而，正由于城市里广大的工商阶层之间存在着客族职工彼此在人种与种族上的隔阂，因而阻碍了类似西方之市民（popolo）团体的发展。究极而言，市民阶层的兄弟关系**本身**之成为西方古代城邦与（至少）南欧中世纪城市那种最高度发展的军事力量的担纲者，是绝无仅有的。世界其他各地的现象毋宁是君侯的军队直接取代了骑士阶层。在印度，由于各个救赎宗教之非政治的（apolitisch）性格，城市及其市民阶层一般而言，在相当特殊的意义上，是非军事的、宗教和平主义的。

随着行会的社会权势为王侯所打倒，西方风格的城市发展之根苗就此凋萎，婆罗门势力与家产制王侯的势力相结合，并相应于印度的大陆性格，仰赖乡村组织为其军队和税收的来源。不过，在乡村地区，客族的劳动分工以及古村落工匠的实物给付制仍占主导地位。在城市里则只有工商业数目的增加和富裕商人及计价劳动者行会的形成。根据"主顾原则"，婆罗门与村落工匠建立起一套生计分配和世袭性的主顾分配的规则。支持此一发展的，同样又是无论何处皆为不证自明的氏族卡理斯玛主义。由王侯所赋予的地区间商业的独占权，也由于每每和客属商业民族联结在一起，而走上相同的道路。氏族与村落的外婚制、客族的内婚制，以及诸客族间持续在礼仪和祭典上相互隔阂——从未被境内支配性的自治市民阶层之祭典共同体性格所打破，种种情况皆使得婆罗门有机会在将社会秩序予以礼仪性地规制时，在宗教上定型化既有的情势。

　　婆罗门这么做自有其利益的考量，亦即借此得以保全自身的权力地位，而此种权力地位乃是由于其自古以来即独占巫术资格、巫术性的强制手段以及必要的训练与教导，并且愈来愈坐大。借着王侯的权势，婆罗门取得必要的手段来对付一切非婆罗门的势力，诸如：市民所信奉的异端救赎宗教，上层工商行会向来所保有的甚或推陈出新的、非婆罗门但要求婆罗门位阶的、各部族的和行业的司祭者，以及这些团体被认为侵害婆罗门权力的自治权[1]。

1　这一方面具有多么重大的意义，可由以下事实得知，亦即当今上层市民种姓所采取的诸种反婆罗门的手段：1. 不再参加官方的寺院祭典并克制自己不出席家内祭祀，这使得个人赢得选择适意婆罗门的自由，并借此打破王侯与婆罗门之最具威力的权势手段，亦即关闭寺院（一种类似"禁止礼拜"的方式）；2. 更激烈的，是在自己的种姓里培养出自己的祭司，以取代婆罗门；3. 和一般反抗婆罗门权威同属一个范畴的，亦即包括礼仪在内的所有种姓事务皆交由潘恰雅特或近代举行的种姓集会来处理，而不待一个圣法习得者（Pandit）或某个僧院（math）来作决定。

　　由一个巫师阶层转变成一个氏族卡理斯玛的身份团体，并不是印度特有的现象。希腊古代（例如 Milet 城）残存的碑文显示，有某种神圣舞者的行会贵为支配性的身份团体。不过，在城邦（市民）兄弟关系的基础上，是容不下客族的工匠及部族彼此之间在祭典与礼仪上那种普遍存在着异质性的现象的。纯就职业观点而言，换言之，得以自由地选择职业的工匠与商人，的确存在于印度，然而也只不过是部分的现象；若就礼仪的观点言之，支配着绝大多数职业的，仍旧是对于惯习的服从。之所以如此，是因为正是这种职业团体在礼仪上的闭锁性，绝对保证了他们对于"生计"独占的正当性。和西方各处所见一样，家产官僚制政权当初并未阻止工商行会的闭锁性，反倒是加以鼓励，并且在行政政策遂行的第一个阶段，仅以某些跨区域性的职业团体来取代城市经济纯粹地区性的独占。到了第二个阶段，西方王侯的政策则是与资本结合，用以向外伸展势力，但在印度，则由于其大陆性格及其对可以任意加码的地租税收的偏爱，这根本是不可能的。

　　在行会的全盛时代，王侯在财政上强烈地依赖着行会。

　　当王侯权势厌倦了此种令他们烦恼的依赖关系，而不再采用资本主义的方法，却代之以赋役制的课税方式来满足行政费用的支出时，非军事性的市民阶层毫无反抗的余地。家产制王侯寻求婆罗门的援助以对抗刚处于萌芽阶段并时而颇有势力的行会市民阶层。婆罗门的教说对于臣民在宗教上的驯服具有无与伦比的贡献。最后，入侵而来的伊斯兰教外族支配也只是让婆罗门的权力垄断更为加强而已。一来，婆罗门最重要的竞争者——骑士阶层与行会在城市里的残存势力，被外来的征服者视为包藏着政治危险的固有势力而加以铲除。再者，征服者在一段狂热的偶像破坏和猛烈的伊斯兰教宣传时期之后，最终接受了印度教文化继续存在的事实，而使得婆罗门的权势愈益增大，因为，在异族征服之下，教权的力量对被征服者而言是个现成的避难处，对异族支配者而言则是使臣民驯服的好手段，这是全世界共通的现象。

随着经济情势的日趋稳定，礼俗各自相异的客族与贱民部族即愈来愈被编整到（在前述动机下）日益扩张的种姓秩序里去。从 2 世纪起，直到伊斯兰教统治之始，一千年间，种姓秩序已成为如此普遍性的支配体系，尽管因伊斯兰教的宣传而暂时趋缓，然其发展趋势锐不可当且持续扩张。作为一个封闭性的体制，种姓秩序彻头彻尾是婆罗门思想的产物，并且若非婆罗门之强大深入的影响力，恐怕也不能具有如此优势的支配性，而婆罗门的影响力之得以发挥，主要是他们贵为家庭祭司、解答者、告解神父与一切生活情状的顾问，以及因文笔练达而应聘为官僚政府成立以来日益需求的王侯官吏之故。

即使如此，种姓秩序的结构基础仍在于印度古来的情势：种族间的劳动专业化、许许多多的客族与贱民部族、以世袭性实物给付手工业为基础的村落生产组织、国内贸易垄断于客族之手、城市发展在数量上的不足，以及职业的专门化走上世袭性身份分化与世袭性顾客垄断的道路。在此基础上，王侯开始采行赋役制—国家财政的职业锁定政策，以及更重要的，为了正当性与驯服人民而与婆罗门联手共同护卫既有的神圣秩序，凡此皆益形巩固了种姓体制。

所有以上这些发展契机都个别地在其他地方发挥过作用。然而只有在印度，它们全体一致地与印度特有的情境联结在一起，亦即在一块被征服的领地中，含藏着因肤色外观上的显著差异而无可消解的人种对立。拒绝与异种族建立共同体关系的思想（不管是社会性的还是巫术性的）比起其他地方都远为强烈，因此，高等氏族的卡理斯玛得以维持，各种族间（包括人种相异的被征服部族、客族、贱民部族及其支配阶层）的壁垒依然难以跨越，即使在他们确切地被编入地方的经济共同体之后。以个人身份被纳入职工训练、市场交换共同体、市民阶层等，所有这些西方的现象，要不是根本无从发展，就是在原先为种族的、其后为种姓的束缚力下被消灭殆尽。

不过，我们还是要再次强调：若非婆罗门无远弗届且压倒一切的影响力，则这个完整性世所无匹的社会制度即无以成立，或至少无法成为优势而持续下去。在其横扫北印度的大部分地区之前，此种影响力必然早就成为一种思想体系。种姓的正当性与业报教义，因此也就是婆罗门特有的神义论，这种可谓神来之笔的相结合，根本是一种理性的伦理思维的产物，而非任何经济"条件"的产物。直到此种思想的产物通过再生许诺而与现实社会秩序结合，才给了这个秩序无与伦比的力量，超越过被安置在此一秩序中的人们所抱持的思想与希望，并且立下确固的架构，致使各个职业团体和贱民部族的地位，可以在社会上与宗教上被编排妥当。

在没有此种结合之处，例如印度的伊斯兰教里，种姓秩序仍可以在外形上被采用，此时它就像是个躯壳，可以用来巩固身份的差异、代表因既有的潘恰雅特而形成的经济利益，以及特别是使人适应社会环境的约制，只不过，失去了原先在固有的宗教基盘上滋养此一秩序的"精神"。在伊斯兰教那儿，此种秩序无从成立，也无法对"职业道德"发挥那么强大的影响力——在此种影

响力之下，职业道德成为印度教的职业种姓固有的特性。普查报
告清楚显示[1]，伊斯兰教的种姓缺少印度教的种姓体制里某些最重
要的特性，其中特别是：与异族同桌共食会招致仪式性污染的观念；
回避同桌共食的原则被相当严格地执行，其程度一如我们西方不
同的社会阶层之间不社交往来的情形。由于凡是信仰先知者在真
神阿拉面前具有宗教上的平等性，所以当然是不会有仪式性污染
的想法。内婚制当然也实行，不过远非那么彻底。所谓的伊斯兰
教"种姓"，其实就是"身份"，而非真的种姓[2]。此外，"职业道德"
与种姓的那种特殊的联结亦复不见，而类似婆罗门种姓那样的权
威也是没有的。——潜藏在此种发展背后的婆罗门的威信，部分
而言纯粹是巫术性的，但部分而言却是由于其身为尊贵**教养**阶层。
我们必须好好检视一下此种教养及其诸多成立条件的特质。——
这样做还有另一个理由。

　　种姓秩序与业报教义是如此理所当然且直截了当地将个人嵌
入一个清楚明白的义务圈子里，并提供给个人一个如此圆满完整
且形而上学齐备的世界图像，以至于当个人开始反问自己生命在
此一报应机制里到底有何"意义"时，无不感到此种伦理上合理
的世界秩序是如此的可怖。世界及其宇宙—社会的秩序是永恒的，
个人的生命只不过是同一灵魂所宿、而于无穷的时间里一再重现
的一连串生命当中的一节，因此从根本上说来真是极其无谓的。
印度的人生观与世界观所表陈的是一个永恒回转的再生之"轮"

1　例如 1911 年对孟加拉的普查报告，part I, par. 958, p. 495。
2　有关印度伊斯兰教徒的种姓制，参见《阶序人》，pp. 378—381。——译注

的图像，正如奥登堡（Oldenberg）所指出的 [1]，这也时而见于希腊的哲学。

印度没有留下什么值得一提的历史记述绝非偶然。一个全心冥思生命及其种种过往的人，对于政治—社会事态的一时的情势是不会有什么兴致瞧上一眼的。把气候影响下的所谓的"虚脱状态"当作是印度人漠然于行动（Tatenfremdheit）的原因，实在是无稽之谈。世界上再没有一个国家像印度那样长久地处于残暴无比的战争和全然无以遏抑的征服欲望之中。

然而，对于任何一个思维自省的人而言，像这样一种注定要永恒轮转的生命就必然显得毫无意义可言且难以忍受。此处，重要的是要了解到：最令人感到害怕的，并不是一再不断地重新降生到这个毕竟还是美丽的世界上，反倒是一再地要重新面对无可避免的死亡。灵魂总是一再地陷入生存的利害之中，一心一意地牵系于尘世财货，以及特别是所爱的人——然而，却总是得毫无意义地再度离开他们，并且通过再生又卷入了另一个未知的关系之中，去面对同样的命运。此种"再死"，正如见诸许多碑文的字里行间以及佛陀等解脱者的教说之中的一样，实在令人动容，而且才真正是可怕的。所有印度教系的救赎宗教的共通问题在于：人如何能自再生之"轮"中逃脱出去，特别是如何能逃离一再的死亡？换言之，如何解脱永恒的再死，解脱生命而得救赎？针对这样的问题有哪些生活样式产生出来，而这些生活之道又对行为产生了什么样的影响，这正是我们下面所要加以探讨的。

1　奥登堡（Hermann Oldenberg, 1854—1920），德国的印度学学者、佛教学者，哥廷根大学教授。吠陀学与巴利经典研究的第一人。除了严密的文献学批判外，还加上民族学的研究，留给后人许多卓越的成果。——译注

第二篇

印度知识分子之正统的与异端的救赎学说

第一章

婆罗门宗教意识之反狂迷的、仪式主义的性格

—— 与希腊及儒教知识阶层的比较

决定印度官方宗教性格的一个事实，是其担纲者——婆罗门祭司贵族——乃是个高贵的教养阶层，后来是个高贵的文人阶层。在此情况下——就像儒教的情形——通常得出如下的结果：古老的巫术性仪式中那些狂迷的、感情性的—恍惚忘我的要素皆遭到拒斥，并且长此以往，这些要素要不是整个地衰退，就是被容忍为非官方的民间巫术而存续下来。

古老的狂迷忘我之道，一如特别是施罗德（V.Schröder）所指出的，尚个别残存于吠陀经典的字里行间 [1]。例如因陀罗（Indra）的陶醉与舞蹈，以及马尔殊（Maruts, 一如 Korybanten）众神的剑舞 [2]，皆源之于英雄的陶醉与忘我。此外，祭司的盛大崇拜行动：神

---

[1] Mysterium und Mimus in Rigveda（1908）. 另参见其对奥登堡的评论：Oldenberg, Religion des Veda, Wiener Zeitschr. z. Kunde des Morgenl, IX.。

[2] 马尔殊，暴风之神格化者，常成一群之神。其数或云二十一，或云一百八十。以鲁特罗（湿婆神之前身）为父，牝牛（Prśni, 云）为母，故名鲁特罗属（Rudriyas），又名牛母属（Prśnimātarah）。彼等之色皆赤而有光如火，肩上荷枪，着金色甲，乘金色车。作战时如狂暴之猛兽，天地山岳为之震动。和平时则和蔼可亲。在神话中，为因陀罗之侍者又与降雨有关。

酒献祭（Soma-Opfer）[1]，原先显然是一种在崇拜上被和缓了的陶醉狂迷（Rausch-Orgie），而《梨俱吠陀》（Rigveda）里广受讨论的对话诗歌，恐怕就是崇拜戏剧褪了色的残余[2]。不过，吠陀的官方仪式及其所有的歌谣与唱文皆奠基于献牲与祈祷，而不是奠基于典型的狂迷手段，诸如舞蹈、性欲的或酒精的迷醉、肉食狂迷等，所有这些毋宁是被慎重地加以排除与拒斥的。

为了得致丰饶所使用的手段：在耕地里举行仪式性的性交，以及阳具崇拜（Linga [灵根崇拜]）和崇拜妖魔的阴茎（乾闼婆 [Gandharva]）[3]等，在印度也同样是相当古老的[4]。不过，《梨俱吠陀》并不提及这些。在《梨俱吠陀》里，不曾出现崇拜戏剧所固有的、以肉体现身的神灵与妖魔，这无疑是因为：不仅对于早在古老的

（接上页注）Korybanten（英文 Corybants），是希腊神话中每夜陪侍奇碧莉女神（Cybele）狂舞的侍从，亦为奇碧莉女神的祭司。奇碧莉为小亚细亚弗里吉亚（Phrygia）一带的大地女神。本来只是个丰饶多产的女神，后来却成为最高之神，被认为具有预言、治疗、保佑战事等所有方面的能力。奇碧莉女神的崇拜大约于公元前 5 世纪传入希腊，再于公元前 2 世纪传入罗马。奇碧莉与其夫神亚提斯被当作是伟大的母神而成为狂热的密仪崇拜的对象。——译注

1　Soma（苏摩）是吠陀宗教在供馔祭典中献给神的神酒，从某种特殊的植物上取得的汁液，加牛乳、麦粉等发酵酿成苏摩酒，有使人兴奋的作用，以此酒祭神，谓饮之能得不死，因称为甘露（amrta）。供牺的祭司饮之而忘我，而 Soma 本身遂被视为具神性的东西，其后则视同为月之神。古代波斯人的祭典中也饮用同样的饮料，恐怕是基于古代雅利安人共通的观念。——译注

2　施罗德前引著作的目的就在于证明这一点，不过我们在后文里会和其作广泛的比较。

3　乾闼婆（Gandharva），与祆教之乾闼列瓦（Gandharewa）为同语，起源于印度伊朗共住时代。为数甚多。其形状，或谓卷发而执有光辉之武器；或谓多毛，做半人半兽之状；也有认为其风采颇美者。性好渔色，《梨俱吠陀》谓未嫁之处女皆属于乾闼婆。在吠陀时代，夫妇新婚之夕不同衾，两人之间置一大棒，盖以棒拟于乾闼婆，表示新娘尚属于彼以悦其心也。在佛教里则成为帝释天司掌雅乐之神，为八部众之一。——译注

4　Linga 是印度教湿婆神（Siva）之象征的男性生殖器像。详见本书第三篇第五章第二节。——译注

吠陀时代里就有的高贵的祭司歌咏者而言[1]，且更对于婆罗门的世袭祭司阶层而言，这些神灵与妖魔不但显得卑俗，而且也是对于其基于礼仪知识的固有巫术力量的严重挑战。在吠陀经典里，古老的丰饶之神鲁特罗（Rudra）[2] 及其性爱的、肉食的狂迷崇拜，具有一种恶魔的性质；它后来成为印度的三大神之一——湿婆神，不但是而后古典梵文戏剧的守护神，同时也因普遍存在的阳具崇拜而受到尊崇。其次，在后来的三体说里成为其对手的毗湿奴神，同样也因哑剧而被尊崇为伟大的天神与丰饶之神，同时也是克里什那崇拜的舞蹈剧及性爱狂迷的守护神[3]，然而，在吠陀经典里，他也还是个次要的角色。

在祭献时，一般信徒是"被禁圣杯"的，唯有祭司可饮苏摩神酒。肉食也一样，唯有祭司可以吃献祭的肉。对于古代及近代的亚洲民间信仰而言，极具重要性的女性神祇——多半带有性爱狂迷崇拜的丰饶神灵，在吠陀经典里也黯然失色。在《阿闼婆吠陀》（Atharvaveda，就其文献的编整而言本质上较为晚出，然其素材恐怕和其他吠陀经典同样古老）里，箴言与歌谣的巫术性格却又取代了其崇拜的性格。一方面，这和材料的来源有关：材料来自私人的巫术性"灵魂司牧"的圈子，而不是像其他的吠陀经典那样取材于为政治团体而举行的祭典。另一方面，这也和巫师的重要性逐渐升高有关：自从古老的防卫共同体被王侯势力压倒

1　施罗德前引书，p. 53。
2　吠陀之神，其色为褐色，着金色装饰，辫发，手持弓矢。怒时即以其武器所谓霹雳之矢捕杀人畜，损伤草木，故为可畏之暴神。然此神亦非全然恶神，有治疗者（Jalasa-bhesaja）之称号。此外，尚有三母（Tryambaka）、兽主（Paśupati）、杀者（Śarva）、大天（Mahādeva [摩诃提婆]）、荒神（Ugradeva）等称号，亦即后来湿婆神特有的名号。——译注
3　克里什那，详见本书第三篇第五章第三节。——译注

之后，古老的献牲祭司贵族遂逐渐被王侯的宫廷巫师（purohita）
所取代 [1]。

细究之下，《阿闼婆吠陀》也多少和《梨俱吠陀》一样并不完
全冷眼看待民间信仰的人物（例如乾闼婆）。只不过其中仍以仪礼
形式而非狂迷忘我作为特殊的巫术手段。在《夜柔吠陀》（Yajurveda）
里，祭司的法术变成宗教性质中绝对无上的要素。婆罗门的经典
即不断地朝着这条生活的形式主义的礼仪化之路迈进。就像在中
国，除了国家的官职崇拜之外，在印度，除了婆罗门之外，家父
长（Hausvater）即为重要礼仪义务的担纲者，《家庭经》（Grihya-
Sūtra）对于这些义务有详细的规制，《法经》（Dharma-Sūtra[《律
法书》]）则将个人的整体社会关系都纳入其规制范围内 [2]。整个生活
是如此地被一个仪式典礼的规则之网所笼罩，将这些规则彻底而
正确地实践出来这件事，有时被推展到一切可能的极限。

婆罗门（以及在其影响之下的知识阶层）由于地位而受制约
于巫术与仪式，这和古希腊城邦文化的知识分子形成对比，有必

---

1 此种情势在印度是古老的。奥登堡（Oldenberg, *Aus India und Iran*, 1899, p. 67）正确地
  对照出《底波拉之歌》（赞颂希伯来的农民誓约团体战胜城市的骑士阶层的赞歌）与苏
  达斯王（Sudas）的《胜利之歌》（*Rigveda*, VII, 10）之不同：在前者中，耶和华以同盟
  神的身份作引领，而在后者中，祭司的咒术决定一切。
    《底波拉之歌》，底波拉是公元前 12 世纪左右以色列的女先知、士师，曾激励以色
  列人对抗迦南人。《底波拉之歌》即底波拉于战胜后所作的诗歌。详见《圣经·士师记》，
  4,5 章。——译注
2 吠陀系统的经书有三类，即《法经》《天启经》（*Srauta-Sūtra*）与《家庭经》。《法经》乃
  搜集四姓之义务、社会的法规、日常生活之规定而成者；《天启经》则说明祭官所司之大祭；
  《家庭经》乃说明家长司祭之仪式。三部相合，总称之为《劫波经》（*Kalpa-Sūtra*）。通
  例各吠陀之支派必各具备一部《劫波经》。——译注

要作个比较[1]。古希腊的氏族卡理斯玛祭司贵族（例如埃提欧布塔德家族）[2]，由于军事性城市的发展而被夺去一切实际的影响力，说不上是任何精神价值的担纲者（尤其是埃提欧布塔德家族，简直就是愚蠢之土地贵族的典型）。相反的，婆罗门总是以祭献与巫术来保持其侍奉于王侯的关系。在所有这些方面，婆罗门的内在心态及其出处进退与影响方向，无不与儒教文化的担纲者相似。两者都是高贵的知识身份阶层，其巫术性卡理斯玛乃奠基于"知识"，此种典礼的、仪式主义的知识是以一种偏离日常用语的神圣语言书写于神圣经典上。在两者身上都程度相当地表现出教养上的骄矜与坚定的信念：认为只有以此种知识作为基本德行，才是一切福祉的关键所在，而无知乃是最大的恶，注定了种种的不幸。同时，两者也都发展出所谓的"理性主义"——就其拒斥救赎追求的一切非理性的形式而言。

拒斥所有类型的狂迷，是婆罗门和中国士人所共通的。并且，就像儒教士人之看待道教的巫师那般，婆罗门亦贬斥所有那些未受

1　此种与各个领域的相对应现象一再详做比较的工作，在现今活跃的印度学者当中尤以奥登堡最有所成（施罗德的成就也不可忽视）。不过也有人对此有异议，特别是霍普金斯（E. W. Hopkins），他们认为，在细节上是否正确，只有专家才能决定。然而就理解而言，此种比较是绝对不可或缺的。首先，知识分子的一般精神习性，无论是在中国、在印度、在希腊，绝不会根本不同。如同神秘主义曾在古代中国的繁盛那般，毕达哥拉斯的秘教与奥菲斯教在希腊亦曾鼎盛。上自荷马，下至巴奇里底斯（Bakchylides），将世界贬斥为苦难与无常之所，乃是希腊的悲观主义所常持有的态度：赫拉克利特（Herakleitos）深信世界会陷于沉沦的深渊，西巴利斯（Sybaris）的墓志铭上则载有自再生之"轮"的"解脱"，恩培多克立斯（Empedokles）宣称神祇之死，柏拉图则抱持着"忆起"前世与借知识以求解脱乃智者之特权的观念。这些表述，乃是任何高贵的知识阶层所共通的。发展之不同取决于利害取向之差异，而利害取向之差异则决定于政治的环境。

2　埃提欧布塔德（Eteobutadae），奉祠雅典 Erechtheum 神殿（雅典卫城三大神殿之一）的世袭祭司家族。——译注

吠陀教养训育的巫师、祭典祭司与救赎追求者，认为他们是非古典的、可鄙的，应加以根绝——虽然（无论是儒士或婆罗门）实际上当然无法完全做到。因为，当婆罗门成功地阻挡了一个统一的、组织化的、非古典的祭司阶层的发展之后，其代价则是我们后面很快就会看到的：许许多多秘法传授者层级制，部分直接从外部，部分则从自己的阶层内部产生出来，并因而使得救赎理论的统一性分解为各种教派的救世论。

类此，以及与此相关联的其他一些和中国的发展大异其趣的差别，关键在于这两个知识身份阶层的社会基本结构不同。两者所经历过的发展阶段，有时极为类似，不过，到了最后阶段时，却呈现出很尖锐的外在差异：一边是官职与官职候补者阶层的士大夫，另一边则是婆罗门——一个知识阶层，有的担任王侯的助祭司，有的则为顾问、教学神学者、法学者、祭司与灵魂司牧者。当然，双方皆只有身份阶层中的一小部分人踞其阶层特有的典型地位。正如许多没有官职俸禄的中国士人，部分在官员底下任职、部分受雇于各种社会团体以谋食，婆罗门也是很早以来即充任各式各样的职位，其中包括颇得极为世俗的王侯信任的位置。不过，诚如我们所见的，婆罗门本身的"官职经历"，对这个阶层而言不仅不是典型的，而且反而是与典型直接相对反的东西；然而对中国的士大夫而言，官职经历却正是唯一值得让人去追求的。高贵的婆罗门的典型俸禄，绝非国家薪俸及家产制国家的官职规费收益机会或官职巧取豪夺的机会，而是固定的土地租金与贡租年金。并且，不像中国士大夫的俸禄之随时可被取消且极有时限，这些年金通常是被永久赋予的——或为终身，或延续数代，或永远地给予个人或组织（修道院、学校）。

相反的，倘若我们将中国的战国时代与印度古老的《本生经》时代或婆罗门在中古时期的扩张时代相比较的话，中国与印度的知识分子阶层在外表上呈现出最为类似的状态。当时，印度教的知识分子在相当程度上是个经典与哲学训练之担纲者的阶层，献身于有关仪式、哲学与学术问题的讨论与思辨。他们有的隐居深思、肇建学派，有的周游出仕于王侯与贵族之家，尽管有着形形色色的不同，然而终究而言，他们仍自觉为一个统一的文化担纲者的团体。他们是一个个王侯与贵族在私人问题与政治问题上的咨询顾问，也是在正确的教义基础上组织起国家的人。这相当类似于战国时代的中国士人，只不过两者间仍存在着某种重大的差异。

婆罗门的最高地位，在古代是宫廷祭司，后来，直到英国的统治时期，则是领衔的顾问法学者，亦即婆罗门领袖"圣法习得者"（Pandit），通常是地方上的第一人。中国各哲学派别的士人则群集于一个被神圣化的、作为神圣传统之活的担纲者的首领身旁，这名领袖也就是帝国的最高祭司长（Oberpontifex）：根据士人阶层的主张，他是唯一正当的世俗首领，亦即中国这个"教会国家"（Kirchenstaat）里全体世俗的诸侯的最高领主。在印度并没有与此相对应的情形。在多国分立的时代里，印度的文士阶层所面对的是许许多多的小支配者，他们并没有一个正当的最高支配者来作为其权力的来源。正当性的概念毋宁仅止于：当个个诸侯在行为举止上，特别是在对待婆罗门的态度上，符合神圣的传统时，那么他也就是个"正当的"——仪礼上正确的——支配者。否则的话，他就是个"野蛮人"，正如中国的封建诸侯，在面对士人理论定义下的正确尺度时所被评断的那样。不过，一个印度的君王，不论在纯粹的礼仪事务上有多么大的实际权力，他都不可能同时是个祭司或教士。印度所不同于中国的这种差异，显然得追溯到两者的历史里最为古老的、假设还可溯及的时代。

早在古老的吠陀文献里，即已将雅利安人的黑人敌手描述成和他们正相对反的"无祭司者"（abrāhmana）。打从一开始，雅利安人就存在着在献祭仪式上受过训练但独立于君侯的祭司。相反的，在中国的最古老文献里，则从未有过独立于纯粹俗世君侯而存在的祭司。印度的君侯制（Fürstentum），是从纯世俗的政治里，亦即从卡理斯玛战争领导者的战阵里产生出来的；相反的，在中国，则是由最高祭司长制（Oberpristertum）当中产生出来。于此，政治至高权与祭司至高权到底是一元性还是二元性？对于此种再重要不过的对比，我们无法断定哪些历史事件足以解释其产生的缘由，甚至，连假设性的推断都不可能。事实上，即使是在相当"原始的"民族与国度里，以及直接毗连、甚或同文同种的地方，都存在着这样的差异。此种差异的造成，根本上显然往往是起因于相当具体的情境，换言之，历史"偶然性的"情境，并且，情势一旦如此，而后的发展均受影响。

政权与教权合一与否的这种差异，在各方面皆造成极大的影响。首先，就外在而言，这在很大程度上影响到中国与印度的知识分子阶层的社会结构。在战国时代里，中国的士人通常还是出身于古老的氏族卡理斯玛"大"家族，尽管具备文书教养的个人卡理斯玛已是如此崭露头角——如前所述，布衣新贵荣登大臣宝座者与日俱增。等到帝国的最高祭司权位着手再度统合诸多的世俗权力时，君主以其为大祭司长的身份，相应于其本身的权势利害，遂将官职的任用与正确文书教养的纯粹个人资格结合起来，以此，确保了家产制之得以对抗封建体制的态势。如此一来，士人阶层遂转变成一个——如我们先前所见，在许多方面皆相当独特的——官僚阶层。在印度，氏族卡理斯玛与个人卡理斯玛的对立，一如我们所见的，即使到了历史时代，也未曾真正形成。只不过，决定新加入者之资格的，总是有教养的祭司阶层本身。随着婆罗门阶层之完全同化于吠陀祭司贵族，卡理斯玛的问题，至少在官方的教义上，被决定下来。当第一个统一的君主国成立时，独立的祭司阶层已经以一种氏族卡理斯玛行会的形态，换言之，本身作为一个具备坚实教养资格——因而符合出任官职之前题——的"种姓"（Kaste），建立起精神权威的稳固地位，再也无法动摇。

　　婆罗门的这种（最初浮现在《阿闼婆吠陀》里的）地位，在《夜柔吠陀》里完全确立。"婆罗门"一词，在《梨俱吠陀》里意指"祈祷"，在此则为"神圣力量"和"神圣"。诸《梵书》更进而阐明："婆罗门，那已习得吠陀且教授吠陀者，是为人间之神[1]。"没有任何印度教的诸侯或大君主，能够宣称具有祭司的权力，后来的伊斯兰教异族支配者更是一开始就被否定了资格，更遑论这样的宣称。中国与印度的知识阶层在社会结构上的这种对比，造成种种重要的结果，其症结则在于两者的"世界观"及其实践伦理的性格。

　　在中国，神权政治的家产制与国家官职候补者的士人阶层，乃是纯粹功利主义的社会伦理之特有的基盘。"福利国家"的思想（及此种福利概念所带有的强烈物质倾向），特别是因支配者对于子民之外在的、受天候所制约的福祉，负有卡理斯玛责任而产生出来。除此之外，也由于士人阶层相对于无教养的大众，所抱持的社会哲学的关怀及其以教养为傲的立场。凡夫俗子之所求，毕

1　*Śathapatha Brahmana*, Ⅱ, 2, 2, 6.

竟只是物质的福祉，别无其他，而物质的满足也正是维持安定与秩序的最佳手段。最后，福利国的观念正是来自官僚制本身坐食俸禄的理想：受到保障的固定收入，乃是君子生活的基础。

　　有教养与无教养的身份性对立，以及以赋役制来满足需求的怀想，会导引出某种类似"有机的"社会与国家理论，因为此种理论本质上是与任何政治的福利制度相亲和的。不过，齐平化的中国家产官僚制却适度地抑制了此种相当明白显露出来的观念。这使得社会阶层化的主要图像，并不是有机的身份层级制，而是家父长制的家族。家父长的官僚体制并不认得什么自律性的社会力。在现实中，活跃的"组织"，特别是诸如行会、类似行会的团体，以及氏族等，愈是真正强而有力且独立自主，理论上就愈是难以将之采用为有机的社会层级化的基础。理论上最多不过将这些组织与事实材料摆在一旁罢了。以此，有机体社会观里的典型"职业"（Beruf）观念，在中国仅止于萌芽的阶段，且对处于支配地位的高贵文人知识阶层而言，更是陌生。

第二章

法的概念与自然法概念之阙如

　　印度的情形与上述相当不同。在印度，独立于政治支配者而存在的祭司权力，必须要考虑到与其并存且同样是自主的政治权力世界。祭司权力是承认政治权力之固有法则性（Eigengesetzlichkeit）的，因为不得不然。如我们所见的，婆罗门与刹帝利之间的权力关系，在很长的一段时间里都十分不稳定。即使是在婆罗门的身份性优越（至少在官方理论上）确定之后，这期间所发展出来的大君主权力，仍然保持着其为一种独立的、本质上纯粹世俗的而非教权制的权力。确实，君主的义务范围，相对于婆罗门的教权制，和任何身份团体的义务范围一样，是由他们的法（Dharma）来决定，而后者乃是婆罗门规制下的神圣律法的一部分。不过，不同的身份有不同的法，适用于君主的法自与适用于其他身份者不同；虽然，理论上唯有婆罗门才能对法作权威性的解释，然而，适用于君主的法却是依其固有的基准而独具一格且完全独立的，绝非与婆罗门的法如出一辙，或自其中衍生出来[1]。

---

[1] 当然，婆罗门之外的两个"再生族"的种种义务，在很多方面都可说是婆罗门种姓义务的缩水版。

除了少数绝对且通用的仪式性禁忌（特别是杀牛）之外，别无普遍适用的伦理，而只有完全因身份之不同而设定的私人伦理与社会伦理。这不但意义非凡，而且影响深远。奠基于前世因果报应原理的业报理论（Karmanlehre）所衍伸出来的，不只是世界的种姓分化，甚至是相应于一切顺位的神与人与动物的存在序列，因此，各种不仅彼此有别、甚且相互尖锐对立的身份伦理共存的现象，也就理所当然了。原则上，妓女、强盗与小偷，也都可以有适用于他们自己的职业法（Berufs-Dharma），和婆罗门与国王没什么不同。而事实上，也确曾有诚心诚意想推演出此种极端结论的努力出现。人与人之间一切形态的斗争，就像人与动物及人与神祇的斗争一样，本然如此，正如绝对的丑陋、愚蠢之存在，和根本——在婆罗门或其他"再生族"的法的判准看来——应予鄙弃的事务之存在一样。人类并不像古典儒教所认为的那样，原则上生而平等，而毋宁是永远天生不平等，就像人与动物生来之不平等一样。然而，所有的人都有同等的机会，只不过并不是在此世，而是在转生的路途上：可以直上天国，也可能沦落到动物界或地狱里。

"原罪"的观念，在这样的一个世界秩序里根本不可能，因为并没有所谓"绝对的罪恶"存在。可能有的过恶，毋宁只是对于法——为各人所属种姓所设定的法——的仪式性违犯。在这个永远存在着等差秩序的世界里，不可能有至福的原初状态[1]，也不

---

1 原初状态是指人类在堕落以前的理想状态。自然法即对此一状态的预想，并且，本质上是斯多葛学派的创造物。关于斯多葛学派与西方中世纪时期的自然法观念的形成与发展，可参见韦伯的同时代人特勒尔奇（Ernst Troeltsch, 1865—1923）的巨著《基督教社会思想史》（*Die Soziallehren der christlichen Kirchen und Gruppen, Tübingen*, 1908—1911; 戴盛虞、赵振嵩中译，香港：基督教辅侨出版社，1960），页 44—47、172—193。——译注

可能有至福的终极王国，因此，也根本不可能存在着与实际社会秩序相对的、人类与事务的"自然的"秩序，甚或任何一种"自然法"。所可能存在于这个世界的，至少在理论上，毋宁唯有神圣的、因身份而异、实在的制定法，以及（被当作无关紧要而）未受制定法所规制的领域中，王侯、种姓、行会、氏族的实际规约和个人的约定。促使"自然法"在西方发芽滋长出来的所有条件，于此完全地付之阙如。因为这里根本就没有在任何一种权威之前，或至少在任何一个超世俗的"神"之前的、人类"自然的"平等。此即其消极的一面。最重要的是，这不仅永远地阻绝了社会批判性的思维与自然法意义下的"理性主义的"抽象思维之兴起[1]，并且也阻碍了任何一种"人权"观念的形成。道理是：无论是动物或神，至少在业报理论首尾一贯的解释下，只不过是两种不同的、由业报所规制的灵魂的化身，因此，对于所有这些存在的整体而言，很明显，根本没有抽象共通的"权利"可言，一如其并无共通的"义务"一样。

同样的，"国家"与"国家公民"的概念也付之阙如，甚或"子

---

[1] "自然法"概念的痕迹倒是经常出现在史诗文献里，其中确实（连同其他一些面向）含藏着与救赎宗教时代反婆罗门潮流内在一致的基调。正如《摩诃婆罗多》里德珞帕妮（Draupadi）的感叹："永恒的法"（çaçvata dharma）的泉源已然干涸，如此以往便不再为人所知。制定法总是可疑的（I, 195, 29），并且也总是可变换的（XII, 260, 6 ff.）。权势统治着尘世，神的正义并不存在。在现实世界里，也唯有狭隘的氏族圈子内部的习俗遭受无耻侵害的行为，才是问题所在。此外，正统理论里关于"起源"论的诉求也不过是出之于下列的形式：根据史诗的四大时期的理论，世界是轮转于pralaya（诸神的黄昏）所致的毁坏与重建之中，总之，最先也是最高尚的就是克利塔（Krita）时代，最后也是最低沉的是卡利（Kali）时代。在克利塔时代就已经有种姓的区分，不过那时各个种姓都乐于恪尽自己的义务并且不求利得与回报，只是尽其在我。那时，既没有买也没有卖。因此，救赎是人人都有可能的，而且只有一个神（eka deva）是所有种姓共通的神。到了卡利时代，一切都反过来，种姓秩序崩坏，私利支配一切——直到诸神的黄昏来临，梵天沉睡。以此形式，此一理论受到后述的薄伽梵（Bhagavat）伦理的影响而流传下去。

民"的概念也不得而见，而只有身份性的法，亦即"君王"及其
他种姓的权利与义务本身，以及君王与其他身份间的关系。以此，
作为吠舍（"客"[Clienten]）的保护者，刹帝利被课以"保护"——
本质上为攘外的安全防护——人民的法，并且也要负担起照料司
法审判与交易公正及种种相关事务的责任。这些义务，作为伦理
命令，都是刹帝利所要遵行的法。此外，对于王侯而言——对其
他人也一样，只不过特别是针对王侯——最为紧要的义务在于供
养与资助婆罗门，尤其是支持他们根据神圣权利而权威性地规制
社会秩序，并且不容他们的立场受到些许攻击。与反婆罗门的异
教相对抗，自然是受到嘉许而理应如此的，并且也的确被实践遂行。
然而，这丝毫改变不了以下的事实，亦即，无论是王侯的地位或
者是政治政策，皆以独特清澈的方式，牢牢地保持住其固有的法
则性。

　　战国时代的中国文献里，记载着作为中国文化共同体之表现
的"义战"与"不义之战"及"国际法"的概念（至少在理论上
是如此，尽管理论正是在这一点上发挥不了什么作用）。宣称支
配世界（包括野蛮的夷狄在内）而高居专制君主之位的最高祭司
长——皇帝，只进行"义战"，任何对他的反抗都是叛乱。如果他
被打败，那么就是已经失去上天所赋予的卡理斯玛的征兆。同样
的情形也发生在印度君侯的身上。倘若他被打败，或者长期地民
不聊生，那么这也就是巫术性的灾异或欠缺卡理斯玛的证明。因此，
君王的成功即为关键所在。不过，这与他的"正义"与否无关。重
要的是他个人的才干，尤其是他的婆罗门的巫术力量。因为此种力
量，而非其伦理的"正义"，才是造就君王功业的关键所在，并且
也有赖婆罗门对于本身事务的理解与自身之具备卡理斯玛资格。

在印度，一如在西方，史诗的刹帝利时代的骑士习律已为决斗树立了某些身份性惯习，侵犯这些惯习就会被视为有失骑士身份而受到非议；尽管印度的骑士战斗或许从未进行过这样一种表面漂亮的礼节，亦即，法国骑士在丰特努瓦（Fontenoy）战役开始前，派遣使者去向对方喊那著名的话头："英国人阁下，请先放马过来吧。"整体情形毋宁正好相对反。在史诗里，不只是人，包括神祇（克里什那）在内，为了成功皆可不动声色地置骑士战斗之最为基本的规则于不顾。并且正如古典时代的希腊城邦里的情形一样[1]，印度的王侯在史诗时代与孔雀王朝时代，早已理所当然地表现出无论在哪方面看来都是最为赤裸裸的"马基雅维利主义"[2]，而丝毫没有伦理上的问题，并且，此风日炽，后世更盛。

印度的理论从未认真处理过"政治伦理"的问题，并且，在欠缺普遍性的伦理与自然法的情况下，也无从处理起。王侯的法，在于纯粹为战争而战、为权力而战[3]。为了消灭邻国，他们无所不用其极，包括诡计、欺诈，以及一切更加狡猾、非骑士的卑劣手段，情况不利时，则利用奇袭、煽动对方臣下谋反、收买对方心腹等

1　雅典人与迈利尔人（Melier）在修昔底德（Thukydides）的对话就是个有名的例子。
　　迈利尔人住在米利都（Miletus），是古希腊时代位于小亚细亚的一个城邦。——译注
2　马基雅维利（Niccolo Machiavelli, 1469—1527），佛罗伦萨政治家，著有《君王论》，为近代政治理论的奠基者之一。从思想史上来说，他首度摆脱道德的范畴，从权力的角度讨论政治问题。一般认为近代"国家"的观念是由他开始的。——译注
3　此种"马基雅维利主义"的古典定型化，除了表现在前面提及的考他利雅的《实利论》当中，还特别是出现在 *Yâtrâ des Varâhamihira* 里（H. Kern 的翻译，见 A. Weber, *Indischen Studien*）。Yâtrâ 或 Yogayatra 主要是指告知前兆的技术，而此种前兆又是征战沙场的王侯所不能不注意的。由于业报理论确定星相由业所决定，因此不具独立的意义，所以"国家学"（政治行政学）遂与此种技术相结合（上引书，I, 3）。

办法[1]。对付自己的臣民，则是运用间谍、密探与一套策术加猜疑的
阴险体系来统御，并使之可为国库财政所利用。君侯的权力政治
及其——在我们的概念里相当"不神圣"的——利己主义，在此
却正是由理论完全赋予其自主的法则。所有的政治理论都只是应
该运用何种手段以获得与维持政治权力的、全然非道德的技术论。
就这方面而言，至少已远非意大利文艺复兴早期的君主的一般施
为所能比拟，而且，毫无我们所谓的"意识形态"可言。

1　例如在《五卷书》里就提到君王统治之术，其中有"战胜敌人的方法策略"（upāya），一
　　般说来可分为四种：一、甜言蜜语（sāmrn）；二、进行贿赂（dāna）；三、挑拨离间（bheda）；四、
　　出兵讨伐（danda）。详见季羡林译，《五卷书》（台北：丹青，1983），p. 142。——译注

第三章

印度的知识、禁欲与神秘主义

　　和上述同样的现象发生在所有世俗的生活领域里。此种现象使得印度教得以——和儒教之敌视专家的态度正相对反——让所有个别的生活领域与知识领域皆获得其固有的权利，并促成了实际的"专门学科"的发展。因此，除了重要的数学与文法学上的贡献之外，他们还特别发展出了一种作为理性证明之技术理论的形式逻辑（hetu［因］，以此，hetuvadin 意指逻辑学者）。有个特殊的哲学派别，尼夜耶派（Nyāya）[1]，专门研究此种三段论法的技巧；

1　由 Gautama 所创建。
　　　因明之学（hetu-vidyā），即逻辑学，相传为尼夜耶派之始祖 Aksa-pāda Gautama 所创。至佛陀之时，因明之学已颇具系统，故佛陀传道时，每每应用因明之法以说明其教义。
　　　　　　　　　　　　　　　　　　　　　　　　　　　　——译注
　　　尼夜耶，意译为正理、因论、因明，印度六派哲学之一，以《正理经》（Nyāya-Sūtra［《尼夜耶经》]）为根本圣典，该典之作者乔答摩（Gautama）即为此派之始祖。此一学派约成立于一二世纪（也有说是三四世纪者）。其学说以自然哲学与逻辑学（论理学），前者可谓完全继承其之前即已成立之胜论派的学说，后者则直接由《恰拉卡本集》（Caraka-Samhitā）、间接由方便心论之论理学而来，可谓集两种论理学思想之大成者。其中，尤以此派之论理学为印度哲学史之长期主流。10 世纪之后，被称为尼夜耶胜论派，而与胜论学说融合成难以分解之关系。其在印度哲学史上之地位，主要乃建立在其论理学之成就上，佛教、弥曼差学派、瑜伽派等皆长期受其影响。——译注被认为是正统派的胜论派（Vaiśeshika）[1]，则在将此种形式的支持手段运用于宇宙论后，推演出原子论。

古希腊时期，原子论在德谟克里特（Democritus）[2]之后即受到阻碍，而未进一步发展成近代的自然科学（尽管有着进步得多的数学基础）。这是因为，有一种深受社会条件所约制的利害关怀油然兴起且获得胜利——特别是，自苏格拉底以来，对自然科学的发展具有敌意的**社会**批判与社会伦理的关怀。相反的，在印度，由于某些形而上学的前提条件具有社会所巩固的不可动摇性，所有的哲学无不奔向**个人的**救赎追求的轨道[3]。这点一般说来也为专门科学与思维的问题架构设下了界限。印度教首尾一贯的"有机的"社会理论，由于缺乏其他的判准，从各种"职业"的法之中只能推演出各项技术的固有法则性，因此不论何处也只能创造出生活

1　由 Kanāda（羯那陀）所创建（Röer 译，Z. D. M. G., 21/2）。
　　印度六派哲学之一。创始者为优楼佉(Ulūka)，一名羯那陀。据说优楼佉著有《胜论经》(Vaiśeshika-Sūtra)，被视为胜论学派之根本圣典。原始佛典或佛陀时代所流行的外道经典中，均未有胜论派之派名或学说的记载，故此学派应于佛陀入灭后方才兴起。近代学者根据原典批判研究之结果，认为大约成立于公元前 3 世纪至公元一二世纪之间，优楼佉以后之传承不明，然其学说于龙树以前颇为流行，屡与佛教论争。当时胜论与数论两派皆甚盛行，二者合称为"胜数"。其学说倾向于实在论，否认万事万物仅为概念之存在，以为一切事物皆有其实体，且世界所有之现象皆可析入六大范畴，即以优楼佉所立之实、德、业、同、异、和合等六句义（satpadārtha），统摄一切诸法之实体、属性及其生成坏灭之原理。——译注
2　古希腊 Abdera 人，生年大约在公元前 469—公元前 457 年之间，卒于公元前 360 年左右。——译注
3　二元论的数论派（Sāmkhya）哲学拒斥原子论，因为未外延的不可能产生出任何外延的；事实上，更重要的是因为——如我们后面会谈到的——后者甚至将灵魂之类的事象都当作物质来看待。另一方面，对吠檀多（Vedānta）学派而言，经验世界不过是宇宙的幻象（māyā），无关紧要。其实决定性的关键在于：对于一切问题的哲学态度，如其本身所一再显示的，绝对是取决于救赎的关注。
　　数论派为印度六派哲学之一，参见第二篇第七章 p.242 注 1。——译注

里各种专门职业与个殊领域的技术理论，包括从建筑技术，到作为证明与论争技艺的逻辑学，一直到性爱的技术理论[1]。不过，就中唯独缺乏可对世间生活提出全面要求的一种普遍性伦理的原理原则。

足以和欧洲的哲学性伦理相提并论的印度文献毋宁是——或者更正确地说，在发展的过程中变成是——（和前者）完全两样的东西。它是一种以形而上学和宇宙论为基盘的**技术理论：自此世被解救出去**的技术手段。这是印度一切的哲学与神学关怀的最终停驻点。生活的秩序及其业的机制（Karman-Mechanismus）是永恒的。宗教性的世界末世论之不可能于印度，正如其之不可能于儒教一样。所可能者唯有各个个人——试图从此种机制与再生之"轮"中逃脱出来的个人——（实践上）的末世论。

此种理念发展的事实及其方式，实与印度的知识阶层（亦即理念的担纲者）的社会特质相关联。即使婆罗门也和中国的士大夫一样，自傲于其对于世界秩序的知识而享受着身份感，然而这其中毕竟存在着极大的差异。中国的士人所扮演的是一个政治的官职官僚体，与巫术技巧毫不相干，并将这种令人鄙夷的伎俩委之于道教的巫师。然而，婆罗门无论就其出身或就其本质而言，都是个祭司，换言之，巫师。此即两者对于禁欲与神秘主义的态度之所以如此不同的历史背景。

儒教认为此等事端有违高贵人的尊严感而鄙夷之，指其为完全无用的、野蛮的尤其是寄生的一种欺诈，对其反感与日俱增。

1　关于这方面的洗练，我们可以轻易地从施密特（Richard Schmidt）已详加探讨的文献里明白得知，并且确认奥登堡的判断。

在文人阶层自由出仕的战国时代，哲学家的隐遁与冥思是很发达的，而且这个层面即使到后来也未曾完全自儒教消除。不过，随着文士之转化为一个经过资格检定的官职俸禄阶层，此种自现世的社会—功利主义的观点看来既非正途且无价值的生活样式，就愈来愈受到鄙弃。神秘主义的残影余念对于儒教而言只不过有如背光的异端影像。原有的禁欲更是消逝得无影无踪。最后，民间宗教里一些较不那么重要的狂迷要素也根本改变不了儒教原则上铲除这些非理性力量的态势。

相反的，婆罗门阶层从未能摆脱其与古来的巫师—苦行的历史关系（他们本是源于此）。"梵行期"（Brahmacārin）这个名称得之于巫术性的修行者贞洁，而冥思的林栖期（Vānaprastha）[1]——也可说是"老年退隐"的形式（如今多半被视为原始社会杀害老人习俗的一种缓和）——的规则，亦同出于一源[2]。在古典文献里，

---

[1] 印度的前三个种姓，即所谓的"再生族"，同有入宗教生活的特权与义务。他们的一生分为四期，每期皆规定有特定之修行，名曰"āśrama"。四期者：第一梵行期，第二家住期（Grhastha），第三林栖期，第四遁世期（Sannyāsin）。其初专为婆罗门之修行历程，至《法经》时代才扩张至其他两个种姓。

梵行期即所谓"学生期"也。生而达于一定年龄，辞父母而至导师（Guru）之门为弟子（Śisya）。此段修行的最主要目的虽在研究吠陀、学习祭仪，但在宗教方面锻炼身心，亦为一大要事。笃事师长，敬事师之家族，守贞不淫，断绝蜜肉等食，朝夕事圣火，卧土室，至村落乞食以供师等等，一意专心修行，养成所谓解行相应之人格。其年限，通例规定为12年，过此即可返家进入"家住期"。但此只是一种"吠陀"的修行，欲修四吠陀全部，则需48年，故也有人从一师转至他师，不断从事梵行者之修行，名为"终身行者"（Naisthika）。伟大的婆罗门学者多由此而来。

林栖期：年已老，一切义务已毕，以家交付长子，以财产分配诸子，而隐居于高地之丛林，又名曰"Vaikhānasa"（掘根者）。可独身或携妻，身披树皮或兽皮，发甲不剪，食林中果实、木根、木皮，甚至断食。虽仍照常祭祀，但主要之事在行苦行以练身心，而做进入悟境之准备。——译注

[2] 亦即典型的年龄阶级制。

这虽扩及于另外两个再生族[1]，然而原来却只是巫师苦行的一部分。这两种规定如今（实际上是长久以来）已不再通行，然其于古典文献中的地位却未曾动摇。况且，灵知类型的冥思性神秘主义，换言之，古典的婆罗门的生活样式，原本是所有具备完全教养的婆罗门的目标，尽管真正有志于此的人数在过去的中世纪和现在一样少。

我们必须更详细地检视一下婆罗门教养对于禁欲与神秘主义的态度，并且，只要是其间的关联性实为不可或缺的话，也要详加探讨某些自此种教养的基础上孳生出来的、相关的哲学概念表现。因为，印度本土的各种救赎宗教，包括佛教在内，之得以产生出来，部分是奠基于这些哲学派别所形成的概念，部分则刚好是与之典型地对立——不过，无论如何，总是密不可分的。

就技术的观点而言，印度的禁欲实在是这个世界上最理性地发展的一种。几乎没有任何禁欲的方法未曾在印度被练达地实行过，并且往往皆被理性化为理论性的技艺。某些形式甚至唯有在此处，方才被推展到其极致的、对我们而言简直是怪异的归结。Urdhamukti-Sadhu 的倒立及活埋（Samadh）一直到 19 世纪都还实行，而炼金术则至今尚存[2]。

古典的禁欲苦行，在此和其他各处一样，是起源于古来巫师为了达到种种作用而进行的恍惚忘我，其目的则与此相应的，原

1　规则的实际目的，当时或许本质上更在于：对那些致力于借着禁欲生活而从现世被解救出去的救赎追求者，课以相对于林居生活的首要义务，亦即作为"家长"，生养后代。因而争议的焦点便在于：是否可以从梵行者直接跳升为禁欲者。

2　这与禁欲的生活也有着紧密的关联。当炼金师的学徒犯下性方面的罪过时，马上会被逐出门墙，因为，巫术性卡理斯玛是附着在正确生活上的。

本在于获得巫术力量。禁欲苦行者自觉具有支配神祇之力，他可以强制神、恐吓神，使神按其意旨行事。神若想遂行奇功异能，也必得禁欲苦行。所以，更古老的哲学之最高存在，为了创生世界，必然要作出强而有力的禁欲努力。禁欲苦行的巫术力量（Tapas）[1]，正如其名称所示的，乃是受约制于一种（歇斯底里的）孵化狂热（Bruthitze）。借着充分的、非日常性的禁欲苦行，人们便得以呼风唤雨、无所不能。此一思维前提，众所周知，仍如自明之理般搬演于梵文戏剧中。

卡理斯玛，以其为巫术性本质的状态之一，乃是最具个人性的，并不与任何身份阶层相联结。因此，此种巫师即使在我们所能得知的最早时期，确实也并不像婆罗门那样，光从一个官方的祭司种姓或巫师种姓当中来征补成员。不过，这种开放的做法不太可能维持下去，并且愈来愈不可能，因为婆罗门愈来愈成为一个精通礼仪的高贵身份阶层，其社会条件则奠基于知识与高贵的教养。情况愈是如此，婆罗门阶层就愈无法包容吸纳所有种类的巫术性禁欲苦行。"知识"与"教养"之内在的理性主义，在此一如其他各处一样，反抗非理性的、狂迷忘我的陶醉—禁欲，同时，高贵教养阶层的尊荣感也抵制忘我疗法的施行与神经状态的夸示等不高尚的要求。于此，我们不免要再谈谈一开始就已讨论过的情形，亦即，巫术的发展，在印度与在中国有着部分相类似的轨迹。某

---

1 或译"多波尸"，在印度宗教思想和实践中所占有的地位，和祭礼相同。多波尸在很早的时期即已存在，因为《梨俱吠陀》中就已提及此事。多波尸常常翻译为赎罪的苦行。此词直译的意义是"热"，因而延伸为"痛苦"或"劳苦"。因此也有人认为应该在产生热病的或者倾向于在身体中集中热力的实践行为中，寻找此词的根源。简而言之，多波尸的唯一目的，即在于以克制情欲或忍受自愿痛苦的方法来获得神通，这种神通甚至可以迫使神祇屈服。——译注

些巫术行径，特别是那种急遽病理性的与感性忘我的，换言之，"非理性的"巫术行为，要不是明白被指斥为非古典的与野蛮的，就是事实上并不在身份团体内部实行，并且被生活实践的样式所排拒。此种情形，如我们先前所说的，实际上广为所见，并且也是与中国士人的发展相应平行的现象。

不过，另一方面，一个高贵的知识阶层也可以直接面对非感情性的忘我形态（"冥思"的萌芽发展），以至于一切得以理性化的禁欲行为。这对一个国家官方的士大夫阶层而言固然行不通，然而对于一个祭司阶层而言则是可行的。事实上后者根本摆脱不了这些。由于婆罗门并不是中国士大夫那样的一个官职候补阶层，而是个巫师的种姓，所以婆罗门所必须接受，或者更正确地说，所保持或必须保持的那部分巫师的禁欲苦行与恍惚忘我，也随着婆罗门之逐渐成为一个高贵的知识阶层，而愈来愈被体系性地理性化。此等事功终非传统上与任何禁欲相乖离的中国士人所能成就的，而毋宁得委之于为其所蔑视且勉强忍受的职业巫师与道士之手。这正是中国与印度知识阶层双方之政治发展的起点之所以恰相对立的关键所在。婆罗门的哲学与中国哲学最显著的不同之处，在于其所始终围绕着的特有问题，而此种问题无论就其发问的形式或其解答的方式，若未顾及以下的事实即不得解，此一事实即：被理性化的禁欲与忘我，构成了所有正确的婆罗门生活态度的基本要素。

事实上，梵行者（brahmachari）——个人严格服属于教师的权威与家教之下的新进者[1]——被规定要彻底禁欲地遵守贞操戒律

1　服从只有一道界限，那就是当老师要求学生犯死罪之行或者教导些吠陀经典里所没有的事情时。否则的话，学生必得五体投地地尊崇老师。当自己的老师在场时，不得礼敬

与托钵戒律，而老年的婆罗门的理想生活态度则是退隐山林（成为隐居者），最后变成沉潜到永恒静默之中的遁世者（第四隐遁期），并获得苦行者（Yati）的资格，亦即，自我内在地从现世中解脱出来的禁欲者[1]。不只如此，就连作为家长（Grihastha）的正统婆罗门本身的入世生活态度，也都要受到严格的禁欲规制。除了回避庶民的营利形态（特别是商业、高利贷与个人的耕作）之外，尚有许许多多的戒律，这些戒律在后来的拒世性印度救赎宗教里都再度出现。素食与禁酒的诚命，显然是出自反对肉食狂迷的立场；极为强烈的通奸禁忌与抑制性冲动的训诫，一般而言也是来自类似的反狂迷的根源。盛怒与激情，在此和中国一样，由于深信一切情感皆生于异灵魔念，而成为禁忌。严格的洁净诚命，特别是在饮食方面，源之于巫术性的洁净规则。诚挚与慷慨的诫命，以及不准侵占他人财物的禁令，最终不过是更加强调（对于所有者而言）具有普遍妥当性的、古老邻人伦理的基本特征。

我们自然不应该太过夸大历史时期入世的婆罗门在生活态度上的禁欲特征。俄国人在17世纪引入西欧艺术形式时，曾经抗议道：一个圣者"不该胖得像个德国人那样"。而印度的艺术却反倒是要求：一个大神（Mahāpuruscha）必得要胖才行——因为明白可见

（接上页注）另一位老师。梵行者禁食肉类、蜂蜜、香料与酒类，禁止以车代步、遇雨避行、梳头与刷牙。他们被要求按时沐浴、反复止息（相当于后来的瑜伽术）以及祈祷以圣音（Om）。"学习"的古老称法是"守贞"。收梵行者入门时，行入法礼，相应于结业时行归家礼（Samāvartana）。参照 K.Glaser,Z.D.M.G.,66,1912,S.16 f.

1　关于此一阶段是由于佛教僧侣阶层竞起仿效方才成立的说法，逐渐为人所接受。这在官方规定看来毫无疑问，不过若说此一惯习创始于佛教，就佛教的原始传说观之，则似乎不太可能。

的良好营养状态乃是富与贵的表征[1]。尤其是,尊贵的骑士之得体与高雅,一点儿也伤害不得。就此而言,婆罗门实际的日常伦理实与儒教徒多所相似。古典文献以及《富兰那书》(*Purāna*)[2]里都一再告诫人:要说真实与令人愉快的话,而不要说不实而令人愉快的话,不过,可能的话,也不要说真实却令人不快的话。和婆罗门一样,所有的高贵知识分子(佛教徒也很明显地被包含在内),都很强调作为"雅利安"(Ārya)的重要性。直到今日,"雅利安"一词(包括组合字词在内),还是被用来表示"士绅"的优越之类的意思。事实上,打从史诗时代就已认知到这样的原则:一个人是否为"雅利安",并不在于肤色,而是在于教养,并且唯教养是问[3]。

婆罗门有个相当突出的特色:男性之拒斥女性——类似儒教徒的情形,只不过,儒教徒完全没有他们那种特有的禁欲动机。女性乃是被拒斥为不体面且非理性的古老性狂迷的担纲者,而这种性狂迷的存在会严重扰乱导致救赎的冥思。倘若有着像性欲那样强烈的欲望,那么救赎将是不可能的,佛陀也曾这么说过。总之,女人的非理性到后来还是一直受到婆罗门的经典编纂者所极力强

1　Gruewedel, *Die buddhist. Kunst in Indien*, 2. Aufl. 1900, p. 138(Mahāpuruscha 即毗湿奴神).

2　《毗湿奴富兰那书》(*Vishnu Purāna*), III, 12 a. E。

500 年至 1000 年为印度婆罗门教的复兴时代,所谓《富兰那书》的种种圣典大约即完成于此一时期,其目的则在赋予通俗的信仰以某种基础及权威。大体上可分为"大富兰那"(Mahāpurāna)、"续富兰那"(Upapurāna)两大类,又各分为十八部。"大富兰那"叙述祭典、习俗等,"续富兰那"则包含"富兰那"之典型五相:宇宙创造、世界成坏、神仙之系谱、摩奴之治世,及日种月种之王统系谱。本书富有浓厚之印度教色彩,各教派经常撷取其内容,以诠释各自之教义,故《富兰那》随时代、地域之变迁已失其原始风貌。然大体而言,其内容涵盖习俗、传统、通俗哲学、医学、诗歌、音乐等,实系研究古印度文化之珍贵资料。——译注

3　《律法书》也如是说(*Gautama*, X , 67)。

调，其强烈的程度或恐远甚于刹帝利的宫廷沙龙文化时期。男人不应对他的妻子无礼或没耐心，例如《毗湿奴富兰那书》就这么说[1]；然而，他也不可将任何重要的事情交付给她，并且绝不能完全信任她。因为——这点是所有的印度作者都一致同意的——基于"伦理的"理由，没有任何妻子忠实于丈夫[2]：所有的贵妇人无不暗暗地忌妒着活泼生动的名妓；然而，若就妓女在沙龙里所享有的特权地位，以及——相对于中国——洗练的印度色情文学、抒情诗、戏剧所赋予她们的诗意光芒而言，这些贵妇人也实在无可厚非[3]。

1　Ⅲ，12.

2　例如《五卷书》里即有不少谩骂女人的诗句："一个放在卧榻上的枕头，一个百依百顺的丈夫，一张漂亮的床：这些东西对喜欢偷情的荡妇来说无足轻重，像一棵草一样"(p. 50)；"虚伪不实，轻率急躁，想入非非，冥顽不灵，喜欢金钱，污浊不洁，残暴不仁：这一切都是女人们天生的缺点"(p. 54)。——译注

3　印度的舞妓，亦即中世纪的 Deva-Dasa（相当于葡萄牙文的 balladeirs，法文的 bayaderes），源于寺院奴隶（Hierodulen）以及由祭司所主持的宗教性（同类疗法的、拟态的或驱邪祓魔的）性力（śakti）卖淫与神殿卖淫（Tempelprostitution）——包括无论何处皆与此相联结的、因行商而起的卖淫——而且迄今主要还是与湿婆崇拜联结在一起。她们必须以歌唱舞蹈来服务于寺院，并且为此之故，不能不通文达墨——直到最近，她们都还是印度唯一读书识字的女性。对许许多多的寺院庆典，以及（正如古希腊时期）对所有高级的社交场合而言，她们是不可或缺的，而她们也形成拥有自己的法（Dharma）与特别继承权和领养权的特殊种姓。她们获准参与所有种姓的男子食桌共同体——按照古代一般的规矩，良家妇女是被排拒与男子同桌共食的，对这些娇贵妇人而言，书写与文艺乃是属于寺院妓女的法，因而是可耻的，并且部分而言，至今仍是如此。少女之献身寺院，有的是基于誓愿，有的是源于普遍的教派义务（许多湿婆派便是如此），也有特殊的情形是由于种姓义务（例如马德拉斯省某处的一个织工种姓）——因为整个南印度至今至少都还认为这种习惯可耻，况且还有雇用妓女和掳掠少女的事发生。相对于 Deva-Dasi，一般的 Dasi 是较低种姓的流浪妓女，与寺院服务没有关系。下自 Dasi，上至相当于 Aspasia 类型之颇富素养的古典戏剧（Vasantasena）艺伎，其间自然是和各处一样全然流动不拘的。后面这个类型，和那些哲学家与佛陀的女弟子、女传道人（如同毕达哥拉斯学派的女传人，甚富学养且完全深入社会之中）一样，皆属于前佛教与早期佛教时代古老的、高尚的知识人文化，然而随着修道僧导师（Guru）的支配来临而消逝。

　　除了婆罗门被规制的日常生活态度里那些相对而言"禁欲的"特色之外，尚有为了获得非日常性神圣状态的理性方法论与之并存。尽管有个被认定为正统的学派——由耆米尼（Jaimini）所创建的弥曼差哲学（Mīmāṃsā）[1]——承认仪式性的善功本身即为救赎之道，然而，古典的婆罗门教说却非如此。古典时代的根本见解倒毋宁是：仪式行为与其他的美德善行本身，只能够有助于再生机会的改善，而无法导致"救赎"。救赎总是取决于非日常性的、在性质上超出世间种姓义务之外的行为，亦即逃离现世的禁欲或冥思。

　　此一发展，正如知识阶层所期待的，本质上意味着巫术性救赎状态的理性化与升华。此种理性化与升华分别往三个方向进行：其一，人们愈来愈致力于求取个人的神圣状态，亦即"禅悦"（Seligkeit）一词的底蕴，取代了巫师职业里所运用的巫术性神秘力量。其次，此种状态获得一种确定的形式性格，并且特别是一如期望的，获得一种灵知、一种神圣知识，此种知识本质上（若非全面性地）奠基于非感情性的恍惚忘我——对于知识阶层的身份性格而言，这是最适切不过的。所有奠定于此种基础之上的宗教性救赎追求，必然走向三种形态：神秘的神追寻、神秘的神拥有，

---

[1] 弥曼差，考察研究之意。印度古代六派哲学之一。即重视祭祀，主张声常住之声显论师（即主张声音为宇宙实在之存在，一切构成祈祷之语言具有绝对之神秘力量）。盖于印度，考究古代婆罗门经典吠陀之所说，分为两派：一为根据《梵书》前半之《仪轨、释义》，以实行祭祀为重心，兼论究会通其疑义异说，即以吠陀行祭品为研究对象者；另一派则根据《梵书》后半之《奥义书》，主要以考察"梵"为目的，即以吠陀智品为研究对象者。此二派皆称弥曼差学派，又前者特称弥曼差学派、业弥曼差学派，后者则称吠檀多学派、智弥曼差学派。两者关系密切，皆视吠陀天启为最高权威，足以代表正统婆罗门之思想。今所谓弥曼差学派即指前者，即于公元前二三世纪（一说四五世纪），耆米尼（Jaimini）研究吠陀之祭事，取舍诸种不同学说而组织成的新学派。经论中所称之"声显论"、"从缘显了宗"即指此派。其宗旨为：吠陀之声为绝对常住，且以吠陀所说之祭祀为法。其根本圣典为《弥曼差经》，相传为耆米尼所作，为六派哲学中分量最大之圣典。——译注

以及最后神秘的神合一。所有这三种形态，不过主要是最后这种，事实上都出现了。与神合一成为最主要的形态，是因为婆罗门的灵知愈来愈往神之最高存在的非人格化方向发展。情形之所以如此，部分是相应于一切冥思性的神秘主义之内在的观念倾向，部分是由于婆罗门的思维被拘系在仪式及其不可侵犯性上，因此是在世界之永恒的、不变的、非人格的、法则的秩序里找到神意摄理，而不是在世界之命运的激变中发现摄理的存在。梵天(Brahma)的古老先驱，原本是"祈祷主"，换言之，巫术咒文的功能神。随着重要性的提高，他也晋升为最高存在，同样的，地上的祈祷主，婆罗门，也爬升到最高的身份地位。以世界之自然律则的、社会的、仪式的秩序来合理地解释世界，此乃婆罗门知识阶层处理宗教—巫术素材之理性化过程的第三个侧面。这样的解释方式，必然导引出本体论与宇宙论的思辨，以及关于救赎目标与救赎之道的理性论证。如我们先前（于《儒教与道教》）所提及的，这虽也见之于中国，然而意义却远逊于前者。事实上，这已为印度的宗教刻画下独具特色的印记。

不过，正是在这个思辨的领域里，婆罗门从来不曾没有竞争——即使曾经没有过，也不长久。正如在婆罗门的祭献与祈祷歌咏祭典之外，后来、并且迄今都还一再重新以民众现象出现的、通俗的、个人的、忘我的巫术与狂迷——神圣状态之特殊非古典的、感情性且非理性的形式——从来未曾消失过一般，在高贵的婆罗门的救赎追求之外，尚有着高贵的俗人的救赎追求。可以确定的是，异端的救赎宗教，特别是佛教，早期正是从高贵的俗人圈子那儿得其支援。至于古典印度哲学的发展与此类似到何种程度，印度学学者间尚有争议，很难下定论。不过，重点在于，古典文献里毫无疑问地可以看到，并且绝对不止一两处，关于哲学基本问题，婆罗门受教于贤明君王的例子。至于古代具有良好文学教养的骑士阶层，亦即大帝国出现之前的古典的刹帝利，参与哲学的思考活动，更是不争的事实。在印度的自然哲学与宗教哲学论争达到最高潮的时代，换言之，约自公元前 7 世纪以降[1]，高贵的俗人教养阶层确实是其间最重要的担纲者之一。只不过，当时的婆罗门也的确不曾扮演过次要的角色。

祭司权力在吠陀时代就已极大[2]，并且自此之后不衰反盛。虽然因时因地间或出现过显著衰微的现象，或者一时被局限在北印度的某些地方（在救赎教派支配的时代，或许即被局限在克什米尔一地），然而祭司传统却从未断绝过。尤其是，担当起印度文化的，正是祭司，而非交替不拘的政权。曾经（时间上正当古希腊的"荷马"时代），云游于雅利安人城寨主支配领域里的仙人与圣歌者，担当起宗教与诗歌文化的**统一体**；同样的，在定居城市与城寨的骑士阶层时代，亦即刹帝利时代，婆罗门担当起当时（地域不定或者扩展的）北印度文化圈的统一体。情形和战国时代的中国士人完全一样。

婆罗门维持不住其知识之（约莫）早期的那种强烈的秘仪性格。相反的，他们后来显然是以吠陀知识的要素来补充骑士青年的教育，并且正是借此，明确地对俗人的思考产生了强烈的影响。尽管当时刚刚成立的各个哲学派别针锋相对，婆罗门还是超脱于

---

1 差不多与希腊、中国哲学及以色列先知预言的首度盛花怒放之始同时。想都不用想什么特殊的文化"借用"问题，更别说是迈尔（Ed. Meyer）偶尔提及关于此一发展阶段在时间上的巧合乃是基于一般的宇宙论—生物学前提条件的说法。关于巴比伦的可能影响，参见下文。

2 参照 Oldenberg, *Aus Indien und Iran*, op. cit. 。

印度各分立国家之上而维持住身份的统一性。正如希腊的体育——音乐教养——并且唯此教养——之形塑出相对于野蛮人的希腊人一样，吠陀——婆罗门教养形塑出以印度古典文献为根本的"文化人"。和希腊一样，印度并不像中国、伊斯兰教国家及基督教中世纪等，存在着一个作为文化统一体之象征的皇帝最高祭司长。他们（印度与希腊）毋宁是只基于社会组织——在印度为种姓，在希腊为城邦——与知识阶层的教育而形成的文化共同体。只不过，印度的知识阶层的统一性，不同于希腊，乃是由婆罗门来保证的。除此之外，婆罗门与俗人还是并肩同为哲学的担纲者，就好像西方的修道僧和俗世僧自"人文主义"以来，愈来愈与高贵的俗人圈子相携手一般。

使得古代统一的婆罗门宗教哲学瓦解开来的，并不只是俗人圈子，或许主要根本不是他们，这点连史诗也都有明确表示。怀疑派（Tarkavadins）——在《摩诃婆罗多》里，周游列国贩卖其反婆罗门的智慧、被认为是无神的饶舌专家与贪得无厌的学者（事实上相当于希腊古典时代的诡辩家）——本质上是些禁欲的游方教师，他们主要源之于被承认为正统的那个婆罗门学派（尼夜耶派），而正是这个学派，将三段论法、理性的逻辑以及辩论法的技术发展为专门之学。

第四章

沙门与婆罗门的禁欲

沙门与婆罗门的禁欲婆罗门垄断不了个人性的神秘救赎追求，正如其无法垄断哲学与知识一般。不过，他们硬是如此主张。理由是：神秘的救赎追求者，特别是隐遁者，在印度和其他各处一样，被认为是神圣卡理斯玛的担纲者，并且被尊崇为圣者与奇迹制造者，这使得婆罗门不得不去为自己垄断这样的权力地位。直到如今，官方理论都还认为，在所有的"sādhu"（修道僧）当中[1]，唯有sannyāsin（进入第四生活期，亦即遁世期的婆罗门），换言之（就其早先的词义而言），脱出婆罗门种姓而过着修道僧生活者[2]，才是真正的"沙门"（śramana, samana）。正统教义总是一再严正地支持婆罗门的这种垄断。当然，针对下面的阶层时更是摆出最为严厉的态度。《罗摩衍那》中有着这么一则故事：有个身怀大奇迹力量

---

1 和其他许多通称圣者和苦行者的语一样，这个词现在是指北印度一个恰似西方教友派的小教派。

2 实际上这个名称现在通常没什么分别地用来指称所有的冥思者（特别是所有湿婆派的冥思者）。

的苦行者被勇士砍了头[1]，原因是他只不过是个首陀罗而居然敢僭取
这样的超人力量。然而，这则故事也告诉我们：在史诗时代的正
统义理中，即使是首陀罗也可以靠着苦行而练成神奇的巫术力量。

从来未被官方所放弃的那些独占要求[2]，也从来没有被真正彻
底实行过。再者，见于后世的那种特有的修道院（Math）组织，
到底是婆罗门的沙门所创始的，还是模仿被引进的异端制度的结
果，至今也从未有过定论。前者当然不无可能，因为婆罗门隐者
一旦获得"Yati"（完全的苦行者）的资格，素来不是成为教师就
是成为巫术性的救苦救难者，有着一群弟子或俗世的仰慕者簇拥
着他。但问题在于：在怎样的一个程度上，我们称之为前佛教时
代的"修道僧"与"修道院"？若据古老的传统，除了年老的苦
行者之外，确实还有隐士与孤立的职业苦行者存在。同样的，"学
校"——作为一个共同体，后来称为"parisad"（集会）——当然
也是存在的，否则某些学说的创建便无可能；根据后期印度教所
制定的规则，学校应该要有21名受教的婆罗门才算数，但在早期
却往往只有3至5名。按照传统，教导高贵门阀子弟的史诗时代
的导师（Guru）只教5个学生[3]。尽管这在当时可能不再是个通例，
然而却可显示出前佛教时代的婆罗门阶层离群众布教到底有多远。
哲学思辨与知识学问的发展就靠着：1. 隐士与世俗祭司及他们的
学生，2. 那些在形式上已组织化的学校，为担纲者。后来的"修道院"
（Math），作为有系统地扩大的群众现象，直到教派竞争与职业修
道僧阶层的时代才出现。就梵行者古来的禁欲苦行观之，从哲学

1　这个勇士即罗摩，《罗摩衍那》一书的主角。——译注
2　譬如最高等种姓的婆罗门即使至今也只教导"再生族"的学生，或甚至仅止于婆罗门种姓。
3　史诗当中记载着：有个婆罗门想多收学生，他的弟子与之争论不休。

学校到修道院的转变过程是摆荡不定的，至少，那想必相当古老的教学传统假设真的是采取一种寄宿学校的形态的话。

依靠捐献喜舍来维持的学校或修道院式的组织，主要是确保婆罗门能够有机会在衣食无虞的情况下维续其吠陀知识。后来，在有俸禄可资处分的情况下，（世袭地）属于古老学校或修道院俸禄阶层的身份，往往便成为属于完全婆罗门阶层之种姓或次种姓成员的前提条件，所谓完全的婆罗门阶层，**一方面是指有资格执行仪式礼节，另一方面**，与之相应的，**有资格接受礼物与捐献者**。除此而外即为俗人，不能享有完全种姓成员的这种极其重要的特权[1]。

后来的正式僧院组织及僧侣阶层的样式[2]，似乎也同样显示出：那种在形式上相当自由的学校共同体——教师、弟子连同那些试图以供养和捐助共同体的方式来为自己求得此世与彼世之利益的俗人追随者——构成历史的出发点。显然地，这样的共同体里尚欠缺具备固定"规则"的体系性组织。只要有这么一个共同体存在，纯粹的个人关系便是结合的基础。如后文所见的，原始佛教本身确实就显示出此种家父长结构的痕迹。将这样一个神圣的导师、灵魂司牧者（"Guru"或"Gosain"）[3]和其弟子及关注灵魂的俗众追随者结合起来的恭顺纽带，在印度教伦理中是如此异常的强韧，以至于此种关系得以且必然成为几乎所有的宗教组织的基础。

---

1 有些这类的次种姓，换言之，为不净的种姓服务者，也被视为不净的。
2 后来以及至今，修道僧（连同婆罗门僧侣）的典型名称是 bhikshu。
3 "Gosain"是指"支配自己的意念者"。许多教派的世袭导师都冠有这样的头衔，也因此如今为某些大婆罗门家族所世袭。

对于弟子，任何导师都享有一种高于父权的权威[1]。当他过着沙门的生活时，他便是俗人之圣徒崇拜的对象。因为，根据毫无疑问的教理，正确的知识会带来巫术的力量，婆罗门若具有正确的吠陀知识，他的咒术就会发生效用，必要的时候，他会愿意诉诸神判（火占）来证明这点。神圣的灵知使他具有行奇迹的能力。以施行奇迹著称的导师，自然一向是根据氏族卡理斯玛的原则，让他自己作为尊师的威信世袭下去，或者由他来指定继承者，唯有不得已时，才会诉诸"选举"的方式，换言之，由弟子们来确认那具备卡理斯玛资质者并加以欢呼赞同。唯有从导师那儿才能学得真正的智慧，这至少是《奥义书》时代就已确立的自明之理。由于许多有姓名可征的哲学派别及教派的创立者身后留传下教权制的世系，所以其灵知的义理与技术往往便得以历数百年而更加充实完备。现存于印度为数极多的（大抵是小的）僧院与僧院式的共同体，倘若彼此之间有着组织关系，那么多半是相应于卡理斯玛原理而按照系谱原则建构起来的[2]，一如西方中世纪的修道院直到西妥教团时代的情形[3]。印度教的僧侣阶层是从游历四方的巫师与诡辩家发展出来的[4]。不管什么时候，总有为数甚伙的游方托

---

1 《摩奴法典》（II, 233）便这么明确表示。

2 这在碑文里早有记载，例如 *Epigraphia Indica*, III, 263（10 世纪）。

3 西妥教团为罗伯特（Robert, 1029—1111）于 1098 年在法国的西妥（Citeaux）一地所组成的修道团体。罗伯特原为圣本笃修会的修道士，曾任毛列姆修道院院长，但对于素来的修道院生活深感不满，后来受到克鲁尼（Cluny）改革的精神鼓舞，与志同道合者 20 人开始新生活，以严格遵守圣本笃修道会清规为目标，其主要内容为：1. 要求彻底的清贫；2. 废止庄园领主式的土地所有，采用依靠本身劳动的自营方式；3. 全面放弃司牧的任务。此为西妥教团之始。不过来的发展惊人，靠着圣伯纳的声望，12 世纪时属于西妥教团的修道院数目已达 300，至 13 世纪时更高达 1800 之多。一直到乞食教团出现后，其声势才方才逐渐衰退。——译注

4 若纯就外在而言，最早可比之为犬儒学派。

钵僧阶层存在。形式上，僧侣通常可以自由地完全退出僧院，并且原则上随时都可以[1]。因此，僧院院长（Mathenat）的纪律与僧院的秩序往往是——虽然并非总是——松弛并且相对而言不拘形式[2]。

若依印度教——不论其为正统派还是异端派——的救赎之道的性质，是不会有什么僧侣的劳动义务存在的。没有僧侣"劳动"

1　至今，孟加拉的 Sannyāsin（遁世期的婆罗门）僧侣仍是如此，不过这也是一般的通例。

2　另一方面，中世纪时也有纪律极端严明的修道院。例如在南印度的一块碑文中就记载着那儿的僧院院长对僧院居留者握有生杀予夺的大权。不过，一般而言，较早期的印度教僧侣都是游方僧，除了在雨季时偶尔待在僧院，唯有年老之时才长久住在僧院里。僧院院长是从最年长的住院弟子（Chela）中选出，或者是世袭的，有时候也采用轮流领衔的方式。在系谱中最为古老的修道院的院长便成为有着系谱关系的诸僧院的首长。从僧院创立者的一些文书中，我们可以看出想要维持最可能严格的纪律的努力，然而修道院的建立，在此处和在拜占庭及伊斯兰教东方的"Vakuf"一样，也都典型地含带着完全超乎宗教范围之外的一种独特的目的。换言之，通过僧院的设立，可以永久确保创立者为自己及其家族保留地租，而那些捐献给僧院的土地，也可以获得免于政治权势支配的权利，因为，没收土地或对土地课以过重的租税是亵渎神圣的。此即家族世袭财产的信托捐献（Fideikommiβstiftung）。此等事例，参照 Champbell Oman, *The Mystics, Ascetics and Saints of India*, 1903. 其中特别是剩余资产的"管理"，尤其是因兴建寺庙或僧院而可能获得的土地与地租，以及日常的托钵行脚（包括秘而不宣的商业行径）的利得，创立者可自其中分得一份利润；至于经营的权利，则是世袭且不可分割的，而继承权则由法规来加以确定。这种手段，在私人权利并未获得充分形式保障的家产官僚制——特别是神权政治——的国家秩序里，是典型的：僧院的土地（多半不会很大，每年有几百卢比的收租算是好的）不用纳税。出现在许许多多印度教僧院（不论其为正统派还是异端派，包括佛教僧院在内）进一步的发展中的，是典型的俸禄化过程：修道僧娶妻，使自己的地位世袭下去。结果，譬如现今的（高贵）Deschaschth 婆罗门即多样地存在于修道僧（Bhikkschu）种姓和俗人种姓里，其间的分别仅在于：唯有真正的修道僧才具有祭司阶层的资格。

在中世纪时，对于伊斯兰教清真寺的捐献或类似的献金，被称为"Vakuf"（《支配社会学》则用"Wakuf"，不知何者为是）。根据韦伯的说法："在当时，具有（货币）增值潜力的标的物——建筑用地、有租赁潜力的作坊——都是捐赠的物品……财产的神圣化，虽然并非绝对的安全，却也为排除世俗官吏层之任意干涉提供了最佳的保障。……贝克（C.H.Becker）认为以'Wakuf'的形式来累积财产所导致持续性的固定化，对近东的经济发展极具重要性，此一说法可能是正确的。"（《支配社会学》，pp.194—195）——译注过。关于僧侣生活样式的戒律，在内容上[1]，若非纯粹的秩序规则，诸如禁止在雨季里出游及剃发之类的外在事项，即为婆罗门日常禁欲的强调：有时候仅止于禁欲的程度，有时则包括方式与意义。后者视其与（《梵书》和《奥义书》中发展出来的）婆罗门救赎理论的关联而定。

守贞、回避甜食、仅限于食用已掉落的果子、完全无产化（禁止积蓄财货并托钵维生——后来大抵仅限于接受施主吃剩的食物）等戒律，以及游方的戒律（后来往往更严格规定只能在一个村庄里过一夜，甚至不得过夜），非不得已才披衣上身等，都只不过是日常禁欲的强调[2]。相反的，被后来的救赎宗教强调到极点、而前此已出现在古典的婆罗门禁欲者身上（只不过宽严程度有所不同）的"不杀生"戒律——无条件地爱惜一切生物的性命——并不只是反狂迷的素食主义在量上的强化，也并不只是限定只有祭司才可吃献祭牺牲肉的结果[3]。此处，万物一体的宗教哲学信念显然扮演了决定性的角色，同此联结的是对某一种动物之尊崇的普遍化：在此，牛被尊崇为绝对"洁净"的动物，是不可侵犯的。动物亦在轮回与业的范围里，它们也各依其种属而有自己的法，并且能够

1　法典上如是说，特别是 *Baudhayana* II, 6, 11 ff. , 更是清楚。

2　佛教里的"头陀行"大抵就是这样的一种戒律。"头陀"意为摆脱、清除，即摆脱烦恼，清除贪著。共有如下十二行持：一、着粪扫衣；二、但着三衣；三、常行乞食；四、不作余食；五、日中一食；六、节粮食；七、住寂静处；八、住坟墓处；九、住于树下；十、住于露天；十一、随处住；十二、常坐不卧。——译注

3　将费用视为此种限定的关键理由，如霍普金斯（E. W. Hopkins）当时所抱持的见解，似乎已经站不住脚，因为后来也进行肉食狂迷的正是那些低下阶层。

各按其特有的方式来"做善行"[1]。倘若类似自我克制——控制眼与口——之类被推荐的办法,在本质上只具有纪律的性格,那么诸如不为自身之肉体或精神的幸福有任何作为的戒律,自然是超乎这些小道之外,而由禁欲——作为救赎之道——的一般哲学观念所决定。

1　此一根本信念特别是在原始佛教里(当然不只是在那儿),以一种令人讶异的方式表现出来。根据一段碑文的记载,有个国王在胜利之后释放他的象群,大象则"眼中含泪"地再度奔回森林寻找自己的同伴。根据中国朝圣者玄奘(7世纪)的描述(St. Juliens 的翻译),克什米尔的大象"施行法律"。

第五章

婆罗门文献与印度学问

古典的婆罗门禁欲从巫术目的到救赎论目的的这种转变，在紧接着吠陀经典之后的宗教文献里可以看得出来。这些文献包括解释献牲与仪式的《梵书》，以及特别是紧接着《梵书》之后的 Āranyaka——"森林里的创作"（《森林书》）[1]。它们是婆罗门在森林中过着孤独的"年老隐居"生活时的冥思产物，而其思辨的部分，亦即《奥义书》（Upanisad）[2]——"秘义"，则包含着婆罗门知识中

---

1 音译阿兰耶迦、阿兰若迦，为"森林"之意，乃取"森林中遁世者所读诵"之义为名，系供婆罗门或刹帝利等上层种姓过隐居生活时学习之用，为《梵书》之附属部分，与《奥义书》皆可视为《梵书》之续篇。主要内容在阐述祭祀理论及人与自然、神等关系之哲学问题，在性质上与《梵书》无大差别。——译注

2 Upanisad 梵文的原意为何，学者意见颇为分歧，较为合理的解释如下，Upanisad 本有"近坐"、"侍坐"之意，与"会坐"（parisad）、"集坐"（samsad）恰好相反，转而有"秘法传授"之意，Upanisad 遂有"秘语"、"秘义"之意。这点亦可证之于《奥义书》本身。例如《奥义书》中对于传授对象有极严格之规定，如"唯长男可传"（《圣德格耶奥义书》3：11），"非一年间同住，且非有将来为师目的之直弟（Antevāsin），不可传"（《爱陀奈耶森林书》，3：2,6）等等。有时也直接以"秘密"（rahasya）一语，作为与 Upanisad 同义词而用之。又有以"秘密教义"（guhyā āde śāh）、"最上秘密"（paramam guhyam）来形容 Upanisad。《奥义书》为继《吠陀本集》《梵书》之后而出现的、代表婆罗门较纯粹的哲学思想，集《吠陀本集》《梵书》中零散的哲学之大成，而为一较完整的体系。其在吠陀经典中的地位类似《新约》在《圣经》中的地位，《新约》转化《旧约》律法之精神，予以伦理的

救赎理论的关键部分[1]。相反，Sūtra（经典）文献的内容则为规范实际惯习的仪式规则，诸如关于神圣仪礼的《天启经》（*Śrauta-Sūtra*，又称《随闻经》）、关于日常生活礼仪的《家庭经》，及关于社会秩序礼仪的《法经》，后二者合为 *Smārta-Sūtra*[2]。

　　所有这些文献在性质上与儒教经典恰相对反。

　　首先，在某些外在方面，尽管婆罗门也是某种特殊意义上的"士人"，而印度教（至少正统婆罗门）的神圣文献也和中国一样是用俗人所不熟悉的圣语（亦即"梵文"）来书写的[3]，然而，印度教的精神文化，和中国比起来，在本质上远不是纯然的文书文化。婆罗门——连同其竞争者也大抵如此——极为长期地坚守着这样一个原则：神圣的义理只能用口耳相传。中国的人文生活里那种特殊的文书性格，如我们先前（在《儒教与道教》里）所见的，可以从官方宫廷极早（甚至在文字技术尚处于象形阶段时）便纪年作历，以及进一步，行政乃基于文书管理的原则等事实得到解释。

（接上页注）净化；《奥义书》则转化《梵书》讲究祭祀之性格，予以哲学的净化。《奥义书》种类繁多，有上百种，不过由印度学者承认者约为 52 种，其著作年代大致在公元前 7 世纪至公元 2 世纪之间。——译注

1　这些是 jñānakānda（"灵知"），相对于 karmakānda（"祭祀学"）。
　　印度的吠陀经典乃集其古文化之精华，为正统婆罗门教思想之渊源，其特色为神话、宗教、哲学三者混融不分。不过，大致上我们将以哲学、宗教思想为主者称为智品（jñānakānda），以祭祀讨论为主者称为业品（karmakānda）；前者即《奥义书》，后者相当于《梵书》。——译注

2　若谓 *Smārta-Sūtra* 是"世俗的"，便是一种误解。其规则亦为神圣且不可侵犯的，只不过它并不是祭司的专门教育，而是用来教导家长与法律人士的。
　　合起来应称为《劫波经》（*Kalpa-Sūtra*）。——译注

3　不过并不是像一般所想那样的一种人为创造出来的"Skaldensprache"（吟游诗人自编自唱的话），而是文献来源地区的古代祭司氏族的惯用语。在吠陀时代，梵语是有教养的人的语言。在《梨俱吠陀》里，有个王子想要学梵语，动机在于成为一个"有教养"的人。参见 Rayson, *J. R. A. S.*, 1904, p. 435; Thomas, 同书, p. 747。

印度没有这些。法庭上，他们采取口头辩论的方式。唇枪舌剑从
来就是争取利益与权势的重要手段，人们会试图借着巫术手法来
确保自己在辩论场上的胜利[1]。而宗教论难、有赏的辩论擂台和学生
的舌战训练，更是所有印度教文化及印度教影响所及的文化里为
人所熟知的一种独特的机制。中国的文献是以一种象形—书法的
艺术作品的形式，同时诉诸眼睛与耳朵，而印度的语言构造则特
别是诉诸听觉的而非视觉的记忆。承续古代吟游诗人的，一方面
是广博仙人（Vyāsa，传说中吠陀的编纂者）[2]，另一方面是思辨的婆
罗门。两者后来则为诗人和吟诵者结合了故事与教训的"kāvya"
形式所取代。他们一则为 Pauranika 和 Aithiasika，亦即为本质上
为主智主义的市民大众讲说具有教化意味的神话的叙述者，一则
为 Dharmapataka，亦即可能是取代了古老的法律宣告者之地位的
法书朗诵者（在《摩奴法典》和史诗当中，他们还出席法律委员会，
为有疑义的事例提供意见）。大约在 2 世纪时，从这些吟诵者当中
发展出具有行会组织的婆罗门圣法习得者（Pandit）——本质上已
是个文士阶级。总而言之，一直到印度的中古时期，口耳相传与
吟诵都还是扮演着主要的角色。这种在形式上和中国的神圣经典
恰相对反的情形，造成了某些事关紧要的结果。

　　印度所有的神圣经典（包括佛教的在内），都被编纂成容易记
忆且随时得以再现的样式。为此，它们部分是采取警句的形式——

见诸最古老的哲学典籍和 Sūtra 经典 [1]——让人可以口耳传诵下去，必要之处则由教师加以注释。部分是采用韵文的形式，见诸大部分的非哲学典籍。更进一步是运用重复句的办法：无止境地以字词复述一连串的思考或规定，随着论述的进行，往往只修改其中的一字或一句。以此，数字的形式化展现被推究到一种非比寻常的程度，往往变成了数字的游戏：对于一个欧洲的学者而言，这样的一种运用数字的方式，除了说它是游戏之外，没有别的。最后，在欧洲的读者看来，这可说是思考韵律的一种最炫学式的叙述组织法。

最初或许纯然只是便于记忆的这种婆罗门的著述方法，在和印度的理性主义之"有机论的"特殊性相结合之下，被推展成一种独特风格，此种风格决定了对我们而言最为重要的几个面相的全体特质。在中国，语言手段之简洁、切事的"理性"，与象形文字之生动明白的审美笔致，两相交互作用地表现于既时时顾虑到警句特征的优美，又在语言上有节有度地表达出来的手法上。相对的，在印度的宗教与伦理的典籍里，充斥着数不清的夸言浮词，为的只是满足其特有的关怀：保持有系统地殚思竭虑的完整性。无限堆砌的修饰用形容词、比较与象征，通过巨大的数目来加强伟大和神圣事务之印象的努力，以及淋漓尽致的无数幻想等，在在使得欧洲读者精疲力竭。他一旦走出《梨俱吠陀》和民间通俗寓言的世界——后者收集于《五卷书》(Pañcatantra) 里，几乎全世界的寓言故事都以此为泉源——或者走出世俗的艺术戏曲与诗歌，进而踏入宗教诗与哲学典籍的领域里，那么一条累人的路便

1　特别是被归于 Kapila《僧迦警句集》(Sankhya-Aphorismen)，犹存此种方法之余韵。

等在前面。大半的《奥义书》也不例外，西方读者所见到的是许许多多极为不明确的——由于理性的意图——象征主义式的饱满意象以及就内在而言贫瘠的形式主义；在这些芜杂的内容里，也只能间或碰到某种真正而并非只是表面（如经常撞见）的深刻洞见的新鲜源流。吠陀经典的赞歌与祈祷咒式，由于其业已证明的巫术效力而不得改变，也正因此而在流传的过程中保持了它的原始性质。相对的，古老的英雄史诗则在婆罗门接手之后膨胀成一种走了样的伦理范例法典。不论就形式还是就内容而言，《摩诃婆罗多》怎么说都是一本范例的伦理教科书，而不再是诗。

　　印度的——特别是婆罗门的，不过连同类似的异端——宗教与哲学典籍所具有的这种特质，尽管整体而言确实涵藏着连西方思想家都绝对会评估为"深刻"的知识，然而本身却也为自己的发展带来内在的障碍。虽然也有类似希腊人对于概念之绝对明确的要求，但是在知识理论上，始终并未超出尼夜耶派相当值得注意的逻辑之萌芽的领域，其中特别是由于理性的心力被偏颇地投注到那种似是而非的系统性事务的轨道上，而后者却又反过来受到古老的传统文学技术所约制。对于纯粹、素朴的经验事实的感觉，都被本质上修辞的惯习——为了在超事实的、幻想的事物中寻求意义——所阻绝。虽然如此，印度的科学典籍在代数学与文法学的领域上（包括朗读学、戏曲学和不是那么常见的诗学与修辞学），却有优异的表现；在解剖学、医学（除了外科手术之外，但包括兽医学）及音乐学（音阶的运用！）方面，也相当引人注目。然而历史学因上面提过的理由而完全付之阙如 [1]。

1　印度最初的历史学家是佛教徒，因为佛陀的出现乃是个"历史的"事实。

印度的自然科学在很多方面都高达西方在 14 世纪时的水平：和希腊一样，不只是发展到理性实验的初步阶段而已。所有的学科部门，诸如为了仪式目的而发展起来的天文学，以及不算在代数领域之内的数学等，即使以西方科学的尺度来评量，都拥有自己独创的根本成就。此种独特的基本成就，一来是得益于宗教环境：没有欧洲那种宗教意识的偏见（例如因为复活的信仰而阻碍了尸体解剖），二来则是得益于对冥思技术的关注所促成的种种研究：冥思技术乃根植于对精神肉体机能的精微控制，而西方科学则对于这种技术一丁点儿兴趣也没有。关于人类共同生活的一切学问，都仅止于治安的、财政学的技术理论。这很可媲美于欧洲 17 世纪和 18 世纪前半叶的财政学成就。不过，观其自然科学和固有的专门哲学的领域，总让人有着这么一个印象：那些引人注目的发展端倪总是被什么给阻碍了。

在印度，一方面，所有这些自然科学的研究相当大的一部分只是用来服务于纯粹实用的目的，诸如治疗的、炼金术的、冥思技术的和政治的目的；另一方面，自然科学在此和中国及其他地方一样，并没有作为近代科学之无尽遗产的那种希腊人的**数学思考**；除了这两方面之外，其专注于修辞的、象征方法的半吊子系统学的惯习，显然也是构成此种障碍的一个要素[1]。另一个更为重要

1　非印度学者若要有个大致的印象，最快捷的办法是接触 *Sukranti*，它由 Sudhindranatha Vasu 翻译于《印度圣典》第 13 卷以及以 "印度社会学的实证背景" 为题的第 14 卷（至今为一册）并加以注释，再附加一篇由 Brajendra Nath Seal 所作的附录。"Sukranti" 被非常特征性地依孔德（Comte）著名的学问发展阶段（神学的—形而上学的—实证的）划分法，标示为 "有机体的社会科学"。事实上，所谓的 "实证主义" 的这种当然是完全不科学的 "有机的" 体系论，倒是适合于印度的思想。注意以下各项：在力学方面，一切都停留在伽利略的观点；在矿物学方面，印度的科学仍然信奉亦为欧洲所知的七种金属

的因素，毋宁是根源于印度特有的思考关注倾向：终究而言，是
对于现世的真实状况毫不关心，而只在乎于追寻至现世之彼岸的
绝对必要之事，亦即，通过灵知自现世解脱而得到救赎。此种思
维倾向，在形式上，是受到知识阶层的冥思技术所约制。我们下
面就要谈到这点。

（接上页注）说：在化学方面，三项实用的发现被归于印度的科学：1. 用明矾处理而
造出不变的植物染料，2. 靛精的萃取，3. 制造大马士革刀的钢铁合金（参见 Seal, *The
Chemical Theories of the ancient Hindu*）。此外，在怛特罗（Tantra）文献里，已有成熟
的炼金术知识，以及医学领域里包罗广泛的解剖学、特别是神经解剖学的知识，诸如新
陈代谢理论（不是关于血液循环或肺的代谢）以及神经系统状态的知识等——冥思这些
神经管道，依据怛特罗派法门，可以得到巫术力量。脑（如希腊医生 Galen 所认为的），
而非心（如亚里士多德和印度著名的自然研究家 Charaka 及 Susrutu 所认为的），方为中
心器官，这是基于前此已相当发达的骨相学知识所达成的结论。受精与遗传（和财政学
上极为重要的马和象的研究相关联），也被加以理论性的（前生说的，而非后成说的）讨论。
关于生命，唯物论者（Charvaka）以自然生成、数论派理论以个体能量的反射活动与合
成力、而吠檀多派则以"特殊生命力"来加以解释，这造成各种像磁力之类的"adrista"、"看
不见的"，换言之"不可知的"源起假说的运用时机。尽管饲育专家的专门之学已满足于
原因之"不可知性"的假定，然而后世的尼夜耶派和胜论学派（Vaiśesika）却理所当然
地将印度神义论伦理学，换言之，业报—决定论推进这个认识论上的空当里，就像我们
西方将科学的"极限"运用到神学的概念上一样。关于医学，尚可参照：Thakore Sahib
of Gondal, *History of Aryan Medical Science*（London,1896），以及今人 Hoernle, *Studies in
the Medicine of ancient India*（Oxford,1907）——笔者手头缺少这两本书。植物学基本上
是药理学。关于印度重要的文法学成就，特别参见 Liebich, *Panini*（Leipzig,1891）。

关于数学与天文学，参见 Bühler, *Grundriβ*（Thibaut,1899）：（除了算数与代数之外）
来自希腊的持续影响（当然，在程度与时代方面还颇有争议），具有关键重要性。在纯
粹是印度自己的地盘上，只有**未经理性"证明"**的经验存在（这是关键性的一点）。"证明"
是诉诸直观来进行的，就像"直观教育"的许多极端的近代信奉者认为自己可以排除思
维之形式的—逻辑的训练而顺利地达成那样。

关于财政学—政治学的著作（特别是考他利雅的《实利论》），参见 Narendranath
Law, *Studies in ancient Hindu Polity*（London,1914）（笔者手头没有）。行政技术的"理
性主义"是再洗练也没有的。不过，行政技术本身却还不是合理的。上述著作如是说。

第六章

救赎技术（瑜伽）与宗教哲学的发展

　　印度知识阶层这些冥思的技术，和所有出神忘我的方法论一样，全都是奠基于像教友派那样的定式化的理论原则："唯有当被造物沉默之时，神才会在灵魂里发出话语。"在实践上，冥思技术所依据的无非是古老的巫师经验（关于自我催眠及类似的心理学技术的作用），以及生理学的试炼（关于以呼吸调息、深吸缓呼及一时的屏气凝神对脑部机能所产生的作用）。借着此种实践所达到的感觉状态，被认为是至福的灵魂出窍的一种神圣境界。这构成哲学的救赎理论的心理学基础：哲学的救赎理论试图在形而上学的思辨架构里，理性地建构出此种状态的意义来。

　　在种种出神忘我的技术里，有一项是最为突出的：被认为是出于正统哲学学派的瑜伽术（Yoga），意指用功、苦行，代表古老的巫师之忘我实践的理性化。此处，关于此一脍炙人口的现象，我们并不准备详细讨论[1]。原先，瑜伽被认为是一种特殊的俗人苦

1　在文献上被 Patanjali 确定为"学派信条"的内容，相对而言是较为晚出的，事实本身至少要早于佛教的创建。按其名称，古老的《奥义书》已经提及，然其理论则于后世的《奥义书》方才论及。细节详见 Garbe, *Sankhya und Yoga*（Bühler ed. , *Grundriβ*, 1896）。

行术。据说，英雄克里什那（Krishna）将瑜伽传授给刹帝利种姓
的种族神毗瓦什瓦特（Vivasvat）[1]，毗瓦什瓦特再将之传授给武士
阶层的古代贤人。由于瑜伽术以其各式各样的形态，对于无论是
正统的还是异端的救赎理论都有着超乎其他任何技术之上的影响，
成为知识阶层之救赎技术的典型形态，故而我们有必要详加一提。
瑜伽在实际上到底是从婆罗门阶层内部还是从这个阶层之外取得
其重要的分量，实在难以确定。在历史时代，瑜伽的传播范围无
论如何是远超出这个圈子之外的。如后述所及，瑜伽被古典的婆
罗门救赎技术所超越，"瑜伽行者"（Yogins）于今是用来指称一
个并不很大但分布极广的巫师阶层；这个不具备吠陀教养的巫师
阶层并不为婆罗门接受为同侪者，因此，相应于我们先前提及的
发展类型，形成一个自己的种姓[2]。

　　瑜伽的重点在于呼吸调息及相关的出神忘我的手段。与此联
结的是：将精神意识的功能集中于半有意义、半无意义，时而感
觉模糊、时而凝定如脂，但总能通过自我观照而统御的经验之流，
使得意识空无可以用理性字眼把握的一切，而得以有意识地支配
心与肺的神经流贯，最后达到自我催眠的状态。瑜伽术在思想上
的预设是：对属神事务的把握，乃是一种要靠非理性手段导引而
至的**非理性**的精神体验，此种体验和可以理性论证的"知识"一
点关系也没有。

　　古典的婆罗门主智主义从未完全接受此种观点。对他们而言，

1　Vivasvat，"遍照者"之意，为太阳之神格化者，与波斯的神祇 Vivanhvat 同源。在印度
　　神话里，人类的祖先摩奴与第一个死者耶摩皆为其子。——译注
2　在孟加拉，上层种姓并不从他们那儿接受水，但他们是披挂圣带的。他们部分是巫医，
　　部分则是行商兜售器具的制造者。

这种（可以理性论证的）"知识"本身是一切救赎之道的中心点。
首先，它是指婆罗门行会关于礼仪的知识。然而，对于寻求救赎
的婆罗门而言，则超越于此，而在于探究：关于此种知识之宇宙
论的意义，可以有什么形而上学的—**理性的**、灵知的解释。此种
见解是由圣礼行为的仪式化与升华而渐渐发展出来的。就像其他
宗教的情形一样，正确的（伦理的）"信念"取代了光是外在正确
的行为，婆罗门教也有与其知识和思考之特殊声誉相应的正确"思
想"。（正如奥登堡所注意到的）当司祭的婆罗门遂行某些仪式行
为时，恰有一定的思想被规定为巫术效力的条件。正确的思考与
正确的认识被认为是巫术力量的泉源。此处，和其他地方一样，
此种认识并不具有一般常识性知识的性格。最高的救赎只能通过
一种更高的知识，亦即"灵知"（Gnosis）来获得。

　　瑜伽术的目的首先是在于取得巫术状态和神奇力量，例如：
破除重力，使自己飘浮起来的力量。更进一步是要达到"全能"：
不借外在行为，而光凭瑜伽行者巫术性的意志力量，直接实现想
象的事情。最后是"全知"：千里眼，特别是透视他人的思想（"他
心通"）。相反，古典的婆罗门的冥思所致力的，是能够灵知地把
握神圣事务的禅悦。

　　所有的主智主义的救赎技术无不在于追求下列两个目的的其
中之一：其一为通过意识的"空无"，创造出容纳神圣的空间，此
种神圣由于无法言说而被或多或少模糊地**感觉**到；其次则为结合
使内在孤绝的技术和凝神的止观，达到一种被体验为灵知的**知识**
而**非**感觉的状态。此种对照虽不甚明显，但古典婆罗门的冥思，
相应于知识的光环，很明显的是倾向于第二种类型。例如尼夜耶
派就甚至将自己寻求到的理性经验知识视为救赎之道。这当然是

不符合古典婆罗门的类型。对后者而言，灵知的形而上的性格，
以及机械性冥思技术——借以导致作为一种属灵事务的"观照"，
此种观照绝非以经验证明的方法所能获得——的价值，是确立不
移的，也因此而无法完全排拒瑜伽的施为。事实上，就其方式而言，
瑜伽亦是一种特殊主智主义的拥有神的最高级形式。因为，在一
层比一层更高昂的心神集中（三昧［samādhi］[1]）里，瑜伽所致力求
取的感情首先必然就是穷尽意识之力的体验，为此目的，必须有
计划且理性地通过止观训练致使内在油然生起（对神的）"亲爱"、
（对被造物的）"同情"、禅悦，以及最后（对世界）的"漠然"，
直到最高阶段方是僵直枯槁。古典的瑜伽拒斥非理性的苦修：纯
粹巫师苦行的哈塔瑜伽（hatha Yoga）[2]。正统瑜伽是一种讲求方法
的感情禁欲之理性地系统化的形式，在这点上可比之于伊格那修
（Ignatius）[3] 的修行。此种体系化在本质上，比起古典婆罗门的冥思
来，是更高一层的理性化，然而，若就后者所追求的目的（"知识"，
而非"感情"）而言，则是较前者为理性的。

---

1 又作三摩地、三摩提等，意译为等持、定、正定、定意、正心行处等。即远离昏沉，将
　心定于一处（或一境）的一种安定状态。"等"乃指离开心之浮（掉举）沉（昏沉），而
　得平等安详，"持"则指将心专止于一境之意。达三昧之状态时，即起正智慧而开悟真理，
　故以此三昧修行而达到佛之圣境者，则称三昧发得或发定。——译注
2 原文为 atha Yoga，今按日译者注释改为 hatha Yoga。哈塔瑜伽创立于 13 世纪左右，它
　是依循特殊规定的一种肉体训练，大体是类似特技般的打坐法。——译注
3 圣伊格那修，1 世纪时人，Antioch 大主教。——译注

第七章

正统的救赎理论

　　古典的婆罗门教说最终还是无法将逃离现世的隐遁者的达人苦修完全鄙弃为异端，这是因为，对他们而言，灵知的巫术性格乃是确立不移的，更何况作为强制神之手段的苦行（"tapas"）所具有的普遍信誉是无法动摇的。婆罗门教说较偏好的是，只针对婆罗门大众，亦即"世俗祭司"的和缓的冥思技术。虔敬地凝神于古老的祈祷圣音"Om"（唵）[1]，并加以"止观"——事实上是通过机械式地反复此一具有巫术效力的字眼而达到意识的空无——在历史上可以回溯到多远，是无法确定的。总之，这支配着整个印度无论是正统还是异端的救赎论。除了此种技术之外，尚有其他抱着类似目的的技术存在。凡此技术，目的无非在于自感官世界、

---

[1] 原先这应该只是共同体的应答，大概相当于我们的"阿门"，后来才被加以神秘的解释。

　　此词在吠陀中原为"应诺"之意，又用为咒文及祈祷文首先发音之圣音（pranava）。至《奥义书》附加"秘密"之意，成为观想之对象，进而作为梵、世界，依此观想之实修为达到第一义（梵）之法。"唵"之本字"om"乃是由"a"、"u"、"ma"三词合成，这三词在古代印度思想中，代表男、女、中三性，或表示过去、现在、未来三时，又配合于三吠陀，或配觉、梦、熟眠三态，或配火、风、日三种，或配食、水、月，或配天、空、地。而后印度教中，又将之比拟为毗湿奴、湿婆、梵天等三大主神。——译注

心神激荡、热情、冲动、进取、以手段—目的为取向的日常生活顾虑中解放出来，并借此而为一种究极状态做好准备，此种究极状态意味着永恒的休息：自诸般动机中解脱（vimoksa,mukti）而与神合一。

像基督教那种天国的至福的永恒存在，是不可能被印度古典的救赎论考虑为救赎目标的。首先，对一个被造物在此无常的生活里的行为或怠惰加以时间上"永恒的"奖赏或处罚，在印度人看来似乎是愚蠢而没有意义的想法，并且自然是与任何伦理的对称和正当的报应相矛盾的事。再说，以人类有限的功德，在天国的逗留也不过是一时的[1]。除此之外，吠陀经典里和后世的印度教里的众神并没有比人类的德行好到哪儿去，只不过比寻常人较为有力罢了。所以，天国不可能是婆罗门救赎追求的究极状态。在经验领域里，灵魂唯有处于无梦之眠的状态，才真正是自世界解脱。此时，魂归何处——有谁知道呢？总之，它已不再受俗世里的尘务所沾染，而还归其世间之外的故里。

印度所有源之于知识阶层的救赎技术，不论其为正统的还是异端的，都有这么一层不只从日常生活、甚而要从一般生命与世界，包括从天国与神界当中解脱出去的意涵。因为即使是在天国里，生命仍是有限的，人还是会害怕那一刻的来临，亦即，当剩余的功德用尽时，不可避免地要再度堕入地上的再生[2]。再者，诸神臣服于正确行使祭仪所产生的巫术力量，因此，他们位居于懂得如何强制他们的人之下，而不是之上。他们和人一样，并非永

1　为了在教义上确立这一点，《摩诃婆罗多》采取了这样一个办法：在天国居停的期间，业的机制是被排除在外的。对于新的再生，一切皆取决于以前在尘世的作为。

2　*Atmapurana*, XIV , 91-95，参见 Gough, *The Philosophy of the Upanischads*。

恒的，同样有热情的渴望和行止，因此，不会是救赎技术的修行者所追寻的那种神格。换言之，婆罗门的救赎，就其古典的形态而言，便是绝对无他地自此种世界里解脱出来。正是在这一点上，它与中国之对待世界的一切态度，包括老子与其他的神秘论者在内，有所区别。这种拒斥世界的极端激进态度，乃是由印度宗教哲学的世界图像所决定的，在此世界图像之下，一贯地推论下去，除了渴望救赎，别无其他选择。

在救赎追求中，所要拒斥的并不是世间的苦恼、罪业、无慈悲和不完美，而是世界的**无常性**（anitya）。无常性附着于一切可以凭感官知觉得到、想象力想象得到的地上的、天界的、地狱的所有形态与事物上，它是具象世界整体的本质。世界是永远毫无意义可言的再生和再死之"轮"，在无尽的时间中轮转。在其中，只能找到两种恒常的实在，亦即，永恒的秩序本身，以及那种贯穿再生之流而必然被认为是再生之担纲者的存在——灵魂。关于此种存在的结构及其与世界和神性的关系，一直是整个印度教哲学的中心关怀[1]，而其问题唯在于：灵魂如何方能免于卷入业—因果律机制下的世界之轮？也因此，在业与轮回理论充分发展之际，"救赎"乃得以成为唯一的思考课题。

此种完全依于内在理路的发展状态当然是渐次达成的，并且也不是任何地方都有此发展。当业与轮回成为共通的印度信仰时，

1　凡欲熟悉印度哲学者必须要参考多伊森（Deussen）的心血之作，他的作品虽然有点杂乱无章，然而其贡献却是不容置疑的。至于和我们此处的目的有重要关联者，自然最好是参考 Garbe 和奥登堡的著作。Dilger 的（传教士）论著（*Die Erlösung nach Christentum und Hinduismus*）也是有参考价值的。

　　Paul Deussen（1845—1919），德国之哲学家、印度学学者，曾任柏林大学讲师、基尔大学教授（1889）。——译注

最高神的非人格性与世界的非被造性则未必。后者一般而言即使在人们信仰人格性世界神之处也还是存在的。一如见于《富兰那书》的，后世的宇宙论大抵是视世界为一连串时代的序列，例如《毗湿奴富兰那书》里即顺次为克利塔（Krita）、特列塔（Treta）、德瓦帕拉（Dvapara）与卡利（Kali）。在卡利时代，种姓凋零，首陀罗与异端抬头，因为梵（Brahma）睡着了。因此，毗湿奴以鲁特罗（湿婆）之形现身，摧毁一切的存在形式——带来诸神的黄昏。而后，梵以赐福神毗湿奴之形苏醒过来，世界重新建立。古老的宇宙论里并没有这些最高神，或者是冠以其他的名讳或有各色的身形，此处不予讨论。较古老的人格性父神与世界创造者（生主 [Prajāpati]）[1] 非常缓慢地才为非人格性的梵所取代——梵原先为巫术性的祈祷咒文，然后变成相当于祈祷之巫术力量的巫术性世界势力。在此过程中，非人格性的梵却有一再被赋予人格性超

1　印度神话中对创造神之称谓，又作"造物主"。就文献观之，生主至《梨俱吠陀》第十卷始出现，乃作水而自现为金胎，生万物而赋之以生命，且管理之最高神也。至《梵书》时期对此事始有较详细的描述。《爱陀奈耶梵书》5：32："生主谓我今要繁殖，我将成多数，自起多波尸（tapas [热]），依其热以作此世，由是成天、空、地三界。彼又温此世界，由其温而三光显：火，风，日。彼更温此光，由是三吠陀生：《梨俱吠陀》《夜柔吠陀》《娑摩吠陀》。更温此吠陀而三光明现：布尔（bhūr），布瓦尔（bhuvar），斯瓦尔（svar）。更温此光明而现三字，即'阿'（a）、'乌'（u）、'嘛'（ma）也。彼结合此三字而得'唵'（om），'唵'乃住于天之主也。生主欲行祭而布其供物，执之奉已。以《梨俱吠陀》行劝请者之事，以《夜柔吠陀》行行祭者之事，以《娑摩吠陀》行咏歌者之事，依三吠陀之智，行祈祷者之事。"《般遮云夏梵书》6：1："生主谓我欲数多，我今将繁殖。于是彼观苏摩祭，彼取之以作此生类。出自彼口之赞歌之调，为家耶特利（gāyatrī），应之之神为阿耆尼，人为婆罗门，时为春。出自其胸之赞歌之诗调，为特利西陀布（tristubh），应之神为因陀罗，人为王族（Rājanya），时为夏。出自彼股间之诗调，为耶耶嘉提（jagatī），神为维须外瓦哈（Viśvedevāḥ），人为吠舍，雨时与之相应。由彼足出之诗调，为阿鲁西图布（anustubh），人为首陀罗，神则无之。故首陀罗虽有家畜而不能供为牺牲，又无护持之神。"简言之，即通过生主之创造，而将一切宇宙现象与社会结构予以合理化。参见高楠顺次郎、木村泰贤著，高观庐译，《印度哲学宗教史》（台北：商务，1971），pp. 196—197。——译注

世界神特征——梵天——的倾向，此一梵天，依据古典的教义，不再是自空无中创造出世界来，世界毋宁是通过个体化的方式而自梵天流出。梵天的超神性，在理论上或许是以此方式获得确立的：作为祈祷的功能神，他本身即不再是祈祷的巫术强制对象。不过，在受过哲学训练的婆罗门知识阶层这个圈子这边，事实上正是在这个圈子的正中间，如后来所显示的，往往一再地以某种形式重新形成其特有的非古典信仰：信仰一个最高的人格性创造神，高于一群群地方神与功能神——此即我们可谓之为"单神崇拜"（Monotheismus）的"Ekantika Dharma"[1]——尤其是信仰一个救赎者和天国的救赎。

特别是瑜伽术，以其非理性主义的禁欲苦行和其救赎拥有之含带感情性体验的性格，至少以巴丹阇梨（Patañjali）[2]所赋予的形式，并不排除人格性的最高神 īśvara（"支配者"）[3]。当然，逻辑上严格说来，最高神的存在似乎是无法和业与轮回相容的。人们随即要问：最高神创造出这样一个充满苦难、折磨与无常性

1　有关"单神崇拜"，详见本书第一篇第四章 p. 37—38 注 2。Ekantika 不知是否即为 ecchantika（一阐提，极恶之人）。——译注

2　瑜伽派的创立者。

　　公元前 2 世纪之印度文法学者。著有《摩诃巴夏》（*Mahābhāsya*）一书，确立波尔尼之梵文文法规范。此人与著有《瑜伽经》一书的哲学家同名，唯不知是否为同一人。《瑜伽经》内含哲学、戒律及静坐的方法，以引导人们认知"神性"为要旨，其作者亦名巴丹阇梨，一说为公元前四五世纪时人。——译注

3　应作 Maheśvara，音译摩醯首罗，意译大自在天、自在天等。传说为鲁特罗（Rudra）之愤怒身，亦即湿婆之化身。信奉此神者谓此神乃一切万物之主宰，又司暴风雷电，凡人间所受之苦乐悲喜，悉与此神之苦乐悲喜相应。故此神喜时，则众生安宁；此神怒时，则众魔现，国土荒乱，一切众生均随其受苦；若世界毁灭，则一切万物将归入大自在天中。在婆罗门教中，被视为"其体常住，遍满宇宙"，而有以"虚空为头，以地为身"之泛神论的神格。——译注

的世界来且支配之的"意义"何在？此一问题，在较不那么逻辑一贯性的解答里，有着如此的回应（见《美特罗耶那奥义书》[*Maitrāyana*]）：最高神肇生一切不过是为了排遣自己和"取乐"。尼采偶尔表露出来的"艺术家之神"的思想——虽然带点消极的道学者激情，此种激情即使在其最了不起的诸多观念里也往往泄露出一种市侩习气的恼人气息——在此却表现为相当严肃的形而上学假定。这意味着明白地放弃在我们的经验世界找寻任何的"意义"。一个强大同时又良善的神是不会造出这样一个世界来的。只有一个恶棍才会做出这样的事来——数论派哲学确确实实是这么教导的[1]。

　　另一方面，正统派认为灵魂从再生之轮中解脱出来是有可能的，这必然导致世界有时而尽的想法，至少再生过程是有尽头的——如果一般既存的灵魂并非无尽量的话。事实上，为了避免此种结论，最为首尾一贯的理论即认定灵魂的数量是无尽的[2]，结果，达到救赎之至福状态者的数目，不只像基督教那样寥寥无几，且根本就是微乎其微的。此种表象的激情，必然会将本质上附着于任何神秘救赎追求的宗教"个人主义"的特质——个人最终只能也只愿意帮助自己得救——推升到最高点：面对灵魂之数无穷无尽的情形，任何的救赎—传道工作到底有何意义可言？除了预定论的信仰之外，个别灵魂的宗教孤独从未被置于——像婆罗门教义所到达的此种归结——这样的共鸣板上。和恩宠受选信仰正相对反，此一教义将各个灵魂的命运完全委之于个人自己之所行。

1　参见 Garbe, *Samkhya-Philosophie*, S. 192—193 当中翻译出来的文字。

2　在此是指数论派。

作为整个救赎理论之基础的教义，亦即灵魂轮回与因果报应，如前所述，也同样是慢慢发展出来的。前者首见于《梵书》，犹处于尚未发展的初阶[1]，而后者直到《奥义书》才出现。一旦感受到神义论之理性要求的压力，此一教义必然马上会对所有禁欲与冥思的救赎努力所具有的意义发挥出决定性的影响力。通过此一教义，无常性被树立为世界之无价值的根本原因，不只如此，甚且确立如下的思想：世界的多样性、世界的形成与个体化，乃是背反或至少是背离梵（而不再是如曾经所认定的：梵的创造）的决定性征兆。以此，在首尾一贯的思考下，梵被赋予非人格性的唯一者之性格，并且，由于其消失于现象的多样性背后，梵也同时获得隐身的世界否定之性格。并且也借此在伦理上确定世界之无价值的性质与意涵。与基督教根本相对反的是，"罪"与"良心"不会是救赎追求的泉源。在一般民众的思考里，"罪"是一种巫术神魔之类的物事，和"多波尸"一样。在《梨俱吠陀》里，所谓罪是违反律法之神，特别是婆楼那（Varuna），守护下的命令[2]。在后世的文献里，此一概念完全隐蔽于"恶"的概念之后。一切被造物之无价值可言，并非恶使然，而是无常的、注定死亡的世界之形上的无价值性和智者对于尘世之无谓活动的厌倦使之如此。

1　关于整个问题，请参考 Schrader, *Z. D. M. G.*, 64, p. 333 f.。他试图说明 *Yajnavalkya* 尚未（如一般所认为的）教导轮回说，而是相反的，已宣说业与解脱，换言之，是处于《梵书》与《奥义书》之间。他认为灵魂轮回是一种相对于《梵书》教说的"反教会的"概念。按照《梵书》的教说，仪式无疑地（不管永远或一时）保证了彼岸。不过，确实必须注意的是：《奥义书》的教说，依其重点，真实呈现出了森林禁欲者之冥思的结果。他们不再执迷于祭典仪式，而确实可能是（相对而言）反仪式教说的担纲者。

2　婆楼那的探子监视着人类，他的规矩是不可侵犯的。他无所不知（《阿闼婆吠陀》，IV, 16, 2），惩罚罪恶。参见 V. Schröder, *Reden und Aufsätze*, S. 17.

　　婆罗门哲学愈是往此种观点靠拢，其中心的理论问题也就愈在于个体化及其升华的本质与方式。以此，印度哲学的重点便是作为个体化之承载者的灵魂之形而上学结构的理论。依据相当普遍的看法，呼吸原本被认为是人体里——可以这么说——非物质的、"心灵的"、"精神的"实体，因此，原先即与其相关联的概念"ātman"[1]，便就此升华为"自我"之隐含的、非物质的、巫术性的统一体。在《穆达卡奥义书》(Mudeka)里[2]，内在自我还是由"呼吸"所形成的，正如在《旃多格耶奥义书》(Khandogya)里，呼吸仍为某种相对于所有其他器官之特殊的、个体生命所不可或缺的东西，只不过已经是无形的。此外，在后者之中亦已可看到一种精神性自我的灵体(Astralkörper)[3]。在《美特罗耶那奥义书》里[4]，便干脆这么说："人之所思，即为其人。"思维成为再生轮转的唯一肇因——如果思维不朝向梵天，而朝向世界的话。思维甚至具有巫术力量："人以知识、信仰和《奥义书》而使祭祀献牲奏效"，《奥义书》如是说。

　　使得自觉的个别生命的这种巫术性的担纲者（思维），和巫术性的世界势力（梵）同一化，单纯却又重要的一步，已于较古老的《奥义书》的秘义中完成。试看《旃多格耶奥义书》中著名的一节(I, 1, 10)：导师引领弟子穿越一切有生的王国，从种子到人类，并一再向他显示生命内在翻转的"细微本质"，"依此，一切存在

1　原意为"呼吸"，引申为生命、自己、身体、自我、自性。泛指独立永远之主体，此主体潜在于一切物之根源内，而支配统一个体。乃印度思想界重要主题之一。——译注

2　II, 2.

3　I, 1, 10.

4　VI, 34, 3.

皆有自我"（印度的"实体"观），不断吟诵"此即存在，此即自我——尔，休外他凯都（Śvetaketu），此即尔也（'tat tvam asi'）"——实乃古婆罗门智慧令人最印象深刻的格式化之一[1]。

古典的婆罗门思维和巫术的紧密关系，阻碍了那相当明显且于前述所及几乎已完全物质化的最高世界势力，转变成为希腊哲学里固有的"实体"。之所以如此，是因为巫术力量的光环笼罩着婆罗门的思维。因此，一切物质主义的思辨被强烈指斥为异端，毋宁是很可以理解的——尽管此种思辨也可能导向类似的轨道。

另一方面，通过出神忘我之理性化为止观与冥思，正如自我凝定的瑜伽术最先首尾一贯地达成的，唤醒了印度人所特有的那种几乎无与伦比的能力[2]：对于自我的心灵过程，特别是感情状态的一种达人般的、主智主义意识下的体验。由瑜伽术所养成的那种习惯，换言之，一方面关注自己内在心灵状态的活动与紧迫，一方面却又像个事不关己的旁观者[3]，这自然而然会导出这样一种观念："我"就像站在一切之彼岸的一个自体，对岸则是包括意识内

1　《旃多格耶奥义书》（Ⅵ，12）谓乌达拿克（Uddalaka）教其子休外他凯都时，曾提出一譬喻，即：剖割榕树之果实，取极微细之种子一粒，更割之，终存何物？休外他凯都答曰："不见何物。"其父曰："由汝所不能见之微细物中，发生广大之榕树矣，此即阿特曼（ātman[自我]），此即尔也（Tat tvam asi）。""此即尔也"、"我者梵也"（Aham Brahma asmi），并为支配印度思想界数千年的两大格语。参见高楠顺次郎、木村泰贤著，高观庐译，《印度哲学宗教史》（台北：商务，1971），pp. 248—249。——译注

　　韦伯此处所引的三种《奥义书》，皆为古《奥义书》（现存 11 种），属"梨俱"、"婆摩"与"夜柔"三吠陀，年代较古，为正系；另有属《阿闼婆吠陀》、年代较新而多可疑者的新《奥义书》数十种，为旁系。关于《奥义书》源流与译本，见前引书，pp.233—240。——译注

2　在西方，基督教的神秘主义者和后来的某些虔敬派的异人，也同样是这种将心灵物事带入意识"体验"的主智主义的洗练担纲者。

3　或者，在实践上并无不同的做法：通过先验，后来再将技术的成立联结于其固有的种种关联。

在的"精神"过程，以及承担意识及其"隘路"的器官[1]。

　　类似中国的阴阳二元论，作为个体化之根源的世界势力之二元性，也因此浮现在早期的《奥义书》里：男性的、精神的原理，"神我"（purusha），和女性的原理、原物质的"自性"（prakriti）[2]注结合在一起。在其中，经验世界之物质的以及被认为是物质的灵力与精神力量犹未开展地沉睡着，就中所包含的尤其是灵魂的三大根源力，亦即三"德"：1."纯质"（sattva），神性的光明与慈悲；2."激质"（rajas），人类的努力与情欲；3."翳质"（tamas），兽性的黑暗[3]与愚蠢。此处，关于一切可以想见的内在态度，是如何在这三种力量混成的影响下，以一般体系性及炫学—幻想的方式穿透几乎整个（包括后来的）印度教文献，我们便不再追究。更重要的是，在《奥义书》里，"神我"已俨然是个不以任何行动参与世界与灵魂活动——由"性"唤起的活动——的观察者，只不过仍然是个"背负"生命的观察者，至少在他尚未能参透关联的情况下，或者妄信行为的就是彼自身，这整个灵魂的活动即其关注的主轴。当然，一旦他获得知识，并认清"性"及其所作所为的本然面目，那么他便会表现得"像个被瞧见赤身露体的良家妇女一样"，走避而去，而听任他自由地徜徉于其本性所在的永恒不动的休止中。

1　在数论派哲学里，媒介物质世界与精神的器官之有限性，必然造成意识的狭隘，这在佛教的理论里也扮演了一定的角色（何以全知的佛陀，即使全知，仍然必须冥思，也在此得到解释）。

2　梵文 purusha，意即"人"，指个人之精神本体。又作"神我谛"、"我知者"。或单称"神"、"我"。印度数论学派所立二十五谛之第二十五，即执"我"为"常住独存，受用诸法之实我"。prakriti 有"不变"之义，亦指男女之爱欲（kāma），在数论派哲学中则称之为"自性"。——译注

3　在印度一般的观念里，黑暗和光一样是物质性的东西。

以此归结，婆罗门的思辨本身即面对着许多重大的难题，此种难题一般而言存在于任何神秘主义当中，特别是灵知的神秘主义。从这样的归结里，是无法导出任何现世内的生活伦理的——此其第一个侧面。《奥义书》里丝毫没有或几乎没有一丁点儿我们可谓之为伦理的内涵。此外，其第二个侧面，唯赖灵知的知识而得救赎，则与圣典的传统内容处于最尖锐的紧张关系。灵知的知识所贬低的不只是神灵世界的价值，并且尤其是祭祀典礼的价值。截至目前的论述，正统派所能够自行补救的，本质上，也只有靠着"有机论的"相对化。换言之，并没有普遍的"伦理"存在，所存在的唯有依据种姓而来的身份分化与职业分化的"法"（Dharma）。何况人们不能也无意放弃针对士绅（Ārya）的一般道德教诲的一切定式化。特别是《律法书》（家庭礼仪典籍，《家庭经》），一点也少不了这些。所谓德目，时为八德，时为十德，实在殊无特色[1]：慈悲、忍耐、不嫉妒、纯洁、平静、正生、不渴求与不贪婪等八德，是最古老的，或许早于佛教之前的《乔答摩律法书》（Gautama）里所记载的灵魂的八大好品质。到了《摩奴法典》里则转为较积极的寡欲、忍耐、自制、不偷盗、纯洁、制欲、虔敬、知识、诚实与不动怒。或者，具体地浓缩为所有的种姓都必须遵

1　例如《旃多格耶奥义书》以"苦行"、"慈善"（dāna）、"正行"（ārjova）、"不杀生"与"实语"（satyavacan）为行者五大义务。《布利哈德奥义书》则以"制欲"（dāmyata）、"慈善"、"同情"（dayadhva）三者为神之声，又通例教人以"实语"、"自修不退"（svādhyam mā pramadah），在家之法为："不断家系"、"不害健康"、"守家产"、"对神与祖先不怠祭祀"、"敬礼父母师客如神"、"以己所欲之神致于人"。《摩诃那罗耶那奥义书》所举人类道德宗教生活有十二要素："真实"（satya）、"苦行"、"自制"（dama）、"寂静"（sama）、"慈善"、"义务"（dharma）、"生殖"（prajana）、"火"（agni）、"火祭"（agnihotra）、"祭礼"（yajña）、"思念"（mānasa）与"遁世"（nyāsa），其中遁世尤其重要，为解脱道之必要要素。详见《印度哲学宗教史》，pp. 293—294。——译注

守的五戒：勿杀生物，勿妄语，勿窃盗，勿行不梵行（邪淫），当制贪嗔。极其类似瑜伽第一修行阶段的戒律。

虽然如此，借着这些戒律仍然解决不了上述的紧张关系。对于寻求解脱者而言，吠陀礼仪的价值是个问题，对于没有能力接受灵知知识训练的俗人而言，救赎机会如何又是另一个问题。霍普金斯（E.W.Hopkins）特别有贡献的地方即在于显示出这些问题如何广泛地贯穿于古典文献里。作为礼仪的担纲者，婆罗门不会容许吠陀礼仪——至少在俗人眼里——的价值有所贬损。对于《家庭经》而言，礼仪就是一切。同样的，对《律法书》而言，吠陀诸神与祭祀、作为报偿与惩罚手段的天堂与地狱，都是人生之决定性的、大抵终极性的真实，而祖先崇拜则为中心关怀。然而，在《奥义书》里，礼仪——最重要的是骑士祭典之古老的政治性神酒献祭——被赋予讽喻式的新解，而在一切以家灶的火祭为中心点的《家庭经》与《法经》里则没有这个问题。

古婆罗门的理性主义是,假定诸多功能神之上有个"父神"（生主）作为世界主宰者。如今在秘义里，非人格性的"梵"（Brahman）被当作世界势力而位居中心点。作为人格性的最高神，"梵天"之被创造出来，基本上是为了适应俗人的需求。然而在《法经》里，这种被创造的地位却并非一致的。梵天确实是被接受为最高神，并且多半被认同为生主。但是在当时祂就已经是个——正确说来——"怠惰的王"（roi fainéant），并且愈来愈是如此。"本我"（ātman），在《法经》里，确实是作为崇拜的对象而被带有哲学意味地接受，但在家庭仪礼中却明显地忽略了这样一个观念。轮回与业，至少在《法经》里是自明的前提，并且愈是后世的《法经》里就愈是明显突出。然而宗教的规诫手段仍然是：在天堂或地狱或长或短的停留，如果有德，会使祖先喜悦并享来世的幸福，相反，子孙的恶行则会招致祖先在彼岸的不幸[1]——不言而喻，若因子孙而招致不幸，祖灵的报复就会加在子孙身上。

相应于祖先崇拜的意义，以及子孙——可使祖先在墓中安眠并得至福——的意义，必然产生一个相当棘手的问题：是否可以未生子嗣即为沙门？因为即使当某人相信不必再为自己之故而祭祀祖先时，他也不能让祖先断绝了子孙的供奉。于是《法经》上一般而言有此自明的前提：个人必须经历包括家长—婚姻阶段在内的所有阶段，以获得来世的功德。因此，浮现出这样一个观念："来世的"继续存在或者"不死"，不是别的，而正是自己子孙的生命延续[2]。值得注意的是，有些婆罗门却教导：禁欲苦行者并没有必要在进入僧侣生活之前得先做家长。有时，这点不被接受，并且抗议"知识"作为最高救赎之道的一般意义[3]，甚至宣称咬文嚼字地诡辩救赎者和耽于现世逸乐者一样是救赎无望的[4]。不过，大体而言，此一现象被当作既成事实而接受，既有的修道僧规约则相当类似于异端（耆那教）僧侣的戒律[5]。如果还能有个什么立场，那么大概就是：救赎追求有种种方法与种种目标，修道僧所追求的是彼岸个人的救赎，逗留在世间过着礼仪正确生活的俗人则追求现下此岸的救赎与再生，为了自己，也为了祖先与子孙。

---

1 *Vasischtha*, 16, 36.

2 *Apastamba* 23, v. 8 ff. 关于这点以及本文其他段落所引用的材料，参见 Hopkins 前引书 p. 252 ff.《法经》业已翻译于《东方圣书》中。

3 *Apastamba*, 10, v. 14-15. 此一法书包含了大半这类驳斥冥思技术的反对论调，如必勒（Bühler）于《东方圣书》序言中所指出的，必然是南印度古《奥义书》哲学故里的异质产物。

4 *Vasischtha*, 10, 4.

5 特别是记载于 *Baudhayana*，Hopkins 也再度指出这点。

沙门的救赎追求，成功地打破了奠基于祖先崇拜的巫术性氏族纽带，是最重要且最非比寻常的一种现象，并且唯有借此方能得到解释，亦即：禁欲苦行者拥有任何人都不会怀疑的巫术力量。沙门的巫术性卡理斯玛所具有的威信，在印度超越于对家庭的恭顺义务，而这正是和中国最重要的对比。

此种发展出现在多早以前，以及，反对的势力有多么强烈，现在谁也不敢说。情况可能一直相当不稳定：向北印度推进的殖民活动，在整个婆罗门时代一直不断持续下去，必然会松动家族的纽带，这或许也是促成此一发展的一个因素。也许正是在此种情况下，婆罗门学派、苦行者共同体、修道院才得以自由自在地形成，哲学家的神秘救赎追求也才能真正自由地开展。

被承认为天启（śruti）[1]，而与圣传文学（Smriti）[2] 有所分别的哲学救赎教义，接受救赎之道的相对化，亦即，视救赎追求者的意图与个人的卡理斯玛而定。诸神存在并且强而有力，不过，诸神的天上世界是无常的。借着正确的仪礼，俗人也能加入他们。正确研读吠陀者也同样可以，因为其精神力量未达此一层次以上。然而，凡具灵知的卡理斯玛者，就能超脱出此一无常的世界。若灵知为最高的救赎手段，那么其内容即可能往两条方向不同的轨道上发展。

其一，灵知是对现实（Wirklichkeit）的物质—灵魂—精神

1　印度婆罗门教用语。原意为"听"，引申为"神的启示"。婆罗门教谓吠陀乃是圣人受神之启示而诵出的，故为神圣之知识，四吠陀因此一直被视为典型的天启著作。——译注

2　天启圣典发展到后代，又产生不少辅助的典籍，此即所谓的吠陀六支分（Vedānga）。此支分与《摩诃婆罗多》《罗摩衍那》及《摩奴法典》等，相传皆为圣贤所著，故称为圣传文学。内容包括语音学、韵律学、文法学、语源学、天文历算、祭仪纲要学等。其中的祭仪纲要学为了解吠陀不可欠缺之典籍。——译注

过程的认识：现实是个相对且异质于永恒不变而无质性的本我
（Selbst）、但真正存在的世界——在质性上分殊的、个体的、永远
生生灭灭的世界，为本我所背离。此时，认知的本我与被认知的
物质（包括所谓的"精神过程"）之二元论，乃成为根本的形而上
学事实。

其二，灵知是一种极为特殊意味下的认识：认识到现实的世
界、永远生生灭灭的世界根本不会是"真的"。世界只不过是个假
象（māyā），是由灵幻的造物主（Demiurg［狄米尔格］）[1] 以魔法
唤起认识所造成的虚像。因此，假象是以非常特有的方式"创造"
世界。实在（Realität）并非此种表象的生成与消灭，而是在所有
表象的变化里坚执持一的存在，因此自然是超现实的、神性的存在，
也就是梵。梵通过（属于假象世界的）认知器官所生成的个体化，
即为个别的心灵。一旦此种宇宙的幻想因认知而被毁灭，从幻想
的苦恼中解脱出来便竟其功。一旦获得灵知的心灵，就此别无所求。
要将心灵带入此种状态，唯有借诸特殊的辅助手段：灵知毕竟不
是普通的知识，而是一种"拥有"。

两种见解的特有宗教差异，在实践上比在形式的认识理论的
对照上更加重要。倘若抱持着实在的虚妄性格这个观念，那么毫
无拘执而自在的认识，唯有借着心灵——只有靠其宇宙论的幻
想而被个别化的心灵——与梵（神性的全有唯一者）**神秘地**再度
合一，方可获得。另一方面，若抱持二元论的立场而承认现实的
真实性，那么梵对于努力有成的救赎追求而言最终是多余的，而

---

1 希腊文之原意为"制作者"。柏拉图在其 *Timoeus* 中给世界的创造之神以狄米尔格之名。
不过，此神并非像基督教里那个从无中创造世界的全能的神，而只不过是个以被给予的
理念为稿本而描摹创造出世界的制作者。——译注

此种救赎成果是可以通过瑜伽术意味下的体系性认知**训练**来达成。因此，二元论的教说并不涉及梵，就此而言，实为"无神论的"：解脱的灵魂沉入永恒的无梦之眠，但不会消失。一元论的梵说则可称之为"泛神论的"——如果我们愿意用这个很不恰当的词来形容梵（作为相对于宇宙论假象的唯一实在）——相当特殊的形而上学的"超世俗性"。

　　关于现实之实在性的二元论教说，是由迦毗罗（Kapila, 约公元前 350—公元前 250）首先有系统地奠立的数论派所完成[1]，关于宇宙论假象的一元论教说，则是以"吠檀多"之名而为人所知。数论派的教说已于《奥义书》中见其端倪，无疑是早于吠檀多教说的印度知识阶层的古典哲学。这点可由其与瑜伽的关联得到证明：瑜伽术是其学说建构的前提条件；除此之外，其之于古老教派的形成与异端教派（包括佛教）的影响，也足资证明。更进一步，《摩诃婆罗多》的重要部分，非常明显的，起先是在数论派教说的影响下完成的，后来才再经吠檀多派的编整。最后，还有一些外

1　数论学派，梵语 Sāmkhya，音译为"僧佉"，意译又作"数术"。此派为古印度六派哲学中成立最早者。相传初祖为迦毗罗仙人（Kapila, 或译卡比拉），是将《奥义书》派哲人乌达拿克（Uddalaka）的思想加以批判性改革而成立。此派以分别智慧而计度诸法，并以此数为基础，从而立名论说，故称数论派。其早期学说主张精神、物质二者统一为"最高我"（即梵天），采有神论与一元论之立场，至晚期则否认最高我，成为无神论之二元论。神我（purusha）为纯粹意识，不具作用，仅观照自性而已。自性依序开展为觉、我慢、五大、十六变异。此一原理与神我、自性合称二十五谛。所谓自性（prakriti），即可供开展之唯一因子，其构成之要素有纯质（sattva）、激质（rajas）与翳质（tamas）三德；神我即由开展后所产生之物质结果中脱离出来，独自存在，其时即称为解脱。此一宗派最古老之经典为四五世纪之间伊湿伐罗克里什那（Īśvarakrishna）所著之《僧佉颂》（Sāmkhya-Kārikā）。此派与瑜伽学派有密切的关系。——译注

在的情况可以举证，诸如数论派教说最古老的有系统编纂的年代 [1]，以及婆罗门日常施水时口中所呼唤的至今仍是迦毗罗和数论派古代的圣者。

相反的，收编于跋多罗衍那（Bādarāyana）的《梵经》（*Brahma-Sūtra*）中的吠檀多 [2]，后经此派最重要的哲学家商羯罗加以注释，成为后世正统派婆罗门的印度教之古典体系。这当然不足为怪。高傲地拒斥一切信奉神的形式且承认现实的实在性的数论派教说，本质上较适合大君主制发展以前即已存在的、由婆罗门与俗人骑士所共同构成的高贵知识阶层，而较不投合一个纯粹的祭司种姓，特别是当这个种姓受到家产制大君主的保护时。因为祭司种姓的中心关怀乃在于神力的存在与神秘地接引神力，并且较易将其教说与吠陀文献的前提调和起来，毕竟，从名目上即可看出其目标所在（吠檀多 [Vedānta]，意即终极，吠陀的究竟）。此处，我们势必要舍弃进一步分析吠檀多那种非常伟岸的观念之企图，因为对我们的文本而言，只有那些最一般性的基本前提才是事关紧要的。然而我们要避免这样的想法：认为此一教说只不过是一种"悲观主义的"、"蔑视现世的"感情状态的理性解释，虽然这也和希腊的情形一样，可见之于古婆罗门与古吠陀经典中。其真正成为根本的感情状态，是从后期的《奥义书》才开始的 [3]。

印度伟大的教义体系毋宁是高傲的、在想法上首尾一贯的思

---

1 此派所保存的最古老作品为伊湿伐罗克里什那（Īśvarakrishna）的 *Sāmkhya-Kārikā*，见 Bechanarama Tripathi 的 *Benares Sanskrit Series*, Nr. 9（Benares, 1883），德文译本为 Deussen, *Geschichte der Philosophie*, I, 3。迦毗罗（据称）的警句集则由 Beal 翻译成英文。

2 "Vyāsa"（草案的创作者）被公认为此派的创立者，本为一个集合名词，同样用来指称《摩诃婆罗多》与吠陀经典的编辑者。

3 *Maitrayana Up.*, I, 2-4 ff. 是这个环节经常被引用到的。

想家之相当理性的观念。强烈地规制住其教说的，是救赎财的神秘性格，而此性格乃一独特的知识阶层之内在状态的产物，他们在面对生活时，毋宁是思考生活之意义的**思想家**，而不是实际参与生活课题的行动者。感情与感觉状态及"世界观感"，至少部分而言，可能是源自被理性解析的世界图像，但也可能是以冥思手段追求而得的救赎状态所造成的结果。有一本《奥义书》[1]，举出印度人的三大首要德目：自制、宽大与"同情"，如果说第二个德目是起源于骑士，第一个是源之于婆罗门身份阶层，那么很明显的，"同情"便是神秘的出神忘我所典型显现的、爱的无差别主义的病态快感的产物，后来在佛教里被提升为具有普遍性的伦理意涵。

在六大公认的正统吠陀学派里[2]，数论派与吠檀多派具有如此特殊的重要性，是以其他派别的形而上学可以就此略而不论。并且，两大学派的教说中，成为我们的关怀重点者，也仅限于那些以对我们的本文而言重要的方式，决定了实践伦理的教说。

所有这六个学派的"正统性"，表现于他们对吠陀权威的承认，换言之，如前文所述的，特别是对婆罗门文献里发展出来的仪式义务之履行没有异议，也不质疑婆罗门的地位。

---

1 *Brihadaranyaka Up.*, V. 2, 此节在 Winternitz, *Geschichte der indischen Literatur* 当中特别提出，并论及《奥义书》之缺乏伦理内容及其理由。

2 此六大学派通常是指：耆米尼的弥曼差（Jaiminis Mīmāmsā）、迦毗罗的数论派（Kapilas Sāmkhya）、毗耶婆的吠檀多（"Vyāsas" Vedānta）、乔答摩的尼夜耶（Gautamas Nyāya）、羯那陀的胜论派（Kanādas Vaiśesika）、巴丹阇梨的瑜伽派（Patañjalis Yoga）。吠檀多派亦为相对于古弥曼差——亦即对吠陀作仪式主义解释的"前弥曼差"（Purva Mimāmsā）——的"后弥曼差"（Uttara Mimāmsā，弥曼差意指系统的研究）。因为究极而言，被视为古典的唯此二弥曼差（前弥曼差与吠檀多）。

正统的哲学学派[1]通常承认救赎之道的多元性。礼仪行事、禁欲苦行和知识，打从一开始便是他们承认为古典的三种救赎办法。不过只有后两者才能超越业的连锁，尤其是知识。此种知识即为灵知、"开悟"，有时菩提与菩萨会为此显现。我们已得知其巫术意义（特别是对瑜伽行者）。至于其救赎意义则在于能够遏止精神与物质不幸的结合，亦即本我的"物质化"（upādhi）。完全去除一切"物质基础"的状态，后来被称为涅槃（nirvāna）[2]：当一切与世界的联系皆被破除时即显现出来的状态。在佛教以外的观念里，涅槃并不是像原始佛教所认为的，等于是个体性的整个"消失"，而是因不安而致苦恼的终结，换言之，并不是火焰的熄灭，而是犹如风止息时，一种恒常的、无烟的、没有火花的燃烧[3]。

涅槃和类似的以其他字眼来表述的禅悦状态，并不必然是彼

---

1 相对于被视为异端的"唯物主义者"的学派 Lokāyata（顺世派）——为迦尔瓦卡（Cārvāka，大约公元前 3 世纪）所建。此一学派拒斥一切形而上学且否认吠陀的权威。关于此学派，参见 Hertel, *Das Penchatantra*（1914）及 Hilltbrandt, "Zur Kenntnis der indischen Materialisten"（*Festschrift für Kühn*, 1916）。

　　顺世派为古印度婆罗门教之支派，主张随顺世俗，倡导唯物论之快乐主义，与阿耆毗陀派同为古印度自由思想之代表学派。此派以唯物论之立场，主张地、水、火、风等四元素合成人之身心，人若命终，四大元素随之离散，五官之能力亦还归虚空，故人死后一切归无，灵魂亦不存在。因此，此派否认轮回、业，复否认祭祀、供仪、布施之意义。于认识论上主张感觉论，于实践生活上主张快乐论。并反对婆罗门所主张之祭祀万能主义，而倾向于诡辩之思想。此类唯物论快乐主义，于古印度吠陀、《梵书》、《奥义书》之时代即已萌芽。在当时，崇奉此类主张者，被称为"迦尔瓦卡之徒"。至于何时始蔚成一大思想流派，迄今已不可考，仅知约与佛陀同时或稍前。或谓梵名 *Lokāyata Cārvāka*（路伽耶迦尔瓦卡）即其始祖之名。此一教派并无经典传世，今所知有关此派之思想主张多散见于佛教或当代其他学派之典籍中。据《慈恩寺三藏法师传》卷四所载，玄奘西游天竺，寓止摩揭陀国那烂陀寺时，曾有顺世外道前来论难，可知在 7 世纪时，此一教派思想风潮犹盛行不衰。——译注

2 关于这点，参见 Oldenberg 前引书。

3 如《摩诃婆罗多》（VI, 30, 49）所述。《薄伽梵歌》亦有此种意味下的状态。

岸的——解脱者在死后才会达到的境界[1]。恰好相反，作为灵知的结果，这是此世所追求的。灵知的全然掌握，赋予古典沙门一项最为紧要的特质：印度教的"救赎确证"（certitudo salutis）。相应于印度教的形而上学，这有两重意涵：其一，当下享有禅悦。尤其是吠檀多派，对这种与梵合一的超尘世的喜悦，赋予决定性的分量[2]。其二，此世即解脱业的连锁。靠着完足知识而得救的"生前解脱"（jivanmukti）[3]，意即逃离伦理的果报机制："不为行止所执。"在印度教的意涵里，彼即为"无罪的"，"已不再为我做了什么善或恶的问题所苦恼"。以此，遂导出神秘主义特有的无规范论的归结：不再受礼仪的约束，因为自己已超越它，凡事我都可行[4]，而不会危及救赎。此种结论自然是接近于数论派的形上思维过程，但吠檀多派的学者也同样有此归结（例如《泰提利亚奥义书》）[5]。当然，这些结论似乎并不是就这样被照单全收。很可以理解的是：礼仪因此而受到的贬抑，实在是太动摇根本了。

　　但是，这些观念对异端的、反礼仪的救赎宗教之成立，却很可能扮演着异常重要的角色，正如一切但凭己力而得救赎的神秘

1　举凡将止行与止情当作是解脱尘世之主要表征的形而上学，必然会主张无梦之眠即为此种状态最接近的境界。这是极为自然的。所有的泛灵论皆视睡眠为灵魂的流转，在这点上，《奥义书》也以同样的态度看待无梦之眠和恍惚忘我（参见 Gough, *Philosophy of the Upanisades*, p. 36）。

2　参见，例如，*Maitr. Brahm. Up.* VI, 34, 9. 灵魂在此种止观中被洗净一切污秽且与本我合一的喜悦，是不可言说的。就像在这本《奥义书》的第 10 节中所说的："水是水，火是火，气是气，我们无法自其中分辨出个别的什么；同样的，与本我合一者亦是如此。"在史诗里，梵并不被描写成这样一种禅悦的感情状态，而毋宁像是一种智慧之光，类似柏拉图在《理想国》里的灵知的泉源。纵非如此，也径可比之为沉睡。

3　词汇虽新，内容却是古老的。

4　即使杀父、杀母。只是，这样的犯行，可以这么说，他根本做不出来。

5　*Taittireya*，参见 Gough, *Philosophyof the Upanishades*, p. 66 ff.

主义，即因此种无规范主义的结论，而经常无可避免地危及祭司阶层。作为"智者"的沙门感觉到自己要比光是个礼仪专家的婆罗门来得优越，况且他们个人的显而易见的神圣光环当然比一般俗人伟大得多。这种内在于婆罗门与婆罗门影响下的知识阶层之间的紧张关系，乃势所必然之事，正如同西方的世俗祭司、公认的教团所任命的僧侣，与俗人禁欲者之间所存在的紧张关系。

相反，宗教达人（religiöses Virtuosentum）在印度教里的地位，却有些不同于其在天主教里的情形（尽管其间有许多相似之处），原因在于后者贯彻其教会制度恩宠的性格。相对于业报决定论，且在逻辑上较不那么首尾一贯的恩宠剩余论（opera supererogatoria）思想，确实也存在于印度教里。不过，至少并没有那种被认为可以从功德宝库里将恩宠施予人的制度机关 [1]。通常，取代此种观念的，毋宁是古老、单纯而直接的圣徒崇拜

1　在《宗教社会学》里，韦伯讨论过不同的恩宠授予的观念。有关"制度恩宠"（Anstaltsgnade）的概念如下："救赎所需的恩宠乃是在一持续性的基础上，经由某些神或先知所认可而创设的制度化组织（Anstalts-gemeinschaft）来赋予。这个机构可以直接通过纯粹巫术性的秘迹手法，或者是通过其所掌握的由于其执事者或信奉者之实践而累积下来的多余的业绩（可以产生神恩或恩宠的业绩），来发挥其力量。只要是制度性恩宠一贯地营运之处，即涉及三个基本前提。一、教会之外无救赎（extra ecclesiam nulla salus）：除非本身为某一特定的、被赋予掌理恩宠之机构的成员，否则即无法得救。二、恩宠授予之有效与否，取决于机构所赋予的职权，而与祭司个人的卡理斯玛资质无关。三、需要救赎的个人之宗教资质，与有权授予恩宠的机构全然无关。换言之，救赎乃是普世性的，而非仅只限于宗教达人。宗教达人若想凭一己之力接近神、求取恩宠，而不思依赖最根本的制度性恩宠，他的得救机会以及宗教的纯正性就不免——而且实际上也无法避免——要受到威胁。根据此一理论，所有的人皆可能得救，只要他们能充分履行神的要求，即可获得足以使他们得救的制度性恩宠的授予。因此，对于个人伦理成就所要求的水平，必须与一般人的平均资质相当——实际上则意味相当的低。谁如果能在伦理领域成就更多（亦即宗教达人），那么，除了确保自己之得救外，他还可以为其机构积累善功，而由此一机构再将这些善功授予那些需要的人。我们刚刚所叙述的观点即为**天主教会**的独特立场，同时也决定了其之为一个恩宠机构（Gnadenanstalt）的性格。"（《宗教社会学》，pp. 242—243）——译注

（Hagiolatrie）：礼敬且施舍沙门是一种礼仪的善行，可造功德。伟大的禁欲者是精神指导者（Directeur de l'âme）——导师与法师（Gosain）[1]。与教会首长的确固关系却是没有的。但原则至少是：个人绝对只因自己的功德（因其作为 [ex opere operato]），而非借着制度恩宠（Anstaltsgnade），才能获得救赎，所以沙门对第三者而言只具有巫术的或模范的救赎意义。

相应于有机层次的救赎状态：解脱者（生前解脱者 [jivanmukti]）、借着禁欲或冥思而出世追求救赎者、礼仪正确且受吠陀教养的婆罗门以及单纯的俗人身份，自然会有这样的企图出现：将出世的、救赎论的、解脱业之连锁的救赎追求的阶段，与现世内的业的伦理，联结成一种有机的阶段关系。例如在数论派的救世论中即有下述这种自下而上的阶段性完成手段：1. 宽大——相应于古老的吠陀美德；2. 与智友相交；3. 自行修习；4. 教导他人；5. 最后，静思观想（ūha [理性深思]）。真正想追求最高目标者，便应努力达到绝对不动心（virāga [离染]）的境界。因为情欲与忧虑会使悟性不至。因此，人应抛弃财产，更应远离人类社会——除了有知识的人之外。

当然，即使古印度教也不乏一切达人宗教所共有的经验，亦即人类的宗教资质不平等的问题。根据数论派的教说，这是思考器官（属于"自性" [prakriti]）的素质之故。avidyā（无明）是一切智的障碍，妨碍强度依素性之不同而异。然而人可以通过专一（后来遂有瑜伽术的采用），成为自己的主人。反之，不管怎样的社会

1　Gosain 是湿婆信仰的托钵修道团中的修道士全位阶，也是表示修道士的称号。Gosain 共分十个等级，目标在于借苦行与托钵而终极地与湿婆神合为一体。——译注

业绩，据纯正数论派的教说，对救赎而言都是毫无价值的。即使承认仪式义务的履行对救赎追求而言具有积极正面的救赎价值，也不过是后来在俗人思维的影响下才成立的。

相反，吠檀多派的教说总是视礼仪与"事功"——传统的社会义务——为有益于救赎努力的。由礼仪之不可侵犯性而来的古老概念"rita"（天则）[1]——宇宙秩序，是一切存在的实在因，近似中国的"道"的概念，其地位后来被古典与后世文献里的"法"（Dharma）的概念所取代；"法"即对个人具有约束性的社会伦理行为之"道"与"义务"，不过，此一概念却同时又有意谓"宇宙秩序"的倾向。此种转换是由于祭司愈来愈有规制俗人在现世内的尤其是礼仪上的义务之必要。吠檀多派之承认外在义务的意义，也同样不过是指正确履行礼仪义务，尤其是供牲祭祀义务，也能够间接促成正知识的获得，而不是说这本身就是个救赎之道。若按古典的吠檀多派，仪式的履行，在此种间接的意义上，当然是完全不可或缺的。以下同样是吠檀多派的主张：只有对那些已经获得完全知识且因此享有禅悦者，礼仪才不再有任何用处。

---

1 rita 之原意为物之合于次第秩序者之抽象用语，因此移用为"真理"、"正义"等意。依吠陀的用法看来，此词应用范围极广：流水、晨曦、黑牛白等人间之有秩序的行动者，皆 rita 之发现。一言以蔽之，凡自然界、人事界之秩序，皆 rita 不同之作用，因此有"自然律即道德律"的说法。人类若破坏人事之秩序，则自然秩序亦被破坏，故对 anrita（无秩序、非真理）应严加戒备。此一观念发展至祭典上则要求依法以行祭，否则必遭神怒。由此观之，则英语之 right（正确）、rite（仪式），与 rita 似乎有其印欧语系的同源关系。——译注

第八章

《薄伽梵歌》的救赎论与职业伦理

日常义务与救赎之道就这样被相互编整到一个在婆罗门看来还差强人意的、有机的阶段关系里，但这样的解决方式却一点也满足不了有教养的俗人阶层的要求，尤其是骑士阶层。婆罗门固然可以在其仪式性的日常职业之余，以止观来提升其非日常性的内在修为，或以止观为秘教式的助益，特别是以此获得内在的调和，但战士却不能。战士的身份律法和任何一种逃离现世的方式都无法相容。可是他却也不能因此就让人把自己编派为宗教价值较低者。这种存在于日常律法与宗教救赎追求之间的紧张关系，一方面促成了异端救赎宗教的产生（将于后文中论述），另一方面则促使正统派内部的救世论有更进一步的发展。

现在我们就来谈谈后者，原因有二：第一，此种救世论的开端必定发生在异端形成的时代之前[1]，或并肩而行；第二，它仍然带有古代知识分子的救世论所独具的特殊性质，当然，也已经以（单只对我们而言）传统的形态，和后世的救世主宗教之萌芽联结

1　佛教的影响在史诗相当晚期的部分才看到。

在一起。其古典文献出处，当然便是（最后的编纂大约在公元前
6 世纪的）《摩诃婆罗多》以及特别是其中的一段对话式的哲学插
文——此种经由祭司之手而改写成伦理纲要的作品，书中所在多
有 [1]。它们显然，至少部分而言，是一些发生在小王国时代高教养的
刹帝利社会对于神义论问题的讨论，经由祭司加工改写使合时宜
的残迹遗绪 [2]。在其中，我们发现，一方面，任何战士英雄阶层都贴
近一种信仰的痕迹，亦即对于"天命"和命运之任意戏弄人生的
信仰 [3]，而此种信仰很难和业报教说合成一气。另一方面，特别是在
国王坚阵 (Yudhischthira) [4] 和他的英雄，以及和德珞帕娣 (Draupadi) [5]
的谈话里，我们看到关于个别英雄命运的"公正"和战争的"正义"

---

1 《摩诃婆罗多》(*Mahābhārata*) 为印度两大民族史诗之一（另外一个是《罗摩衍那》），
也是印度教的圣典之一。《摩诃婆罗多》的意思是："歌颂婆罗多族之战争的大史诗"，
是一部由十万颂所构成的庞大故事诗（一"颂"等于我们的四行诗）。据传为广博仙人
所作，这当然是不可靠的，史诗实际上是长期累积扩大而成的，在公元前 5 或前 6 世纪
问世，经数百年的发展，至 3 或 4 世纪才逐渐定型。故事的内容是叙述大约发生在公元
前 10 世纪时雅利安人部族之间的战争。为了争夺王位而发动战争的两方其实是婆罗多
族的两房堂兄弟：一边是潘达阀 (Pandavas) 五兄弟，另一则是库拉阀 (Kauravas)
一百个兄弟。由于除了战争的描述外，还包括大量相关的神话、传说、哲学、宗教、伦
理、社会风俗等等题材，故此书成为了解印度文明的一大宝库。包含于其中的《薄伽梵
歌》(*Bhagavad Gita*) 为一宗教诗，是印度文学上不朽的篇章，内容是叙述御者克里什
那（亦译为黑天，实际上是毗湿奴的化身）在大战爆发前向潘达阀兄弟之一的有修说明
正义之战的必要，同时教他信仰神之伟大恩宠对于赴身沙场的重要性。截至今日为止，《薄
伽梵歌》仍为印度教圣典中最受人们欢迎的作品。——译注
2 《薄伽梵歌》之具关键特征的部分，特别是骑士阶层的"命运伦理"，必然是起源于古骑
士时代。
3 罪最终就在人的自身当中的观念，和下述的观念是相克的：罪乃是前世作为之不可避免
的结果，就像悬在人上头的命运一样，而人只不过是让幽暗命运或——说得更正确些——
业的连锁自行运作的工具 (Mahabh. XII, 22, 11 ff.；参照 59, 13 ff. 以及 IV, 5 和其他章节)。
4 《摩诃婆罗多》的主角之一，潘度 (Pandu) 之子，潘度共有五子（即所谓的"潘达阀"），
皆为天神与其妻所生。——译注
5 坚阵有四个兄弟，五人共娶一妻，即德珞帕娣。——译注

的讨论。从中，在在显示出王侯律法（Dharma）之纯粹固有法则性的（马基雅维利式的）观念，此一现象部分是由于后来门阀时代的政治关系，部分是基于婆罗门首尾一贯的理性化所造成的结果。在史诗里，坚阵王就其无辜的不幸，和他的妃子以差不多是《约伯记》的方式详细地讨论神的世界支配[1]。他的妃子下结论说：伟大的神只不过随意弄人罢了。真正的答案，和《约伯记》里一样，并没有找到；人不该谈论这些事情，因为善人总会因神的恩宠而得不死，并且——尤其是——若无此种信仰，人们就不会做有德的行为。[2]

这种想法和奥义书哲学完全是两回事。在奥义书哲学里并没有这样一个支配世界的人格神存在。这样的神是承传于梵书里的古老父神——位居于非伦理的吠陀众神之上，此种承传部分而言则取决于史诗最后编纂时代里再度复苏的、各拥其人格神的教派宗教。被认为具有人格性的梵（梵天），因此被认同为生主。吠陀诸神俱在，只是并不有力，不为英雄所惧。祂们甚至无法帮助他，而只能使他冷静并赞叹他。英雄本身，例如有修（Arjuna）[3]，是神

1　III, 29, 38 ff.。这正是史诗里被认为古代的部分。

2　韦伯认为《圣经·约伯记》相当能说明基督教的神义论："个人命运的问题在《圣经·约伯记》里有所揭示，《约伯记》是出自一个十分不同的阶层（上层社会），它的最高潮乃是一种对任何问题之解决的断念，而顺服于神对其创造物的绝对的主权。这种顺服可说是清教徒预定论的前驱。当神意注定的地狱之永恒劫罚所引起的激情，配合上述所讨论的涉及报应与神之绝对主权的观念，必然会导致预定论的出现。然而这种预定论的信仰终究没能在那时的以色列人之间发展出来：他们几乎完全误解了《约伯记》作者原先意图中该有的结论"（《宗教社会学》，pp. 149—150）；"这位全能的神乃居于其被造物之所有伦理要求的彼岸，因此祂的意旨被认为是超乎人类所能掌握的范围之外的。并且，神之绝对的全能是无限地超绝于被造物的，所以被造物的正义尺度根本不可能适用于神的作为"（《宗教社会学》，p. 189）。——译注。

3　《摩诃婆罗多》主角之一，坚阵之弟，为天神因陀罗之子，武艺高强。——译注

之子。但他并不太在乎这个父神。他所信奉的是"天命",并且在外表上拥护婆罗门的哲学[1]。古老的英灵殿,因陀罗的战士天堂,似乎才是他的真正目标,所以战死沙场——和其他各处一样——是荣耀的事。这比禁欲和禁欲所能达到的国度还要来得好(至少在书中某处是这么说的)。美德、利得与欢乐,是男子之所求,行动总比闲坐要好。虽然如此,英雄还是实行禁欲的,禁欲者的能力和神圣知识的意义对他们而言仍是确立不移的,因此,这种纯粹的英雄伦理显然也只是事情的一面而已。事实如此。

关于英雄律法的伦理意义,亦即战争的伦理意义的问题,尽皆详细阐述于《薄伽梵歌》中,这是印度极为有名的至今仍为任何吟诵者在戏剧节目中都不会错过的插曲[2]。表面上,这是一段近亲敌对者在血腥战斗前直接进行的对话,对话者是英雄有修和他的御者克里什那(Krishna),有修在忧虑着杀害这样一个近亲的正当性,克里什那有效地劝免了他这层忧虑。然而此时,克里什那已被诗人当作是最高神存在——薄伽梵(Bhagavat, 亦即"尊者")的人间化身(avatāra [权化])[3]。此种想法和后来支配着印度教非古典的大众救世主宗教信仰的那种道成肉身(Epiphanien)的观念是

---

1 亦见 E. W. Hopkins, *Religionof India*, p. 417。

2 世界各国的语言几乎都有翻译。德文本由 Garbe 译出,并附有精彩的导论(Leipzig, 1901)。

3 克里什那即毗湿奴的化身。毗湿奴(又译毗纽天、遍入天等)为印度教三大主神之一,于吠陀神话中被视为太阳神之一,谓其三步即可跨越大地。初未受重视,直至《梵书》时期,始渐受信仰。《奥义书》中把那罗延天(Narayana)、婆薮天(Vasudeva)等皆列为其异称。毗湿奴肤色深蓝,四手,分持法螺、轮宝、仙杖与莲花,脐上出莲花一朵,上坐梵天。乘金翅鸟迦楼罗(garuda),妻为吉祥天女。此神司世界之维持发展,因其其慈爱、恩惠之神性,故人能亲之、信之。又其特性为"权化",以救度众生为目的,而以其超自然之力,变现十种形态,即所谓毗湿奴十大权化。——译注

共通的。总之，这种在印度中古时期最为重要的宗教意识所独具的感情特征（关于这点，后文会有更进一步的论述），早就可以看到[1]，而关系到的，在最根本面上，正是古代尊贵的知识阶层的思维产物。

有个妥当的论点，认为薄伽梵的崇拜者的古老共同体，应该就是《薄伽梵歌》所描述的救世论的担纲者[2]。其根源大义的基础，如盖伯（Garbe）所正确指出的，是数论派的教说。诸多纯正的吠檀多特征是后来经由古典主义的婆罗门的编纂活动才添加上去的。这首诗歌现在被视为公认的正统教说的表现。正如克里什那在历史上的形象，这还有争论的余地。即使在克里什那时而被认为是个古老的太阳神之后（和佛陀被文献证实为历史人物之前一样），仍有杰出的学者主张，他毋宁是薄伽梵宗教被神格化了的创立者[3]。非专家对此无法断言。不过却也没有确切的理由足以反对这样一种最为单纯的假设：此一形象是取之于古老的史诗传统，而且被部分的刹帝利崇拜为其身份英雄。《薄伽梵歌》的救赎教说，对我们而言最为基本的特征如下：

对于有修要在战场上与其近亲相残的忧虑，克里什那的回答，

---

1 《薄伽梵歌》里古老且前于佛教的要旨，并非信爱（bhakti，参见后文）的感情状态，而是神的恩宠（prasāda）的思想（E. W. Hopkins 亦持此说）。

2 关于这点，参照 R. G. Bhandakar, *Vaisnavism, Saivism and minor religious systems* (Bühler, Grundriβ, Straβburg, 1913)。

3 Kennedy, *J. R. A. S.*, 1908, p. 506, 现在仍为此种见解的代表。Grierson, *Ind. Ant.*, 37, 1908, 也一样。他称此一神格化的创立者为 Krishna Vasudeva，并且认为古薄伽梵神 Vasudeva 是后来才被视同为毗湿奴神的。Macnicol, *J. R. A. S.*, 1913, p. 145, 认为克里什那是个古老的（有时以动物之形现身的）植物神，因此植物供奉才取代了动物牺牲（不杀生的起源?）。他指证说，在后来的克里什那哑剧里，克里什那及其庶从涂成红色（夏）与白色魔鬼（冬）相斗（相当于希腊的 "Xanthos" 和 "Malanthos" 的斗争）。薄伽梵崇拜者的教派应该是成立于公元前 4 世纪，盖伯在前引书里误置为佛陀前两三百年。

仔细看来,有许多互相异质性的论点。第一[1],这些敌人的死是注定的,即使不由有修来采取行动,也还是会发生,因此,是天命使然。第二[2],有修的刹帝利本性,便会驱使他上战场,即使个人未必有此意志;这是他所无法控制的。此处,种姓律法的伦理决定论被解释成因果性。此种结论,虽然和数论派的观点——由一切行为的构成要素之纯粹物质—机械性的本质来推论结果——颇为相近,但即使是数论派也未必经常得出此种归结。再者,第三——理论上的主要论点所在:并不是真正存在的东西,人也无法真正与之争斗。这就有吠檀多—幻象的意味。不过若以数论派的观点也可解释成:唯有认识的心灵"存在",其他一切行为与争斗都不过是附着于物质。为了救赎的目的,精神应该要从与物质事象的纠结中解脱出来。这样的论点似乎比直接从数论派教说的立场来立论要微弱些。因为,依此,分别"智"才是重要的。被动地受生命苦恼的精神,一旦彻底明白并非自己在进行活动,自己不过是在承受物质行为的影响,如此一来,也就不会再陷落到功德—罪过和业的机制里。和古典的瑜伽行者一样,这样的人就此成为自身活动和自己意识里一切心灵事象的观察者,并且因此从世上解脱[3]。

不过,问题仍然存在:在这样的状况下,有修为何还是得战斗?就此,接下来是纯正印度教式的、从战士的种姓律法出发的积极响应,也是克里什那所指示于有修的[4]。对战士而言,战斗是好的,用个史诗时代仍具特征性的说法:克里什那说是"正义的"

1　XI, 32, 33.

2　XVIII, 59.

3　XIII, 23:凡认知精神与物质者,即不再生,**无论他过怎样的生活**。

4　II, 31 ff.

战争。回避战斗则带来耻辱。在战场上倒下者，进入天堂；在战场上获胜者，支配地上。在克里什那看来，这两种情况对战士而言都是一样的。不过，这还不是洞彻的见解。因为，问题还在于：基于种姓律法的行为，也就是物质行为，而非寻求救赎的精神行为，是否，以及在何种意义上，具有救赎价值？在对此问题的回答里，我们方才见到《薄伽梵歌》里所描述的、宗教上的观念的独创性。

我们业已知晓涉足尘世的极小化：神秘主义者之救赎拥有的固有方式所导致的宗教性"偷生微行"（Incognito）。早期基督教徒之拥有钱财妻室，"就好像没有一样"。在《薄伽梵歌》里，这带有一种特殊的色调，亦即：智者在行为里，更正确点儿说，面对自身在现世里的行为，确证自己，在其中，他履行所负的使命——通常即是基于种姓义务的使命，然而其内在却全然不相参与，换言之，行若未行。达成此种境界的条件是：在行为时，全然无视于成果如何，对任何成果都无所欲求。因为，此种欲求将蹈人于尘事俗网中，并且因此而促成业的产生。就像早期的基督徒"行事正确，结果则委诸上帝"，薄伽梵的崇拜者也从事"必要之事"[1]——我们可说它是"本性使然之义务"、"日日之要求"。并且，确实，相应于种姓义务的专属性[2]，他只做这些而别无所事[3]，绝不顾虑结果如何，特别是本身的成果。只要人有肉身（包括被数

1　如XVIII, 48 所显示的，克里什那的此种表达指的是"先天的"义务，也就是依种姓律法而被指派的义务，和神所命定的义务是同一的（参照 III, 8; XVIII, 7, 9, 23）。

2　种姓义务的范围极广，譬如种姓混杂的话就会下地狱（根据 I, 41），祖先也连同在内，因为如此一来就没有符合同样资格的子孙来为死者祭祀了。

3　XVIII, 47 采取一种古典的、我们先前引述过的立场："履行自己的义务尽管不甚完善，也总比正确地尽了他人的义务要好。凡是能履行本姓所规定的义务者，便不会被怪罪。"第二个句子是印度教基本的伦理教条之薄伽梵崇拜者式的说法。

论派教说归为物质的"精神"机能），即免不了工作，但确实可以
免去工作的成果[1]。同样的，禁欲苦行与祭祀供奉，也只有当内心里
不在乎其成果时，换言之，照我们的说法，只有在"为其本身之故"
的情况下，对救赎才是有用的[2]。凡于行动时舍弃世间成果者，"便
不会因其行为而背负罪业，因为他的行动只是因其肉体之故，并
且满足于因此而自然到来的结果"[3]。这样的行为是免于业报的。

　　自然，吠檀多派事实上也有能力去正当化此种教说。从吠檀
多派的立场看来，在看似真实的世界里所发生的行为，不过是幻
象帷幕（māyā-Schleier）之虚伪网络上的线条，而神性的全有唯
一者则隐藏在此一帷幕之后。凡是能够揭开帷幕而知道自己是与
梵同一者，便能继续更虚幻地参与这种虚幻的行为，而丝毫不妨
害到他的救赎。知识使他免于业的纠缠，礼仪义务则提供规则——
通过规则的遵守，可以让他不做出冒犯神的行为。

　　如果说，就在现世内行为的这种对世界的冷漠，在某种意义上，
代表了印度知识分子之古典伦理的究极成果，那么，诗歌本身则
透露出此种伦理逐渐要得出其最后形态的挣扎。首先是与古老的
礼仪主义的婆罗门阶层相对抗：吠陀的教说充满着追求幸福的欲
望，关注物质的世界（guna［功德］）并致力追求此一世界中的成
果[4]。进一步是关于行动之相对意义的问题：相应于救赎教说，无视
于结果且因此而免于业报机制的现世内的行为，面对古典的救赎
手段——冥思，有何相对意义？换言之，问题牵涉到内在于现世

1　XVIII, 11.

2　XVIII, 5, 6. 否则的话，随即生业。

3　IV, 20, 21.

4　II, 42.

的神秘主义对于逃离现世的神秘主义的态度。

诗歌的某处说道,实践履行比起放弃行动要来得好[1]。由于薄伽梵宗教意识源之于刹帝利伦理,所以此种顺位似乎是比最终的立场要古老些——在最后的定论里,冥思被认为是因其卡理斯玛而受到尊重的圣者所行之事,因此有时反而被置于较高的地位。不过,一般而言,以下两种救赎之道:jñāna-yoga(正知)与 karma-yoga（正行）[2],各自相应于各个种姓律法,地位是不相上下的。同时,在高贵的俗人教养里,讲求方法的冥思,被认为是获得灵知的古典方法,可使地位从此不再动摇,而其(薄伽梵宗教意识)源之于高贵知识阶层的事实,再也不容否认。这可由其彻底拒斥狂迷忘我和一切积极的禁欲苦行当中看出来。无意义的禁欲及充满欲望、热情与高傲,在《薄伽梵歌》的观点看来,都是恶魔的习性[3],只会导致毁灭。

反过来,薄伽梵信仰与古典瑜伽的亲密关系是相当明显的,并且与数论派的二元论——认知的精神与被认知的意识内容——充分相应和,这在诗歌的许多段落中都可以找到。瑜伽行者不止是个禁欲苦行者,并且——对于针对古典婆罗门救赎教说的原始

1　V, 2.

2　jñāna-yoga 亦译为"若那"或"智瑜伽",认为瑜伽行者当行到完全舍弃一切业的地步,而成为一个"遁世者",主要的功夫是在禅静,遁世者要有智慧力才能修成正果,故为难行的瑜伽。karma-yoga 亦译为"羯磨"或"业瑜伽",比较易行,行者当以清心行"作瑜伽"(kriyā-yoga),即依法履行他在社会及宗教上的本分,不必计其果报；他为无所作为的湿婆天行一切行,完全不自私地奉献他的敬爱、信仰给祂,故《薄伽梵歌》第九章说:"昆地的儿子,无论你做什么,吃什么,你的贡献,你的施舍,你的苦行,你定要将它献给我。"详见许地山,《大乘佛教之发展》,收入张曼涛主编,《大乘佛教之发展》(台北,1979), pp. 124—125。——译注

3　XVII, 5. 另参见 VI, 16, 17。

立场而言,相当具特征性——也不止是个知者[1]。规制呼吸与意念的瑜伽术,被大加赞美[2]。一般的印度教原则在冷漠应世的命令里找到呼应,诸如去除进入地狱的三大门路——欲望、嗔怒与贪婪[3],从内在解放对家庭、妻子、儿女的爱恋[4],绝对地不动心(Ataraxie)[5]等,是被救赎者的确实征兆。凡是认知精神与物质者,即不再生,"无论他过怎样的生活"[6]——这个严格的数论派定律,至少是与古典的瑜伽原则相对反,同时也是非吠陀的。此一无规范的归结,我们已知道是古典印度教里被救赎者生前解脱之态度的最后结果,然而现在在薄伽梵宗教意识里倒牵引出一个我们至今尚未触及的主题,并且事实上形成古典教说中的一个异质性的要素。

克里什那时而说道:"舍弃一切善功,唯我为皈依。"[7]即使是恶棍,只要能真正爱克里什那,便得至福[8]。临终时口唱圣音"Om",并且一心以克里什那为念,那么来世便不会沦亡[9]。最后,尤其是这样一个教说:面对(看似)自我的、因纠缠于物质世界而被制约的内在态度与外在行为,而能够彻底绝对地漠视世界,换言之,彻底确证精神性自我的神秘恩宠状态,则现世内的行为不但不会妨碍救赎,反而会对救赎产生积极正面的作用。此一教说轻易地就与古代印度教的救赎教说之一般前提联结起来,并且积极地得

1　VI, 46.
2　V, 27, 28.
3　XVI, 21.
4　XVIII, 9.
5　XVIII, 22.
6　XVIII, 23.
7　XVIII, 66.
8　IX, 30.
9　XVIII, 13.

出如下的响应：世间的行为唯有在一种情况下是可以促成救赎的，那就是行动之际毫不执着一切后果与成果，而完全以克里什那为皈依，并且只因他之故、始终他为念。

如此，浮现在我们眼前的是一种信仰宗教的类型。在典型的宗教意义里，"信仰"并不以事实与教义为真实——此种以教条为真实的想法，只能是固有宗教意义的成果与征兆——，真实的是宗教皈依，是对一个神或救赎者无条件的、完全信赖的服从，自己的整体生命也始终以他为取向。在此，克里什那就是这样的一个救赎者。他对唯他的庇护是求的人施加救赎"恩宠"（prasāda [信仰]）。这是古老的古典印度教所欠缺的一种概念（或许顶多在某些《奥义书》里有些许微弱的痕迹），因为此种概念是以超俗世的人格神为前提，并且基本上意味着业—因果性的破除，或者至少是古老原则——灵魂是其自身命运唯一之肇作者——的破坏。恩宠施与的思想本身，对于印度教的宗教意识而言，并非一向陌生：以圣徒崇拜的方式而受到尊崇的巫师，便因其自身的卡理斯玛而施与恩宠，超世俗的人格神和神格化的英雄的恩宠，便意味着从人到神的转化。然而，以此方式来达到脱离世间而得救赎的想法，倒确实是个新现象。虽然如此，似乎也不太可能将此种救世主宗教和信仰宗教的成立推到较晚的时代——佛陀以后，在此时代，此种宗教意识当然是蓬勃发展的。薄伽梵宗教开始有文献的记载[1]，似乎是在公元前 2 世纪时[2]。不过，进一步详细检视《薄伽梵歌》，

1　Bhandakar, *Ind. Ant.* , 41（1912）, S. 13。同样的材料见于 Bühler, *Grundriß, Vaishnavism Saivism and minor religious,* 1913。

2　其中谈到对薄伽梵、Samkarshana 及 Vasudeva 的崇拜（克里什那神的典型名称）。不久之后，有一个希腊人 Heliodor 在 Taxila 被称为薄伽梵（*J. R. A. S.* , 1909, S. 1087 ff. ）。印度教

我们就会发现此一信仰是如此一致地遍布于诗歌各处，因此显然只有通过确信此一要素在其成立当初即具相当意义，方才得以理解。同时，其为高阶层知识文化的宗教达人团体所作出的秘义理论，是如此的明显，所以我们必然应作此想法：此一要素从一开始便是薄伽梵宗教意识所固有的。

尽管神的非人格性本来就是古典的观念，但是或许在知识阶层，甚至婆罗门阶层当中，从来就未曾首尾一贯地成为唯一支配性的想法。对俗人的圈子而言更是如此，特别是对于佛教兴起的时代已蓬勃发展的高贵（但非军事的）市民阶层。整部《摩诃婆罗多》就是各种特征的奇特混合，它混合了：1. 古代具备人文主义知识教养的骑士高傲的伦理——史诗当中说："我告诉你们这个神圣的秘密：没有什么比人更尊贵"[1]；2. 市民要确保获得神之恩宠庇护的需求（这个神以其意志主宰着人的命运）；3. 祭司之神秘主义的世界漠视。在数论派教说里——此一教说无疑是一种理性的、知识人的宗教意识，在其最为首尾一贯的形式上是"无神论的"——人格神毗湿奴有时候似乎扮演着某种暧昧的角色。瑜伽派，基于我们已知的诸多理由，一直是坚持人格神的概念。总而言之，在后来印度教的众多伟大的人格神里，毗湿奴和湿婆都不是新的产品。湿婆是由于古老的湿婆崇拜的狂迷性格，所以才被古吠陀—婆罗门阶层的文献所封杀。到后来，并且至今，最正统的高贵婆罗门教派，正是湿婆派——只不过狂迷的要素已被剔除于祭典之

（接上页注）的三大德目：dama（律己）、tyaya（宽大）与 apranada（谦逊）被采用于一个半希腊人的改宗者献给 Vesudeva 的纪念碑文式（Z. D. M. G., 63, S. 587）。——近东伊朗的影响尽管亦未被排除于宗教意识的形成初期之外，不过这样的考虑是没有必要的。

1　Hopkins 以此文句作为其著作——我们此处经常引用的 *Religion of India*——的题词。

外。个人可以向一个救赎者——以其为神的化身——"寻求保护"
的想法，至少是异端的知识人救赎论，尤其是佛教的救赎论，一
开始就有的概念，并且不太可能是由他们首创出来。就像我们先
前所说的，这可证之于巫术性导师（Guru）的地位：他们自古便
是此种绝对权威的人格特性的担纲者。古老的古典薄伽梵宗教信
仰起先所缺的，或者，即便已存在于其中，但无论如何总不为高
贵的知识阶层所接受的，是后来的克里什那宗教信仰中对救赎者
狂热的爱。这有点儿类似路德派的正统论之拒斥虔敬派在心理学
上可视为同质的基督之爱（钦岑朵夫）[1] 为非古典的改革。

薄伽梵宗教之为一种知识人宗教的特点，还在于其无条件地
坚持灵知，亦即知识的救赎贵族主义，认为唯有具知识者方得救
赎。当然，其得以彻底首尾一贯地贯彻此一观念的办法在于：将
救赎之道"有机地—身份地"相对化。所有诚实且全心地进行救
赎之道者，皆可达成目标，亦即达成救赎追求者所努力的目标。
对于无知者，亦即"羁绊于工作"者、无法摆脱追求行为之成果者、
无法达到漠视世俗者，应该随便他们。知者、在漠视世界的高扬
境界（Yoga）上行为者，还是要说那些无知者的工作是"好的"[2]，
和中国的神秘主义者听任民众于物质享乐、而自己则致力于道的
追求完全一样。两者都是基于同样的理由：各人的卡理斯玛资质

1　钦岑朵夫（Zinzendorf, 1700—1760），德国虔敬主义代表人物。出身于萨克森贵族，专
　　攻法律与神学，担任过萨克森政府的法律顾问。1722 年他将当时在米兰受到迫害、因要
　　求信仰自由而出亡的基督徒收留在自己的领地内并加以保护。其后，他自己也辞去官职
　　住到这个村庄，专心从事此种虔敬主义信仰的教化，并于 1727 年组织虔敬主义的兄弟团。
　　此一教派虽然曾一度受到压制，但团员皆热衷于未开化地区的传道活动，钦岑朵夫自己
　　即曾到美国布道。——译注

2　III, 26.

有高下之不同——这在任何宗教达人看来，是不证自明的道理。饮用苏摩神酒的吠陀通晓者（仪式主义的婆罗门）进升因陀罗的天堂[1]，享有时间有限的快乐。光靠吠陀知识或禁欲的赎罪苦修，当然是不可能见到克里什那的。直接通过与梵合一的努力——一如吠檀多派所希望的——来到克里什那之处，确实非常困难[2]。对于那些虔诚崇拜神的人，克里什那会赐予他们一时的救赎，尽管他们因欲望的诱惑——换言之，执着于现世之美——而无法靠近他[3]。

救赎的关键端在于恩宠状态的"恒常不变"。成为"不变的"（aviyabhicarin）、拥有救赎确证（certitudo salutis），便是一切。因此，人在临终时思念着克里什那，便会往生他之处。他将这种恩宠赐予那些依照律法正确而行的人，换言之，行为之时**毫不**顾虑结果并且也不在乎行为成果的人。对于自己的行为，套句西方的话说，个人只能有费希特（Fichte）[4] 所说的"冷淡的承认"：自认所行——在律法的衡量下——无误。依此，个人便真正是漠视世俗、逃离世界而自由于业的机制之外。

救赎者克里什那让任何西方人都感到吃惊的，是其无可怀疑且不容怀疑的不德无行。这也是后来的教派神学要将他与无过的救赎者分隔开的原因。在《摩诃婆罗多》里，克里什那对他的被庇护者提出一些最恶劣、最非骑士的、违反忠诚与信仰的建议。这正显示出这个角色相对而言较古老的、史诗英雄的而非星象（太

1　IX, 30.

2　XII, 3.

3　VII, 21, 23.

4　费希特（Fichte, J. G., 1762—1814），德国哲学家，为康德与后起的德国古典唯心主义者黑格尔、谢林之间的桥梁。在伦理哲学上，费希特认为只要忠实地依据自己的良心行事，就是接近于神的最佳方式。——译注

阳神）的来源。他在古老的英雄史诗里被刻画出如此深刻的特色，以至于再也无法借着修正而消除掉。救赎理论则以下述方式来与事实妥协：一方面，声明言词而非行为才是唯一本质性的；另一方面，指出漠视世界也意味着凡事之发生是无可理喻地决定于命运（照正统派的说法，毕竟是业）——至少对一个神而言，这也同样真实，不管是以什么方式。

显然，《薄伽梵歌》的现世内的伦理，是一种真实不二的、"有机论的"伦理：印度的"宽容"即基于这种一切伦理与救赎诫命之绝对的相对化。所谓有机的相对化，并不只是按照种姓的归属来进行，而且也根据个人所追求的救赎目标而定。因此，宽容不再是消极的，而是：1.积极的——只不过，相对且分等次地——评价各种最相对立的行为准则；2.承认各个生活领域之伦理的固有法则性及其同等的固有价值，这是因为，一旦面对救赎的终极问题，这些领域的价值必然都要受到贬斥。这种普遍的有机相对主义，并不仅仅止于理论上，而且还深深地渗透到感情生活里——可证之于印度教在其支配的时代所遗留下来的文献。例如在所谓的婆罗门湿婆迦纳（Sivagana）的迦纳瓦沙（Kanawsa）诗句碑文里[1]，湿婆迦纳捐献了两座村庄，用以维持他所建的隐士庵。他也以自身的祝祷力量助其君王支配与屠杀了无数敌人。在此诗文里，和其他的一样，大地沾满了血腥。虽然如此，"他虔敬地建造这个屋子，世上的人只要将目光转向它，就能够从卡利时代的污秽中解放出来"。他这么做，是因为他发现人生背负着各种苦恼的重担，会年老、别离和死亡，因此，这种运用钱财的方式，是世上所有

---

1 *Ind. Art.*, XIX, 1890, S. 61（8世纪）。

的善良人都知道的唯一良方善法。诗文接着说："在他建造屋子的季节里，风中飘散着阿修卡花的香味，芒果树正抽发着嫩芽。群蜂四处飞舞，丽人眼底的光辉更是诉说着爱意。当她们意乱情迷地与爱人相对坐上秋千，酥胸上爱的印痕再也隐藏不住，肉体更在胸衣里颤动，急忙笑着垂下半闭的眼帘，只是眉间的抖动泄露了她们心中的欢喜。朝圣者的太太们可是眼看着芒果花照亮了大地，耳中听到醉醺醺的蜜蜂嗡嗡作响。眼泪便不住流了下来。"接下来是开列出隐士庵所需的熏香和其他必需品的清单账目。

从诗文中，我们看到生活中的所有事项都各得其所：英雄血热的战斗狂、救赎的憧憬——从构成生活本身且一再重演的离别苦中挣脱出来的渴望、冥思静观的僻静处所，以及春天的亮丽美景和爱的幸福。所有这些，最终都沉入到被断念所迷醉的、忧愁的梦般的心境里，而此心境是幻象帷幕的思想必然产生的。在此思想中，所有的一切：此种非现实的、无常的美，以及人类相互争斗的恐怖，彼此交织在一起。记载在一份官方纪念文件里的对世界的态度[1]，最后也贯注到印度文献最具特色的部分里。实在与巫术，行为、理智与心境，似梦的灵知与敏锐自觉的情感，不仅相互共存也彼此渗透，因为，所有的一切，相对于唯一真实的神圣存在，最终，毕竟同样都是不真实的、非本质的。

1　碑文并不单只记载在此处。另外在一份捐献状（Ep. Ind., I, S. 269 f.）里，某个城市的商贩和贸易商以此捐献为一名湿婆派的苦行者建修道院，因为他"寻求神的最高之光，自由于情欲的黑暗之外，但仍屈服于官能的欢喜之恶"，所用的比喻（v. 69-70）是一幅年轻美丽女子的画像，在画像中正沐浴着的她，因对王子的爱而心驰神往。

第九章

上层职业僧侣的异端救世论

一、耆那教

借着奠基于宗教对世界之贬斥上的普遍主义与"世界肯定"的有机相对主义，我们便来到古典印度知识人观点的固有领域上。此种观点乃是古老的贵族—小王国时代知识阶层的产物。除此之外，还有另外两种宗教形态。第一种是古来粗野的民间狂迷祭典：不仅被知识人闭门相向，而且还鄙弃、嫌恶之，视同女人的私处，或者干脆尽可能无视于它的存在——至今仍然如此。酒精、性爱与肉食的狂迷，巫术性的精灵强制与人格神，活生生且神格化的救赎者，对人格化救难圣人——被当作伟大慈悲的神明的肉体化身——狂热崇拜的爱，这些都是民间宗教信仰里为人所熟知的要素。

我们已看到，薄伽梵宗教尽管在结构上仍为高贵的阶层所熟悉，但已对俗人的救世主信仰及其之于恩宠和救难的需求，做出相当的妥协。后面我们还会看到，在急遽变化的权力关系下，处于支配地位的知识阶层不得不对此种平民的宗教信仰形态做出更大幅度的让步，而此种平民宗教信仰则成为特别非古典的印度教教派和尤其是支配着中古与近代的毗湿奴信仰及湿婆信仰的泉源。

不过，在讨论这些信仰之前，我们必须先研究一下另外两个宗教现象——耆那教与佛教。这两者本质上都是在古代知识阶层的基础上生长起来的，然而，在婆罗门阶层看来，它们不只是非古典的，而且还是最邪恶的、最该被拒斥的异端，因而饱受婆罗门的攻击、诅咒与憎恨。用婆罗门阶层的话说：碰到一只老虎也比碰到这些异端者要好，因为老虎只伤人骨肉，而异端者则毁人灵魂。这两种信仰形态在历史上相当重要，因为在数个世纪里，佛教常常于全印度耆那教在可观的领域里，被承认为支配性的教派。不过，这也只是一时的。

虽然佛教后来再度完全消失于印度——至少是印度本部，但却发展成一种世界宗教，其对文化的革命性影响，从锡兰、中南半岛，越过西藏，直到西伯利亚，并且遍及中国、韩国与日本。耆那教则本质上局限于古典的印度，并且萎缩成现今信徒为数不多的小教派，而且有些印度教徒声称这教派是属于他们的共同体。不过，就此处的关联而言，它总是能引起我们一些兴趣，因为它是个非常独特的商人教派，排他性异常强烈，甚至比西方的犹太人更强。此处，我们所碰到的是一个显然与印度教完全异质的、和经济的理性主义有着积极关联的教派。耆那教与佛教这两个竞争最激烈且同样是形成于古典刹帝利时代（公元前六七世纪）的教派中，耆那教是较早兴起且更加纯粹印度本土的[1]。我们出于切事

1　在最近相当丰富的文献当中，特别值得推荐的是 Mrs. Sinclair Stevenson, *The Heart of Jainism*。纪念碑文的主要资料，参见 Guérinot, "Epigraphia Jaina"（Publications de LÉcole française de LÉxtrème Orient, X, 1908）。某些最重要的经典则收于《东方圣书》里（Gaina Sutras, 由 Jacobi 翻译）。其他的文献于引用处注明。

且合乎目的的理由，先来加以探讨。

和古典时代的许多救赎理论家一样，依照传统，耆那禁欲的创始者伊那特里普特拉（Inatriputra, 那塔普他 [Nataputta]），被称为"大勇"（Mahāvira, 殁于公元前 600 年），出身于刹帝利贵族[1]。这个教派最早根源于贵族知识阶层的事实，还表现于被承认的传记上肯定地说[2]：阿罗汉（arhat [圣者]）总是出身于纯粹的君王世系，而从未出身于较低的家族[3]；附带地，也不会出身于婆罗门家族。其中显示出俗人圈子出身的沙门打从一开始就强烈反对吠陀—婆罗门的教育。吠陀的礼仪诫命与教说，和神圣语言（梵语）一样，全都被严加拒斥。因为，这对救赎一点意义也没有，救赎毋宁全靠个人的禁欲。就其一般的前提而言，耆那派的教说完全是奠定在古典（思想）的基础上，诸如：救赎即为从再生之轮中解放；唯有脱离无常的世界、离弃现世内的行为和附着于行为的业，救赎方能达成。

和佛教相反，耆那教基本上接受古典的阿特曼理论（ātman [本我]）[4]，不过，和古数论派教说一样，将梵—世界神魂的概念置于一旁。它之所以成为异端，特别在于其拒斥吠陀教养、礼仪及婆

---

1 大勇出身若多族，其父母居住在毗舍离，为波栗湿缚的教徒。大勇 31 岁时，父母决心自愿饿死。他们逝世以后，他就出家，开始在西孟加拉裸体漫游，忍受一些迫害以及自我赎罪。如此生活 13 年以后，他自信已经得道，遂以耆那的身份出现于世，成为耆那教派的首领。他的布道活动持续了 30 年之久，布道地区跟佛教大致相同，并有 11 名大弟子。他逝于王舍城附近，享年 72 岁。——译注

2 *Kalpa Sūtra*, 翻译见《东方圣书》，p. 17 ff. 。

3 根据 *Kalpa Sūtra*（S. 22），大勇的胚胎奇迹般地从其婆罗门母亲体内被移转到一个刹帝利母亲那儿。

4 灵魂的存在被以经院哲学—本体论的方式表现出来，亦即七句表示法（Saptabhangi Nyaya）的理论：任何主张都可以区分成七种不同的意思。

罗门阶层。其教说之绝对的无神论，或其拒斥任何最高的神性和整个印度教的万神殿[1]，应该不是其之为异端的绝对强制性理由，因为，其他古老的知识人哲学，尤其是数论派的教说，如同我们已见的，也有同样的倾向。当然，耆那教也驳斥所有的正统派哲学，不只是吠檀多派，也包括数论派的学说在内。虽然如此，在某些形而上学的前提下，它确有相近于数论派之处，特别是有关于灵魂存在的信念。所有的灵魂——意即固有、究极的自我实质——在耆那教看来，都是同等且永恒的。灵魂，且唯有这样的灵魂，而非一个绝对的神魂，才是"jīva"——生命的担纲者。它们并且（和佛教教说明显相异的）是一种"灵魂单子"（Seelen-Monaden），具有无限智慧（灵知）的能力。"灵魂"并不只是——如正统的薄伽梵宗教所认为的——被动感受的精神，相反，相应于其与古老积极的自我神化—苦行之远为明显独特的关联，灵魂是一种积极的生活原理，对立物（ajīva［无命］）是物质的钝性。这样的肉体是恶的。

由于其主智主义的、反狂迷的根源所导致的资质限制，耆那教与苦修—巫术的关联，比起印度其他任何的救赎宗教都要来得紧密。这可证之于耆那教彻底废除了诸神世界的地位，取而代之的是对伟大的禁欲达人的崇敬，他们依序为阿罗汉、耆那和最高的救世者（Arhat, Jina, Tirthankara）。这些人生前是被如神般地崇拜的巫师，死后则成为模范的救难圣人[2]。在全部二十四个救世者当

---

1 后世的耆那教接受了许多正统印度教的神祇——例如童子神（Ep. Ind., II, 315-316）。

2 此种英雄崇拜的专属性，虽然也见于后世正统派的诸神的化身里，但正统派的代表仍认为这是特别非古典的、野蛮的。"偶然来到地上、因有德而获幸福的阿罗汉，如何与湿婆相比呢？"——这是碑文上（Ep. Ind., V, S. 255, 12 至 13 世纪作品）11 世纪一位著名的学派首领在宗教论难上向耆那教徒提出的诘问。

中，根据传说，巴湿伐那陀（Pārśvanātha, 据称在公元前 9 世纪）是倒数第二个，大勇则是最后一个。"先知时代"随他们而终结，在他们之后，再也没有人能达到全知的阶段，甚或全知之前的阶段（manahparyāya［慧智］）[1]。

一如婆罗门灵知性质的阶段性向上攀升，耆那教的卡理斯玛，据《劫波经》（Kalpa-Sūtra）所载[2]，也依不同的知识阶段而分成身份性的七个等级：从文书和神圣传统的认识，到对此世事务的自觉智（avadhi），此为超自然知识的第一阶段；接下来是直观的能力（千里眼），其次是巫术力量的拥有和自我变化的能力，再则为（第五阶段）对所有生物之思想的认知（manahparyāya，超自然知识的第二阶段）；继则为绝对的圆满、全知（kevala，超自然知识的最高阶段）和自一切苦中解脱而得自由（第六阶段），以此最终（第七阶段）达到"最后之生"的确信。因此，《阿迦朗迦经》（Acharanga-Sūtra）中说[3]，完全得救赎者的灵魂是无质、无体、无声、无色、无味、无情、不复生、不与物质相接、"不类推"（亦即无相且直接地）认知与理会的一种"绝对的"存在。

---

1 梵文的 jīva（命），为耆那教之根本学说，意指"灵魂"，分成受物质束缚与不受物质束缚两种。受物质束缚之"命"，有动、静之别，前者存在于动物、人等有生命体中，后者存在于地、火、水、风等无生命体中。不受物质束缚之"命"则指解脱之"命"。耆那教将"命"视为宇宙之生命原理，主张"命"中具有活动性、感觉，及思智（mati）、闻智（śruta）、自觉智（avadhi，又作"他界智"）、慧智（manahparyāya，又作"他心智"）、义智（kevala，又作"绝对智"）等五智，而与"无命"（ajīva）并为构成宇宙之两大要素。——译注

2 前引书，S. 138 ff.。

吠陀系统的经书有三类，即《法经》《天启经》与《家庭经》。三部相合，总称之为《劫波经》。通例各吠陀之支派必各具备一部《劫波经》。耆那教亦有类似的经典，据说跋陀罗巴忽即曾著有一部《劫波经》。——译注

3 同前书，I, 5, 6。

　　在生存当中，凡能获得正确的直观知识者，即不再有过恶。如大勇一般，他看见一切神祇皆在他脚下，具一切知。大勇(在地上)的究极状态，亦即完满的禁欲者所进入的状态，又称为"涅槃"(在此等同于后世所说的生前解脱)[1]。然而耆那教的这种涅槃的状态，正如霍普金斯所正确指出的，和佛教的涅槃相反，并不是从"存在"中解脱出来，而是从"肉体"——一切罪与欲望的泉源，也是一切精神力量之限制的来源——中解脱出来。由此，我们马上可以看出其与行奇迹的巫术之间的历史关联。同时，知识在耆那教而言，如同在所有的古典救世论里，是为最高的——事实上是巫术性的——救赎手段。然而，获得知识的方法，除了学习与止观之外，就是和巫师类似但比其他知识人教派要求更高的禁欲苦行。

　　禁欲苦行在耆那教里被推行到最极端：饿死自己的人，达到最高的神圣状态[2]。不过整体而言，此种苦行，相较于古老未开化的巫师苦行，是被精神化于"背离世俗"的意义下。"无家"是基本的救赎概念，意味着断绝一切世俗关联，尤其是毫不在乎一切感官印象，并且避免一切基于世俗动机的行为[3]，进而根本停止"行为"[4]、希望与意愿[5]。如果一个人只感觉和思想着"我是我"[6]，那便是此种意味的"无家"。他既不求生也不求死[7]——因为不管求生或

1　*Acharanga Sūtra*, II, 15.
2　许多事例可由碑文得到证明，例如 *Ep. Ind.*, III, S. 198（12 世纪）：有个圣者在共同体面前饿死自己；*Ep. Ind.*, V, 152：一位来自恒河的王子，在大远征之后，成为耆那教的苦行者（10 世纪），也同样饿死自己。
3　*Acharanga Sūtra*, I, 4, 1.
4　同前书，I, 2, 2。
5　同前书，I, 2, 4。
6　同前书，I, 6, 2。和《奥义书》中的 Tat tvam asi 相对比。
7　同前书，I, 7, 8。

求死都是"欲望"，会招来业报；他既没有朋友，也不会拒绝他人对他采取的行为（例如信奉者通常会为圣者洗脚）[1]。他所奉行的原则是：不抵抗恶[2]，并且在生活中通过忍受困苦与疼痛来确证个人的恩宠状态。因此，耆那教徒从一开始便不是由个别的智者在老年时或一时地投入苦行生活所组成的共同体，也不是终生奉行苦行生活的达人或光是由数个学派与修道院所共组的共同体，而是一个"职业僧侣"的特殊教团。首先，他们恐怕是古代高贵的知识人教派里最成功地做到印度教派之典型的双重组织者，亦即以僧侣共同体为核心，外加在僧侣的精神支配下的俗人"优婆塞"（upāsaka［信奉者]）共同体。加入僧侣共同体的仪式在古典时代是在一棵树下举行[3]：新加入者要脱下身上的装饰袍服，作为放弃一切财产的象征，然后落发垢面，再由教师将真言（mantra［曼陀罗]，巫术性与救世论的咒语）传入到他的耳朵里[4]。逃离世界的强度似乎也有所改变。随着传统，这样的强度必然是不断地向上攀升，不管是绝对地脱尽所有，还是无条件的贞洁，都是后来才被加进来成为绝对的诫命——而到底应是哪一个犹有争议。无论如何，此种发展——相对于第二十三祖悌尔旃卡拉（Tirthankara）较温和的诫命——应归功于大勇，并且和僧侣教团的创立本身是相结合的。

教团因革新而永久地分裂，开始于 1 世纪。部分僧侣要求（至少圣教师）应绝对赤裸，而其他人，事实上是多数人，加以拒

1　同前书，II, 2, 13。
2　同前书，II, 16。
3　这象征着教团之非常的古老。
4　这个后来成为所有印度教派奉行的典型惯习到底有多么古老，很难加以断定。

绝[1]。裸行派（亦即天衣派[Digambara]）在许多礼仪方面颇有古风，并且希腊作者还提到他们和希腊哲学家辩论，而他们后来的名称原先只有印度的文献里才有，所以"耆那"这个名称似乎是后起的。此种情形或许正显示出僧侣共同体的多数，在易于布教的利害关心下对世俗的让步。实际上，此种布教在后来的几个世纪里获得表面上极为显著的成果。裸行派认为只有他们自己是真正地"解脱束缚的"（Nirgrantha-putra[尼干子]）"天衣派"（以天地为衣者），而与其他人——"白衣派"（Śvetāmbara[穿着白衣者]）分离开来，最后则将女人完全排除于救赎的可能性之外。而后，随着伊斯兰教的榜样，和拜占庭所曾经发生过的那样，此地的共同体里也兴起打破偶像之战，于是有反偶像教派的形成，也因此使得耆那教产生了进一步的分裂。白衣派自然是掌握了大部分的耆那教徒，而天衣派则于19世纪时被英国警方逐出公众场合。

　　为了避免僧侣卷入任何私人或地方性的关系与依恋，古典的耆那教教规要求僧侣有义务一地又一地不停地云游各处。在一种异常绵密的决疑论所规制的托钵方式下，似乎确保了喜舍之完全的自发性和喜舍人的行为不会招致业之产生的程度（因为僧侣被认为是要对此负责任的）。为了避免一切"行为"，僧侣应该尽可能只靠自然界提供的剩余物资或"主持家计者"（俗人）在毫无意图的情况下提供的剩余物资——如此则类似自然的赐物——过生

1　此一分裂亦导致两派经典文献的彻底分离，以及两种（宗教）会议的分立。

活[1]。游走四方无家无业的戒律，自然而然地给教团带来一股强而有力的传道力量。事实上，布教确实是被鼓励的[2]。

　　和规定僧侣要游行四方的戒律完全相反，给俗人的规诫是不要旅行，因为旅行会陷他们于无法控制且不可知的危险之中，甚而犯下罪过。我们熟知印度教对于更换地方的不信任，至少是对没有掌控灵魂的司牧者陪伴下作任何迁徙的不信任，在耆那教更是被推演到极端。任何旅行都要有导师的许可和指示，并事先确定好旅行的路线和最高的旅行期限，以及可容许的最高旅行花费。此种规则是耆那教徒独具特色的一般态度。他们就好像未成年人一样，被置于教会纪律的监控之下，办法是借着僧侣阶层和风纪督察的巡视。

　　除了"正知"之外，耆那教的第二块瑰宝是"正见"，意即盲目地服从于教师的见解。相对于正统印度教包容甚广的"有机的"相对化，古典的耆那教救世论里唯有一种绝对的救赎目标，也因此唯有一种圆满，其外的一切都只是半路的、过渡的、不成熟的，亦即没什么价值的。救赎是分阶段获得的：根据流传最广的耆那教教义，当人走上正路后开始计算，经过八次再生，便可获得救赎。俗人则必须每天有一定时间（48 分钟）的止观、在一定的日数里（多半每个月四次）过完全的僧侣生活，并且还得在特定的日子过特别严谨的生活，不离开自己的村子且日食一餐。俗人的法（Dharma）也只不过是指尽可能和僧侣的法相近的东西。尤其是，俗人必须

1　所有的耆那经典都有各式各样的规定。不仅一切好食品和住屋都应加以拒绝（*Ach. Sutra*, I, 7, 2），而且还必须避免领受特别为僧侣所备置的东西——不管是出于在家人的过度热心（I, 8, 1），还是出家人的贪欲与臭气（II, 2, 2）——因为这会产生业。"教师（Yati）守则"还更加严格规定：不可以问俗人有没有这样或那样的东西，因为这会使得他们在热心的情况下，以不正当的方法去获得物品。

2　*Ach. Sutra*, I, 6, 5.

善尽那些自己立下誓愿而有责任完成的义务。耆那教因此博得"教派"（Sekte）的典型性格——个人因特殊许可方得加入[1]。

修道僧的纪律相当严格。修道院的阿阇梨（ācārya［长老］）[2]，多半是由最年长者担任。不过，在最早时则是因其卡理斯玛而由前任者或共同体选定出来[3]，负责听取修道僧的忏悔和课以惩罚等事务。在位的修道院长老还负责管束俗人的生活[4]，为此目的，俗人圈子被依次划分成教区（samgha［僧伽］）、管区（gana），及最末端的共同体（gachchha）。阿阇梨若玩忽职守则会遭到巫术性的恶

1　韦伯对"教派"的定义简述如下："教派在社会学意义里并不是一个'小的'宗教共同体，也不是一个从任何其他共同体分裂出来、因而'不被承认'或受其迫害且视为异端的宗教共同体。洗礼派即为社会学意义下的一个典型的'教派'，是基督新教在世上的诸派中最大的一个。并且，所谓'教派'，是指其**意义与本质**必然地弃绝普遍性且必然地奠基于其成员之完全自由的志同道合。其之所以必然如此，乃因其为一贵族主义的构成体，一个在宗教上完全**具有资格者**（且唯有他们）所组成的团体，而不是教会那样的一个恩宠机构，将光亮照耀于义者与不义者身上，并且正是特别愿意将罪人纳入于神之命令的训育下。教派具有'纯粹信徒团'（ecclesia pura）——'清教徒'（Puritaner）之名即由此而来——的理想，其为圣者所组成的**眼而得见**的共同体，害群的病羊要自其中驱逐，以免有碍上帝的眼。"（《支配社会学》，p. 425）——译注

2　显然，长久以来，所有被确证的游方修道僧也都各有监管自己的修道院。土地的授予是维持修道院所必要的（若无此种授予，则即使连耆那教的修道院也无法存活），但在耆那教这里，授予是以一种可以撤销的、定期明白重新确认的方式来进行的，为的是确实保持赠予之绝对的自发性和没有恒产家当的拟制（如碑文所指出的，捐赠的方式多半是由捐赠者兴建一所寺庙，而土地则是给老师的赠物。*Ep. Ind.*, X. S. 57, 9 世纪）。若以顺位而言，独自生活的修道僧（Sādhu）要比修道院的僧侣来得清高，连教师（和尚）的位次也比他低。他只能够阅读经典，但阿阇梨则超越于此——有权利确证经典的内容。

3　有个耆那教共同体发生分裂，原因是有位僧侣被长老任命为继任者，但不久即过世，他的弟子便要求因其卡理斯玛而成为继任者，但共同体却支持其他人（Hoernle, *Ind. Ant.*, XIX, 1890, S. 235 f.）。

4　担任某个共同体（Gachchha）或学派（Sakha）之首长的阿阇梨，称为 Suri，若有年轻人群集其处研习，则称为 gani。各共同体的教师名单，可于碑文中见到，例如 *Ep. Ind.*, II, S. 36 ff., III, S. 198 ff.。

报，不仅丧失卡理斯玛，重要的是还会失去支配鬼神的能力[1]。

就实质内容而言，耆那教的禁欲——第三块瑰宝："正行"——是以"不杀生"（ahimsā），亦即绝对禁止杀害生物（himsā［杀生］），为一切戒律之首。毫无疑问，耆那教的不杀生戒最初是因为拒斥古吠陀祭典里婆罗门不合道理地要求血肉牺牲。这可证之于他们除了对这种吠陀祭礼猛烈攻击之外，更是将此一不杀生的戒律激烈地贯彻到闻所未闻的程度。当耆那教徒无法控制自己有害于救赎的欲望，或者，反过来，当他已达到救赎时[2]，他可以自杀，也该（按照某些人的意见）自杀。但他不可侵害他者的生命，不管是间接的也好，还是不在意图之中的也好。从素食主义之原初反狂迷的意味上出发，此一禁令在此恐怕是首次被转化到一切生命之齐一性的意义关联里。

当耆那教在某些王国里成为公认的国家宗教时，某些调整必然会发生。直到今天，端正的耆那教徒仍然拒绝上刑事法庭，但在民事诉讼方面他们却表现良好。至于军事方面，则必须想出个安全瓣，就像早期基督教所做的。根据修正过的理论，国王与战士可以进行"防卫战"。古老的规定则被重新解释为：对俗人而言，只要不杀害"较弱的"生物、没有武装的敌人就好。以此方式，耆那教徒的不杀生被推演到最极端的种种归结。端正的耆那教徒在黑暗的季节里不点灯，因为可能会烧死飞蛾，也不举火，因为可

---

[1] 正行的阿阇梨，称为 Tyagi 阿阇梨，放逸的称为 Sithi 阿阇梨。在一部耆那教年鉴里（Hoernle，前引书，S. 238），有个女神（Deva）在某个阿阇梨做出伤风败俗之事的时候，让他得了眼疾。在恢复力量后，他便威胁她，并贬降她为 upāsaka（俗人信士），这时，她——在他为此甜言蜜语一番之后——赦免了他的眼疾。

[2] 经过 12 年的苦行后即有此可能。

能烧死昆虫；他们在烧水之前先过滤，在口鼻之前覆纱布，为的是避免吸入或食入昆虫[1]；在行走前先用柔软的扫帚细心地扫过前行的地面；不剃头发或体毛（代之以连根拔起），以免刀剪杀害了虱子[2]；从不涉水而过，以免踏到虫子[3]。不杀生戒导致耆那教徒完全避免从事危害到生命的一切手工业，诸如使用火和锐利器具的职业（木工或石工）、泥水业以及大多数的工业职务。至于农业，尤其是耕作，当然是完全不可能的，因为这总是会伤害到土中的虫蚁[4]。

接下来最重要的一个俗人戒律是财产的限制。人不该拥有比"必要"的更多。个人所需的财产，在某些耆那教的教义问答手册里，限制在二十六种特定的对象上[5]。同样的，拥有生活所需以上的财富是会危及救赎的。为了积功德，个人应该将多余的钱财捐献给寺院或动物医院。这在以慈善事业闻名的耆那教共同体里发挥到最高点。值得注意的是：财富的**赚取**本身，一点儿也不被禁止，所被禁止的只是一心一意要**成**为富人并执着不已——相当类似于

---

1 我们或可从耶稣用"滤出虫子的人"来讥讽犹太文人一事上，假定印度的这个惯习已广为近东地区所熟知。因为就我们所知，犹太人那儿并没有与此相应的规定。

　　在《新约·马太福音》第 23 章 23、24 节里，耶稣说："你们这假冒为善的文士和法利赛人有祸了。因为你们将薄荷、茴香、芹菜献上十分之一，那律法上更重要的事就是公义、怜悯、信实，反倒不行了。……你们这瞎眼领路的，蠓虫你们就滤出来，骆驼你们倒吞下去。"——译注

2 最为虔敬的做法是忍受蚊虫的叮咬而不驱除它们。耆那教徒的大型动物医院是相当有名的，其中最为人所知的一所（由城市支付）饲养了 5000 只老鼠（*J. R. A. S.*，I，1834，S. 96）。

3 此一礼仪规定的维持，可说是促使耆那教徒衰落的一个原因。耆那教的君王 Komarpal von Anhilvara 丧失了王位与生命，原因在于他不准军队在雨季里行进。

4 在这方面，天衣派（裸行派）的态度和白衣派有所不同。前者由于其僧侣禁欲本质上较为严格，所以和佛教徒类似，对于俗人的要求也就较为和缓，而俗人在他们看来本来就离救赎较远。他们有部分人即从事农耕。

5 其中当然有像一般条例的第 21 条的规定："其他实际上必需的东西。"例如书籍唯有在此条款下方得拥有。

西方禁欲的基督新教。和基督新教一样，特别受到责难的，是"坐拥财富的喜悦"（parigraha［摄取]），而不是财富或营利本身。此外，还有许多类似之处，诸如：耆那教徒严禁虚伪与浮夸，在经济往来上必须绝对正直，禁止任何诈欺（māyā）[1] 和一切不正直的营利，特别是走私、贿赂和任何一种没有信用的财政经营（adattu dama）。

所有这些都使得这个教派一方面排除了与典型东方式的"政治资本主义"（官吏、包税者、国家物资供货商的财富聚积）的任何关系，另一方面也使得"诚实乃最上策"这个（早期资本主义的）格言在他们那儿——和在祆教徒及西方的教友派那儿一样——得到有效的发挥。耆那教商人的诚实正直是有名的[2]，他们的财富也同样是如此。人们早先即认为印度的商业有一半以上是由他们经手的[3]。

耆那教徒——至少是白衣派的耆那教徒——几乎都成为商人，这和我们后面要谈论到的犹太人的情形一样（详见《古犹太教》），有其纯粹礼仪上的因素，亦即唯有商人才能真正做到不杀生。同时，营利的特殊性质也一样是受制于礼仪因素：如我们先前所见的，他们对旅行特别严格的避忌与旅行对他们而言的种种困难，在都限制他们必须从事定住的商业，于此又和犹太人一样，特别是从事于银行业与金融赁贷业。基督新教的经济史里为人所熟知的"禁欲的储蓄义务"，在此也同样促使耆那教徒将所积聚的财产作为营

1　举凡诈欺者，必再生为女人。

2　此外，即使在沙龙里也无条件要说真话的义务后来有所缓和，亦即：既然人绝对不可以说假话，但真实却又会让他人不高兴，所以也不必一定要说。

3　*Balfour, Encyclopedia of India*, s. v. "Jain," Vol. II, S. 403 右段中央。如今已不复如此。

利资本来利用，而不是作为消费的或取息的财富¹。他们之所以被限制在商业资本主义的范围里并且从未创造出工业组织来，除了我们已熟知的阻碍——抱持传统主义的印度教环境与君主制的家产制性格横阻于前——之外，同样也是由于其礼仪上对于工业的排斥，以及——和犹太人一样——礼仪性的孤立化的一般缘故²。

　　不要拥有超过"必要"以上（Parigraha viramana vrata）的戒

1　这被当作是 lobha（贪婪）而加以严禁。

2　对于犹太人宗教律法与经济的关系，韦伯在《宗教社会学》里有初步的讨论："所谓的犹太教在中世纪及近代的**卓越**的经济成就究竟是什么，我们可以很容易地列举如下：借贷，从当铺经营一直到大国家的融资；某种类型的商品交易，特别是零售商、行商以及特殊的农村产品的收购商；某些行业的批发商；有价证券的交易，尤其是股票经纪。除此之外，还可加上：货币兑换，以及通常附带的通汇或支票兑现等业务；政府业务与战争的融资，以及殖民地事业的建立；包税（那些掌握在罗马人手中的税收自然是不包括在内的）；（包括信用贷款等）银行业务；以及公债资金的募集。……犹太人在法律上与事实上不确定的身份状况，使得他们很难经营具备固定资本的、持续且合理的企业，而只能从事贸易以及（尤其是）货币交易。另一个具有基本重要性的因素则为犹太人的内在伦理的状况。身为贱民民族，犹太人仍然保留着双重道德的标准，这是所有共同体的原始经济行为所具有的特色：禁止施之于同胞者，可施之于异邦人。……对于虔诚的犹太教徒而言，律法知识之为一种义务，其程度唯有印度人与波斯人之有关礼仪的戒律可与比拟，不过犹太律法由于包含了伦理的诚命而远远超越了（印度与波斯之）仅有礼仪与禁忌的规范之上。……即使在约书亚（Josiah）的时代（后俘囚期则是可确定的），虔诚的犹太人乃是城市居民，整个犹太律法的取向自然也是这种城市身份。由于正统的犹太人在宗教仪式上需要屠夫的服务，因此他无法孤立生活，而必须与教团生活在一起。直到今天，跟改革派的犹太教徒（例如美国的犹太教徒）对比之下，群居仍为正统犹太教徒的特色。同样的，安息年——就其现存的形式看来，可能是后俘囚期城市律法学者的创作——也使得犹太人无法从事有系统的集约农业。……在法利赛派全盛时期，被称作'农夫'的犹太人实际上即为第二等的犹太教徒，因为他并不（实际上也无法）完全遵守律法……在所有其他（以及上面所讨论过）的活动里，犹太教徒就像虔敬的印度教徒一样，仍然受到律法的制约。正如古德曼（J. Guttmann）已正确指出来的，专心致志地研读律法一事最容易与金融业的工作结合，因为后者所需的持续劳动相对而言要少得多。"（pp. 311—319）——译注律，对于他们显著的财富累积只发生一种非常有弹性的限制[1]。就像新教徒一样，他们被规制的生活样式所具有的强烈方法论性格，助长了此种累积。拒绝使人迷醉的东西，拒绝食肉与蜂蜜，绝对避免任何的不贞，严格忠实于婚姻，避免身份性的傲慢、愤怒与热情，所有这些对于耆那教徒而言，和对所有有教养的印度教徒一样，都是不证自明的戒律。任何这类的感情都会导致人下地狱，这个原则恐怕只会被（耆那教徒）更加严格地贯彻。耆那教徒比其他印度教徒更严格要求俗人不要天真地为"现世"所掳获。个人唯有通过最严谨的、有方法的自制与自律，通过提防口舌是非和对一切生活情境的深思熟虑，方能避免业的网罗[2]。

在社会伦理方面，算是功德的包括：供应食物给饥渴的人，施舍衣物给贫穷的人，照顾与喂养动物，扶养（自己教派的）僧侣[3]，救济他人并友善地相对待：多为他人着想，不伤害他人的感情，并尽量通过自己高贵的情操与礼数来赢得别人的尊敬。不过，不该让自己系缚于他人。耆那僧侣的五大誓愿里，除了 ahimsā（不杀生）、sūnrta（禁不实）、asteya（禁受非自愿的供物）、Brahmacarya（贞洁）之外，第五个誓愿即为 aparigraha（离欲）：断绝爱任何人、任何事物，因为爱会引发欲望而产生业。尽

---

[1] Mrs. Sinclair Stevenson（*Heart of Jainism*）最近的一则耆那教徒的誓愿：赚钱"不超过4.5万卢比以上"，并且将余钱捐献出来——由此即可证明，要赚到这笔数额显然是毫无困难的。

[2] 耆那教教义（参照 Jacobi 于 Z. D. *M. G.*，60，1906 所翻译的 Umāsvāti 纲要）认为业是一种因热情而产生的物质性毒物。这相应于灵魂被包裹于其中的较大与较小身体的理论(对此理论我们实无更多兴趣)，灵魂轮回之际，最细微的身体即伴随而去。这些相当原始的观念说明了教派的古老。

[3] 耆那教的教派主义于此强烈地显现出来，并且和毫无差别地赠物给所有圣者的其他印度教的惯习形成对比。

管有种种的礼仪戒律，但"邻人爱"的基督教概念，全然付之阙如。除此之外，更不用说是有任何与"对神的爱"相对等的观念。因为根本没有恩宠与赦免，也没有赎罪的忏悔和有效的祈祷存在[1]。行为所带给行为者的明白思量过的救赎利益，便是行为的指引明星。"耆那教徒的心是虚空的"。

从表面上看来，此种看法对耆那教徒而言，如同对新教徒而言，似乎是错误的，因为耆那教共同体的成员之间相互的凝聚性从来都是非常强固的。和许多美国的教派一样，他们的经济势力靠的是共同体对个人背后的支撑，并且当个人转换地方时，马上可以再度和其教派共同体取得私人的联系。当然，就其内在本质而言，此种凝聚性和特别是早期基督教的"兄弟爱"有相当大的距离，类似新教福利事业的即事的理性主义，多半可说是一种善功的履行，而不是宗教性爱的无差别主义的流露，事实上，耆那教徒对后者是一无所知的。

尽管耆那教徒总是遵从僧侣阶级的严格规制，但俗人（声闻弟子［śrāvaka］）对耆那教的影响从来都是很强烈的。和佛教古典的著作一样，他们的文献也是以自己的语言向非梵文的圈子传播。如同佛教，耆那教的俗人在欠缺其他崇拜对象的情况下，引进圣徒崇拜与偶像崇拜，并且借着广泛的兴建与捐献，带来异常繁盛的僧伽建筑与工艺[2]。他们得以如此，是因为他们乃属于有产阶级，主要是市民阶级。在较为古老的文献当中，行会首长已被说成是俗人的代表，而至今耆那教徒在西印度的行会里仍是最强而有力

1　参照 Mrs. Sinclair Stevenson, 前引书 , S. 292 ："母亲若祈求保住小孩的性命，即为罪过。"因为这是欲望，将导致业。

2　不过耆那教徒并没有佛教徒对于伽蓝建筑与服饰之需求的本质性要素。

的代表者。俗人的影响力如今又再度回升，特别表现在其将至今仍孤立地散布于全印度的各个教团结合成一个共同体的努力。俗人共同体的坚实组织及其与僧侣的牢固结合自古已然，后来则成为耆那教——相对于佛教——之所以能和中古时期复兴的婆罗门教相竞争，以及渡过伊斯兰教之迫害的主要因素[1]。

教派的形成与印度城市的出现，在时间上可说是相当接近的。另一方面，对市民怀有敌意的孟加拉人则最不能接受耆那教。不过，我们也要提防这样的看法：认为它就是"市民阶层"的"产物"。它实则起源于刹帝利的思辨与俗人的苦行。其教说亦即其对于俗人的要求，特别是其礼仪戒律，作为一种日常宗教，也只有商人阶层方能长久担当得起。不过，它也给这个阶层带来极为麻烦的限制，这些限制若基于自身的经济利害考量是绝不会被发展出来或加以忍受的。和所有印度教的正统和异端的共同体一样，毫无疑问，此一教派也是借着王侯的眷顾而兴盛起来的。我们很有理由这么认为，而且事情也是显而易见的[2]：意图从令人不快的婆罗门势力中解放出来，是这些王侯之所以支持这个教派的最主要的（政治）动机。耆那教最盛的时期并不是在市民阶层抬头的时期，反倒是在城市势力与行会势力于政治上没落的时期，大约从3到13世纪，这也是其文献花果繁盛的时期，而特别是以佛教的牺牲作为其挣得地盘的代价。这个教派似乎是成立于贝拿勒斯（Benares）东部地区，再向西部与南部扩展，然而在孟加拉和北印度却一直都很薄弱。南印度的某些地

1　关于这点，参照 Hörnle, *Presid. Adress* 1898, Royal Asiatic Soc. of Bengal, 以及 Mrs. Stevenson 前引书。

2　主要参见 Hopkins 前引书。

区和西部的恰罗怯雅（Chalukya）诸王在位的领域里[1]，耆那教有时被尊为国家宗教。西部地区至今仍为此一教派绵延的主要地区。

印度教复兴之后，耆那教在相当大的程度上亦未能免于印度教化的命运。刚开始的时候，耆那教无视于种姓的存在。其救世论与种姓毫无关联，有的话也只是间接性的。即使在俗人的影响下，寺院与偶像崇拜愈来愈四向扩展时，此种情形也只有少许的变化。纯正的耆那教僧侣是不可能供奉寺庙与偶像的，因为这会招致业。除了专一于自我救赎之外，唯有导师和教师之职是适合他们的。照顾寺庙偶像的工作因此落到俗人的身上。我们也发现一个特有的现象：人们较偏爱将寺庙崇拜交付在婆罗门手中，因为他们就是被训练来做这件事的[2]。

如今，种姓秩序已压倒了耆那教徒。在南印度，耆那教徒已完全被编组到种姓里，但在北部，印度教的观点是倾向于将他们视为——相应于我们所熟知的类型——教派种姓，而往往遭到他们的强烈反对。不过，在印度西北部的城市里，他们自行会势力鼎盛的时代起就一直与社会地位相当者通婚，特别是商人阶层。印度教近代的代表人物即因此而意欲将他们收编到自己这边。耆那教徒本身也业已放弃自己的布教。他们"侍奉神"的内容包括没有"神"出现的讲道和对圣典的解释。其俗人信仰一般而言似

1　印度德干高原地区在中世纪早期著名的王朝是由恰罗怯雅族所建，约始于 6 世纪中叶，以 Pulakesin（《大唐西域记》中译为"补罗稽舍"）一世为始祖，定都于今孟买附近；其孙二世则与当时的戒日王（Harsha of Kanauj, 606—647）南北齐名。韦伯本文中的西部应是指德干高原的西部。——译注

2　当然，所有的寺院婆罗门所享有的顺位比其他婆罗门都要低些。

乎是倾向于[1]：是有这么一个神存在，但祂置这世界于不顾，并自足于启示人们如何解脱世界而得救赎。信徒的数目，如同我们所说的，正在相对地减少。

耆那教这种特有的摇摆状态，原因部分在于我们已知的印度教的关系，部分则在于其根本的内在特质。其仪式主义的立场并不十分清楚，但在缺乏一个超世俗的神和基于神之意志而产生的伦理的情况下，势必如此；在教派一方面紧紧地将俗人共同体和僧侣共同体结合起来，另一方面又严格地将两者建构为相当有区别的组织时，并未给予俗人共同体自己明确的礼仪。同时，救赎理论本身又有着无法调和的因素：一方面，其最高的救赎财是一种唯有通过冥思方能获得的精神状态，另一方面，其特殊的救赎之道却是禁欲苦行，因此充满着矛盾。至少，极端的禁欲手段是与止观和冥思同等并存的。巫术实际上从未被完全去除，而处心积虑地控制仪式主义与禁欲苦行的正确性，则代表了一种完足且一贯的、内在统一的方法论之意义下的、彻底理性化的立场——无论其为一种纯粹冥思性的神秘主义，还是为纯粹积极的禁欲主义。耆那教徒本身往往自认为是一个特殊**禁欲**的教派，并且也从这个立场上特别相对反于被他们讥刺为"现世的"**佛教**信徒。

二、原始佛教

和耆那教一样，佛教更为清楚的是城市发展、城市王制、城

1　根据 J. Campbell Oman (*Mystics, Ascetics and Saints of India*, 1903) 与耆那教商人的访谈。

市贵族时代的产物。其创建者为悉达多、释迦牟尼、人称瞿昙
（Gautama）[1]的佛陀[2]，出生于喜马拉雅山脚现今尼泊尔境内的蓝毗
尼（Lumbini）。其逃离父母家庭而孤独隐居的"大舍离"（世俗），
被佛教徒视为佛教的创立期。他身为刹帝利贵族——迦毗罗卫国
（Kapi-lavastu）[3]的释迦族。

　　行会首长，在佛教的古代文献里（和在耆那教的文献里一样），
甚至更是在碑文的佛教僧院捐献者名单里，扮演着显著的角色。
奥登堡让我们注意到：乡野的景象、牲口与牧场，是古婆罗门教
师与学派时代（至少是古《奥义书》时代）的特色，而城市和骑
象国王的城塞则是佛陀时代的特色，就像对话的形式反映出骤然
兴起的城市文化一样。在较后出的《奥义书》里，所有这些当然
也业已展开。想要从文献的性格推衍出时代的差异，显然并不是
件容易的事。比较方便的办法是切事地参照两个时代的理念彼此
相应和相异的发展系谱。

　　原始佛教，和数论派教说及耆那教派一样，对梵一无所知。
然而，和后二者不同的是，佛教连哲学学派的救世论所竭力探讨
的本我（ātman）和一般的"个体性"问题都一并加以拒斥。其拒
斥这般全面性问题的方式是如此地针锋相对，以至于个体性问题

1　Gautama 为婆罗门的 Rishi（仙人）之名，释迦族声称他们是源于此，虽然此族自古即与
　　婆罗门敌对。
　　　　Gautama 原为印度太古时代的仙人（瞿昙仙），有多种译法，音译如乔答摩、具谭等，
　　意译如地最胜、泥土、牛粪种等。梵文里，Gau 有"牛"、"土地"之义，tama 为"最
　　上"之义，故有"地最胜"之意译，又 tamas 有"暗黑"之义，故有"暗牛"、"牛粪"
　　等译法。——译注
2　佛陀（Buddha），意即觉悟者，是古老的称呼。"Pratibuddha"则为通过止观而得开悟或
　　求开悟的婆罗门僧侣。
3　今尼泊尔塔拉伊（Tarai）之提罗拉寇特（Tilorakot）。——译注

在被消解为空无与非实在之前，必定要被彻彻底底地通贯研究。佛教的性格——一种极为特殊的高贵知识分子的救世论——明明白白地写在脸上，更不用说一切佛教文献也都在呈现出此一事实。根据传说，佛教的创建者比耆那教的创建者大勇晚生了一个世代。此一说法似乎不错，因为不少的佛教传说都是以新兴教团与旧有教团的竞争，以及旧教团成员对佛教徒的憎恨为前提。耆那教的传说有时也反映出此种憎恨。憎恨不只由于外在的竞争，也源于佛教的救赎追求与既有宗教的内在对立——不仅对立于古典婆罗门的救赎追求，也对立于耆那教的救赎之道。

耆那教团本质上是一个带有特殊意味的**禁欲**的共同体，此种特殊的意味我们称之为"积极的禁欲"。其救赎目标，和印度所有的知识分子的救世论一样，是永恒的静止。然而其救赎之道却是通过苦行而背离世界和消解自我。不过禁欲苦修不只牵涉到极大程度的意志紧张，同时也容易引发感情性的、在某些情况下甚至是歇斯底里的结果。总之，这不容易导致那种确定与静止的感觉，而这种感觉对于致力从世界的喧嚣与苦恼中解脱出来的救赎追求而言，却必然具有决定性的感情价值。此种"救赎确证"，亦即在现世享有得救赎者的休止静息，从心理学上看来，倒是印度诸宗教所奋力追求的终极状态。在我们看来，"生前解脱"意味着印度的救赎追求者意欲在现世里即享有逃离世俗生活的禅悦。

有一点对于评断原始佛教是很重要的，亦即，我们要注意到，佛教的独特成就在于其致力追求"生前解脱"这一目标，而且唯此一目标是求，并且义无反顾地排除一切与此无关的救赎手段。也因此，佛教剔除了耆那教所带有的禁欲特征，同时也一并排除了所有无谓问题的思辨——只要是与达成此一目标无关或无助于达成此一目标的问题皆不予理会，无论其为此世的或彼世的、社会的或形而上的。对于知识的渴望，同样也不为真正的救赎追求者所执着。

关于"原始"佛教的特质，不管是佛陀本身的教诲，还是最古老共同体的实践（两者对我们而言是同等重要的），在最新近的文献当中罗列着印度学者一系列精彩的研究成果。只不过难以求得共通的见解。就我们的目的而言，最好是根据年代最早的资料来论述原始佛教 [1]，在我们认为重要的关节上，有系统并且尽可能连贯地表述出其间的思维关联，而不管这些观念在最初发生时实际上是否如此完全地合理一致，这是只有专家才能决定的问题 [2]。

原始佛教 [3] 在几乎所有实践性的关键点上，皆与儒教（连同

1　这里主要是根据 H. Oldenberg 与 Rhys Davids 的著作。

2　此处，碍于篇幅，我们不得不将一重要现象略而不谈，亦即所有的印度知识分子宗教与巫术的重大关联。许许多多显然是救世论的——理性的原理，通常（至少原本上）是取决于巫术意涵。另一方面，我们同样也割舍掉为数不少的、本身重要且纯然靠着传统力量而具影响力的个别特征，譬如牛的神圣性以及牛的尿水所具有的赎罪作用。这在佛教的僧侣戒规当中自然也是极为古老的了。

3　通过巴利经典的研究以及其他证据的引用（主要是碑文上的证据，用以证明佛陀之为历史人物），在有关佛教伦理方面一直极具价值的早期著作（Köppen、Kern 及其他一些人）已解决了一些主要问题，接下来的工作便在于资料的运用。除了 H. Oldenberg 早期的奠基之作（Buddha）外，Rhys Davids 夫妇的作品是可读性最高，同时又具（基于其所建立的观点）系统性的摘要书。此外，Pischel 和 Edv. Lehmann 两人言简意赅的作品，几乎人人可以用得到。一般通行的尚有 Roussel, Le Bouddhisme primitif, Paris, 1911 [弗莱堡的道明修会大学的神学家所出版的《东方宗教》第一卷（Religions Orientales, Bd. I）]。F. Kern 学术性的综合论著，收于 Bühler 编的 Grundrisβ。收集在《比较宗教学全集》中的论著，将于引用之处再个别注明。关于佛教的教义，参照 de la Vallée-Poussin, Bouddhism（Pairs, 1909），以及 Sénart 的旧作 Origines Bouddhiques。佛教的原始资料见巴利经典（Tripithaka），英文译本见《东方圣书》。佛陀的言语和诗句（传统上被归于佛陀所言），有 Neumann 优雅的德文译本。最能直接表现古代佛教的思考特质者，首推《弥兰陀王所问经》（Questions of King Milinda）及（已被了解为大乘义理的）马鸣的《佛所行赞》（Buddha Tscharita）（二书皆已收入《东方圣书》）。引用处将个别注明。至于入门读物，最值得推荐的

伊斯兰教）处于颇有特色的对反两极上。这是一个特别非政治的、反政治的身份宗教，或者，说得更正确些，是个具有知识素养的游方托钵僧的宗教"技术理论"。和所有的印度哲学与圣仪学（Hierurgie）一样，佛教也是个"救赎宗教"——如果我们还愿意为一种既没有神也没有崇拜的伦理，换言之，对于是否有"神"及其如何存在的问题一概不予理会的伦理，冠上"宗教"之名的话。确实，若以宗教对于"要如何"（wie）得解脱、"自何处"（wovon）得解脱，以及解脱到"何处去"（wozu）等问题的考虑观之，佛教毋宁是一切可以想见的救赎追求形态当中最为激进的一种。

佛教的救赎纯然是个人本身的事，既没有神也没有解救者帮得上忙[1]。从佛陀身上，我们不曾得知什么祈祷。因为根本没有任何的宗教恩宠存在。不过，也绝无丝毫的预定（Prädestination）。取神义论而代之，佛教相信：根据业报理论，亦即伦理报应的普遍因果律，彼岸的命运完全是个人自己自由的举止的结果。并非"人格"，而是**个个**行为的意义与价值，方为业报理论的出发点：没有任何拘执于现世的行为会在深具伦理意义却又非人格性的宇宙论因果律当中消失掉。

我们也许会认为，出于此种前提之下的伦理，应该是一种积极行动的伦理，不管是内在于现世的（如同儒教和伊斯兰教，二者各有其独特的方式）还是施行禁欲的方式（如同耆那教，佛教

（接上页注）是 H. Hackamnn 朴实且通俗但明显带有大量个人观点的作品，收于 *Religionsgeschichtlichen Volksbüchern*(*Der Buddhismus* I. , II. , III. Tail, III. Reihe, Heft 4, 5, 7, Tübingen, 1906)。

1 佛陀本身的救赎者性质也只是非原生性的产物。其所具有的超越常人的性质——并非神性的，只是模范性的——显然毫无疑问的是形成于教团最初成立时期。

在印度的主要对手)。然而原始佛教对这两者都加以拒绝，因为其
所追求的救赎之"自何处"与"何处去"，皆无此二者置喙的余地。
从抱持着救世论关怀的印度知识人之观点的一般前提出发，佛陀
的教诲所指示的唯其为终极的结论——如同戴维斯(Rhys Davids)
对佛陀"开悟"后初转法轮的内容所作的慧解：有碍于救赎的一
切幻想之根本原因，端在于一般对"灵魂"作为一永续单元的信仰。
由此教诲归结出：一切和"泛灵论"信仰相关联的取向、希冀与愿望，
换言之，对一切此岸的、特别是彼岸的生命之执着，都是了无意
义的。这一切都是对无常的空无之执着。"永生"，在佛教思想看来，
是一种言辞的矛盾，因为，"生命"不过是由个个构成要素(skandha，
按：即构成人我之存在的色、受、想、行、识等五蕴)所凝结成
的自觉的、意志的个体形态，其本质终究是无常。认为**个体**具有"无
止境妥当"的价值，在佛教看来，和所有印度的想法一样，无疑
是一种荒谬而可笑的傲慢，(借用基督新教的概念)是灵魂崇拜的
"被造物神化"的顶点。佛教所追求的救赎，不是永生，而是永恒
的死寂。此种救赎追求的根源，和一般印度人一样，并不在于"厌
生"，而在于"厌死"。叙说佛陀之体验的圣谭，十分清楚明白地
表达出这一点：他逃离父母的家，逃离了年轻的妻子与孩子的身旁，
孤独地隐没于森林之中。

　　在老、病、死三种害厄的不尽威胁下，世俗与生活的华美有
什么用？如果对尘世之美的眷恋只会带来痛苦，尤其是别离——
因不断新生而总是重演的别离的无意义，那么这一切又有什么用？
在一个永远的世界里的美丽、幸福与喜悦之绝对毫无意义可言的
无常性，在此，正是使得世界财了无价值的最终理由。佛陀一再
说明，至少，对那强健且明智的人而言，并且也只是针对这种人

而言，所能有的也只是他的教诲。以此，引生出一种特别敌对救赎的力量（反对一般的救赎观念）。

那种基于信念伦理的罪的概念，并不投合于印度教，同样也不为佛教所接受。固然，佛教僧侣也会有罪，甚至是要被永远逐出伙伴共同体的死罪，还有其他应受处罚的罪。然而，所有妨碍救赎的，绝不是"罪"。罪并不是危害救赎的最终力量，也不是"恶"，而是无常的人生：人就是要自这根本没有意义的、一切（被形构出来的）存在的永续骚动当中寻求救赎。一切的"伦理性"，对此而言只是手段，其之所以有意义，也只是当其为手段。不过，究极而言，也**并非如此**。

热情本身，不管是为了善也好，还是出之以最高贵的激情的形式，由于皆与生之"欲望"联结在一起，所以便是有碍救赎的。憎恨，基本上也不会比爱——不管是哪种对人的爱——更有害于救赎，而热情且积极地献身于理想也同样好不了多少。邻人爱，至少，伟大的基督教达人意味下的兄弟爱，是不为其所知的。"如一股劲风，有福者将其爱之风吹入世间，如此清凉、甜美、无声与柔和"[1]。唯有这种**冷静**的自制才能够保证内在的解脱——从一切对世界、对人的"渴望"中解脱出来。佛教神秘的爱的无等差主义（maitri［慈悲］）是以恍惚忘我的陶醉为其心理条件的，这种爱和对人与动物的"无限的感情"，就如同母亲对孩子一般，自然给予圣者一股巫术性的、征服灵魂的力量，敌对者亦为之披靡[2]。

1　前面提到的《弥兰陀王所问经》（IV, I, 12）。

2　《弥兰陀王所问经》（IV, 4, 16）：如果佛教徒有"完全的爱"，没人可以伤得了他，甚至是生理上的，因为此种爱是支配一切的。此一观念，至少就其根本意涵而言，个人很可以不从陀思妥耶夫斯基的史塔列兹·曹西玛（Starjez Ssossima，按：《卡拉马佐夫兄弟》

然而在此情况下，他仍然是冷静的、保持距离的[1]。因为，说到最后，正如佛陀的一首有名的偈颂所言[2]，个人终究必须"像犀牛一样踽踽独行"——也可说是：必须有抵挡感情的一层厚皮。"爱敌人"，对佛教而言必然完全是陌生的。佛教的寂静主义也不会成就这种自我克服的达人能力，顶多是对敌人平静的不憎恨以及和共同体成员间"友善和睦的宁静感情"（奥登堡）。这种感情并不纯然是由神秘的经验产生出来，而同时也是伴随着自我中心的理解而来，换言之，根绝一切敌对的感情是有益于救赎的。佛教的慈爱（Caritas）具有和耆那教及以另一种方式存在于基督新教里的慈爱一样的非个人性与即事性的性格。关键问题在于自己的救赎确证，而不在于"邻人"的境遇好坏。

　　救赎，在佛教里也是要靠"知识"才能获得。不过自然不是有关地上或天上的广泛知识。相反的，原始佛教要求极端限制这方面的知识追求，换言之，有意识地放弃探究得救赎者死后的情形，因为这样的挂虑同样是一种"欲望"、一种"渴望"，无益于救赎。僧侣摩罗迦（Malukya）想要知道世界是否永恒、无限，佛陀死后是否仍然存在，佛陀笑说：未得救赎者的这种问题，正如一个伤

[接上页注] 一书中的大审判官）和托尔斯泰的普拉东·卡拉塔耶夫（Platon Karatajew）的观点来加以掌握——尽管其自然是可以达到如此的高度——而单就巫术性的层面来理解。拥有忘我的无等差主义之爱是一种巫术性的资质。因此，佛教徒一旦命丧于刀剑或毒蛊之下，也就丧了此种卡里斯玛。

1　关于在瑜伽里也扮演一定角色的maitri，皮歇尔（Pischel）与奥登堡（H. Oldenberg, *Aus dem alten Indien*, 1910）曾就其本质加以讨论，在我看来，后者的看法是对的。"平和的慈悲"是其本质。正如奥登堡所主张的，在俗人的道德序列里，慈善往往被排在前头。然而对僧侣而言，慈善不过偶尔被提到，在他们的诗词里似乎也少有慈善的氛围，同如圣伯纳派和虔敬派的诗歌一样。"知识"终究才是救赎之道。

2　见 Neumann 所引用的 "*Reden des Gautama Buddha*" 选集。

重濒死的人要医生先回答他，叫什么名字、是否为贵族、是何人伤了他等问题，才肯接受治疗一样。探究涅槃的本质，对一个纯正的佛教徒而言便是异端。儒教拒斥思辨，因为思辨无益于君子此世的完美，就功利主义的观点而言，是没有用的。佛教之所以拒斥思辨，是因为思辨显露出对尘世智识的执着，而这无益于彼岸的完满。但是，带来救赎的"知识"无他，仅在于对苦之本质、苦之生起、去苦的条件与去苦的手段等四大真理（按：苦、集、灭、道四圣谛）的实践的开悟。原始基督教徒力求将苦难当成禁欲的手段，有时甚至当作是殉教，然而佛教徒却无论如何要逃离苦。"苦"等同于一切形式之存在的无常性这个事实。与无常的对抗，那种与生俱来的、既无指望也无可避免的对抗，亦即"为了存在的战斗"、企图保有一己从头开始便已奉献给死亡的存在之努力，这便是苦的本质。即使后来"现世关爱的"大乘学派的经典，也都还证示最终无可避免要老、要死的生命之全然的无意义。这种最终解脱一切苦的开悟，只有通过虔敬、通过冥思而潜入单纯的实践的生活真理之中，才有可能获得。因而此种拒绝一切行动者而只许诺与追求开悟者的"知识"（Wissen），即是一种实践的知识。然而，这却也不是歌德不承认行动者、而只认为"止观者"会有的"良心"（Gewissen）。由于业报理论和基于此一理论而对人格思想的拒斥，佛教并不晓得任何一种首尾一贯的"良心"概念，也不可能有此概念，并且特别是以一种类似马赫（Mach）[1]的灵魂形而上学的方式，贯彻到底。

---

1 马赫（Ernst Mach, 1838—1916），奥地利科学家与哲学家，曾任 Graz、布拉格与维也纳诸大学教授，与 19 世纪末的"维也纳学派"有密切关系，对近代科学、哲学、心理学皆有重要影响。——译注

　　那么，到目前为止的救赎理论所一意要否定的"自我"到底是什么？各个正统的救世论与异端救世论对此问题提出了林林总总的解答：从原始的关于阿特曼（ātman，佛教的巴利语为 attan）之古老的巫术性灵魂力量，较为物质主义或较为精神主义的主张，到数论派学说——将一切事象毫无例外地皆归之于物质，换言之，归之于变化不拘的世界——的意识结构，亦即恒常不变的、但只具有感受性的意识结构。

　　佛陀从这种既不能在救世论上、也不能在心理学上满足他的主智主义架构中跳出来，回归到实际上是意志主义（Voluntarismus）的路线。只不过重新调整了一番。在《弥兰陀王所问经》里，除了种种较原始见解的残余之外，我们看到特别富有精神意涵的新理论的核心[1]。内观经验告诉我们，根本没有什么"自我"与"世界"的存在，有的只不过是各种感觉、欲求与表象的流动，所有这些集合在一起即构成"现实"（Wirklichkeit）。各个构成要素，如所经验的，于内在真实里是"没有分别地"被结合在一起（意思是

1　Menander 是早期佛教时代印度西北部（Indoskythischen，按：印度的塞种人 Scyths）地区的一个支配者。对话集出版于《东方圣书》（*Sacred Books of the East*, Vol. 35, 36, *The Questions of King Milinda*）。亚里士多德的实体论（Entelechielehre）可能产生了多大的影响，尚有疑问。不过我们很可以认为佛教思想具有相当大的原创性，因为在其中占有很大的比重的正是这一点。希腊人 Menaandros 大约在公元前 160—前 140 年控制了今天阿富汗的喀布尔（Kabul）地区，脱离希腊殖民地政府的控制而称王，进而侵入印度，扩充其支配领域至印度中部，是为佛教所称的弥兰陀王（Milinda）。他以希腊的思辨技巧打倒了无数与他辩论的印度人，包括许多高僧与隐士。在《弥兰陀王所问经》的绪言中，我们得知为此而难堪的佛教团体成员遂着手认真去寻找一个能够与弥兰陀王进行辩论的僧侣，最后终于找到智者那先比丘（Nāgārjuna，"那先"是"大象"的意思）。据该经记载，弥兰陀王和那先比丘一共辩论了 262 个问题，结果国王满心欢喜地臣服了，并且成为佛教团体的俗人信士。《弥兰陀王所问经》在汉译佛典中的译名为《那先比丘经》。——译注

"成为一体")。好比人"吞下"了有"味道"的东西，实体上存在的就是"味道"，而不是"味道"以外的东西。而"盐"，换言之，咸味的性质，是无法目视的 (III,3,6)[1]。包含着各种不同个别性[2]的东西，被人感觉是外在的"事物"，就好像，尤其是经由自觉的过程，总是被想成统一的"个体"一样。这就是议论的精义所在。

以此，造成统一体的，又是什么呢？这又得从外在事物说起。"车子"是什么呢？显然并不是各个构成部分（例如车轮等）。同样的，显然也不是将它们总数加起来就成。我们体验到的"车子"整体，是由于所有的个别部分交织在一起的**"意义"的统一性**。"个体"也同样是如此[3]。什么是个体？当然不是个别的感觉，也不是感觉的总和，而是支配这些感觉的目的与意义的统一性，就像车子之有意义的、受目的所规范的性质。然而，个体的这种目的与意

---

1 原文如下："王复问那先言，能合取分别之不？是为合，是为智，是为念，是为意，是为动。那先言，假令以合，不可复分别也。那先言，王使宰人作美羹，中有水、有肉、有葱蒜、有姜、有盐豉、有糯。王敕厨下人言，所作美羹如前，取羹中水味来，（次取肉味来），次取葱味来，次取姜味来，次取盐豉味来，次取糯味来。羹以成，人宁能一一取羹味与王不？王言，羹一合以后不能一一别味也。那先言，诸事亦如是，一合不可别也。是为苦乐，是为智，是为动，是为念。王言，善哉善哉。王复问那先言，人持目视盐味宁可别知不？那先言，王知乃如是耶，能持目视知盐味。王言，目不知盐味耶。那先言，人持舌能知盐味取，不能以目知盐味也。"（《大正新修大藏经·那先比丘经》，1670，p. 713—714）——译注

2 "skandha"（蕴）。在后世的佛教碑里也说灵魂是各种构成要素的"集合"（*Ep. Ind.*，IV，S. 134）。

3 原文如下："那先问王：何所为车者，轴为车耶？不为车。那先言：毂为车耶？王言：毂不为车。那先言：辐为车耶？不为车。那先言：辕为车耶？不为车。轭为车耶？不为车。那先言：舆为车耶？不为车。那先言：盖为车耶？不为车。那先言：合聚是材木著一面，宁为车耶？不为车。那先言：音声为车耶？不为车。那先言：何等为车耶？王默然不语。那先言：佛经说，合聚是诸材木，用作车因得车，人亦如是。合聚头、面、目、耳、鼻、口、颈、项、肩、臂、骨、肉、手、足、肺、肝、心、脾、肾、肠、胃、颜色、声响、喘息、苦乐、善恶，合为一人。"（《大正新修大藏经·那先比丘经》，1670，p.696）——译注

义的本质何在呢？端在于存在的个人的统一的**意志**。而这种意志的内容又是什么呢？经验告诉我们，个人的所有意志皆在于无望的、各不相干或互相对立的、各式各样的努力，只有在唯一的一点上是一致的，亦即：存在的意志。说到最后，人的意志尽在于此，**而不是别的**。一切的奋斗与作为，不管个人想为自己在人前人后披上什么幻想的外衣，说穿了也就只有这么一个唯一的终极意义：生存的意志。此一意志，在其形而上学的无意义底下，便是最终将生命统合起来者，亦即产生业报（karma）者。如果人想要逃脱业报，则必须弃绝此种意志。求生的意志，或者如佛教所言，对于生命与行为、对享乐与欢愉，特别是对于权力或者知识或不管是什么的"渴望"，本身就是"个体化的原理"（principium individuationis）。

意志本身是由精神生理的事象之束所构成，在经验里，此种事象之束即为"灵魂"，一个"自我"。以一种（我们可说是）"个体化—能量之保存法则"的方式[1]，意志发挥其逾越死亡的作用。个人既死即不复生，也不能靠"灵魂轮回"而复生。因为，灵魂的实体并不存在。但"渴望"却在一个"自我"死亡崩解之后，马

1　近代的佛教学者——如我偶然间看到的——便致力于使此一理论可以被"科学地"接受。参照 Buddhasasana Samagana（Rangoon 2446, S. 16 以下）的出版里 Ananda Maitreya 的著作（*Animism and Law*）。如同牛顿在力学里将泛灵论的神话排除出去，法拉第（Faraday）在化学里将与此全然相应的偏见（燃素）排除出去，佛陀在精神现象的理论里（将这些）排除出去。精神现象，和灵魂现象一样，都受法则性（通过业的约制）的规范。不过，精神（灵魂）生命的重新生成，自然不是能以祖先相传下来的、最终是受肉体所规定的性质来加以说明的，而唯有一种特别的、灵魂的动因（"渴望"）才能说明此一事实。——原始佛教明示的定则是：自我，即"vijñānasamtana"，即意识过程的一种复合或系列。然而在正统派的理论里，vijijñāna，思维，由于是自我一个体的所在，而被视为一个单元（参照 de la Vallée-Poussin, *Journal Asiat.*, 9. Ser. 20, 1902）。

上使得一个新的自我集结起来并且负荷着逃离不了的业报——因果
的紧箍咒——对于任何与伦理相关的事件，皆要求必要的伦理性
报偿[1]。只有渴望会阻挡救赎的开悟乃至神圣的安息。在此独特的意
义上，一切的欲望，以主智主义的立场——亚洲所有的救赎宗教（不
管是以什么形式）都有的特点——看来，一概都是"无知"（avidyā
[无明]）。在三大过恶中，愚昧究属第一，接下来才是肉欲和恶意。
然而，开悟并不是一种免费的神赐恩典，而是断绝一切生之渴望
所源出的伟大幻想而不断沉入真理的止观冥思之中的报偿。凡是
能以此获得开悟者，便可享有——重要的是——**此岸的**禅悦。

　　原始佛教的圣歌所鸣奏的曲调正是高扬的胜利之喜。已达到

1　此一结论在《弥兰陀王所问经》（III, 5, 7）里有所教示。业是加在**因为**死亡的个体之行
　　为与举措而新形成的个体身上。这个新个体与原来的毫无共通之处，只除了原来的个体
　　所未能消解的"渴望"迫使存在一再来过，而有了这个新的个体。整个结构就是这样，
　　因为作为一切苦与存在之基础的业的理论本身，是毫无疑问的，事关紧要的仅在于在这
　　个理论范围内提出一个圆满的构造。至于去阻止一个在人死后不管在哪一点上都完全异
　　质的存在之发生，救赎追求者到最后究竟还会有什么，这样的问题是根本不再追问的。
　　结果，如一切文献所显示的，和印度人之实在恐惧灵魂轮回的一般情形是是同一回事。
　　在佛教里，那样的立场实际上并未严格确立。进入涅槃之前的悟道者为全知的，并且可
　　以回头看见自己再生的整个系列过程，这是相当早的一个佛理理论（并且不止于佛教）。
　　尤其是在原始（小乘）佛教徒的文献和碑文资料里，"灵魂轮回"完全是以印度教的方
　　式来看待的。业理论所隐含的、后来成为弥兰陀王所问的棘手问题，正是那宿命的结论。
　　对于无解的形上问题的议论即是"渴望"，也就是有害救赎的，相应于这样的原则，佛
　　教的教诲是：没人知道业的作用到底广大到什么程度或范围。无论如何，并不是所有的
　　不幸——譬如佛陀脚上的碎木片——都是业所造成的。毕竟，外在的自然也自有其法则
　　性。因此，业在本质上，似乎是和灵魂之救世论的利害关系、和生命及精神的痛苦相关
　　联的。
　　　　按：佛陀的教说里有所谓的"十四无记"，即对于下述的十四种问题不予置答：1. 世
　　间常，2. 世间无常，3. 世间亦常亦无常，4. 世间非常非无常，5. 世间有边，6. 世间无边，
　　7. 世间亦有边亦无边，8. 世间非有边非无边，9. 如来死后有，10. 如来死后无，11. 如来
　　死后亦有亦非有，12. 如来死后非有非非有，13. 命身一，14. 命身异。推断佛陀之所以
　　不答的原因可能有三个：1. 此等之事，皆为虚妄不实之事；2. 诸法既非"有常"，亦非"断
　　灭"；3. 此"十四无记"乃斗诤法、无益之戏论，对修行无有用处。——译注

理路分明的出神忘我目标的"阿罗汉"是免于业报的[1]，并且感觉自身[2]充满着强烈且温柔的（无对象，因此无渴望的）爱意，解脱了尘世的高傲与法利赛式的自我义认，然而却有着无可动摇的、确证恩宠状态之持久常在的自信，免于恐惧、罪恶与迷妄，也了却了对现世、特别是对彼岸之生的憧憬。他已由内在逃脱了永无止境的再生之轮——于佛教艺术里取代了基督教的地狱。

　　从"爱意"在这段对阿罗汉之境界的描写中，人们或许会推断其中有点"女性化"的色彩。这可就错了。开悟的达成是一种精神的活动，必须要有一种基于理性思维的、纯粹"无所关心"的冥思能力。然而女性，至少在后世的佛教教义里，不止是非理性的，不具备高超的精神能力，而且还是追求开悟者的一大诱惑，尤其是无法拥有阿罗汉境界的心理学特征："无对象的"、神秘的爱的意境。女性毋宁是在一有机会的情况下就会犯罪。若有机会而不犯罪，那必定是另有什么习惯性的或其他利己主义的顾虑。这是后世的僧院道学者所明白持有的看法。佛陀本身倒未曾这么表示。相反的，在佛教早期——至少根据传说——佛陀的周遭不乏女性，这和当时——不管在那一点上都较不为惯习所束缚的时代——所有的知识分子教派一样，也有女性成为游方教师，四处传布师教。因此，佛教的比丘尼教团完全处于僧侣之下的显著从

1　他的行为结果不会产生业，而是"kiriya"，不会导致再生。

2　在被归为佛陀自己的话语里（*Neumann, Reden des Gautama Buddha*），关于恩宠状态的心理学性质，有如下的描述：基于洞察的"深思"、"清明"、"柔和"、"真挚"与"平静"（I. Teil, 2. Rede）；无有傲慢和一切的疲劳困顿（I. Teil, 8. Rede）；处于一种"由于自我深化而生成的幸福清凉"中的"内在的风平浪静"和"心灵的统一"（Ⅲ. Teil, 6. Rede），和依修为本身所达到的意识（I. Teil, 2. Rede）："此生已尽，（梵行已立，所作已作），不受后有。"

属地位，是后来特殊的僧院发展所造成的[1]。知识分子圈内的异性交往的自在不拘，当然绝不表示大师本身的信息里有任何"女性"的性格。大师所告知的是要拒斥尘世的自大和自我义认。不过这并不是为了基督教那种增益信仰之心的自我谦抑或感情性的爱人如己，而是在于对生之意义有着男性的清明，并且在"知性的正直"底下有能够得出此种结论的能力。

以着眼于"个别灵魂之无尽价值"的社会伦理为根基的"社会"情感，必然与任何一丁点儿对"灵魂"的价值强调都被视为最根本致命之大幻想的救赎理论，可以说偏离得要多远就有多远。佛教徒"利他主义"的特殊形态，换言之，普遍的同情，只不过是在洞察人生之轮里一切个人之生存斗争的无意义性之际，所油然而生的感情阶段，是进一步的知性开悟的一个征象，而不是积极的兄弟爱的表现。在冥思的戒律里明白界定，此种普遍的同情最终是由智者之冷静的、斯多葛式的禅定取代为终极的状态。当然，那位常胜的佛教君主（9世纪）为了崇敬佛陀而放生他的象群，是极为感伤动人的一幕，如碑文所记载的（*Ind. Ant.*, X XI ,1892,S.253），大象"眼中含着泪水"再度回到森林寻找它们的伙伴。从"不杀生"而得出的这个结果，本身纯然是一种形式的作为——和近代的动物医院及僧院的动物小屋一样。至少对原始佛教初期而言，"泪水"是相当陌生的，在印度，一般说来一直要到虔敬主义的（bhakti［信爱］）信仰时代才较为充沛地流出来。

---

1 根据较古老的资料，例如 *Tschullavagga*，将绝对拒绝女性出家之事归于佛陀自己的规定，只是由于其姑母兼养母的请求，才准许女性以从属的方式追求救赎。不过此一假设却与其他资料难以相符，或许，相反的是，修道僧教团后来将古代高贵的刹帝利"沙龙"之（相对而言）异性交往的自由加以修正，才是较接近事实的吧。

若就其对外在行为的影响而言，佛教的救赎类型有着如下这些关键性的特征：恩宠状态的保证，亦即关于自己最终解脱的知识，并**不是**通过自己在任何一种——不管是"世俗内的"还是"世俗之外的"——**行为**上的证明而能获得，换言之，无论是哪一种"作为"的证明皆无以致之，相反的，是要在一种和行动不相干的心理**状态**里觅得。就"阿罗汉"理想对待理性行为"世界"的整体态度而言，这是相当关键的一点。彼此之间根本无法架桥相通。同样的，和积极意义上的"社会"行为也是无桥可通。救赎绝对是一凭己力的一种个人成就[1]。没有任何人，特别是没有任何社会共同体帮得了忙：所有真正的神秘主义之特殊非社会的性格，在此扬升到最高点。看似矛盾的是：佛陀——建立"教会"，或者甚至只是一个"共同体"，都是无缘于他的，同时他也明白拒斥本身有"领导"一个教团共同体的可能性和意图——毕竟还是召唤出一个"教团"来。唯一的可能就是，这个教团的建立，和基督教相反，多半是其弟子创造出来的。据闻，佛陀之所以传布自己的救赎教说，并不是出于自己的意愿，而是在一个神祇的特别请求下才担当这样的工作[2]。事实上，古代的教团共同体只以平常教说的方式给成员提

1　"汝当自依，以己为岛（安全岛），以己为归（庇护所），舍己而外，他无所依"，*Mahaparinibhana* 经上如是说（II, 31—35,《东方圣书》XI，S. 35 ff.，德文本见 Schulze, *Das rollende Rad*, S. 96 ff.，esp. S. 97）。佛教与基督教的对比，除了奥登堡著作中的许多论证之外，另见精彩的 V. Schröder, *Reden und Aufsätzen*（S. 109）。

2　根据传说，佛陀悟道之后，接下来所面临的一个具体问题就是何去何从：是要独抱他所发现的真理终老山林，还是入世说法，让世人中之有缘者亦能依此得证涅槃？当时令佛陀感到踌躇的是，他所体认的"道"，"甚深难解……我欲讲解其中妙理，恐闻者不能领会，岂非扰攘徒劳"[A. K. Warder,《印度佛教史》（上），页 66。此处经文出自巴利文《中阿含经》]，一念及此，就不免有点心灰意冷。当然佛陀最后还是入世说法了，否则也就没有佛教的出现，后世佛教徒因之将此事列为"一大事因缘"，并赋予一个相当动人的神话故事：据说动摇佛陀的意志、使他决心说法的是由于梵天的劝告。梵天是婆罗门教

供微薄的帮助，诸如监督新进者，为比丘提供教化、悔过与赎罪的场所。另外，教团似乎特别着意于关照僧侣的举止，使之保持合于身份的"端正"，以免其卡理斯玛败坏而见笑于世。除此而外，我们即将讨论到的，此一社会性共同体的组织及其对个人的束缚，都被以最为首尾一贯和用心的态度加以"极小化"。

光以逃离世界的观点来看待救赎本身，是符合于印度一般的习惯的，但是就佛教而言，却是源之于其救赎理论之极为特殊的性格。因为，为了解脱个体——在总是无望、消逝的存在中一再重新形成的个体——永无止境的挣扎而得救赎以归于寂静不灭，唯有断绝与无常世界、生存竞争世界相联结的一切"渴望"，才能实现。自然，要达成这样的救赎，只有"出家"（pravrajyā，换言之，没有家累）的身份才可望办得到，若根据共同体教义，则只有游方的弟子——后来的僧侣，名为比丘——才行。相反，"在家众"的身份，依照共同体教义，有点像伊斯兰教之看待被容忍的非信徒，存在只不过是为了施舍供养一心追求恩宠状态的佛陀弟子，直至达成救赎。佛陀弟子出家游方，身无长物也不任事，断绝性爱、酒精、歌唱与舞蹈，严格素食而避忌香料、盐巴与蜂蜜，挨家挨户无言托钵以维生，除此则一心冥思、解脱存在的渴望以得救赎。物质资助救赎追求者的工作落在俗人身上，毕竟唯

（接上页注）三大主神之一，佛教则将之列为守护神。梵天在佛陀面前现身，劝告他为世人说法，并保证世间将会有人能够理解佛法。听到这番说辞，佛陀于是重新观察世界众生，发现恰如池中的莲花，有的深沉水中，丝毫没有见日的希望，有的则昂然高出水面。前者终究无法得救，后者无待说教就能自己开悟。又有在水面载浮载沉，援之以手则得救，置之不理则终将沉没水中。佛陀必须为最后的一种人说法。听到佛陀这番决定，梵天就身消姿散，因为其他的事并非梵天所能干涉。——译注

有此事是"优婆塞"（俗人"信奉者"）[1] 所能成就的最高功德与荣
誉，僧侣若将僧钵倒覆拒受施舍，便是对他的唯一惩罚。优婆塞
反正就是这样行止的人。最原先并没有这样的公认存在，后来即
以他们寻求佛陀及共同体（僧侣）的庇护来解释就是了。尽管对
僧侣有着非常明确的道德规范存在，但创教者对于虔诚的信奉者
却仅有少许推荐性的忠告，直到后来才慢慢发展成一种俗人伦理。
因此，此处并没有像基督教里那种给获得恩宠者剩余功德（opera
supererogatoria）要做的"福音的劝告"（Consilia evangelica）存
在 [2]，相反，有的只是不追求完全救赎的弱者的不完备伦理。这些忠
告，就其根本的内容而言，大约相当于"十戒"，只是在涉及一切
对生者的伤害上，有着更广泛的意涵，诸如：不杀生、绝对的诚
实（众所周知，在"十戒"里仅限于法庭上的证词）以及严格的
酒禁。忠实信守这些俗人道德戒律的人（特别是五大戒律：不杀生、
不偷盗、不邪淫、不妄语、不饮酒），则被应许拥有现世的福分，
包括财富、声名、友谊、善终与更好的再生机会。最好的情况是
再生到——不管怎么说总是无常的——诸神的天国去，尽管受到
进入涅槃的解脱者的轻蔑，但对于现世主义者而言，比起以下这
种状态来，毋宁是更好的应许：至于这种状态（涅槃）的进一步
定义，佛陀也许是让人随缘认定，但在较古老的理论里，则无疑

1　这是个专有名词，见于官方的碑文上（例如 *J. R. A. S.*，1912, S. 119，及其他各处）。

2　"福音的劝告"指的是福音书当中的三个劝告——清贫、贞洁、服从。不过，在天主教里，
　　这三个戒律并不用来约束一般的平信徒，而只用来约束特别中选者，尤其是修道士（即
　　想要追求"完德"之道的人），根据其修道誓愿，有遵守此一劝告的义务，"福音的劝告"
　　也令人直接联想到修道士的生活。韦伯在多处强调，基督新教已排除了一般平信徒与"福
　　音之劝告"的区分，"禁欲"也因之转为现世内的"志业"。——译注

是被视同为绝对的消灭[1]。巴利经典的原始佛教也因此全然是一种身份伦理，或者说得更正确些，一种冥思的僧侣阶层的技术理论。俗人（"在家众"）只能证得"较低义果"，而不是"尊者"[2]（阿罗汉）的根本救赎。

佛陀的教说是否打从一开始就被认为是个"修道僧"宗教，这是甚有疑问的。或者，实情绝非如此，反面或许倒更为正确。很明显的一个古老传说是：佛陀在其生前即已令许多并未加入其教团的俗人达到涅槃[3]。在《弥兰陀王所问经》里也教示：涅槃，作

1　在原始佛教，涅槃，至少死后，实际上就等于是"吹散"、火的"熄灭"，而不是一种无梦之眠（在印度大抵是这样），或者，就等于是一种不可知也不可说的至福状态，这是有充分证据的。在《弥兰陀王所问经》里（IV, 8, 69），涅槃被隐约地描绘成一种生之渴望的冷凝状态、一帖无垠如大洋足以终止老与死的药方、一股美与神圣的泉源，永恒且辉煌，更强调一切愿望的圆满（IV, 1, 12 f.）。佛陀的遗骨崇拜并不表示他接受这点。佛陀已了无形迹地解脱了存在，人们崇拜他的遗骨只不过是煽起了自己的生之焰火。当然，从不存在到超越存在，在所有的神秘主义而言是很容易架桥相通的。

2　原始佛教将修行的境界分成四等，即须陀洹（srota-āpanna）、斯陀含（sakrd-āgāmin）、阿那含（anāgāmin）与阿罗汉果，得证阿罗汉果者已达"自知不受后有"的境界，实际上已与佛陀所证者无异。然而，在《杂阿含经》卷 33 之 928，佛陀向优婆塞摩诃男说法，告诉他如果精进修行的话，即可证得须陀洹果、斯陀含果与阿那含果，至于阿罗汉果则连提都没提（《大正新修大藏经》，99：33：928，页 236）。——译注

　　须陀洹，意为入流，已进入通向解脱之道。此人已断除前三障，即我见、疑惑与信赖仪轨或善业。他在证得涅槃以前，将再生人间，或转生天界，不超过七次。斯陀含，意为一来，因为他将再一次生入此世间，在来世中得证涅槃。他已断除上述三障，并将贪欲与嗔恚二障减到最低限度。阿那含，意为不还，指完全摆脱前五障，不再转生人间或欲界天中，而只一次生入梵天。阿罗汉则完全解脱，破除贪著生命、傲慢、自大、无明诸障，结束一切邪恶与不清净。他在今世证得涅槃，再不受生（即"我生已尽，梵行已立，所作已作，自知不受后有"）。——译注

3　《杂阿含经》卷十三，述说外道阿支罗迦叶（Acela-Kassapa）问苦为自作、他作还是无因作，佛告以应离边而说中道，阿支罗迦叶闻佛所说后，起净信，皈依三宝。不久，阿支罗迦叶为牛所触杀，命终时诸根清净，颜色鲜白。佛闻之乃告诸比丘："彼已见法、知法、次法、不受于法，已般涅槃，汝等当往供养其身。"这个故事明显有违原始佛教认为出家方有可能得证涅槃的说法。然而考察巴利文本，并无阿支罗迦叶被牛触杀、诸根清净、颜色鲜白，而后佛陀断定其已得证涅槃等这一段文字，想来应当是伪造的。详见《佛光大藏经（阿含藏）：杂阿含经（一）》卷十三（340），pp. 577—581。——译注

为应许之地，俗人至少也可以睁眼瞧见。同时，经里也讨论到俗人的救赎如何因佛陀而可能，以及佛陀为何仍然要创建一个修道僧教团的缘故[1]。

　　佛陀的共同体原先自然是个秘行者的扈从团，与其说是个教团，倒不如说更像个救世论的学派。根据专家之言[2]，我们可以说情形就是如此：佛陀死后，其最亲近的弟子在自己的追随者当中的地位，就如同佛陀之于他们自己的地位：他们是精神上的父执，用个印度通用的术语，即导师（Guru），并且是佛陀教说的权威诠释者。在最终以分裂收场的毗舍离（Vaiśāli）结集里[3]，众人推举佛陀所钟爱的弟子阿难（Ānanda）的一个百岁的弟子为"共同体之父"[4]。不过，形式的规定无疑是没有的：为了调停教义论争和戒律争议而有时召开的"会议"——后来成为共同体的一般集会，关于谁有权利参与的问题，并没有形式的规定，更不用说我们所谓

1　《弥兰陀王所问经》，VI。回答是：教团能促进德性，而且所有被佛陀渡化的俗人至少在前一辈子就是修道僧。

2　Minayeff, H. Oldenberg, de *la Vallée Poussin*。关于这点，结论见后者于 *Ind. Ant.*, 37 (1908)，S. 1 ff.。

3　佛陀入灭后百年，印度东部跋耆族比丘（Vajjiputtaka）主张"十事"可行，为合法（净）；上座耶舍则以之不合律制，为非法。欲审查此"十事"之律制根据，遂于毗舍离召开第二次之结集，其结果，据各典籍之记载，上座部一致认为"十事"不合律制规定（即所谓"十事非法"），结果造成大众部与上座部的部派分裂。"十事"指的是：1. 角盐净，为供他日使用，听任食盐贮存于角器之中。2. 二指净，当日晷之影自日中推移至二指广间，仍可摄食。3. 他聚落净，于一聚落食后，亦得更人他聚落摄食。4. 住处净，同一教区（界内）之比丘，不得同在一处布萨。5. 随意净，于众议处决之时，虽然僧数未齐，仍得预想事后承诺而行羯磨(执行戒律的场合)。6. 所习净，随顺先例。7. 生和合(不攒摇)净，食足后，亦得饮用未经搅拌去脂之牛乳。8. 饮阇楼碑净，阇楼碑系未发酵或半发酵之椰子汁，得取而饮之。9. 无缘坐具净，缝制坐具，得不用贴边，并大小随意。10. 金银净，得接受金银。一般认为最严重的争执其实应当是第 10 项：能否接受金银的布施？——译注

4　据《五分律》卷三十《七百集结》所载，此一弟子名一切去（Sabbakāmin），"于阎浮提沙门释子中最为上座，得阿罗汉三明六通，亦是阿难最大弟子"（《大正新修大藏经》，1421，p. 193）。——译注

的"投票"。在此，权威才是决定性的。阿罗汉——无罪的、因此而具有巫术力量的得救赎者——的卡理斯玛，便是决定性的指标。当然，有个弟子，他甚至是佛陀本身所认定的[1]，造成了分裂。任何的"规矩"都是佛陀临事随机而定的，这些规矩在佛陀死后可以说应该就是共同体之非人格性的"支配者"。但无法确定的是，体系性的教团规律，像是后世的"波罗提木叉"（pratimoksa）[2]，是否源自佛陀本身。那些绝对必要的戒律需要有个较确定的形式。于是，共同体变成一个教团，因为教说的重要部分是被当作秘义而传承下去[3]，一如印度古代大部分的救世论。教团成员的标记因此受到重视与追求。佛陀之后，教团不得不很快就定下剃发与披黄色袈裟的制度。只有在相对而言较为松散的组织里，才见得到古代俗人一从者那种自由的共同体性格的痕迹。原则很快就确立下来：若未

1　关于这点，参见《弥兰陀王所问经》，IV, 1, 2 ff.。

　　韦伯此处指的应当是提婆达多（Devadatta，或译"调达"，意译"天授"），他是佛陀的堂兄弟，曾为佛陀弟子，后来想取佛陀之位而代之，事不成，遂导致僧团的首度分裂。详见季羡林，《佛教开创时期的一场被歪曲、被遗忘了的"路线斗争"——提婆达多问题》，《季羡林学术论著自选集》（北京，1991）。——译注

2　波罗提木叉直译为"随顺解脱"、"处处解脱"、"别解脱"、"最胜"、"无等学"等等。指七众防止身口七支过，远离诸烦恼惑业而得解脱所受持之戒律。此戒以防护诸根，增长善法，乃诸善法中之最初门者。包括有波罗夷、僧残、不定、舍堕、单堕、波罗提提舍尼、众学、灭诤法等八种。此外，戒本即收集诸戒法之条目而成，系比丘于半月布萨日忏悔所用，若犯戒者，则于此日由上座比丘诵戒条，复于僧众前发露忏悔。——译注

3　至少有时实情确是如此，见诸《弥兰陀王所问经》，IV, 4, 6（参照 IV, 3, 4）。这并不是最早先的情形，我们从锡兰的俗人阅读 Vinaya 经典便可以看得出来。同时，我们从那些被列举出来的一干类等——即使他们端正过活，也无法获得洞见（IV, 8, 54）：**动物**、7 岁以下的**小孩**、异端者、杀父母者、杀阿罗汉者、分裂僧团者、叛教者、宦官、半阴阳者、不能平反的死罪者——可以看出，根本就不是唯有修道僧才能得救赎。

成为正式的僧侣者，便无法获得完全的洞察[1]和阿罗汉的地位[2]。

这样一种教团宗教是无法发展出理性的经济伦理的。即使原始佛教已从小乘（"小船"，纯粹是修道僧"秘密集会"的佛教）开始往俗人宗教的方向发展，亦即大乘（"大船"，航向彼岸：救赎），但是后来，正如我们如今业已注意到的，理性的经济伦理仍然未曾从中发展出来。在《普曜经》（Lalitavistara）里[3]，尽管对虔诚且有教养的俗人（ārya）提出如何能在职业上获得进升的忠告，不过却是出于拒斥圣化所行的理由有意地以极为不确定的形式。其中并没有"禁欲的"规则。在印度教的《瑜伽经》的戒律里，属于社会伦理方面一般应尽的生活规则（"五制戒"[yama]）[4]当中，有不珍爱财富与报酬的告诫；属于较高级的精神伦理方面的救世论个人伦理的规则（五内制 [niyama]）当中，则包含寡欲和伦理谨肃等内容。相反的，一般后世的佛教"戒律"（śila）里，一点儿也未提及对于财富之禁欲的否定态度，而仅限于五种一般妥当的禁令：禁止杀生、偷盗、邪淫、妄语、饮酒；对于自愿保持僧侣身份者，除此之外还绝对禁止在许可（每日一餐）之外进食、享受俗世的欢娱、使用装饰品与服饰和软卧、接受金钱的赠予。

1　《弥兰陀王所问经》，IV, 1, 28，明白指出：唯有僧侣可以成为分宗立派者，**因为唯有这样的人才彻底知晓教说。**

2　《弥兰陀王所问经》，前引（因此，有时候是前世也一度并未如此）。达到阿罗汉地位的俗人，（根据 IV, 3, 4）只能是同一天便死，或者成为僧侣。即使是地位最低下的修道僧也会得到有德俗人的尊敬，因为唯有修道僧是教团戒律传统的担纲者。在章首处，刹帝利是被赞扬的。这一切都意味着从原先的俗人共同体到修道僧教团的转变。

3　西晋永嘉二年（308）竺法护译，共八卷，为大乘之佛经，记载佛陀降生至初转法轮之事迹。——译注

4　五制戒是：不杀生、真实、不盗、不淫、无所有。五内制则为：清净、满足、苦行、修学、皈依最高神。——译注

　　较详细探讨道德问题的后期佛教经典（个别的教说往往都是出于佛陀弟子阿难之口，而不是出于佛陀本身），总是试图将俗人道德当作较高的精神（僧侣）伦理之"前阶段"来看待。在阶段性地从"较低的"到"较高的"道德进升的道德理论里，鄙弃服饰和回避戏剧与竞赛的参与，被推为"较高的"道德阶段。然而，此种"较高的"道德并未——这是关键所在——增进理性的禁欲（不管是世俗外的，还是世俗内的），或增进积极的生活方法论。因为，一切的"将所行圣化"（kriyavāda, karmavāda［业论］）始终被视为异端。情形毋宁是倒过来：行为里的积极"德行"，在面对**不行**为的伦理——为达到脱尽"冲动"以利于纯粹冥思的目的——时，愈来愈往后退却。

　　在正统的"南方"（小乘）的佛教徒文献里，认定佛陀本身亲口承认他的伦理是寂静主义与活动说的"二元论"。不过，所谓寂静主义是关于恶的意志，而活动是关于善的意志，这种解决矛盾的方式毋乃是僧侣的诡辩。事实上，行为的伦理和冥思的技术规则之间存在者无法融合的对立鸿沟，并且只有后者才会带来救赎。佛教的修道僧伦理，并不像后世的基督教伦理那样，对社会秩序里"内在于现世的"伦理行为，赋予一种奠基于特殊恩宠赐物的、理性—伦理的高昂心态，而是恰相对反地朝向原则上非社会的方向去。佛教绝对无法像薄伽梵信仰和天主教那样，以"身份性的"相对化办法，成功地做到世俗伦理与修道僧伦理之间的真正调和。因此，后世应俗人之所好的救世论并未走上基督新教那种现世内禁欲的道路，而只是走向秘迹的、圣徒崇拜的、偶像崇拜的或言语崇拜的仪式宗教之路。总而言之，不变的命题是："凡欲遂行美好之事者，便不为僧侣。"

此外，在原始佛教里，讲求方法的俗人道德之迹象，几乎完全付之阙如。加入教团之际，俗人即须避免杀生、邪淫、妄言与饮酒。不过，此一戒律到底有多古老，并不十分确定。出于宗教的理由，某些职业自古便是优婆塞所不许从事的，诸如武器、毒药与酒类的买卖（类似古代基督教里某些与异教崇拜相关联的职业），被印度教普遍视为可疑的商队贸易，以及（会危及性道德的）奴隶买卖和（伤及不杀生戒的）屠宰业。以上这些职业至少是被排除于端正的俗人之外。不过，修道僧对于农耕的特别排拒（同样又是由于不杀生戒：犁田锄作之际无可避免地会伤害到生物——在再生的循环过程中和人类形成共同体的生物），却不妨碍到他们之接受农作物为施舍：毕竟，这并未影响到俗人的经济。同样的，修道僧之极为严格地峻拒拥有任何钱财，也甚少对俗人道德发生影响。针对财富的获得及奢侈品的享用而提出的个人道德或社会伦理的抗议，只要是其为世俗道德的考量，在原始佛教里，毫无蛛丝马迹可寻。也没有我们所引用的后世经典里对于蔑视俗世之虚浮、财富和服饰的要求。因为，这些事物并非不对，而毋宁是引发"渴望"的诱惑。相反的，财富本身，如我们所见的，是对俗人道德成果的许诺，而"悉伽婆（Siggava）[1]的教示"则明白责成父母有义务给子女留下遗产。至于对某种特定经济行为的宗教性奖赏，无论如何是完全没有的。也没有任何管制俗人道德的手段。如上述之"覆钵"的唯一处罚，也不在于处罚恶德，而专只因为对方伤害到修道僧共同体的尊严。最古老的、或许可追溯到创立者本身所制定的规则，原本也就只有这么一层意涵。对于俗

1　据南传佛教《善见律毗婆沙》卷二所载，传承律藏的五师中，第四个为悉婆伽。——译注

人，根本既无忏悔，也无教会守则，既无俗人弟兄，也无第三教团（Tertiarier）[1]。

不过，佛教的修道僧道德本身，不仅将劳动置之度外，就是连一般的禁欲手段也不予理会，有的只不过是辅助手段，集中于冥思的深化、教化，通过忏悔而确保清醒的自我控制，导师对弟子和年长僧侣对入门沙弥的训诫。佛教拒斥任何理性禁欲的形态。并不是任何的理性禁欲均为"逃离世界"，同样的，并非任何的"逃离世界"均为理性的禁欲。由此例子即可得证。对佛教而言，对彼岸的"渴望"和对此世的执着，是完全一样的，因此，为了彼岸的至福而自我毁弃的禁欲式圣化所行，和对此岸幸福的耽溺，并没有什么两样。扬弃二者，佛陀走的是"中道"。根据确实足以信赖的传说，佛陀的人生大转捩点在于：放弃印度救世论方法中高度洗练的修行企图，亦即为了获得恍惚忘我的卡理斯玛，而借着形销骨立和其他生理上的手段来毁弃肉体。在这点上，就发展史的角度而言，佛教和耶稣会之拒斥古老的修道僧苦行手段相接近[2]。

---

1 相对于出家修行的修道士团体（修士为第一教团，修女为第二教团），第三教团是指从事世俗职业的俗人（不分性别）所组成的教会团体。虽然是以俗人为其成员，但作为一个教团，它有一定的戒规与一定的服装，并且与第一和第二教团的成员处于精神的连带关系中，只是不立修道誓愿。第三教团的制度是西方自 13 世纪以来，为了将修道院精神带入世俗世界而创设的，虽普遍见于诸教派，然以圣方济派为最盛。——译注

2 根据佛陀的教示，有四种生活样式。第一种是带来现在的幸福，却导致将来的不幸，亦即感官的享乐。第二种是使得现在不幸，也导致未来的不幸，亦即无意义的苦行。这两者，连同非理性的禁欲，都导致死后"沉沦"。现在的不幸而将来幸福，构成第三种：按照一己与生俱来的性向，只能"辛苦地"过着神圣的生活，最后会上天堂。现在与将来皆得幸福，这是第四种：不好激荡的欲望而轻易获得"内在心海的平静"者，得以如此，得证涅槃（Neumann, reden des Gautama Buddha, 5. teil, 5. Rede）。在马鸣的《佛所行赞》（《东方圣书》49, Ⅶ, 98—99）里，以极为类似耶稣会派的方式发动对非理性苦行的拒斥，认为那样会妨碍自制的可能，并削弱获得救赎所必要的体力。

同样是根据古老的传闻，佛陀在生活态度上的这种革新，被其禁欲苦行的伙伴视为对救赎之最为根本前提的破坏，正如法利赛人之看待耶稣的无规范主义的行为一样。首先，这使他遭到公然的轻蔑与质疑，怀疑其恩宠的真实性，而且正是在他的这个圈子里。奉行极端禁欲式的毁身销骨和圣化所行的耆那教僧侣之所以对其有着无可消解的憎恨，原因也正是在这一点上。如果我们认为——而且此处我们愿做如是想——"禁欲"是一种理性的生活方法论，那么，佛教的救赎在原理上即为反禁欲的。当然，佛教也设定了唯一可以获得开悟的一个特定方法。然而这个方法，既不是对教义——其形而上学基础所在，本身极为单纯——的理性洞察，也不是向愈来愈高的道德完成挺进的逐步训练。所谓解脱，在我们看来，不过就是以讲求方法的冥思做好准备、突如其来地"跃进"到开悟阶段的状态。此种跃进的本质，在于让人于其最内在的实践习性里和其理论的洞察相一致，并且以此获得佛教的"恩宠拥有"与"救赎确证"，换言之，确定自己绝对且**不会再回头地**（"永不退转"）解脱了"生之渴望"，在此意义下，也就是被赋予了"神圣"。此即如一切传承所教示的，佛陀本身的恩宠状态的意识。佛陀的一切教诲全在于此种恩宠状态的实践性**达成**，因此可说是给予新进者的某种导引性的训示。——他所表达的一切（必然被认为是真实不妄的陈述），特别是关于"八正道"，内容不过是有关真实的救赎**信念**的一般意见。很有可能的是，佛陀，和耶稣一样，直接为已到达的恩宠拥有状态（套句基督教的表达方式），设定出无规范主义的归结。敌对者（包括近代的教派基督教的批判者）即一再地非难其"优裕的生活"，并且根据传闻，说他是死于吃了腐败的猪肉。姑不论是非曲直如何，总而言之，佛教的"方法论"

仅只限于指示如何确保冥想的成果，对佛教而言，讲求方法的**行动**，不管是为了此世的还是彼岸的目的，都不是朝向救赎，而是朝向"世俗的渴望"，而这正是佛教所要解脱的。或许，以合理的形态将原始佛教的救世论加以全体掌握，才是比较合宜的做法，而这也正是近代欧洲有学养的佛教徒所做的[1]。

如此做的基础在于佛陀在贝拿勒斯（Benares）关于四大神圣真理的著名讲道。四大神圣真理（四圣谛）为：1.苦（苦谛）；2.苦的原因（集谛）；3.苦的止灭（灭谛），以及止灭的手段；4.八正道（道谛）。

1.苦附着于无常本身，也因而是附着于个体化。人生的一切荣华，不只是无常的，而且是奠基于与其他生命的斗争，并且只能以他者的牺牲为代价。2.一切生命的原因，亦即一切苦的原因，在于无意义的生之"渴望"（chanda [欲]），渴望维持住个体、超越死亡，以至于"永恒地"存活。对"灵魂"及其永续的信仰，只不过是此种无法平息的渴望及其所带来的所有无意义性的结果。同时也是信仰一个聆听我们祷告的"神"的泉源。3.生之渴望的止灭，便是无常与生命之苦的止灭。止灭之道便在于，4.八正道。其顺序依次为："正见"——起先是智性地理解，然后是内心洞察到自然生命的全体构成要素在在背负着苦、无常、没有"永恒的"核心（如婆罗门的阿特曼，"灵魂"）的属性。第二阶段为"正思"——深具慈悲而慧心地放弃唯有牺牲其他生命方能拥有的生之享受。

---

1 Allan Mac Gregor（改宗者，被称为 Ānanda Maitreya 的修道僧），*The four noble Truths*（Public of the *Buddhasana Samayana* Nr. 3; Rangoon 2446 der Buddh. Aera, 1903）。此处，对于佛教的原始形态是否能如历史般正确重现并不感兴趣，也无意于是否小乘的教义现今——以可能的古代文献所作的这番解释——可被视为正统。

第三阶段为"正语"——借着克制自己的热情天性而避免说出不诚实和没有爱心的话。第四阶段是"正业"——排除一切不纯正的行为，尤其是暗自欣赏自己正确行动所带来的结果与成效的行为。凡能完全做到这点者，即赢得第五阶段，套句基督教的说法，即赋予救赎确证：不再可能失去的生命神圣性，"正命"。在献身于神圣目标时，一切他所倾心发挥的张力给予他一股神圣意志的精神力量，而此一意志远远超过他人所能达到的，此即第六阶段："正精进"。不只是在清醒之时，同时也在沉睡之际，他有能力支配自己，知道自己现在是谁、过去是谁。此种神圣知识的内在习性导引他进入第七阶段："正念"，在其中，除了神圣的思维与感情，什么也接近不了他。以此，借着已立于平常意识之彼岸的能力，他于内在进入了"超脱死亡的彼岸"——涅槃，此即最后也是最高的阶段："正定"。

在此种相当被现代化的[1]、因而褪了色的形式里，救赎理论还是给我们抛出了一个就实践的观点而言属于佛教最为本质性特色的概念：彻底根绝行为之任何一种世俗内的动机，不论其为非理性、热情的，还是理性、目的取向的。因为，忠于此项原则，任何一种理性的行为（"目的取向的行为"）都要被明白拒斥。因此，佛教并没有西方的修道僧阶层里所逐渐发展出来的一种极为重要的特质，亦即：在所有领域上，生活样式之理性的方法论——除了

1　冥思技术（karma-sthāna［业处］）的现代化，以现代医学的尺度来衡量，主要是在于消除原始佛教里决定性的救赎状态之愈来愈强烈的"病理学上的"特征。十种 Kasina 的幻想技术是与闭目时的残像相结合而特有的恍惚忘我的四个阶段，在第二阶段时已至于人为造成的"麻痹"，然后在恍惚止息之下进入"豁然开朗"的状态而感到陶然，最后在最高阶段时，变成一种绝对的无所挂碍。

凝神的止观和纯粹的冥思这类纯属精神上的体系化。而这种体系化本身当然也愈来愈发展成印度的另一门同样洗练的功夫。从佛陀本身必然是懂得的瑜伽术里，许多的要诀都为后世的发展所采纳：从呼吸规律，到借着四十业处（karma-sthāna）课程而使思维沉潜的阶段系列[1]，所有的手段都在方法上被理性化为救赎四阶段的循序完成。

至少根据共同体的教说，只有修道僧才能达到最高阶段。而俗人则甚至被完全排除于唯一祭典似的崇拜活动之外：在这个原本必然全无祭典的宗教里，唯有半月集会和布萨（posadha）[2]——本质上纯粹是修道僧关于戒律的忏悔集会。因此，俗人别无可为，除了捐献僧所（vihara［僧房］，在古代尚无僧院的特征）、兴建佛塔（stūpa），以尊崇修道僧个人和圣骨遗物。伴随佛塔之兴建而来的相关艺术物品，很快就成为俗人宗教虔敬的唯一可能形态而迅速与固有的圣物崇拜相结合。修道僧宗教情操之绝对的出世性

1　业处，又作行处，即业止住之所，为成就禅定之基础，或修习禅定之对象。此系南传佛教重要教义之一。修习禅定时，必须选择适应自己性质之观想方法与对象，俾使禅定发挥效果。此种观想之方法、因缘、对象，即是业处。《清净道论》有"四十业处"之说，即：1. 十遍处，指地遍、水遍、火遍、风遍、青遍、黄遍、赤遍、白遍、光明遍、限定虚空遍；2. 十不净，指膨胀相、青瘀相、脓烂相、断坏相、食残相、散乱相、斩斫离散相、血涂相、虫聚相、骸骨相；3. 十随念，指佛随念、法随念、僧随念、戒随念、舍随念、天随念、死随念、身至念、安般念、寂止随念；4. 四梵住，指慈、悲、喜、舍；5. 四无色，指空无边处、识无边处、无所有处、非想非非想处；6. 食厌想；7. 四界差别。——译注

2　巴利文为 uposatha，意译为长净、长养、增长、净住、说戒等。即同住之比丘每半月集会一处，或齐集布萨堂（uposathagara，即说戒堂），请精熟律法之比丘说《波罗提木叉戒本》，以反省过去半月内之行为是否合乎戒本，若有犯戒者，则于众前忏悔，使比丘均能长住于净戒中，长养善法，增长功德。又：在家信徒于六斋日受持八斋戒，亦称布萨，谓能增长善法。布萨一制系源自印度吠陀以来之祭法，即在新月祭（darsa-māsa）与满月祭（paurna-māsa）之前一天举行预备祭，称为"布萨"；祭主于此日断食，安住于清净戒法中，令身心俱净。其后传至佛陀时代，耆那教徒仍有集会一处，持断食等四戒之做法，佛陀亦准许令僧团中用其行事，故知佛教之布萨即依准此一风习而来。——译注

和崇拜的付之阙如，以及对俗人的生活样式没有任何有计划的影响——这是原始佛教和耆那教相当重要的一层对比——必然迫使俗人的宗教虔诚愈来愈往圣徒崇拜和偶像崇拜的方向发展，就像后来大多数的大乘教派所发生的情形。

原始佛教确实彻底地偏离巫术技法。然而却也未曾怀疑过"天神地祇"（devatā）的存在。因此，神灵强制与土占的技术迅速地发展起来[1]。另一方面，从借着随缘施舍而度日的学徒共同体，轻易地转变成依靠捐献而拥有建地、建物、永久的地租、田地、奴隶与隶属民的修道院生活，最后成为僧院领主制，原始佛教在印度及其邻近国家的历史业已显现出来，而锡兰和西藏的佛教——如我们后文所要描述的——更是到达完全奠基于僧院领主制的形式。

为了要对抗这种事实上几乎无可避免的发展，原始佛教坚持禁止拥有（不过因为贮存衣物之故而一开始就有自己的管理者，便打破了此项禁忌），除此之外，还要求修道僧游行四方，并且拒斥任何教权的或教区的约束性组织。布萨界（śima）[2]——总是由长老在那儿为偶然留宿的修道僧举行半月祭和布萨——绝非排他性的管辖区。至于居住在一定的修道院里或成为其成员的义务，根本就不存在。集会之时，只依年齿序位（并非自然年龄，而是成为真正僧侣的年岁——僧腊）。所有的"官员"，不过是没有主权的技术性辅助者。原始佛教教会里所谓的"家父长"或"父"（后来消失了），显然是修道院里完全依凭资深和卡理斯玛而够资格的

1　土占（Vatthuwijja），相当于中国的风水。

2　四摩（śima），即戒场、布萨界，又作四摩室。四摩，乃"界"之意，作"结界"解。为布萨等重要行事时，比丘参加集会之界区。住于同一结界（四摩）内之比丘众，有必须参与集会的义务。后世寺院门前之结界石，即为四摩之标柱。——译注

阿罗汉，同样的，依其古老的传统，修道院亦因卡理斯玛而受到尊崇。除此之外，关于其地位似乎没有其他可知的保证。

在预备的修炼期之后，换言之，受教于一位僧侣（作为灵魂指导者）、得到其形式上的许可而被推荐之后，加入教团，并不构成任何一种恒久的约束，成员可以随时退出教团，而能力不足者也被建议退出[1]。总而言之，由于佛教这种有意且首尾一贯地极小化约束与规制以达于一种无结构状态的结果，必然自始便极为严重地威胁到共同体的统一性，而事实上也很快就导致异端和教派的形成。唯一的应变手段——宗教结集（saṃgīti）[2]，也很快就行不通，而且显然只有借助于世俗权力的支持才可能办到。令人印象深刻的是：关于组织、纪律与教团的建立，少数一些最后终于被制定出来的要素，连同教说的固定化，是在创教者死后才有违他意图地形成。

根据传说，可以确定的是：阿难为佛陀所钟爱的弟子，因此也就是原始佛教的"约翰"。然而根据另一则很少被利用到的、关于"第一次结集"的传闻（在他死后），我们同样可以确定地推论出：阿难不止被其他弟子推到一旁，而且还被认定有罪，必须悔过，共同体的领导权则落入他人的手里——和原始基督教共同体的情

1　根据传说，比较后世的正统派佛教大师也曾一再地为"情欲"的力量所支配而退出共同体，然后在激情被导入正轨之后又再度加入。例子可见义净的游记，34, Nr. 7。总之，这样的松弛无疑是堕落的产物，为原始佛教所无。

2　梵语 saṃgīti 乃"合诵"之意，即诸比丘聚集诵出佛陀之遗法。佛陀在世时当然无此必要，至佛陀入灭后，即有必要将佛陀之说法共同诵出，一方面为防止遗教之散失，一方面为教权之确立。故佛弟子共聚一处，将口口相传之教法整理编集，称为"结集"。第一次结集即在佛灭之年，于阿阇世王的保护下进行的，由摩诃迦叶主持，阿难诵经、优婆离诵律。第二次结集则在佛灭后一百年左右举行，结果因"十事非法"的争议造成教团的分裂。除了这两次的结集外，尚有第三至第六次的结集，不过，只有第一、二次的结集是为佛教世界（包括南传、北传佛教）所普遍承认的。——译注

形一样[1]。原始的修道僧共同体显然不愿意精神上的继承和卡理斯玛的贵族主义发生在他们里面。其所强调的因此是（完全解脱因而无罪的）阿罗汉之资深的原则，以及其他一些最小限度的固定秩序，而阿难很可能被认为是完全自外于组织的卡理斯玛传法者制度的代表者。在正统派的缅甸的修道院里，直到现在，唯有靠着所持有的"卫时"（Was）之数，换言之，自从进入修道院后所经历的年度加入季节之数（因此也就是年数），才能跻身彼此之间严格平等的僧侣位阶：十个卫时（年）之后，修道僧才能成为完全的僧侣。这当然是个非常古老的传统。

教团的正统派教说，如其一直在小乘佛教中继续留存了一千余年之后，除了资深的原则之外，仅知唯一的一个完全绝对且最为有效的结构性结合要素，亦即师（upādhyāya［和尚］）徒关系。新加入者必须遵守印度梵行者对其导师的那种严格的恭顺规则。即使到了义净时代（7世纪），被纳入教团的修道僧也要在5年之后，在他的老师看来他已完全贯通毗奈耶（vinaya［律藏］[2]）经典的内

1　根据《五分律》卷三十《五百集法》所载，佛陀入灭后，大迦叶在发起第一次结集时，曾想把阿难排除在外，理由是阿难尚未修成阿罗汉。幸好在结集前阿难及时得道成阿罗汉果，遂得以与会并诵出经藏。不过，结集一完，迦叶即举出一些小事要阿难认错悔改。韦伯所说的阿难被排挤与悔过，或许即指此事。详见《大正新修大藏经》，1421，pp. 190—191。——译注

2　梵语的vinaya含有调伏、灭、离行、善治等义，乃制伏灭除诸多过恶之意。此乃佛陀所制定，而为比丘、比丘尼所须遵行的有关生活规范之禁戒。律为三藏之一，称为"律藏"，或"调伏藏"、"毗尼藏"，系记录教团规定之典籍。律藏有南传之律藏及汉译之《四分律》《五分律》《十诵律》《磨诃僧祇律》，并西藏所译之律藏等，均由诸部派所传承，然重心大体上相同。通常分为两部：1."波罗提木叉"，即教团之罚则；2."犍度"，系有关教团之仪式、作法及僧众之生活礼仪、起居动作等，具体详解诸种规范。此外，"巴利藏"更于后世附加附随事项（波利婆罗），故共有三部。律藏中所说戒条之数目，《四分律》列有比丘250戒，比丘尼348戒。此种僧戒与尼戒称为"具足戒"。戒律中最严重者为波罗夷（pārājika），犯者必须逐出教团，称为"破门"。——译注

容之后，才能离开老师。即便是此时，他的一举一动也还是要得到老师事先的允许，对于老师不可保留任何（就其救赎而言紧要的）感情。完全习得毗奈耶 10 年之后，此种监护才得停止。然而凡是未能完全贯通经典内容者，则必得终其一生待在此种监护关系里。小乘—正统派似乎特别严格地保持了此种恭顺关系。

　　印度之原始佛教的信奉者本身——拒绝后来修道院之往庄园制的发展，拒绝救赎教说之往俗人救世论的发展——打从创教者自己开始，即使不完全是、也主要是来自大贵族氏族以及富裕的市民。婆罗门似乎也有，不过，佛陀弟子的大多数乃是世俗的名门望族之高贵俗人教养的代表者[1]。相应于此，身份惯习的发展之萌芽明显往后退缩。甚至佛教所规定的托钵形态也颇合受过良好教育的知识人的身份荣誉感和高尚品味。佛陀的弟子说什么也不是个无教养的托钵集团。相对于其他教派，不止衣服一开始即有端正的规制，而且更是有计划地配置的对象[2]。佛教的吸引力，特别是对于上流阶层的吸引力，至少部分而言正可以由其对于礼仪端正的戒慎看重得到解释。南方佛教徒的《戒本经》里充满着对于修道僧在相互交往以及和"世间"交流之际纯粹惯习上的礼仪规则，

1　文献资料和圣谭都说明了这点。其中明显强调特别高贵者之加入为成员。然而，只要是俗人（而非成员），佛教从未有过社会的排斥性。在后世的佛教碑文里（例如 Sanci 碑文，收于 *Bühler, Ep. Ind.*，II, S. 91 ff.），各个阶层的人都有：贵族、村落农民、行会商人（Sheth）、小商人（Vani）、国王书记、职业书记、国王的作坊管理人（Avesani）、士兵（Asavarika）、工人（Kamika）等。其中以商人和小贩占大多数。在一块古老的、大约公元前 1 或前 2 世纪的碑文里（*Ind. Antiq.* XXI，1890，S. 227）所出现的捐献者，包括一名士兵、一名石工、一位"家长"（Grihaspati）和许多宗教人士。

2　当时一些教派坚持弃绝一切有形或无形的束缚，因此不着衣物（如耆那教），乞食时不准使用钵，只能用手承接。在佛陀看来，这些都是卑贱或野蛮的生活，视之为人性的堕落，因此坚持他的门徒使用钵，禁止他们裸体，禁止他们穿着用头发制作的或其他不舒适的衣服。——译注

甚至包括禁止在进食的时候咂嘴出声的规定。

与此相应的是教说的内在特质。

正如我们一再注意到的（尤其是奥登堡），令人惊讶且根本的特色是：佛陀的布教——我们总是可以从传闻里得到一个大致的概念——与耶稣、另一方面与穆罕默德的相异之处。佛陀典型的布道方式是苏格拉底式的对话，通过绵密反复的论难将对方导入谬误而使对方不得不屈服。不论是加利利先知（耶稣）的简短譬喻、嘲讽打发或动人的赎罪讲道，还是阿拉伯神圣的军事领导者（穆罕默德）基于幻觉的命令，都与人们所认为的佛陀行事之固有形态的那种讲道与言谈，没有任何相似之处。那是纯粹只诉诸智性、引发冷静且即事但丝毫不带内在兴奋的思虑的一种言谈，是极致的、往往以体系性—辩证的方式来穷尽话题的一种谈学论道。要跟得上这样一种教诲，若没有独特的印度教思维的真正良好训练，是根本行不通的——其理甚明，我们可轻易解释。尽管，佛陀相信，而且对一个印度教思想家而言也确实如此：他的教说是如此的简单，即便是个小孩都能理解。当然，这样一个小孩，依照古印度教的看法，必然是"相当的良家子弟"出身者。

佛教完全牵扯不上什么"社会"运动或有任何相应的举措，甚至连一丁点儿的"社会—政治"标的都没有。其漠视身份秩序，也是古已有之而非新义。佛教的发生地——摩揭陀（Magadha）[1]

1　中印度之古国，佛陀时代印度十六大国之一。位于今日南比哈尔（Bihar）地方，以巴特那（Patna, 即华氏城）、佛陀伽耶为中心。此国之频婆娑罗王于旧都之北建立新王舍城（即今 Rajgir），并皈依佛陀，此后，该地成为佛教最常说法之处。佛教史上几位最重要的护法君主，例如孔雀王朝的阿育王、4 世纪的笈多王朝皆以此地为中心。5 世纪初帝日王创立那烂陀寺于此，成为印度佛教的中心，玄奘留印，即就学于此。——译注

与邻近的北印度地区——是婆罗门阶层的势力相对而言较弱的地方。古老的四个"身份"无疑早就瓦解了——尤其是自由农民（吠舍），早已成为虚构。在佛陀时代的资料里，商人被视为典型的吠舍，而"种姓"彼此之间在宗教上的隔离，特别是首陀罗之编入到职业种姓里，恐怕，至少在印度的这个地方，才部分开始，而要到后来的印度教时才被贯彻实施。个别"沙门"的救赎追求，在此是个广泛的现象——其禁欲苦行的成就，早已获得宗教上的声誉而与行会组织的吠陀教养祭司相匹敌。佛教之无视于身份的差别，并不意味着社会革命——尽管看起来好像是事实。来自最低下阶层者而成为最早期的佛教门徒一事，不仅未见于传闻，而且也是相当不可能的[1]。因为，沙门向来一般都是出身于高贵的俗人教养圈子——特别是来自城居的刹帝利贵族，情形类似我们的人文主义者。事实上，似乎相当可以确定的是，佛教，一如耆那教，原先坚持着这样一个信念：唯有出身于婆罗门种姓和刹帝利种姓者，方有成为完全成员的能力。连佛陀本身也很快地就被圣谭从地方贵族的后裔——在历史上确实如此——提升为王子。根据传闻所述，富裕的城市贵族，连同为数甚伙的婆罗门，都是佛陀第一次传法的改宗者。佛陀之教诲所投注的——就像奥登堡所说的，绝对不可能是提供给"心灵贫乏者"的——高贵知识阶层，如我们所见，在印度当时的小王国制里，强烈地自觉本身是一体，

1　韦伯的这段话似乎有点武断。据我们所知，佛陀十大弟子之一的优婆离（Upāli），即出身首陀罗。根据史料，佛陀得道第六年，迦毗罗卫国王子跋提、阿那律、阿难等七人出家，时为宫廷理发师的优婆离亦随同出家，被视为佛陀广开法门、四姓平等摄化的第一步。优婆离精于戒律，修持严谨，誉为"持律第一"；后于第一次经典结集时，诵出律部。不过，佛陀绝大多数的弟子皆出身婆罗门或刹帝利种姓，应当是没有问题的。——译注

是横贯一切瞬息万变之政治结构的支配单元，而此种政治结构无法持续不断地尽收此一阶级之热情，情形有如我们中世纪的知识阶层。佛教的教说本身是在当时贵族与市民的财富相对而言有较重大发展的地区里形成的。何况那时也没有一个支配性的祭司阶层存在——如后来的印度教或古婆罗门阶层那样，力量足以阻止这个贵族阶级爱过什么生活就过什么生活，要信仰什么或不信仰什么也都从心所欲；同时，俗世权力也找不到任何理由来反对这样一个俨然成形却又绝对非政治的运动。此外，在传说中受到频婆娑罗王（Bimbisara）[1] 保护与尊敬的佛陀，也立下规矩，回避俗世权力的一切可能疑虑，换言之，不许士兵、奴隶、囚犯或罪犯进入教团[2]。与婆罗门的"斗争"——类似耶稣与法利赛人和律法学者的斗争——在佛陀的布道里毫无蛛丝马迹可寻。对于神的问题，就像对种姓的意义，佛陀存而不论。根据传说，在一个婆罗门切切地追问下，他只是坚持：不是出身，而是正行，方使一个婆罗门成为真正的婆罗门。同样的，像耆那教对牺牲献祭的特有斗争，也不见于佛教。这对强者与智者所追求的目标而言，是毫无价值的。

　　整体而言，原始佛教非但不是劣势特权阶层的产物，反倒是极为优势特权阶层的产物。总之，毋庸置疑的是：其反教权制的特色，亦即，贬斥婆罗门的礼仪知识和婆罗门哲学的价值，使得王侯与城市贵族皆对此一教说颇有好感。取代婆罗门的教权制，

1　摩揭陀国王，为西苏纳加王朝（Śaiśunāga）之第五世。佛陀证道后，至王舍城说法，频婆娑罗王于迦兰陀建竹林精舍，供佛弟子止住，并供养僧伽，为佛教最初之护法者。后因太子阿阇世王篡夺王位，饿死狱中。——译注

2　例如摩揭陀国的士兵不愿服役，遂有逃兵加入佛教僧团，频婆娑罗王为此提出控诉，佛陀乃规定，凡为朝廷供职者不得接受入团。——译注

实力与时俱增的托钵僧教权制势力的抬头，是较后的世代里方才体会到的经验。和其他许多的时代与民族一样，确信游方僧与苦行者具有特殊的神圣性，长久以来便是印度所有社会阶层的共识。教团戒律明白地——当然并非没有特别用意地——规定：修道僧在托钵时，应该毫无分别地叩那贫者与富者的门。然而，去改变这世间的社会秩序，非但不是原始佛教，也不是后世的佛教所意图的。修道僧根本不在乎俗世。这倒不是如古基督教那样，由于末世论的期待而有以致之，相反的，他们根本就没有什么末世论的期待。至少根据后世的教说，那些不愿成为僧侣的人，是连救赎机会也没有的，另一方面，对修道僧而言，不论怎样的人世命运都一点儿影响不了他自己的救赎机会。修道僧所被应许的救赎，自然不符社会被压抑阶层的口味，他们所要求的毋宁是来世的报偿或未来的现世希望。俗人道德总之是带着极无特色的"市民"伦理的性格及其现世的报偿：财富与声名。至于隶属民、农人和行会手工业者的宗教"自然法"，自有另外一番相当不同的面貌。根植于此一阶层的救赎宗教，或者一般而言下阶层的特殊俗人宗教意识，具有一种根本不同的性格，正如我们紧接着要谈到的下一个时代的发展所显示的。

传法布道属于佛陀非常个人的事，那是他无止无休的游方的一种特殊的生活形态。而这原先是否就是修道僧的固有"义务"，我们姑且存而不论，虽然事实恐怕并非如此。像这种明明白白的传道**义务**应该是与几个世纪之后救赎理念的转变更有关联。

不过，佛教还是成为世界上最大的布道宗教之一。这必然是件相当令人吃惊的事。纯就理性的观点而言，佛教毕竟没有任何注定要如此的动机。一个唯一己的救赎是求、并且因而完全唯自己是赖的修道僧，有什么道理要去顾虑到他人的灵魂救赎和努力地传道？更何况，对于在业报理论——连同其根据业以及因业而有宗教资质上的差异，以决定救赎机会的道理——深切影响下的神秘主义者而言，这样做恐怕正是最为无谓的事了。在传说中，佛陀对到底该不该应梵天的请求去向世人传布救赎教说而犹豫良久。最后他决定这么做，是因为他看出除了那些根据资质而会得救和注定不会得救的人之外，还有许许多多资质并不是那么确定的人，可以因救赎讯息的接受而改变救赎的命运。

　　然而，这只不过是个教义上的解释。哪里才找得到真正的实践动机呢？首先，或许可以在那种无法以理性做进一步说明、但取决于心理的——也有可能是生理的——状态上找到，此种状态如我们所知的，大抵是具有神秘主义宗教心的伟大达人所特有的、满溢着慈悲心的爱的无等差主义，并且几乎无论何处皆伴随着神秘的救赎拥有的心理形式，亦即，入神的寂静状态之特有的病态的快感。这使得他们大多数人偏离了神秘主义救赎追求的合理归结，而走上灵魂拯救的道路。此种动机也相当明白地显示于佛教徒的同情伦理中，如同在印度其他的神秘主义者身上所能找到的。

　　此外，和古代知识阶层里所有的印度救世论者一样，亦为佛陀本身以典型方式表现出来的游方论难，也发生了作用。这也是那个时代所有的救世论所共通的现象。其三，对于无论是耆那教还是佛教的传道**成效**产生决定性影响的是"职业僧侣"以共同体的形式出现。不过，经营传道事业的决定性**动机**则当然是在于修道僧的物质关怀，亦即提供生计者——优婆塞——的增加。此种利害关怀毋宁是相互竞争的修道僧团体（主要是耆那教徒，连同佛教徒）所共有的。然而，在佛教扩张的时代出现了某些有利的情况，这些情况在另一方面，就实际的观点而言，却也是后来——至少在印度本土内——佛教面对正统派职业僧侣的竞争时，为其招来不利后果的一大弱点。一方面是佛教对于俗人的要求非常有限（不过是喜舍），再一方面是完全没有修道僧共同体的固定组织，也没有修道僧本身的固定俸禄利益。对任何教派而言，当其完成了典型的"俸禄化"过程之时，也就是传道扩张的危机来临的时刻。换言之，当其组织发展到此种地步时，一方面是其收入，另一方面是其救赎提供，就会在固定的辖区里，以"顾客"或"年金"的方式，成为其职业的救赎媒介（祭司、传道者、僧侣）固定的配额。如此一来，坐拥"顾客"与俸禄的独占关怀，无可避免地就会超越过开发新领地的共同关怀。于是，共同体便以提高新人加入的困难来避免危及现任辖区拥有者的"生计"。这样的共同体所关心的是免除其生计领域的竞争，然而其俸禄持有者却绝非到异域传教的适任者。以此或彼的形式，这样的过程往往见之于大多数先前是传道的教派。在佛教，古老的全然"无等差主义的"组织（或无组织性），连同其拒斥与俗人关系的任何规律，起初即直接地排除了俸禄化。

　　起初，佛教徒之（严重违反遵守古老戒律之苦行者的）纯粹寄生性格的生计追求，及其一般而言与当时欣欣向荣的城市和较大村落的联系，连同其对不管是僧侣还是供养他们的俗人而言，皆非常有限的礼仪规则的束缚，至少就外在而言，都是相当重大的有利之处。我们已看到，原始佛教乃是以救赎资质的既有差别性为一基本事实与出发点，故而对俗人几乎不课以任何义务，除了供养僧侣。原先，这根本不是对共同体的贡租——如是则必然很快就会转变成僧侣的俸禄，并且形成共同体成员的份额规制。

佛教徒所知的唯有对个别修道僧的喜舍。慢慢地才有了一般所谓的修道院组织的变化出现。寺院僧侣，亦即不只是在雨季里而是永久地居住在修道院里、不再游行四方的修道僧，无疑是和有固定辖区的教区一样，都是走上修道院庄园制发展之路后方才出现的产物。此种定住僧侣，除了止观之外，尚专注于研读经典和其他学问上的工作。相反的，原始佛教对于其他的事务——学问也一样——却不予重视。况且，在原初纯粹口耳相传的传统里，制作文书成为研读对象，毫无疑问的只是次要的。只要此种古老的状态持续下去，原始佛教必然有着传道弟子与修道僧源源涌现于大地，而事实也是如此。

虽然如此，若非历史的偶然因素使然，佛教恐怕也还不能开展其国际性的远征之旅，此即：最初支配了几乎全印度文化领域的一个大君王，成为佛教热烈的信奉者。我们紧接着就要加以介绍。

第三篇

亚洲的教派宗教与救赎宗教

第一章

原始佛教转化的一般因素

在印度贵族式的主智主义救世论（Intellektuellensoteriologie）[1]
里，原始佛教如果不是历史上最后一个，也是其中最坚决也最首
尾一贯的一个，因此，也可说是此种救世论的"极致"。就外在而言，
佛教是救赎宗教里唯一曾经、至少在某个时期内，亦即孔雀王朝
时，成为全印度境内的一个支配性的官方教派。当然，并非永久。
原因在于其内在理路及其外在的弱点，换言之，在实践的态度上，
佛教将救赎局限于真正走上究极之道而成为僧侣的人，至于其他
人，亦即俗人，则基本上无所挂怀。我们可以从佛教所颁给俗人
的戒律中看出，这不过是些缺乏内在统一性观点的外在妥协。尤
其是，欠缺耆那教所创造出来的那种俗人的共同体组织。即使是
修道僧组织本身，如我们先前所见的，也仅限于绝对必要的程度。
此种俗人组织付之阙如的情形，在历史上所造成的结果是：佛教
在其本土上彻底消失。尽管做出许多妥协（我们将予以探讨），佛

---

[1] 这样一种贵族的主智主义救世论正是原始佛教与基督教之间一切重大差异的根本所在。
如我们先前所见，对后者而言，对立于任何一种贵族的主智主义，是最根本、最重要的。

教仍然不敌印度教诸正统和异端教派的竞争，它们可是知道如何巩固俗人于其领导关系之下的。

　　同样的，佛教也证明其无力抵挡外来的势力，特别是伊斯兰教。除了疯狂地毁弃印度所有宗教的偶像之外，伊斯兰教侵略者当然、也特别企图扫除被征服民族的领导阶层，包括贵族——如果他们无法被改宗的话，以及僧侣——伊斯兰教徒很有理由视他们为有组织的宗教共同体生活的真正担纲者。如后文里将论及的，伊斯兰教在本质上打一开始便对修道僧的禁欲苦行抱持反感。因此，"光头的婆罗门"、修道僧，其中特别是佛教僧侣，便成为伊斯兰教徒首要无情屠戮的对象 [1]。然而佛教的教派一般全都集中存在于僧院与修道僧共同体（僧伽）里，这些若被消灭，佛教社会也就没有了。事实上，在伊斯兰教的征服下，其存在痕迹可说是绝无仅有的了。破坏是如此的彻底，以至于连圣地之所在，特别是蓝毗尼（Lubini，佛陀的诞生地），"印度的伯利恒"，也被忘得一干二净，直到欧洲人的考古挖掘才再度发现。其实，早在此一外来的灾难之前，佛教在印度曾有的支配也已因其他救世论的竞争而不保。尤其是，在与它们相竞高下的那场徒劳无功的斗争里，佛教本身的内在结构也有了深刻的转化。这使得它不再可能保有其于印度的支配地位，然而却令其本质上以此种改变的姿态成为印度境外的一个"世界宗教"。

1　"（伊斯兰教将领）穆罕默德·巴哈蒂尔……冲进一座堡垒的大门（即郁丹陀普罗大学），占领这个地点，大量劫掠品落到胜利者手中。这个地方大多数居民是剃光头的婆罗门（实即佛教比丘），他们都被处死了。在那里发现大量藏书……他们召唤一些人来讲解内容，但是所有的人都已经杀光了。……当他们到达这个地点的时候，他们包围了它……这个城市立即陷于惨境，禁止人民崇拜偶像（佛像），偶像都被伊斯兰教徒焚烧了。有些人民也被焚烧，其余的被残杀了。"详见 A. K. Warder，《印度佛教史》（下），p. 220。——译注

　　促成转化的因素，除了无可避免地要适应生存于世间的条件之外，便是俗人阶层的利害考量。尤其是这个俗人阶层在本质上相当不同于佛教兴起时的刹帝利阶层和富裕商人（Schreschthi）家族。佛教的兴起，和耆那教一样，起先是得助于城市贵族，特别是市民阶层的富贵者。拒斥祭司知识和令人无法忍受的仪式生活规制，由方言取代不可解的梵文死语，宗教上贬斥种姓对于通婚与社交的禁制，不净的世俗祭司阶层的枢纽权势、为实际真挚地过着神圣生活的救赎追求者阶层所压倒，所有这些必然都是远为正面切中一般俗人文化的特征，特别是切中城市初次兴盛时代里富贵的市民阶层之所求。当时，种姓的藩篱松解了，至少对宗教救赎的追求而言。唯有婆罗门的吠檀多学派坚持这样的原则：唯有再生种姓的成员方能获得救赎。数论派则毫不怀疑连首陀罗都有可能获得救赎。佛教，至少在加入修道僧教团这点上，根本不问种姓的归属问题，尽管它如此重视言行举止和教育上的出身，并且明白强调其大多数弟子是来自高贵的身份阶层。

第二章

阿育王

在亚历山大东征带来北印度与希腊文化相当短促的首次接触之后，很快便兴起了（就我们所知）在孔雀王朝治下的第一个印度大君主制。常备军与军官、王属官僚阶层及其庞大的书记机构、国王的包税者及王家警察成为支配的势力。城市贵族被利用为贷款提供者，亦即供输与服务的承担者，但逐渐被逐退到后台。手工业者作为赋役与贡租的担纲者，成为新兴的势力。古代的弱小王国为大君主的家产制所取代。以此，贵族与富裕市民阶层的处境也不可避免地有了转变。根据婆罗门传统的记载，孔雀王朝是下层出身者所建立的，而一个家产制君主也必然倾向于将至少是官僚位阶和军官团的位置提供给下阶层者作为晋升的机会。首先，这与救赎宗教的佛教之无视于身份制的界限完全吻合，而事实上，首次将整个印度文化领域成功地统合到一个统一王国里的孔雀王朝大君主阿育王本身也改宗佛教，起先是作为一个俗人在家众，后来甚至正式成为教团的成员。

贵族身份阶层之**政治**权力至少相对而言的齐平化，特别是古老的刹帝利阶层及其作为高贵骑士教养之独立核心的无数小城寨之明显的没落，必然为相互竞争的诸宗教之社会条件带来深刻影响。被诸宗教所相互争取其灵魂的"俗人"，不再专只限于教养贵族，而是及于廷臣、精通文书的官吏，以及小市民与农民。如何满足他们的宗教需求，也同样是王侯、祭司与修道僧所必须考虑的。政治权力拥有者考虑到如何以此来驯服大众，而宗教担纲者则视此为争取大众为其宗教权力之支持者的机会，以及成为其俸禄与随机收入的一个来源。就此，开展出印度正统派救世论的平民时代，或者，更正确地说：以满足平民宗教需求为目的的一个时代。我们可以将此相比于西方的反宗教改革时代及其稍后的时代，这些时代也同样是与家产制大国的形成相呼应。当然，这其间总有个重大的差异。在欧洲，天主教教会强固的教权制组织，首先是在其布教—煽动的感情性格里，次而在其制度之走上助理司祭制的官僚化结构里，得到贯彻[1]。反之，在印度，不得不透过一个只像个身份团体或松散的僧院团体似的结合，但非组织化的教权制，来进行一种极为复杂的调整。

宫廷社会所无法得之于原始佛教的，一方面是高贵的文书教养与艺术造型的契机，另一方面是驯服大众的手段。

---

[1] 所谓"助理司祭"（Kaplanokratie），乃是在教区甚大或有其他特殊情况下，为辅佐主任司祭而常设的代理司祭。此种助理司祭自中世纪初期即已存在，唯当时是由主任司祭所任免。特伦特（Trent）大公会议亦未能就此点做任何改革。到了19世纪初，任免权习惯上由主教掌握，助理司祭对主任司祭的独立性乃得以增强。根据现行教会法典，主教在任免助理司祭时，应征询主任司祭的意见。韦伯说过，天主教会对各种中介权力的清除，最初乃针对封建力量，其次又扩展到所有独立的地方性中介力量。清除运动自教宗格雷戈里七世（Gregory VII）开始，经特伦特大公会议及梵蒂冈大公会议，最后在庇护十世（Pius X）的诏令下宣告结束。这些中介力量就这样被转化为罗马教廷的纯粹职员，而形式上原本完全从属性的"助理司祭"（监督世俗组织的辅助性教士），在此过程中不断扩大其实际的影响力（此一过程主要是基于天主教会政治性的组织）。这个过程因此也代表官僚制的进展。*Economy and Society, Vol. II*, pp. 985—986。——译注

　　小市民与农民对于高贵教养阶层的救世论成果是无从下手的。其中尤其是原始佛教的救世论。他们并没有想要冀求涅槃，也同样很少想要与梵合一。特别是，他们手头根本就没有足以获取此种救赎目标的手段。事实上，获得灵知必须要有冥思的空闲。然而他们并没有这种空闲，并且一般而言，他们也看不出有何道理要借着林栖的赎罪僧生活来获得这种闲暇。因此，正统派与异端派的救世论都在某种程度上对此有所照应：正统派是借着种姓仪式主义的救赎许诺，异端派则是借着第二义的俗人伦理，来应许此世和来生的果报。然而，所有这些在本质上都是消极的，并且特别是带着仪式主义的性格。这根本满足不了特有的宗教需求，诸如：超世俗的感性体验，以及处于内在外在忧患时的紧急援助。无论何处，那种切实的感情性需求一直都是大众宗教决定性的心理特征，恰相对反于一切主智主义救世论的合理性格。

　　对于感情性的大众宗教意识，全世界也就只有两种典型的救世论可能：巫术或救世主。或者二者合而为一，例如：活生生的救世主，作为肉体与心灵苦难当中的巫师与救援者，或者，已故而被神格化的救世主，作为救难圣人和仲裁者——在凭神或降神的体验里，他被热烈祈求并且成为感性—恍惚地被再度唤醒的超世间对象。几乎所有印度的救世论都走上顺应于这种特有的平民宗教需求的道路。这是理解我们现在所要描述的发展应该具有的基本认识。

　　在与俗人的关系上，原始佛教至少相对而言——或者根本就是——反巫术的。因为，不自夸具有超人能力的严格戒律（僧侣的第四条誓愿，违者处以死罪）[1]，无论再怎么有限地解释其意涵，也都排除了或至少贬抑了僧侣作为巫术性救难者和治疗者的可能。同样的，原始佛教至少相对而言是反偶像的。佛陀禁止他人为自己造像的禁令，被确实传承下来，而许多真正的原始佛教改革者则将某种相对上、带有几分西妥教团性格的清教主义引进教会艺术里，这多半——同样的，也和西妥教团的情形一样——并无碍于其艺术的造诣。最后，原始佛教根本就是非政治的；与政治权力的内在关系几乎毫无蛛丝马迹可寻。然而，最先出现变化的就是最后这一点。

原始佛教在印度孔雀王朝的阿育王治下达到其鼎盛期。阿育王是第一个仿照埃及、亚述和希腊的方式而将其事迹与政令永存于石崖、石窟与石柱碑文上的君主[2]。这位君主有机会先成为见习沙弥，次而成为公认的教团成员，但仍然保持其为君王[3]，此事显示出教团大幅度的调节适应，而阿育王本身亦一再强调，同时赢得今生与来世有多么困难[4]。因为君主到底并不被视同为一般僧侣，而是享有一种独特的地位。以此，佛教开始出现某种政治理论的端倪，

---

1 波罗夷第四戒为"大妄语戒"，乃指实际未证得却妄言已证得宗教体验（超人间之境界），违反者处以"破门"，即逐出教团，其人永堕地狱。——译注

2 除了《大全集》之外，最重要的一些碑文皆可见于 V. A. Smith, *Açoka* (Oxford, 1901)。

3 此事明白见于一般所谓的《小石训第一》的诏敕里：大王在当了两年半的优婆塞之后，如今已是加入教团的第六年。

　　根据日译者的考订，"六年"之说已普遍被学界扬弃，现今改采"一年有余"的说法。——译注

4 见《柱训第一》里的诏敕。

　　按：在《德里柱训》有如下一段："我人若非笃爱正法，严于自制，尊老敬贤，畏惧罪恶与夫热心从事正法之履行，则实难获得今生与来世之欢愉生活。"见周祥光译，《阿育王及其石训》，p.42。——译注

亦即：现世君主（cakravartirājan［转轮圣王］）[1] 的权力势必是要来弥补佛陀的宗教力量——以其必然放下一切世俗行为——之不足。他犹似拜占庭帝国的君主所宣称的那样，是一个教会的保护者。他的"石训诏敕"亦显示出某种半神权政治的特有归结。

阿育王的改宗起先是发生在血腥征服羯陵迦王国（Kalinga）之后。他宣称[2]：他深为后悔那样的屠杀，尽管那是征服之际所不可免的，但还是有许多虔诚的人们丧失了性命。今后，子孙应谨从正法（Dharma），不以武力征服，要透过、要为了真正的信仰之力而征服，然而，对他而言，比此种和平的征服本身更为重要

1　转轮圣王的观念为古印度的传统政治观念。传说中，谁能统治全印度，"金轮宝"即会出现，它能无坚不摧，无敌不克，拥有"轮宝"的统治者便被称为转轮圣王。用中国人的观念来说，就是真命天子。这里所说的"金轮"，原文为 cakra，乃战争时所用的轮状武器，印度神话中毗湿奴所持的法宝（神盘），应该就是类似的武器。到了原始佛教经典里，"轮宝"（或"宝轮"）已转变成一种具有象征性意义的信物。《长阿含·转轮圣王修行经》提到，君主若能奉行"正法"（Dharma，当然是佛法），则"轮宝"自会显现空中，以证明其统治之正当性，四方有不服者，"轮宝"即会旋转而去，君主只要随之而行即可平定天下（《大正新修大藏经》，1：6，pp. 39—42）。转轮圣王当然只是个理想中的人物，类似中国远古时代圣君的传说（尧舜），若就现实历史而言，则阿育王确可被视为最接近此一理想的人物。——译注

2　《大石训第十三》中的诏敕。
　　按：在《沙伯斯伽梨石训》中，阿育王说道："天所亲王（即阿育王自称）在其加冕后第八年，征服羯陵迦王邦。在羯陵迦一战中，羯陵迦之人民与动物等被俘者达 15 万左右。战死沙场者达 10 万人，更不知有多少生灵涂炭。此日羯陵迦既已征服，天所亲王则朝夕思维并以全力使'正法'传入该邦，使'正法'弘扬于该邦人民。此系天所亲王因用武力而征服他邦，见生灵涂炭，心有悔悟，有所之也。……唯天所亲王最感痛心者，则在战争之时，无辜使婆罗门僧、佛教徒及他教人士受着伤亡之祸，彼等居于羯陵迦王邦内，孝顺父母长者，对友朋有信义，对仆役有仁慈，却受此不白之冤。……总之，在战争之时，所有人民无不受灾祸之害。此为天所亲王所感痛心者。……天所亲王现思及以'正法'征服人者，为最善之征服方法。……此一'正法'布告镌于石上，含有下列目的：我的子孙不可想到以武力发动新的征服人家为有价值之成功，对于被征服之人民，应采取宽大政策，施以轻罚，纵以武力征人，亦当思及'正法'服人者，乃真正之征服也。以'正法'服人者，能使今世与来生皆获幸福。让彼等尽情享受与'正法'所生之欢愉。不仅今生，即来世亦然。"（《阿育王及其石训》，pp.33—35）——译注

的，是灵魂的救赎，是来世。从传统的君王正法到此种宗教—和平主义的转折，势必毫无转圜余地地要朝向一种家父长的、伦理的、慈善的福利国家理想之路发展。君主负有照料土地与人民的义务[1]，必须要为公众的福祉而努力，以使臣民"幸福"且"赢得天国"。王国的政务必须迅速确实，所以务必随时随地上报给君主[2]。君主本身也要好好过一种模范生活，放弃行军打仗和狩猎——直到那时为止，和其他各处一样，狩猎一直都是和军事息息相关的基础教育，并在和平时期替代了军事训练。舍此而就的是[3]：在巡行时，致力于信仰的传布[4]。基于不杀生的教义，他不准人们在首都华氏城（Pataliputra）开杀戒，禁止和肉食狂迷相关联的祭典（samaja），并且宣告从此以后宫内御厨不再屠杀任何牲畜[5]。有必要在必备的药铺之外，为人们与动物广兴医疗处所，道路两旁亦需广植果树与遮阴路树[6]，并且为人与动物设置休憩所且给予施舍[7]。不义的拷打与

1　《大石训第八》。

　　《道理石训》：杜哈离（Tosali）之"正法官"为该城之司法官员，天所亲王为之言曰："……我任命汝等管理万千人民，其主要目的乃使庶民能对我发生爱戴之情。所有臣民皆为我之子。我之视彼亦抑若我自己之子弟然，我希望彼等在今世及来世能享受一切福利与欢愉，同样的，我希望所有天下之人亦然。……无论如何，汝等居何位置，宜对前述之事，有所留意之。"（《阿育王及其石训》，p.36）——译注

2　《大石训第六》。

3　《大石训第四》："取代战鼓，法鼓必得要敲响。"

4　《大石训第八》。

5　《大石训第一》。

6　《大石训第二》。

　　《德里柱训》：天所亲王如是言曰："我曾将榕树植于道旁，使人兽有荫蔽之处。此外，我栽种檬果林木，亦属同一原因。我曾规定每隔20里之处，必掘一井，旅行宿舍亦然。更建筑无数贮水池或茶亭，以便人兽饮喝之需。此种设备虽属小事，不值细述。且过去帝王曾同样赋予人民以此类设备享受。不过我之所以做若是便民之事，欲使人民崇仰正法实施之有益耳。"（《阿育王及其石训》，pp.45—46）。——译注

7　《柱训第七》。

监禁必须停止[1]。

此中，最为重要的特质即在于：随原始佛教之拒斥暴力而来的"宽容"。阿育王声明，所有他的臣民，不论其信仰为何，皆为其"子"，并且——换句话说，让人想起《薄伽梵歌》——要紧的是信仰的真诚与郑重，并且从教义中得出实践性的归结，因此，典礼与外在的仪式是没有多大用处的[2]。在这些事上，总有许多败行，特别是阿育王所严加非难的妇女之所作所为[3]，以及伦理上的堕落行径（或许是指涉性的狂迷）。阿育王对于捐献与宗教上的外在威严，并不怎么在乎，反倒是专注于"事情的本质"是否被履行出来[4]。他尊重所有的教派和所有的身份阶层，富者与贫者、婆罗门、苦行者、耆那教徒、Ājivika（毗湿奴派的苦行宗派）[5] 和所有其他人，都与佛教徒一视同仁，只要他们都真正地尊奉自己的宗派信仰[6]。

---

1 《羯陵迦石训》。

2 《大石训第九》。

3 同上。

   《孟西罗石训》：天所亲王如是言曰："庶民在其疾病，或其子女婚嫁，或于分娩，或出外旅行之时，施行种种礼拜。在此等或相似之节日，庶民举行极多之礼拜或祭祀；尤其妇女所施行之各种不同礼拜，实庸俗而毫无意义在也。当然，礼仪应行举行。唯前列各种礼拜，常发生不良之结果。"（《阿育王及其石训》，pp.30—31）——译注

4 《大石训第十二》。

5 阿时缚迦派，乃佛教兴起时，古印度自由思想学派之一，与顺世学派地位同等重要。此派主张无因论、自然论，强调人类世界之苦乐并无原因，只是一种自然的结合，结合时为"得"，分散时为"失"，并承认有地、水、火、风、虚空、灵魂等，由其代表性人物末伽梨拘舍梨子（Maskari Gośāliputra）之思想推断，为一种倾向于无因无缘之宿命论。——译注

6 《柱训第六》与《柱训第七》。

   《沙伯斯伽梨石训》："天所亲王对于各宗教人士，不论其在家或出家，一律尊敬之，并赠予种种礼物，以表钦慕之情。然天所亲王并无考虑到彼之尊敬各宗教人士以及布施礼物，需使'正法'能弘扬各宗教人士中。盖'正法'之弘扬，其道甚多，唯基本之要点，在于慎言，即我人在非公开之场所，不可道自己所信宗教之长、他教之短。同时，我人对于各宗教应持中肯公正之态度。总之，我人不论在任何场所，对于各宗教均当尊敬。……因此，慎言为世所嘉许，盖庶民应尊敬学习各宗教教义所在。"（《阿育王及其石训》，pp.32—33）——译注

事实上，各宗派也都得到他的赞助。尤其是，至少在早期的诏敕里，他还训示人民要敬畏婆罗门。各个宗教派别必须避免相互贬抑，这在任何情况下都是不对的[1]，而必须一律转而专注于培养各自教义的伦理内涵。显然，这些伦理内涵作为宗教信条，在阿育王看来本质上都是一样的，只不过业已最完备地包含在佛教的正法里。他将这些一般相关联的伦理内涵概括为"信仰戒律"，并一再地列举以下数则：1.服从父母（以及长者）[2]；2.慷慨对待朋友、亲戚、婆罗门与苦行者；3.尊重生命；4.避免任何的激情与放纵[3]。并不是每个人都能履行所有的戒律，但是，每一个教派都得致力于感官的控制，并且培养与弘扬心灵的纯洁、感恩与真诚[4]。每一椿善行都会在来世带来果报，并且往往就在现世[5]。

为了监督和贯彻这些理念，阿育王创设了一种特别的官职，通常被称之为"正法官"（Dharma Mahāmatra）。他们的首要任务似乎便是监管君主与王子的后宫[6]。此外，"心平气和、有耐心且尊重生命"的地方官吏，至少每5年应该到所在的地方召集人民宣

---

1 《大石训第十二》。
2 这特别在《柱训第七》和《大石训第五》中提及。
3 《大石训第三》。
4 《大石训第七》。
5 《大石训第九》。
6 《大石训第五》。
　　正法官的职务相当复杂，并非如韦伯所说的这么简单。《孟西罗石训》云："过去时日，无所谓'正法官'之名。所以在我加冕后之第十三年间，乃设置'正法官'之位置。此等'正法官'掌理在各宗教中，建立'正法'，弘扬'正法'，以及对于皈依'正法'之耶婆尼人（Yavanas）、柬波迦人（Kambojas）……暨居于帝国西陲之人民等，注意其福利事业。正法官等不但负贱民阶级商贾农民之福利事业，而且对于婆罗门族皇族亦然。……彼等同时负责协助囚犯获得开释，对于无力养家者，施与金钱。彼等施政范围在所有城镇，以及我之兄弟姐妹与亲族家中。此等'正法官'驻于帝国境内各地，注视人民是否皈信'正法'，或其言行全部依'正法'行之。"（《阿育王及其石训》，pp.28—29）——译注

讲正法[1]。借此（以及特别是正法官的种种视察），恭顺的律则必然被广为传布。诸如妇女的品行，以及违犯恭顺、违犯君王所规定的虔敬，都要由正法官来加以纠正取缔[2]。圣职者[3]，必得通过训育臣民以树立规矩。所有这些就像一种卡罗琳王朝的密探制度和审判法庭，只不过少了一切形式主义的基础；整体而言，让我们想起克伦威尔治下的"审判官"（Tryers）和他的圣徒国家。

　　阿育王必然会因这种伦理的混融主义而遭受明显的抵抗。对于政治反叛，刑法之素来绝不宽待的残酷仍行之如故。虽然他规定行刑前，有 3 天的缓刑期，以使罪犯至少能因冥思而得灵魂的解救[4]，但几乎很难让人有缓解的感觉。有个诏敕上记载着，阿育王慨叹那为他所信赖者，居然是不忠诚的[5]。并且，反抗是从何而来，似乎也可以看得出来。在另一份诏敕里[6]，阿育王则说：举凡不由虔敬之心而得的声名，是一文不值的，而虔敬之心却唯有完全放弃世俗财物者方能拥有，这对**居于高位**者而言是非常困难的。在《罗钵娜诏敕》里[7]，阿育王认为必须特别加以强调的是：不只大人物，

1　《羯陵迦石训》。
2　《大石训第五》，《大石训第十二》。
3　"parisa"，显然应该这么译。
4　《柱训第四》。
5　《小石训第一》。至于此处所指的是人还是神，自然还成问题，若根据罗钵娜（Rupnath）碑文，则似应译为："诸神，王所认定为真实者，原来是假的。"此处，可以看出事情的真相是阿育王与支配阶层的对立。
　　根据周祥光的译文，则韦伯此处所引的原文应为："居于摩婆陀毗波人民，从古迄今不知神祇为何物者，今始由我使彼等与神和合。诚然，此乃我致力于弘扬正法之结果也。此种天人和协之结果，并非只有在社会中具有崇高地位如我者，方可获得，即使贫苦之人，如能一心一念于'正法'之实践，亦能达到。"（《阿育王及其石训》，p.22）然而据此却不得韦伯之引文与推论所由。——译注
6　《大石训第十》。
7　《小石训第一》，罗钵娜刻文。

小人物也一样，可以借着弃绝现世而得天界的救赎。阿育王视此一令支配阶层难堪的论断为源自佛教的结论，这是《罗钵娜诏敕》本身通过其所载日期而显示出来的——正因这份文件的纪年[1]，佛陀入灭的年代于是在历史上确定下来。

　　总之，佛教在此处是被极为有意地当作是一种特殊均平的、就此而言亦即"民主的"宗教思想，尤其是和根本蔑视礼仪（包括种姓礼仪）的态度联结在一起。至少，那种有意与支配阶层相对立的态度，在原始佛教里是从不曾有的。唯一的可能，便在于其一般对于现世秩序的贬斥。然而，我们却也无法完全否定这样的可能，亦即：正是在和家产制王权相结合的情况下，佛教的这种内在的可能性方才被发展出来，或者，若非如此，那么就是被加以强化了。因为对家产制王权而言，佛教显然具有极大的、作为驯服大众之手段的价值。

　　阿育王对佛教的热情似乎是与日俱增的；他也感觉自己是佛教徒的首领与保护者，就像拜占庭君主之于天主教会一样。在所谓的《馨溪（Sanchi）诏敕》里[2]，他拒斥教团（僧伽）中的分裂论者，并且规定他们不准穿着黄衣而应着白衣，"僧伽应为一体"。

　　然而，形式上最大的变革，最可能应该归功于或许是由阿育王所推动的体系性书记行政，以及归功于他所主持的宗教会议（亦即第三次结集），而使得直至当时已两个半世纪之久、唯以口耳

1　入灭后 256 年。

　　此一说法目前仍有争议。——译注

2　亦即一般归类为《小柱训第一》的阿拉哈巴——憍萨弥（Allahabad-Kausambi）训文。原文如下："我已使僧尼联合一起，组成教团，所有异教徒不得加入之。凡僧尼破坏僧伽教团清规者，应令其穿着白色衣服，不堪配称僧尼，居住于不适僧尼修行之所。"（《阿育王及其石训》，p. 40）——译注

相传的传统、以文字书写的方式确定下来。一直到 4 世纪时，为了求取圣典的抄本而被皇帝派遣来印度的中国朝圣僧法显，发现全印度只有华氏城（王所居地，亦即结集所在地）的僧院和锡兰一地有圣典稿本，其余则唯有口语相传。这个稿本对于教会统一的维持，以及同样的对于其布教具有什么样的意义，是很清楚的。在一个像中国这样的士人国家（Literatenland），佛教也只能以一种圣典宗教的形式方得立足[1]。事实上，佛教的世界传布之登场，或者至少是有计划地宣扬，皆应归功于阿育王。他以火辣辣的热情投身于这样的事业当中。通过他，佛教获得其最初的重大动力，成为国际性的世界宗教。

首先，要使未开化的部族改宗归化[2]。然而，阿育王起先是派遣大使到西方强大的希腊化国家去[3]，最远到达亚历山大城，以使纯正的教义周知于全世界；由他所支持的另一个布教团则前往锡兰和印度边境地区。姑不论其直接成果如何——最初只有在锡兰与北部地区获得重大成果——佛教在亚洲之大规模的国际性扩张，就当时而言总算是揭开了精神上的序幕。佛教在锡兰、缅甸、安南、暹罗和其他印度接壤国家、韩国，以及后来出现变化形式的中国西藏，都成为、也一直是官方宗教，而在中国和日本则长久以来都保持着宗教上的领先优势。当然，为了担当起这样的角色，这个古老的主智主义救世论也不得不历经一场深刻的转化。

1　所谓"圣典宗教"是指此种宗教之定形化是由于宗教命令基本上是文书形式的启示，并且启示的灵感是自被写下的文字中得到。传统之由来是根据祭司阶级的教义（Dogma）。——译注

2　《羯陵迦石训》。

3　希腊化国家，指亚历山大大帝东征以后的大希腊时期的国家，即今日近东（包括埃及）一带。——译注

　　首先，这对教团而言是个全新的局面：这么一个世俗的君主有权介入教团的内部事务，此种权限及影响不可谓不小。特别是后来成为原始佛教（正统的小乘佛教）典型所在的地区，衍生出关于佛教君主独特的神权政治的清楚观念。几乎毫无例外的，由君主来任命（或至少是认可）一位佛教地方教会的"长老"（Patriarch）——在暹罗，这样的长老被称为 Sankharat，在缅甸则称为 Thatanabaing，通常是一个卡理斯玛声誉卓著的僧院的院长。此一尊位很可能是在阿育王治下发展出来的，当然有违传统；在以前，似乎是仅凭僧院本身或僧院里的僧侣的资历深浅来决定。更进一步（例如暹罗的情形），君主授予杰出的僧侣以荣衔，而这显然是由王侯祭司的地位发展出来的[1]。他也借着世俗官吏之手来监督僧院的戒律，并且要破戒的僧侣担待责任。他因此也拥有至少是在教会规律下的一个公认的地位。实际上君主本身也穿着僧衣。只是，他经由自己的导师而豁免了完全遵守誓约的责任，甚至连这点——尽管并无确切的证据——也是阿育王或其继承者所制定的。

　　以此，君主确保了自己在教会里的僧侣位阶。结果，在正统派（小乘佛教）的领域里，暂时性地加入修道僧教团，一般而言被视为高贵的风习，并且也是青年教育的一部分，而俗人之一时地或部分地履行僧侣的义务，则被认为是特别值得称扬且有利于再生机会的行为。于是，俗人的虔信便因此而在外表上与僧侣的

1　在暹罗，此一荣衔称为"王师"。

救赎追求有着某种程度的接近[1]。在修道僧的教导下，与贵族阶层的僧院教育相关联、且以之为模仿对象的俗人基本教育，可能还会有层面更为广大的影响，如果此种教育能够具有合理性的话。因为，至少在缅甸，此种国民基本教育几乎是普遍性的。在那儿和锡兰，此种教育——相应于其目的——所涵盖的内容包括读与写（用方言和圣典语文），以及宗教问答（但没有算术，因为无所用于宗教）。同样不无可能的是，阿育王对于"境内布教"的热情，也为此种俗人活动加上了第一把劲——这原来和原始佛教一点也扯不上关联。以此，"福利国家"与"公共福利"的理念，首次出现在印度文化圈里（阿育王认为推动这些乃是君主的义务）。然而，"福利"在此一方面是指精神上的，亦即救赎机会的提升；一方面则是慈善的，而不是经济上合理的筹策。另一方面，锡兰君主所强力推动的灌溉工程，和北印度君主（例如旃陀罗笈多）所行的一样，无不是以国家财政为考量，旨在纳税人的增加与纳税能力的增强，而不在于福利政策的施行。

此种神权政治的结果，尚不足以道尽原始佛教之修道僧制度的转变。由于大众的加入而增加在教团中的比重，古老的修道僧教团首先必得要缓和其严格的世界逃离性格，并且对一般僧侣的修行能力做大幅度的让步，同时也对僧院的要求大大地妥协：僧院之存在并不是作为高贵思想家之救赎追求的道场，而应该是宗教布道与文化的中心。此外，还得要顺应俗人的需求——尽管俗人在原始佛教里本质上只是偶尔串演一角；同时，救世论也得朝

1　一般而言，所要求的除了不杀生、不偷盗、不邪淫、不妄语、不饮酒等基本诫命之外，还包括避忌歌舞、乐曲与戏剧，避忌香料与香油，以及一定的养生规范。自愿毕生贞洁则受到特别的称扬。前面提及的在家戒，可能便是由此种俗人伦理而来。

着巫术与救世主信仰的方向扭转。这两个倾向的前一个，在文献里很明显地流露出来。

阿育王在某个诏敕里说到僧伽的"分派"。根据小乘的传承[1]，大分裂首度发生于毗舍离结集（所谓的第二次结集，佛灭后110年）——或许是由阿育王所发动的一次宗教会议[2]。姑且不论细节上的历史正确性，最早先的分裂之原因所在，不管是根据传承也好，或就事情的本质而论也罢，基本上是很清楚的。跋耆族僧人著名的"十事"（并未获得同意），究其根本是针对戒律所发，而不关乎教义。除了有关僧院之生活样式的某些细节——整体而言，意图缓和戒律规定，但本质上抱持着形式上的关怀——以及与分裂的征候相关联的组织上的问题之外[3]，此中尚有一基要的问题点。这和圣方济修道会里一般修道士与严守戒律者当时之所以分裂的因素如出一辙，亦即经济的问题[4]。佛陀规定不许拥有任何钱财，也不可接受金钱捐献。而今——根据传承——有位严守戒律者因此拒绝金钱捐献，但其他多数僧人却认为这是对俗人的侮辱。虽然他利用众人提供给他公开谢罪的机会，来为自己的正当性辩护，然

1　*Tchullavaggha*, XII.

2　L. de Milloué（*Annales du Musée Guimet, Bibl. de Vulgarisation*, Conférence v. 18. XII, 1904），他认为出现于碑铭上、但无法证实其人的黑阿育王（Kalaçoka）和这位有名的佛教君主是同一人，所以在这位君主底下举行的华氏城结集（前242）便是毗舍离结集；他所持之为据的理由，尚有许多问题。困难就在于传承里。若根据大乘的传承，则毗舍离结集的经过与小乘所记录的是两回事。不过，在阿育王之下举行的华氏城结集里所提出的问题被传承下来，在本质上并不止于戒律的问题。

3　亦即，在一个教区里是否允许有一个以上的布萨集会。

4　详见《支配社会学》，pp. 374—381。——译注

而还是"因为未得委任而向教团说法",必须忏悔受罚[1]。

　　除了戒律的问题,教义上的争论也很快浮现出来,事实上首先就是与现世救赎的教义相关的争论。在阿育王所主导的结集里,首座提出三大问题,亦即:1.阿罗汉是否会失去恩宠? 2.(世界的)存在是否真实? 3.三昧(samādhi [灵知])是否能借着不断地思维而获得? 第一个问题含有重要的伦理侧面:无规范状态——亦即保罗所要克服的"凡事我都可行"[2]——将因此一问题的正面肯定而成立。其他两个问题则与救赎教义相关,明白显示出思辨的渗入——相当于希腊精神之渗入原始基督教。大众部(Mahāsanghika)当时已与说一切有部(Sarvāsti-vāda)相对立,而后者则有会议首

1　虽说"十事非法"是引发毗舍离结集与部派分裂的原因,其中最为关键的还是僧侣能否接受金钱布施的问题。佛灭后百年左右,住在毗舍离的跋耆族僧人放松了某些戒律,特别是收受俗人的金钱布施。有个外地来的僧人耶舍(Yasa,又作耶舍迦那子)反对此事,因此游说居士弟子不要如此做,毗舍离的僧人乃决定分给他一份款项,耶舍拒绝了。此一行为引起毗舍离僧团的愤慨,以"七不共处"(即不予理会)的戒律来处罚他,要求他向游说过的居士忏悔(诬蔑诽谤居士弟子之罪),请求宽恕。由于这是在戒律权之内,耶舍只好照办,然而他向居士们反复讲述佛陀的教说,特别是收受金钱的过错,最后终于说服他们相信他的立场是正确的。因此,毗舍离的僧侣既不是沙门,也不是佛陀的弟子。毗舍离僧团得知此一讯息大怒,指控耶舍未经许可向外人泄露僧团机密,处以"暂时停止比丘身份"的处分。耶舍立即离开毗舍离并寻求其他僧团的支持,在多方的努力下促成了毗舍离结集的召开,并在会中决定"十事非法"。只是此事却也造成日后部派的分裂。——译注

2　"凡事我都可行"一语出自《圣经·哥林多前书》:"凡事我都可行,但不都有益处。凡事我都可行,但无论哪一件,我总不受他的辖制。"(6:12—13)韦伯在《宗教社会学》里对此处所提到的问题有如下的说明:"对禁欲者而言,救赎的确定性总是确证于理性的、具有明确之意义、手段与目的的行动中,并且有原理与规则可遵循。相反的,对于确实拥有救赎财,并将救赎财当作是一种内在状态来加以掌握的神秘主义者而言,这种内在状态的归结,可能恰好就是无规范状态(Anomismus)。换言之,是以某种感情状态及其特异的性质,而非任何作为及其行事方式、所显示出来的感情(das Gefühl)——完全不再受任何的行为规则所束缚,无论其作为为何,救赎总可确证。此一归结(亦即'凡事我都可行')正是保罗所必须对抗的,而且也是神秘主义的救赎追求(在许多情况下)所可能产生的结果。"(p.227)——译注

座的加入，并且意图排除思辨的渗透。然而徒劳无功。后来的会议所处理的大半是教义的问题，而不为当时的少数派所承认——他们认为会议的组成颇有偏差之嫌；分裂于是俨然成形。随着时间的流转，派别在地理上的分布基本上遂成为：严守原始佛教戒律者（小乘）最终流行于南印度，较宽松倾向者（大乘，亦即普世教会）于 1 世纪之后在北方占优势 [1]。

1　并非一直如此，例如义净至印度求法时期（7 世纪），情形显然便非如此。

第三章

大乘佛教

依照传统的说法看来，俗人似乎是打一开始（要不就是稍后），便站在较宽松的路线那一边——亦即原先被称为大众部（大教团）的大乘，而对立于卡理斯玛练达的阿罗汉所属的上座部（Sthavira），亦即"长老派"（Aeltesten）。因为，作为大众部的特色，俗人协力参与结集（Konzilien）的传统一直延续下来[1]。当然，在其中扮演重要角色的自非"下层"阶级——他们根本说不上、也不可能是产生积极推动力的要素，而是支配阶层。上流的贵妇人也算是大乘学派的热烈拥护者。这恰可理解为 14 世纪时，罗马教廷之支持圣方济修会的一般修道士，而反对严格戒律派的情形。

僧侣对支配阶层的依赖程度愈大，其"拒斥现世"的性格就愈低。在锡兰与缅甸，正统的小乘派对俗人几乎毫无限制的教权支配——相对而言，世俗的支配权力往往毫无施展余地——的情形，正如（后文即将提到的）中国朝圣僧所记录的，和原始佛教优势主导下的北印度多半的情形一样。世俗权力与僧侣阶层之间

1　玄奘因此而推定出（大众部）这个名称（参见 S. Julien, *Hist. de Hiuen Tsang*, p. 159）。

的这种斗争，在拜占庭帝国里历时数个世纪之久，在印度也同样发生，只是形态有所不同。世俗权力的兴趣所在，是利用僧侣作为驯服大众的手段。尽管"大众"从来就不是佛教宗教意识的积极担纲者，但是在此，作为宗教信仰手段下的被支配客体，他们确实扮演了相当决定性的角色，正如可见之于支配阶层的宗教态度一样。然而，通过圣徒崇拜的方式，佛教的僧侣也颇能牢牢地将大众抓到自己这边来。

除了这层政治因素外，婆罗门经院式的思辨及其概念也愈来愈影响到佛教思想。义净于 7 世纪时的记述尚能让我们了解到 [1]，人们之所以维系住婆罗门传统，最主要的是教育—技艺上的缘故。在义净看来，学习吠陀的技术，无论是对于精神的形式训练，或特别是对于己身立论的把握，也连同对争论对手之论证的掌握，都是无与伦比的一种手段。知识人所关心的自然是学问的培育和对五明（vidyā）[2] 的要求，亦即文法（总是最重要的）、医学、逻辑学、哲学及"工巧明"（śilpasthāna-vidyā）[3]——对此一学科的理论培养是艺术家和技艺家等学识圈子所要求的。这些甚至在小乘学派里都有所发展，并且不管愿不愿意，都必须应用古代婆罗门的

1　高楠顺次郎的翻译（Takakusu, *I-tsing's Record of the Buddhist Religion*, 1896），第 34 章，第 9。

2　"五明"指五种学艺，为古印度之学术分类。即：1. 声明（śabda-vidyā），语言、文典、文法之学。2. 工巧明，见下注。3. 医方明（cikitsā-vidyā），医学、药学、咒法之学。4. 因明（hetu-vidyā），即逻辑。5. 内明（adhyātmavidyā），五乘因果妙理之学、说明自家义理宗旨之学，即今日之哲学。此外，也有将五明分为内外五明的说法。——译注

3　又作工业明、巧业明。指通达有关技术、工艺、音乐、美术、书术、占相、咒术等之艺能学问，为五明之一。可分为二，即：1. 身工巧，凡细工、书画、舞蹈、刻镂等艺能皆是。2. 语工巧，指文词赞咏、吟唱等艺能。就佛教而言，世间诸工巧皆为无覆、无记法之一种，故又称为工巧无记。《瑜伽师地论》卷二将工巧明分为营农、商贾、牧牛、事工、习学书算计数及印、习学所余工巧业处等六种。此外，也有十二种之分。——译注

语言。为俗人开设的僧院学校和学童用的入门书纷纷出炉。贵族阶层在这整个发展上，特别是对于大乘，所发挥的主导力量，不止借着对种姓阶序的明白承认而充分显示出来（原先他们是无视于此的）[1]，同时也借着外在情势而表露无疑。换言之，和古来的小乘佛教徒相反，大乘学派参与了以克什米尔为起源点的梵文复兴运动，他们以古代的学术语文来书写经典，而巴利文经典仍为南方的佛教徒所有。佛教经典因此渐渐地完全划分开来，一如耆那教两个教派间的情形。不管就哪一方面而言，教派间的对立很快就超越当初因戒律上的缘故而全面开展。

　　身为大乘佛教徒而在正统派大本营锡兰逗留了两年的法显，在其游记上所描绘的景象（400 年左右）[2]，相对而言还算是平和的。教理远播到中亚。那儿的君王[3]，如阿育王的诏敕所示，每 5 年召开一次集会。在那竭（Nagarahāra）[4]，国王每日都做早课。在呾叉始

1　根据《方广大庄严经》所示，菩萨不止不能出身于异邦人或边境人当中（而只能是诞生于印度圣地），并且只能是上层种姓（婆罗门或刹帝利）出身者，而不可能出身于下层民众。更古老的大乘经典（翻译于《东方圣书》第 49 卷）则认为只有"良家子弟"才能得到救赎，此乃自明之理。

2　中译英，S. Beal, *Travels of Fah Hien and SungYun*, London, 1869。

　　法显为东晋时人，3 岁出家，20 岁受具足戒。后因慨叹僧团规模与经律之残缺，乃与同学慧景等人于 399 年离长安西行求法，遍游印度诸国，并曾逗留锡兰两年。413 年经由海道返国，专心从事译经工作，卒于 420 年左右。著有《佛国记》，为了解当时印度一般状况之重要文献。——译注

3　"龟兹"王国，同前书，Ch. 5, p. 15。

　　《佛国记》云："二十五日，到竭叉国，与慧景等合，值其国王作般遮越师。般遮越师，汉言五年大会也，会时请四方沙门皆来云集已，庄严众僧，坐处悬缯旛盖，作金银莲华着缯座后，铺净坐具，王及群臣如法供养，或一月二月，或三月，多在春时。王作会已，复劝群臣设供供养，或一日二日三日五日。供养都毕，王以所乘马鞍勒自副，使国中贵重臣骑之，并诸白毡种种珍宝，沙门所需之物，共诸群臣发愿布施，布施已，还从僧赎。"——译注

　　竭叉国应在帕米尔高原一带，而非龟兹。——译注

4　法显的《佛国记》作"那竭"，《大唐西域记》作"那揭罗曷"，即古代乾陀罗国以西、喀布尔河南岸之迦拉拉巴（Jalalabad）附近。——译注

罗（Takshaśilā）[1]亦然。100年后的记载则显示出[2]，旁遮普（Pandjab）地区的君主，部分而言，直到6世纪，仍过着严格的素食生活，并且不动用死刑。根据法显所记，秣菟罗（Mathurā）一地的情形如下：国王的官吏有固定的收入，人民不被固着于土地上，税赋低，通行于印度家产制帝国的人头簿与课税簿并不存在，一切生物都得怜惜，不食肉类，不许饲养猪也不得买卖牛，禁饮酒、葱蒜之类，只有（不净的）羌达拉种姓才准食用，同样的也没有死刑[3]。

阿育王的帝国虽然早已灭亡，但相对的和平主义小王国仍支配着北印度。在 Oudiana（位于克什米尔与喀布尔之间），小乘学

1　北印度古国，意译"石室国"、"截头国"，《法显传》中称为"贤石城"。其都城今日之位置，学界说法不同，有主张在今日巴基斯坦旁遮普省之 Kalakaserai 东北 1 公里处，亦有认为应在旁遮普省之 Shadheri 西北 10 公里处。——译注

2　宋云的记载，见 St. Julien 前引书（*Hist. de Hiuen-Tsang*），p. 188。

　　根据《洛阳伽蓝记》所引的《宋云行纪》中云："（神龟二年 [519]）十二月初，入乌场国（Uddiyāna），北接葱岭，南连天竺，土气和暖，地方数千。民物殷阜……旧俗虽远，土风犹存，国王精进，菜食长斋，晨夜礼佛。击鼓吹贝，琵琶箜篌，笙箫备有。日中已后，始治国事。假有死罪，不立杀刑，唯徒空山，任其饮啄。事涉疑似，以药服之，清浊则验，随事轻重，当时即决。土地肥美，人物丰饶，百谷尽登，五果繁熟，夜闻钟声，遍满世界。土饶异花，冬夏相接，道俗采之，上佛供养。"（《洛阳伽蓝记校注》，p.298）乌场国在今印度河上游及苏伐多河（Svat）流域。——译注

3　Beal 前引书，p. 537。

　　中印度之古国（《佛国记》称之为摩头罗），为佛陀时代印度十六大国之一。位于朱木那河（Jumna）西南一带。其都城为秣菟罗城，位于今摩特拉市（Muttra）之南。佛陀在世时，屡游此地说法。佛陀涅槃后，有优波鞠多（Upagupta）出世，大力振兴佛教。系印度佛教美术之一大中心地。今仍存有阿育王所之三塔、优波鞠多伽蓝、舍利子及弥猴塔等遗迹。最近又自摩特拉市南方发掘出许多佛像、孔雀王朝之刻文、笈多王朝之石柱、雕刻、迦腻色迦王像等遗物。——译注

　　《佛国记》云："国名摩头罗，又经捕那河，河边左右有 20 僧伽蓝，可有 3000 僧，佛法转盛。凡沙河以西天竺诸国，国王皆笃信佛法……从是以南，名为中国。中国寒暑调和无霜雪，人民殷乐无户籍官法，唯耕王地者乃输地利。王为不用刑罔，有罪者但罚其钱，随事轻重，虽复谋为恶之，不过截右手而已。王之侍卫左右，皆有供禄，举国人以悉不杀生、不饮酒、不食葱蒜。……国中不养猪鸡，不卖牲口，市无屠行及酤酒者，货易则用贝齿，唯旃荼罗（应即本文所说的'羌达拉种姓'）猎师卖肉耳。"不过，法显这里叙述的似乎是所谓"中国"（即印度本土）的一般状况，而非单指摩头罗。——译注

派仍占优势，在卡娜齐（Kanauji）[1] 亦然。在已成为废墟的阿育王首都华氏城（亦称 Patna），两派僧院同时并存，在 Farakhabad 则两派共居一处而相安无事[2]。在秣菟罗地区（当地的政治情况亦在报道之列），大乘学派占有支配地位，但并非绝对。华氏城地方上的诸王则有信仰佛教的婆罗门做他们的导师（Guru）[3]。宋云[4] 甚且说道，乾陀罗（Gandhāra）有个征服者君主自己并不敬仰佛陀，但人民却是"属于婆罗门种姓"，极为尊崇佛陀的正法[5]。佛教依然是贵族知识分子的教义。

所有这些朝圣僧，连同两百多年后到印度朝圣的玄奘也如出一辙，只对君王及其宫廷官吏的行止感兴趣。不过，到了玄奘时代（628 年以降），许多方面都有了明显的改变。首先是大乘学派与小乘正统派的对立。有个小乘派的论师因诽谤大乘而罹患重病[6]。

1　位于印度西北恒河支流迦利河（Kali）之东岸。原名羯若鞠兰，为中印度之古国，《大唐西域记》卷五有记载，都城为拘苏磨补罗，昔玄奘游此时，戒日王曾设无遮大会，佛教甚为兴盛。——译注

2　Beal 前引书，p. 67。

3　同前书，p. 103 f.。

4　北魏敦煌人，生卒年不详。518 年奉胡太后之命，与沙门法力、惠生自洛阳西行求经，最远抵达印度河畔。522 年返国，携回大乘经典 170 部。撰有《宋云行纪》，书今已不传，赖《洛阳伽蓝记》保留下来。——译注

5　同前书，p. 197。
　　乾陀罗（《大唐西域记》作健驮逻，或作犍陀罗），印度古国，位于今日印度西北喀布尔（Kabul）河下游，五河流域之北，都城在今白夏瓦（Peshawar）附近。阿育王曾派遣传道师至此，是为佛教在此之发端，迦腻色迦王亦曾以此地为中心大力振兴佛教，后来则成为大乘佛教的重要基地。著名的犍陀罗艺术即发源于此。——译注
　　根据《洛阳伽蓝记》所引的《宋云行纪》中云："入乾陀罗国，土地亦与乌场国相似，本名业波罗国，为厌哒所灭，遂立敕勤为王，治国以来，已经二世。生性凶暴，多行杀戮；不信佛法，好祀鬼神。国中人民悉是婆罗门种，崇奉佛教，好读经典，忽得此王，深非情愿。"（pp.317—318）——译注

6　见 St. Julien 前引书，p. 109。

实际上，一般而言只有大乘被加以讨论，而玄奘也认为没有必要前往锡兰。此外，婆罗门特有的要素不断地渗透到愈来愈居支配地位的大乘教义里。玄奘称印度为"婆罗门国"。梵天及因陀罗的雕像和佛陀的立像并陈于恒河河谷的神殿里[1]。吠陀虽被列为"次要的"（亦即俗人的）书籍[2]，但确实被阅读。憍萨罗（Kośalā）国王敬拜佛陀之余，在婆罗门神殿里亦崇拜印度教诸神[3]。尽管有些君主每年都召开佛教僧徒大会（例如戒日王）[4]，但显然不是个通例。我们所得到的印象是，学派的对立益加尖锐化，小乘在北印度受到压抑，但一般而言，佛教也逐渐没落。

　　古来的戒律差异，对于大乘与小乘之间的对立尖锐化，已不再是个决定性的因素。

　　在小乘方面，严守戒律者自古以来禁止拥有钱财的诫命，也运用了和圣方济派相同的手法来规避。俗众代表僧侣接受金钱，并代为管理，连锡兰的古代正统派教会本身，最后都以奉献金的经营为主流。僧院领主制（Klostergrundherrschaft）与僧侣永久性的——而不是如原先仅限于雨季的——僧院居住制（Klosterseβhaftigkeit）比比皆是，有时遍布于极大范围（这点我们稍后会再提及），甚至作

1　同前书，p. 111。

2　St. Julien 翻译为"通俗书"（Livres vulgaires）。

3　同前书，p. 185。

　　　憍萨罗，又作拘舍罗、拘萨罗，中印度古国，为佛陀时代十六大国之一。国都为舍卫城（Śrāvasti），佛陀曾前后居此 25 年，经常于此开示佛法。——译注

4　同前书，p. 205。

　　　梵名 Śilāditya，音译尸罗阿迭多。为 7 世纪前半叶中印度羯若鞠阇国国王、剧作家、诗人，出身吠舍种姓，史称戒日王二世，曾臣服五印度，文治武功均盛。后皈依佛教，效法阿育王，以大力保护佛教、奖励文学著名。玄奘留学印度时，曾受到戒日王的尊重与礼敬，故在《大唐西域记》里留有关于此君主的详细记载。——译注

为严守戒律者之大本营的锡兰亦是如此。

在大乘方面，另外一种（宗教的）对立与适应的必要，使得古老的救世论有了更加广泛的开展。首先是俗人的宗教利害，基于布教的理由而不得不加以考虑。俗人并不冀求涅槃，也无法满足于一个像佛陀那样光止于自我救赎的模范型先知。他们所希求的无非是今生今世的救苦救难者（Nothelfern）和来生彼世的极乐世界。因此，大乘采取这样一个步骤，通常被形容为：以菩萨（Bodhisattva［救赎者］）的理念来取代缘觉（Pratyeka-Buddha，又称辟支佛）[1] 与阿罗汉（自我救赎）的理念。小乘学派则将其皈依者划分为声闻（Śrāvaka［平信徒］）[2]、缘觉（自我救赎者）与阿罗汉（得救赎者）等宗教身份，而菩萨则成为大乘宗派所独有且共通的理念。其前提条件则在于救赎理论的内在转化。

在早期，如我们所见的，佛教内部所发生的是"长老派"（上座部，教团传统的卡理斯玛担纲者）与"大众部"（思辨练达的思想家，亦即知识分子）之间的争执。其中，从戒律与实践伦理的问题，进而延伸到思辨的问题，诸如"有情"（sattva）的问题、救赎状态之"本质"的问题，因而首要的是救赎者之位格（Person）的问题。古老的学派坚持佛陀的人格性（Menschlichkeit）。大乘的论师则发展出"三身"（trayah kāyāh）论，亦即关于佛陀之超自然存在的教义。

1　辟支佛是音译，又作"独觉"。指独自悟道之修行者。即于现在身中，不禀佛教，无师独悟，性乐寂静而不事说法教化之圣者。"声闻"与"缘觉"称为"二乘"；若共"菩萨"，则为"三乘"。——译注

2　指听闻佛陀声教而证悟之出家弟子。声闻原指佛陀在世时之诸弟子，后与缘觉、菩萨相对，而为二乘、三乘之一。即观四谛之理，修三十七道品，断见、修二惑而次第证得四沙门果，期入于"灰身灭智"之无余涅槃者。此外，声闻一语，于阿含等原始经典中，兼指出家与在家弟子；然至后世，则专指佛教教团确立后之出家修行僧。——译注

佛陀有三种身态,一为应身(nirmāna kāya),亦即出现于地上的"变化身";二为报身(sambhoga kāya),类似"圣灵"、浸透万有的灵气身,以形成教团;三为法身(dharma kāya),稍后再叙述。

以此,印度教典型的神格化过程首先发生在佛陀身上,并且与印度教的化身神化说(Inkarnationsapotheose)相结合:佛陀乃是(非人格性的)神恩之化身,通过一连串的再生而不断现身于地上,因而,一个永远不变的本初佛(Ādibuddha)被认为是真实存在的。从这一点出发,距离以下这样一个菩萨的典型也就不远了,亦即获得完全救赎,因而被神格化的圣者。此一圣者能以多样的范型出现,并且还可能随时再现,此即古代印度所谓的苦行与冥思的"自我神格化"(Selbstvergottung),于是活生生的救世主就此进入到信仰当中。然而,成为信仰对象的是菩萨。

在形式上,菩萨起先是借着再生理论和承自印度教哲学的世界时阶理论(Weltepochentheorie)而与佛陀相联结。世界是永恒的,但是(如我们先前所说的)是由不断且不尽的一个个新的世纪所构成的。每一个世纪都有一个佛陀,所以整体而言有无尽数的佛陀。出现在此一世纪的历史人物瞿昙佛陀(Gautama Buddha),在进入涅槃前曾历经了550次的再生。在倒数第二次的再生时,为求最终成佛的圣者阿罗汉已达菩萨(Bodhisattva,"其本质为sattva,开悟为bohdi")阶段,居停于兜率天(Tusita),在那儿,未来佛的弥勒(Maitreya)作为菩萨而居住着。历史上的瞿昙佛陀即自兜率天而降,奇迹地化身于其母摩耶夫人(Maya)的肉体中,来做他最后的地上之旅,为的是在进入涅槃前将其教义传授给人。显然,随着他的"入灭"(Verwehen),关怀的重点必然转移到未来的救世主上,亦即菩萨。同样清楚的,在兜率天和多数的佛与菩萨这

样一个单一且合理的图式里，本身即为万神殿的形成、再生神话
和各式各样的奇迹之统合带来良好的契机。此处，我们无须在意
其风云壮丽的虚构神话，倒是要侧重其伦理—救世论的层面。如
先前所说的，依照正见，菩萨是个已修成"正果"的圣者，在下
一次的再生里将成为佛并达涅槃之境。情形若非如此，而是他一
直只停留在菩萨的状态，那么，这被认为是一种恩宠的行为，借
此他得以成为信徒的救苦救难者。于是，菩萨成为大乘教徒之圣
者崇拜的独特对象，而此一转变有多么符合俗人之救赎利害是再
明白不过的了。

　　积极的善（pāramitā［波罗蜜、彼岸］）[1]与恩宠（prasāda［信仰、
信乐］）为菩萨的属性。他不止是为了本身的自我救赎，而同时也
是、并且特别是为了众生的救赎而存在。用大乘佛教的术语来说，
佛陀不只是个独觉，而且还是个正等觉者（sammā-sambuddha）[2]。
他决意不单独寻求自我救赎而逃离这个苦难的世界，只要还有人
在那儿受苦。让他不这么做的是义务（upāya，用原本特色独具的
专用术语来说："方便"）[3]。从大乘学派内部形成的思辨性三位一体
的教义，让这点易于成立。换言之，菩萨唯以其最初的存在形态——

1　梵语 pāramitā 有"到达彼岸"、"终了"、"圆满"等义，即自生死迷界之此岸而至涅槃解
　　脱之彼岸，通常指菩萨之修行而言。——译注

2　音译作"三藐三佛陀"，即"正遍知一切法"，意译为"正遍知"、"正等觉"，为如来十
　　号之一。——译注

3　十波罗蜜之一。又作善权、变谋，指巧妙地接近、施设、安排等，乃一种向上进展之方法。
　　诸经论中常用此一名词，归纳之，其意义可分为下列四种：1. 对真实法而言，为诱引众
　　生入于真实法而权设之法门。故称为权假方便、善巧方便。2. 对般若之实智而言，据昙
　　鸾之《往生论注》卷下举出，般若者，达如之慧；方便者，通权之智。以权智观照于平
　　等实智所现之差别。3. 权实二智皆系佛菩萨为一切众生，而尽己身所示化之法门。4. 为
　　证悟真理而修之加行。——译注

变化身——进入涅槃。佛教与基督教的三位一体说之间的差异是
颇具特征性的：佛陀为人身，如同基督教三位一体说当中的第二
位（基督），为的是拯救众生。但是，他并不是经由受苦来拯救他们，
而是借着平白的事实：他现下也是无常的，眼前唯有涅槃这个目
标。并且，他是以模范型先知的姿态来拯救他们，而不是代罪（众
生之罪）的牺牲者。因为，不是罪，而是无常，方为恶。

　　以上这些实例显示出大乘教派在发展的调适过程中的第三个
方向。亦即，除了要顺应现世里的经济存在条件、顺应俗人对救
难圣人的需求之外，还要顺应饱受婆罗门教育的知识阶层在神学
上与思辨上的要求。对于有关事象的所有思辨（以其无益于救赎）
一概加以拒斥，如同佛陀首尾一贯所行的，如今已无法再坚持下
去。一整套的宗教哲学文献遂产生出来，慢慢地又再度只运用文
言（"梵文"），大学、论争与宗教问难纷纷出现，最重要的是造就
出一套极为繁复的形而上学，在其中，印度古典哲学里所有的古
老论争又再度复活。然而，也因此，存在于有学识的神学家、哲
学家，与被评价为反秘义伙伴的无学识者之间的不和，即相当婆
罗门式地被引进佛教里。并非个人的灵知，而是训练有素的经典
知识，又再度成为教团里的主导势力。一如中国的士人阶层之评
论印度只不过是个"婆罗门之国"，玄奘时代的印度大乘学者则认
为中国是个蛮人（Mleccha）之境——此即佛陀为何化身降临于印
度文化领地内，而不在中国或其他地方。对此，玄奘提出别具一
格的反证：在中国，耆宿与贤达也是一流的，包括天文学在内的
学问发达得很，而且音乐的魅力更是众所周知[1]。

1　St. Julien, Hiuen-Tsang, p. 230 f.

这样的概念完全是为了婆罗门的——或者也可说是亚洲的，甚或是古典的——知识分子神学而量身打造。古代婆罗门的概念和特别是当时的吠檀多派的概念——尤其是吠檀多派的中心概念"māyā"（宇宙幻象[1]）——成为大乘佛教的基础，只不过重新做了解释。毫不意外的是，大乘佛教在与婆罗门哲学和救世论的古代中枢地区直接交壤的北印度渐次发展起来，而小乘的正统教义在几经波折之后最终在南方，亦即锡兰、缅甸、暹罗等传布地区坚守阵营，这好比罗马与西方总是在所有的宗教会议上扮演对抗希腊化思想入侵古代基督教会之堡垒的角色，而与希腊哲学直接接壤的东方则开放教义上的思辨一样。

数论派的痕迹或许可以在大乘理论中关于阿赖耶识（ālayavijñāna）的部分找到，亦即严密地与一切非精神性的东西相对立的灵魂。在此，我们碰到和原始佛教根本对反的东西。因为，对"灵魂"概念的拒斥，正是原始佛教最本质上的特性。不过，原始佛教的此一观点毫无疑问很快就被放弃了。正如佛教的"轮回"观之成为婆罗门的概念，并且不再是古老的纯粹教义那样，神圣潜能的概念亦是如此。神圣潜能（如其在吠檀多派里的情形），是一种万有灵（Allseele），是世界——"流出论"中的世界——之极端的精神化，紧密贴合于宇宙幻象的教义（māyā-Lehre）。此种教义有时也可以如此清楚地浮现出来，亦即一切的一切不过是主观的假象，至上之知可以解开它来。最后，如今又再度开始的伦理的有机相对化，让人想起《薄伽梵歌》。

---

1 指"假相"，一切事象皆无实体性，唯现出如幻之假象，即幻象；其存在则谓幻有。——译注

菩萨，如同克里什那（Krishna），一再地重新显现于地上，并且与"三身"论相对应，可以完全按照世界当时的伦理需求而以任何形态、任何职业的方式现身（一切以实际需要而定）。他可以现身为人，也可以现身为动物——为了拯救坠入动物界中的灵魂。如果是化身为人，那么可以在仪式方面令人满意的任何职业里出现。因此，他也（特别是）作为一名战士出现。只不过，按其本性，他只会参加"正义的"、正当的战争，并且义无反顾。实际上此一理论正是最大幅度地适应于"俗世"的需求。

理论上，此种适应已经预设了某种超俗世的、神的存在的导入，并且，也正如我们所见到的，在佛陀本身的神格化之际，此种情形已然发生。只是，佛陀已入涅槃而永远地自世上消失，所以不可能自身或至少单独现示为最高的世界神格。何况，按照那基于圣典而一旦被确立的教义的出发点，世界神也根本不可能是像毗湿奴或湿婆那样的人格神。神的绝对不灭性与超自然性，是借其极为非人格的属性 Bhūta-tathatā（"真如"）而臻于至境[1]，同时也借着 śūnya（"空"、"非实在"）——以之为特殊神圣——与 bhava（"有"、"实在"）的对置来完成。这和西方的神秘主义及《奥义书》尝试用来描绘神性之拥有的方式，如出一辙。以此，那终究无法言喻

1　要在本文的论述范围里分析（义净时代）为数至少 18 个部派的神学及其分支，是绝对不可能的事。因此，在几经思量后，采用一种连亚洲的佛教近代主义学者都采行的办法，亦即：在既有的极端对立中，找出一门与彼此都等距离的经院神学，然后用尽可能理性的方式将之呈现出来。正如任何精通文献者都很容易就会看出来的，以下的描述方式很多都是参照铃木大拙那本出色的——尽管是调适于"西方"之要求的——杰作：*Outlines of Mahayana Buddhism*, London, 1907。

指遍布于宇宙中真实之本体，为一切万有之根源。又作如如、如实、法界、实相、法性、如来藏、法身、不思议界、佛性等。早期汉译作"本无"，亦即大乘佛教所说的"万有之本体"。——译注

的神性，自然就显露出某种与原始佛教的"三宝"（按：佛、法、
僧）——其中以"法"为神圣潜能[1]——相对应的倾向。亦即带有
中国的"道"之特质的倾向，换言之，将此种神性变成世界的秩
序及世界的实在根基，将永恒的规范与永恒的存在合而为一。在
尖锐的二元论之彼岸，亦即永恒的存在与（在永恒的、业的规范
的机制下）现象界之绝对的无常，此二者之外，"绝对"（Absolute）
必然会被发现。值此，业（Karma）的不可侵犯性，这一点正是
印度教的形而上学得以掌握"绝对"的唯一把柄。不过，在此，
神秘的体验所意味的，和其他各处一样，并不是"规范"，而是
相反的：一种在自身里可以感觉到的"存在"。由于此种在理性
上无法架桥相通且完全无可避免的对立，大乘佛教的至高神格"法
身"自然是超越任何"言语"之外的，不只如此，与法身的关系
本身也含带有理性上异端的属性。"慈悲"（karunā），亦即至高
的爱，与"开悟"（bodhi），亦即至高的灵知，两相结合于圣者
与神性的关系里，此种情形只能从神秘忘我的心理学特质来加以
说明。

如果说"涅槃"——至此已退居到派生的、第二义的地位的
一种状态——是同时兼具消极面与积极面的，亦即一切欲望的断
灭与普遍的爱，那么，无明（avidyā）在此亦如往昔，是无知，是
诸恶的根源。这可以借此一救世论之强烈的主智主义根源来得到

1　在基督教里本来就容易被想成非人格性的、三位一体中的"圣灵"，便是与此相对应的
　　一个概念。

解释。大乘于是又再度只是给予灵知者[1]的一种终究是秘法的救赎教义，而不是给俗人的。佛陀的教说里，在实践上最最重要的那个原则——对于无解的问题（"无记"）的思索，是恶的，并且有害于救赎——，如今在一种独特的方式下被放弃了。此一原则的后续影响只不过是这样的：按照正统的大乘教义，终究最大的宇宙之谜，亦即诸恶之根源的"无明"（无知、愚钝或宇宙幻象）是怎么会到这世间来的呢，这个问题对于人类的知识而言，仍然是不可解的。正如另外一个问题也同样是不可解的，亦即**为什么"真如"的特殊性质只对菩萨之究竟的、最高的、无法言传的灵知开示出来。**

然而，达成救赎的灵知本身即带有独特的二元论特质，亦即：实践性的爱的感情与控制性的思维的集中，此二者的联结。根据正统的大乘教义，此种灵知是借着不断的精神训练（exercitia spiritualia），经过十个阶段而次第上升。这十个阶段是：1. 温暖的爱，2. 心的纯化，3. 宇宙的洞察之明确，4. 向完成精进，5. 对如来之本质的冥思，6. 对世界之流出方式的冥思，7. 尽管入世行动但蕴生出脱俗性，"行向远方"——与我们所知的世尊（Bhāgavata）的内在态度相当近似，8. 完全平静地获得：作为一种已成为天性的、无意识的、且不费劲地练就的人格特质，9. 对于超越性的真实之

---

1 在希腊化时代的神秘主义思想中，将人的心灵状态区分为以下三种阶段：1. "肉体人"（ho sōmatikos），指对真理缺乏理解的无知、无信仰的人，有时亦用"唯物者"（hyliker）一词。2. "心灵人"（ho psukhikos），指虽然追求真理，但仍未达充分理解的一般信徒，亦即所谓的"心灵者"。3. "灵人"（ho pneumatikos），指被神的灵所充满，达到最高真理者，亦可称为"智者"（ho gnostikos）或"灵知者"（gnostiker）。此种区分虽然已见于保罗的用语中，但主要是诸斯提教派（Gnosticism）所用，早期基督教神父也有许多人继承此一用法。韦伯在本书里也利用这些词来说明印度教与佛教的一些观念。——译注

完全的灵知，10. 入灭于"法云"之中，亦即全智全能[1]。

在此，我们可以轻易认出灵知的要素与实践上的爱的无等差主义要素的交错。大乘学派的涅槃概念也同样带有这种交错的痕迹。除了以死而绝对没入于法身——这（以吠檀多派的方式）取代了完全的入灭——之外，如今区分出两种此世的涅槃：1. 有余涅槃（sopadhiśesa-nirvāna），亦即解脱爱欲苦恼，然而尚未自轮回当中解脱出来，因为缺乏主智主义的灵知——此乃佛教里一般而言特色独具的理性要素[2]；2. 无余涅槃（nirupadhiśesa-nirvāna），此即自物依止（upadhi-samniśrita［实体化］，按：执着）中解脱出来

---

1 此即大乘教理中的"十地论"，又作"十住"。"地"的梵语为 bhūmi，乃住处、住持、生成之意。即住其位为家，并于其位持法、育法、生果之意。各经所论之"十地"说法不一，大致可分为五种。韦伯此处所说的"十地"出自《华严经》，亦称为"菩萨十地"，依次为：1. 欢喜地（pramudita），又作净心地、圣地、无我地、证地，即初为圣者，遂起大欢喜心之位。2. 离垢地（vimalā），又作具戒地、增上戒地，即舍离起误心、破戒、烦恼垢等之觉位。3. 发光地（prabhākarī），又作明地、有光地，依禅定而得智慧之光，并修闻、思、修三慧，使真理渐明之觉位。4. 焰慧地（arcismati），又作炎地、增曜地，舍离前三地之分别见解，以智慧火烧烦恼薪，因此而悟智慧之本体，即依其觉慧所起之阿含光，如珠之光炎之位。5. 难胜地（sudurjayā），已得正智，难再超出（偏离）之位；或谓已得出世间智，依自在之方便力救度难救众生之位。6. 现前地（abhimukhi），又作现在地、目前地，听闻般若波罗蜜，而现前生起大智之位。7. 远行地（dūramgamā），又作深行地、深入地、玄妙地、方便具足地（无相方便地），即修无相行，心作用远离世间之位；此位往上更无可求之菩提，往下更无被救之众生，因此沉潜于无相寂灭之理，有不能修行之虞，此谓七地沉空之难；此时十方诸佛以七种法劝励精进，再鼓起修行之勇气，以进至第八地，此谓"七劝"。8. 不动地（acalā），又作色自在地、决定地、寂灭净地，不断生起无相之智慧，绝不为烦恼所动之觉位。9. 善慧地（sādhumati），又作心自在地、善根地、无碍住，菩萨以无碍力说法，完成利他行，即智慧之作用自在之觉位。10. 法云地（dharmameghā），又作法雨地、究竟地、最上住，得大法身、具自在力之觉位。——译注

2 这是铃木大拙相当强调的一点，参见 Outlines of Mahayana Buddhism, p. 344。
　　全称为"有余依涅槃"，乃"无余依涅槃"（无余涅槃）之对称。依，指依身，即人之身体。小乘佛教认为，虽然断却一切生死原因之烦恼而证得涅槃，然因前世惑业所造成之果报身尚存，亦即生死之因已断，尚有生死之果待尽者，称为有余涅槃。反之，已断尽生死之因，又无生死之果，而达灰身灭智之究竟涅槃之境界者，称为无余涅槃。大乘佛教则认为，佛之应身、化身为有余涅槃，佛之真身为无余涅槃。——译注

的涅槃，是一种借着完全的灵知而自轮回当中解放出来的即身解脱（vimukti）的此世的至福状态。但是，大乘学派的特色，即在于现世内的涅槃这个概念并未因此而完全道尽。情形毋宁是：在逃离现世的神秘主义之外，又有，3. 现世内的神秘主义，换言之，这正是在现世里，面对现世及其种种机制而加以漠视，从而确证自己的一种生活，并且发自内在地远离俗世与死亡，亦即如实地甘受生、死、再生、再死、生活与行动，及其一切的表象欢乐与表象苦恼，以其为存在的永恒形式，并且就这样坚持着漠视现世的救赎确证。

在《薄伽梵歌》中，如我们先前所见的，呈现出一种内在于现世的现世冷漠，而佛教则将之作了个翻转：面对着有意识地与法身合一，以及借此而与一切（因慈悲的无等差主义之爱而被包摄的）众生合一的、超时间性的价值，当下表现出作为此种过程之绝对空无的智慧与感情。此一立场的痕迹可追溯到很久以前[1]，但是我们仍能了解，现今正是由它来代表"真正的"大乘观点[2]，因为它容许菩萨的理念以一种最近代的神秘主义思想来加以解释。

无论如何，大约 5 世纪时，世亲（Vasubandhu）的"菩提心的觉醒"似乎已经译成中文[3]，并且也包含了对于菩萨理念的这种翻

1　至少铃木大拙所引用的原典可以让我们这么推论，但是这样的观点在较古老的时代里有多大程度的扩展，是很成问题的。

2　铃木大拙如此说。

3　即世亲的《发菩提心经论》，二卷，鸠摩罗什译，收于《大正新修大藏经》第三十二册。——译注

　　世亲（又作天亲，音译婆薮盘豆），四五世纪时北印度犍陀罗国人，为大乘佛教瑜伽行派创始人之一。不过，根据近代学者考证，世亲有两人，一为无著之弟，瑜伽行派之论师，4 世纪时人；另一则为一切有部之论师，著有《俱舍论》等书，5 世纪时人。——译注

转而言，具有决定性的学说。"菩提心"（bodhicitta）[1] 是潜藏于任何人心中的"知爱"的能力，此一能力一旦被唤醒，即唤醒誓愿（pranidhāna）。换言之，为了同胞的救赎，愿意通过自己之再生的整个过程，像如来（Tathāgata［救世者］）一般地活动的不退转意志。具有此种资质的菩萨，不但借此而达成自己的救赎，并且——这才是最重要的——也借此而累积起一座功德的宝库，使得他能从中施发恩宠。在此意义下，他也就能超然于业的因果报应的钢铁力量之外。

以此，无学识的俗人阶层所需求于宗教，然而原始佛教却无法提供的——活生生的救赎者（如来与菩萨）和施与恩宠的可能性——都在理论上有了基础。所谓恩宠，不证自明的，首先是巫术的、此世的恩宠，然后才是关于再生和彼世命运的彼岸的恩宠。因为，正如同北印度的哲学学派的产物一般，大乘教义的唯心论形态亦于此处再现，但是在宗教生活的实践上，和其他各处一样，一般惯见的俗人观念还是明显地占了上风。

1 世纪时的龙树（Nāgārjuna）[2]，大乘教理的首位奠基者，确实已在其般若波罗蜜（prajñā-pāramitā［到达彼岸的智慧]）中，教示"空"为得救赎者的独特存在形态（sattva［有情、众生]）。对龙树而言，除了"中道"（madhyamā-pratipad）[3]——自我弃绝的一切

1　大约等同于灵知—爱心（Gnosis-Liebesherz）。

2　为印度大乘佛教中观学派之创始人。又称龙猛、龙胜，二三世纪时南印度人，出身婆罗门种姓，著述甚丰，唯关于其传记，传说成分颇浓，生卒年代亦有许多争论。——译注

3　换言之，处于，1. 说一切有部之古来的固有教义——（依数论派的方式）主张外界之实在，与 2. 吠檀多派影响下的各学派——论点接近有关宇宙之幻象的教义，诸说的中间。

　　"中道"的说法各家不一，若就阿含教说（也就是最为原始的）而言，则大致可释之如下：因八正道之实践是远离快乐主义与苦行主义等偏颇之生活态度，由此得以完成智慧，进入菩提涅槃，故称八正道为中道。若正确理解十二缘起之真理，因而远离常见

手段（就中特别是为所有众生的布施与死的觉悟）的统合——之外，持续不断的冥思与智慧（prajñā），便是获得救赎的最高手段。然而，即使是他，也认为智者是具有巫术力量的人。这样的人物用咒语（dhāranī［真言、陀罗尼］）[1] 和手印来降伏人类与精灵。400 年之后，随着世亲的教示，民间的怛特罗（tantra）[2] 巫术——达到忘我的三昧（samādhi）状态而获得神通力（siddhi［悉地]）[3] 的方法——应

（接上页注）（认为众生生命主体之我为永远存续者）与断见（认为死后全归灭无），或有见（自然之立场、世间之常识）与无见（虚无主义）等偏颇之看法，故正观十二缘起，是谓住于中道之正见。前者为佛陀初转法轮时所说，乃属实践上之中道，后者则为思想上之中道。

至于大乘中观派（即龙树）的主张，则以般若波罗蜜为根本立场，以远离一切执着、分别而无所得者为中道。根据《中论》卷一《观因缘品》所载，缘起之理法是打破生、灭、断、常、一、异、去、来等八种邪见，而阐明空之真理；万有以顺此缘起道理而存在，故离八邪，本无实体，不为执着之对象。如此，离八邪而住于无得正观，称为中道，此即八不中道、八不正观、无得中道、八不中观等。——译注

1 梵语 dhāranī，意译为"总持"、"能持"、"能遮"，即能总摄忆持无量佛法而不忘失之之念慧力。换言之，陀罗尼即为一种记忆术。陀罗尼能持各种善法，能遮除各种恶法。因菩萨以利他为主，为教化他人，故必须得陀罗尼，得此则能不忘失无量之佛法，而在众中无所畏，同时亦能自由自在地说教。有关菩萨所得之陀罗尼，诸经论所说颇多。及至后世，因为陀罗尼之形式类似诵咒，因此后人将其与咒混同，遂统称咒为陀罗尼。然一般仍以字句长短加以区分，长句者为陀罗尼，短句者为真言，一字二字为种子。咒既名为陀罗尼，故对经、律、论之三藏而言，集录咒之记录，即称为陀罗尼藏、明咒藏、秘藏等，为五藏之一。基于此之陀罗尼，有大随求陀罗尼、佛顶尊胜陀罗尼等，以及应不同诸尊之特殊修法，依修法之目的而诵相应之陀罗尼。——译注

2 怛特罗，本为"相续"之意，后转用为密咒与教义之语。西藏《大藏经》中称秘密经典为怛特罗。密教亦将"因相"、"性相"、"果相"等三相结合之教称为怛特罗；故怛特罗即为结合发菩提心始之灌顶、三摩耶戒等之前行所作及观法修行，乃至究竟之证果等三相，使之成为统一无缺之相续教义。怛特罗有四种：1. 作怛特罗（kriyā-tantra）；2. 行怛特罗（caryā-tantra）；3. 瑜伽怛特罗（yoga-tantra）；4. 无上瑜伽怛特罗（anuttarayoga-tantra）。——译注

3 梵语 siddhi，意译"作成就"、"妙成就"。梵汉并举则称成就悉地。于密教，意指依诵持真言等，以身、口、意三密相应而成就世间、出世间种种果报。据《大日经疏》卷十五所载，完成正觉之阶位，称为无上悉地；到达此位之前，尚有信、入地、五通、二乘、成佛等五种悉地。对此，显教诸师认为"信"是地前之信行，"入地"是指入于初欢喜地（相当于声闻之入见道），"五通"是遍知世间五神通之境，至超越五通仙人位而

世而出，与印度教的万神殿并立共存。以此，发展终告完成：世亲被视为最后的菩萨。

一种理性的、现世内的生活态度，也不会建立在大乘这种高调哲学的、唯心论的、救世论的基础上。古来的俗人伦理的结集并没有超出于普通的美德、特别是印度教—佛教的仪式戒律的范围之外，就我们的目的而言，至少没有在此一一加以分析的必要。对于（因超人的奇迹行事而被赋予资格的）菩萨的崇拜顺服，还有巫术，是想当然耳的主流基调。举凡巫术疗法，驱邪的、巫术—同类疗法的恍惚忘我，偶像崇拜与圣徒崇拜，成群结队的神祇、天使与恶魔，通通进入到大乘佛教里来，尤其是天界、地狱和弥赛亚[1]。高高君临于第七天上的，是超脱于（对生之）"渴望"与"名

（接上页注）臻第四地，"二乘"是超越二乘之境界，而至第八地，"成佛"即是由第九地修菩提道，进而完成如来位。若依密教，则出欢喜地有十心，初心至第四心为五通，第五心至第八心为二乘，第九心至第十心，即得成佛。即初地十心分三品，初四心为下品，次四心为中品，后二心为上品。——译注

[1] 前二者（天界与地狱）从未被清除，但就原始佛教的关怀而言，它们根本没有任何地位。
　　弥赛亚（maschiach）在希伯来语中出于"加膏油"（maschia）一字，为"受膏者"之意。在《旧约圣经》里，作为受膏者的弥赛亚，是用来对王的尊称。例如《撒母耳记上》第24章第6节，以色列王制时代的第一个王扫罗即被称为耶和华的"受膏者"。在《新约圣经》里，当耶稣被称为基督时，所谓基督即由 chrio（加膏油）的动词型而来，是 maschiach 的希腊译文。只是，当耶稣被称为基督（弥赛亚）时，并非意指《旧约圣经》中所指的以色列人在政治上的王（为以色列带来独立与光荣的王者），而是在圣灵上为救世主的意思。本来只是以色列人的救世主，后来扩大为基督教世界的救世主，最后则逐渐成为一切救世主的代名词。——译注

色"（个别性）[1] 之外的未来的救世主 [2]：弥勒菩萨，佛教独特的弥赛亚信仰的担纲者 [3]。同样的，地狱的恐怖也不远。最后，大乘学派有关救赎的部分阶段，也被转化成一种形式上的救赎历程：在阿罗汉本身之下就被区分成三个阶段，其中最高一阶被保证作为阿罗汉而再生于天界，其次是再死一次就再生为阿罗汉，最下一阶是只要再死七次就保证再生为阿罗汉 [4]。

1　这在最下一层天界仍处处可见，那儿住的是诸如吠陀众神以及通过业而暂时居停的灵魂。

　　佛教有许多层次的"天"（deva-loka，提婆），或许也可解释为"境界"。此处所谓"最下一层天界"，指的是"六欲天"（属于欲界的六种天）之中的四大王众天与三十三天。六欲天依次为：1. 四大王众天（又称四天王：持国天、增长天、广目天、多闻天等及其眷属之住所），2. 三十三天（又称忉利天，此天之主称释提桓因，即帝释天），3. 夜摩天（又称焰摩天、第三焰天），4. 兜率天，5. 乐变化天（又称化乐天），6. 化自在天（又称第六天、魔天）。前二天位于须弥山之上，故称地居天；夜摩天以上则住在空中，故称空居天。在四大王众天或三十三天中，若因起　心或耽迷游戏之乐，而失正念者，则自天界堕落。——译注

2　这在佛教的圣者所住的较高层的天界里也普遍见到。

　　所谓"较高层的天界"指的是：1. 属于色界的天，即四禅天（初禅天、第二禅天、第三禅天、第四禅天），每一禅天又分为若干天，其中初禅、二禅、三禅均为生乐受乐之天，故称乐生天。此外，属于初禅天之中的大梵天又称为梵天、大梵天王，与帝释天并称为"释梵"，若再加四天王，则称"释梵四王"均为佛法之守护神。2. 属于无色界之诸天，即空无边处天、识无边处天、无所有处天、非想非非想处天（有顶天）。四无色天由于无色（超越物质），故无住处。——译注

3　大乘文学的出色之处，在于其繁复地耽溺于欢喜、奇迹与圣者的交错纷呈。特别是《方广大庄严经》（*Lalitavistara*）里相当古老的大乘佛传（由 Lefmann 译为德文）已经——相对于马鸣还算素朴的描写，是以一种可以想见的非艺术的、但独特而神秘的、巫术的笔致——充斥着奇迹，并且以横溢着宝石、光线、莲花及各类草木、香气的铺陈方式来表现，令人想起怀尔德（Wilde, *Dorian Gray*）与修斯曼斯（Huysmans）那类的颓废文学。其中所表露的，事实上是神秘的秘密性爱（Kryptoerotik）。《方广大庄严经》里对于佛母（Theotokos）之美的描写，以及《观无量寿经》里对阿弥陀佛观想的制定，可以说是各式各样珠宝、鲜花、狎昵之美的总动员，提供给炽烈的性爱热情上演的舞台。

4　此一教义，对于喇嘛教里某些重要的观念的生成（例如 Khubilghan 的教义，按：在蒙古语里，此词为"化身"、"转生者"之意），是不无影响的。后文再述。

大乘佛教首先通过形式的祈祷礼拜，最后则通过转经筒[1]的技术以及系在风中或唾贴在偶像上的护符，达到崇拜之机械化的绝对最高点，并且借此而将全世界转化成一所庞大的巫术性的魔术花园。即使如此，我们也不可忽略佛教——在亚洲也只有佛教，并且举凡佛教所到之处——将其特色，亦即对于一切被造物的真挚态度与人道主义的慈悲心，深植于一般人心理感情中的事实。在这一点上，佛教的作用与西方的托钵僧相类似。这些特色同时也正典型地表露于大乘宗教思想的德性之中。然而，这些绝不能说是恰相对立于小乘学派而为大乘佛教所固有的。

刚好相反，在大乘里，产生出一种理性的、俗人的生活方法论的任何端倪都没有。和创造出这样一种理性的俗人宗教意识远相背离的，大乘佛教是将一种密教的、本质上是婆罗门式的、知识分子的神秘思想，和粗野的巫术、偶像崇拜和圣徒崇拜或俗人公式性的祈祷礼拜相结合起来[2]。小乘学派至少在某一点上，并没有离弃其来自高贵的俗人—救世论的源头，亦即，它发展出一种有系统的、僧院的俗人教育（尽管很快就堕入因袭）。良家子弟通

1　西藏佛教徒祈祷所用之法物。其形状如桶，大小不一，中贯以轴，其中装有纸印经文，周围刻有六字真言（唵嘛呢叭咪吽）；以手拨之即会转动，转动一周表示念诵六字真言一遍。另有风动、水动、脚踏式等数种；其名称则有摩尼轮、祈祷轮等。——译注

2　像《观无量寿经》（*Saint Book of the East*, vol. , 49）这类在中国与日本重要的大乘布教经典当中，所显示的伦理要求是简易且按需求而分阶段的。作恶多端和极为愚鲁的人，最坏的情况是堕入地狱里，但阿弥陀佛的呼声可以将他们拯救出来。虽然作恶，但未毁谤大乘教说者，境况就已经比较好一些。好好持家又能行善者，当然更上一层。还要更好的是遵守仪式戒律并且在一定时间里持斋戒者。能够信守正确的教说（业—决定论）、不毁谤大乘教义且向无上道精进者，即可得到较高的禅悦状态。能了悟大乘教义且不加毁谤者的命运又会更好。若是能行观想，或研习大乘学派的经典，或最后能抱持纯粹教说的"爱心"（按：至诚心、深心、回向发愿心）者，即能往生净土，亦即后期佛教宗教观里的西方极乐世界（关于完成的各个阶段，参见此书第22—30节）。

常——或许是自阿育王加入僧团以来——会在严格的小乘佛教风行的地区进入寺院度过一段时间的比丘生活；这情形至今仍然如此，当然，在时间上现在往往只有四天，所以基本上不过是象征性的。但是，应俗人之需求而仿造国民学校的方式兴办的真正僧院学校，在小乘学派里可能是自阿育王以来即已存在的现象。在大乘佛教里，同样的现象，至少是作为有系统地维持下来的一种制度，只有日本的某些教派还保持住。我们很可以相信，阿育王对僧院生活的热诚，已将"国内布教"的这种趋向，深远地刻画在小乘学派身上。

佛教原本的救赎教义本来就是高贵的知识分子的救世论，所以无可否认的是，其对于种姓的冷漠在实践上亦有如下的结果。换言之，佛教的某些个古老的学派，被明白记载着是由首陀罗所创建的[1]。然而，和佛教之创建约当同时的行会权势时代里，无疑地也存在着市民阶层对于文识教养的需求。课程中所教的，当然，就我们所知，不是理性的思维与生活，而毋宁从来就只是针对着扩大他们所必要的宗教知识。不过，就在小乘学派那儿，既然他们的经典是用民众的方言写成的，所以在某些情况下，阅读也可能在教授范围内。

1　在中国的朝圣者时代里，北印度边境地区的正量部与上座部，被视为由首陀罗所创建的。两者皆为分别说部的支派，代表古代教会——除此之外，还有龙树的中观学派，以及经量部（仪式主义派）和瑜伽行派。

第四章

布　教

一、锡兰与中南半岛

小乘佛教——或者更正确地说：分裂前的古代正统佛教——的直接创建，是锡兰的教会[1]。在雅利安人入侵的数个世纪之后(345 B.C.)，（据称是）阿育王之子的玛兴达（Mahinda）[2]才以布教使节的身份来到锡兰。尽管屡遭挫折，并且有来自摩诃刺侘人、特别是南印度的坦米尔族的不断侵扰，也一度遭到中国人的侵略，但锡兰佛教的僧院层级制支配仍然长久地维持下来。支持此一支配的，是奠基在一个大规模的灌溉体系——此一体系让锡兰成为南印度的谷仓——及其所必需的官僚体制上的君主制度，反过来，君主制度也受到僧院层级制支配帮着驯服民众的报答。极为巨额

---

[1] 很遗憾的，关于锡兰的基本著作（Tennant 所著，1860 年，第五版）我无法采用到。在 Kern 的佛教史里，可以找到关于僧院史的记述。关于僧院的组织，刊载于 Bowles Daly 的官方报告里（*Final Report on the Buddhist Temporalities Ordinance*, 1894）。此外，Spence Hardy 的著作（*Eastern Monachism*）亦是基本文献。

[2] 韦伯原文作 Malinda，此处我们按相关的佛教史资料改正为 Mahinda。又有按梵文拼音为 Mahendra 者，旧译"摩哂陀"。

的土地捐献，以及僧院层级制权威性的谆谆教诲，几乎填满了整个作为锡兰君王时代之遗产的碑铭[1]与史记[2]。

锡兰佛教的决定性特色是僧院领主制：涵盖了大约三分之一的土地。通过此一制度，尤其是使得圣典上禁止拥有金钱的规定得以实现——至少在形式上。然而，这也使得以古代特有的贵族形式来进行的日常托钵，在实际上明显地成为仪式性作为。因为，举凡僧院之所需，以及为了俗人的礼拜和维持寺院的整个开销，都是取之于身为世袭佃农而在被分配的土地上耕作的农民。此种方式，譬如在庄园人头税这方面，让人想起古代卡罗琳王朝的国库与僧院领主制，只不过就自然经济之彻底实行这一点而言，就远远超出于后者之上了，亦即，各式各样的食品和手工业制品，都以特别税的方式向农民课取，因此不需要（或者说，应该没有必要）去购买任何的必需品。此际，世袭佃农的负担是如此之轻，以致英国的支配者在详细地调查之后，特别是征得世袭佃农本身的同意之下，不做更改税赋的考虑。当然，个别点上的调整是一再进行的。整体而言，不管是早先的还是近代的旅行的描述，都肯定了以下这幅图像：僧侣在僧院中的生活，尤其是其居住形式（pansala），是简朴的，比意大利的塞脱萨（Certosa）修道院还要

1　遗憾的是我一时无法拿到 Gregory 的翻译。

2　特别是 *Mahāvamsa*。

　　相传为 5 世纪末大名（Mahānāma）所编纂的《锡兰史书》，又作《岛王统史》。以佛教为中心记述锡兰之历史，与《岛史》（*Dipāvansa*）同为现存之王统编年史诗，以巴利文写成，唯其叙述较《岛史》严谨。凡三十七章，载录始自锡兰上古，迄摩诃斯那王（Mahāsena，334—362）之世，可视为锡兰正统保守佛教之大寺派（Mahāvihāra）所传之佛教史。全书之叙述虽未必皆为正确，然以锡兰古代文献之缺乏，此书仍为极珍贵之史料。全书有日译本，收于《南传大藏经》第六十册。——译注

简朴，并且谨守《戒本经》里的基本戒律；僧院之恶名昭彰的贪婪，主要是针对教团本身巨额的产业。

俗人的虔诚，既然一般而言是佛教式的，重点主要放在遗物崇拜（尤其是对佛齿的崇拜）与圣徒崇拜上，本质上完全相应于佛教之与俗人的关系。圣职者对于俗人的影响——作为其导师、驱邪者、神疗师[1] 所起的作用，必然有着政治上的重大意义，因为，即使是像卡玛拉（Kammalar [王室手工业者]）这样的印度教的（异端的）种姓，都未能摆脱其影响。除了缅甸以外，没有任何地方像锡兰这样，使得佛教的在家者戒律被实践到近乎理论上要求的地步。只不过，这些戒律非常有限，并且基本上只是对俗人的形式主义的要求。佛教徒的生活，在内容上尽是读与写的课程、说法的听闻、短时间的苦行、曼陀罗的诵读以及请教（被当作巫师的）僧侣。实际上是鬼神信仰支配着俗人的生活，还有异端的巫师（特别是替人治病的神疗师）也存在着。当然，僧团本身总是被高高地崇敬为纯正传统与圣典的守护者。

中南半岛多半被认为是小乘佛教的布教地区。这并不是绝对妥当的。由于不断的外来侵略，那儿有许多不同政治组织的建构，因而同时领受着来自印度教（婆罗门教）、小乘佛教，以及显然的、大乘佛教的影响。婆罗门—吠陀的教养，以及至少是种姓建制（手工业者的种姓）的萌芽，也在那儿出现。事实上，小乘学派最终获胜之处，也只限于以锡兰为布教中心的邻近地区，尤其是在蒙古的征服诸侯归顺于小乘之后：蒙古诸侯于中世纪时的入侵，决定了直到欧洲人占领时期为止、各邦国统治的政治势力分配。其间，

1　如同西藏，同类疗法和驱邪袚魔的咒念技术，在锡兰也被有系统地传授。

如碑文所显示的，一切总是不断地变换着。

诸王对于子民的驯服与理性的文书行政的需求，一般而言总是促使他们向外招来精通文书的人。这些人，依情况之不同，要不是婆罗门教的、大乘佛教的，或者至少是小乘佛教的。轮回与业，也很快地就成为一般民间信仰里不证自明的前提。另一方面，婆罗门的教养与佛教的教养在相当长的一段时期里，也比肩并存着。8世纪的一块暹罗的佛教碑文里提到婆罗门，而16世纪时的一位君王也还护持"佛教与婆罗门教"[1]，尽管其时锡兰的佛教已正式地成为国教[2]。10世纪时的一道国王诏敕里提到导师（Guru）与教师（ācārya［阿阇梨］）[3]；大量捐献奴隶与土地给僧院的事，发生在各个时代里。不过，直到十五六世纪起，这才真正清楚明白地涉及佛教，特别是小乘佛教僧院的问题[4]。其间的转折，在一块14世纪的暹罗国王的大型碑文里，极为清楚地显示出来[5]。这个国王表示自己是吠陀的精通者，并且，如其所说的，渴望因陀罗的天界，但是他也渴求轮回之终点的涅槃。因此，他大量捐献，大兴土木——用的是他自己的手工业者。然而，尽管碑文带有佛教的性格，土木兴筑的主要对象却是印度教两大神祇湿婆神（Śiva）与毗湿奴

---

1 关于这两个碑文，参见 Furneau, Le Siam ancien（Annales du Musée Guimet, 27），pp. 129, 187。

2 Furneau, *Le Siam ancien*, p. 233（此为13世纪的碑文，后面还要谈到）.

3 Furneau, *Le Siam ancien*, p. 141.

4 Furneau, *Le Siam ancien*, p. 144（15世纪），提及一名 mahasangharaya（集会的长老）；Furneau, *Le Siam ancien*, p. 153（16世纪），提及正确的三宝，亦即"佛、法、僧"。

5 Furneau, *Le Siam ancien*, p. 171. 这块碑文是紧接着13世纪那块记载着引用书写技术和正式采用佛教的碑文（p. 233）。

应当是素可泰（Sukho-thai,1257—1436）王朝的立泰王（Thammaraja Luthai,1347—1370）。根据史书所言，此一国王通内外典，著有《三界论》，并兴建不少佛教寺院与佛像。——译注

神（Visnu）的雕像与寺院。为了显耀自己的宗教功迹，国王遣人到锡兰去，并且经由当地的一位圣者之手迎回第一部《三藏圣典》。值此之际，他宣示放弃因陀罗与梵天的天界，而誓愿成为一个为所有子民带来脱世救赎之福祉的佛[1]。他个人加入教团——无疑的，为的是成为大教主来领导教会，并且借此而统领他的子民。然而，根据碑文的记载，由于他的过度虔诚所致，发生了下面这件惊人的重大事件：王国中的有力人士恳请他退出教团而以俗人之身来统治王国，在征得上述圣者的同意之后，他也就这么做了。以此，我们可以看出，这其中所牵涉的，究极而言，是政治权力上的考量，并且，就其加入教团一事而言，牵涉到一般小乘佛教的入信许可与还俗许可的问题。

僧院组织的确从来就是、并且现今仍然是正统小乘的。在新参修业期（shin）之后，以 upyin-sin 身份被准许加入教团的僧侣，还需要大约 10 年的确证期，在此期间，他必须于僧院里以受俸者的身份一心一意于宗教实修，期满后即成为完全僧侣、和尚、缅甸语中的 pon-gyi（"大名望"），并具有灵魂司牧的导师资格。13 世纪的暹罗碑文当中已显示出：僧侣的品位与称号之排序的这种原则，即使在当时便已如此相应于原始佛教原理的妥当运作。以此，僧侣在暹罗即被加以 Guru、thera、Mahāthera（最后）的称号而受到尊荣，并且一方面是修道僧，一方面则为隐遁者。然而，其功能总不外乎：俗人的导师（宗教顾问）和神圣知识的教师。被称为 Sankharat（上师）的高级导师，当时是由国

---

1 冠有神圣尊号（Shri）的另一个国王（Furneau, *Le Siam ancien*, p. 214）则希望再生为菩萨，以作为其功绩的果报。如果不能如此，那么就再生为虔诚且完美的人，并且免于肉体的病痛。

王任命为教会长老而位于同侪者之上 [1]。在此，国王，就像阿育王那样，要求作为教会之俗世保护者——最高位的成员（membrum eminens,=cakravartirājan［转轮圣王］）的地位。然而，国王仍然保持着古来对于山岳神祇的崇拜，因为若停止此种崇拜，便会危及子民的幸福 [2]。

无论如何，国王总是会找来佛教的贤智之士，为的是建立国家的书写体系 [3]——无可置疑，这是行政利害考量下的期望。碑文上明白显示出，暹罗王室，特别是在王位的继承（或再继承）之际，采取全方位的军事扩张政策，并且与中国的扩张企图相缠斗 [4]；此外，还发展常备军和官僚行政,行使"王室裁判"（Kabinettsjustiz）[5]，并致力于打破（或许是封建）贵族的势力 [6]。处于君主保护之下的小乘僧院佛教也必然要对此助以一臂之力，并且无疑地是成功做到这点。古来的氏族凝聚之意义，在教权制的势力下，被大大地缩减了。和亚洲其他地区一样，在中南半岛的大部分地区里，君主的权力很明显地不再受制于氏族。情形毋宁是，受到修道僧权力的限制。因为，在佛教君主治下，僧侣教士阶层对于民众的支配力，几乎达到绝对的程度，政治问题上亦是如此。促成此种情况

1　见 13 世纪末叶的 Rama-Komheng 王的大型碑文（Furneau, *Le Siam ancien*, pp. 133f. , p. 85, p. 109）。

2　Furneau, *Le Siam ancien*, p. 78.

3　Furneau, *Le Siam ancien*, p. 106.

4　见此一碑文的开头处。关于国王的征服，则见碑文末尾。

5　Furneau, *Le Siam ancien*, p. 32.

　　Kabinett 一词，在英国大概要到 17 世纪左右才用来指独立于原有之中央各部门而直属于君主的顾问团。在此含意下的 Kabinett 所执行的判决称为"王室裁判"，乃是一种"谕旨判决"。——译注

6　Furneau, *Le Siam ancien*, p. 26. 碑文里说，人应该直接亲近国王，而不是亲近贵族。

的，主要是由于掌握在僧院方丈（Sayah）手中的极为严格的（外在）纪律所致。僧侣若是违犯了四大戒律的其中之一，或者不服从，便会被逐出教会、受到彻底排斥而无以存活。俗人对于僧侣的服从也同样是毫无限界的。此一宗教阶层便是——尤其是在**缅甸**——本土文化的真正担纲者，因此也是欧洲支配者之最激烈的反对者，因为后者危害了此一阶层的地位。

在缅甸，良家出身的在家青年都要被送到僧院里——就像我们这儿将女儿送往寄宿学校一样，做一段时间（从一天到一个月）的僧侣，并获得一个新的名字：古代巫术苦行的"再生"被跳接为这种性纯粹仪式性的僧院避居活动。另一方面，在俗人的生活里，精灵（Nal）的肆行仍然不减。每个家庭都有自己的"Nal"（守护灵），并且就相当于印度教里的"deva"。国王在死后也被认为是到了"精灵之村"（Nal-Ya-tsan-thee）去了。

在经济上，小乘佛教在中南半岛地区的支配，也很可以说是当地传统主义的农业占有压倒性的优势，以及技术与产业的发展（和印度本土相较之下）明显位居劣势的主要因素。佛教僧院，和亚洲其他任何僧院一样，很少是理性劳动进行之处。同时，小乘佛教比起大乘要远为贬斥种姓义务（Kasten-Dharma），或者——只要是小乘被新引进之处——根本就不容许此种义务有丝毫发展的余地。以此，涵藏于种姓制度里的、对（传统主义意味的）"职业忠诚"（Berufstreue）的一切诱因，都消失殆尽。因为，光是在理论上称扬尽忠职守的劳动者，一如小乘佛教影响下的南印度和中南半岛的文献中所见的，并无法产生出我们在种姓的神圣秩序中所看到的那种强烈的心理动机。在佛教影响所及之处，例如在缅甸，这似乎相当确实。

在缅甸，小乘佛教的僧院教育确实也发展出某种程度的初等教育，在比率上，相较于印度和一般亚洲地区的情形，算是相当高的。当然，在质的方面，若以欧洲的判准而言，则相当低落（关于这点，参见 1911 年的《普查报告》第九卷第八章），这相应于其学校教育之纯粹宗教目的的事实。然而，佛教在地方上占优势的程度，总是当地之识字率的指标。只不过，近代的集约劳动（如棉花的去壳、油的精制），仍然不得不靠引进下级种姓出身的印度人（参见同书第十一、十二章）。这证明了缅甸本身缺乏种姓所能够提供的、从事劳动的强烈训练，另一方面当然也证明了种姓体制并未能靠本身的力量**产生**出近代的劳动形态。

暹罗几乎还是个纯粹的农业国度，尽管那儿并没有不利于产业发展的前提条件。在整个中南半岛地区，随着佛教的传入而成为国教（14 世纪），婆罗门主义与种姓皆被排除出去，结果，依种姓而分门别类训练出来的王室事业者所固有的技艺传统也跟着大为衰退，并且，在佛教影响下所激发出来的工艺活动，实际上也未能产生出同样高价值的作品来，无论其成果有多么可观[1]。纯正的小乘佛教，按其内在性格，对于手工业除了采取敌对或顶多是容忍的立场之外，别无其他。同样的，在小乘佛教里，唯有俗人的欲求——被要求几乎专只为了宗教功绩的获得——使得对佛教而言典型的宗教艺术被制作与保存下来。

一如近年发掘出来的碑文数据所显示的[2]，在缅甸，如同其他地方，纯正的佛教在家众的宗教关注所在，主要还是紧盯着再生的

1　Furneau, *Le Siam ancien*, p. 57.

2　参见 Aymonier 所刊出的碑文（15 至 17 世纪）：Aymonier, *Journal Asiatique*, 9（Ser. 14, 1899, pp. 493ff. , esp. Ser. 15, 1900, pp. 146ff. ）。

机会：国王的母后祈求一直能再生为高洁的人格者，换言之，具有善良的性格与甚深的信心；当未来佛弥勒出现时，她愿与此佛共入涅槃[1]。有人希望避免再生于低下身份的家庭[2]。有的人则希望一直再生为富人和佛弟子，最后获得全智并且到达涅槃[3]。也有人希望每一次的再生都和现在的家人（父母、兄弟、子女）在一起[4]。另外有人希望来世能娶得某个特定的女子为妻[5]。僧侣也希望——如果必须再生为俗人的话——拥有美丽的妻子[6]。除此，亦有人希望善行的功德能够回向给死者，特别是那些下到地狱里的死者[7]——这是众所周知的，不只在后期佛教里出现，亦于印度教里登场的业的教义。

亚洲真正有力的布教的宗教（Missionsreligion），不是小乘教会，而是**大乘**教会。

大乘佛教，也和当时的小乘学派一样，首先是借着一位君王而开展其布教的事业[8]，此即公元纪年后不久，位于克什米尔和西北

1　Aymonier, *Journal Asiatique*, 9, p. 16f.

2　Aymonier, *Journal Asiatique*, 9, p. 164.

3　Aymonier, *Journal Asiatique*, 9, p. 153.

4　Aymonier, *Journal Asiatique*, 9, p. 154.

5　Aymonier, *Journal Asiatique*, 9, p. 170.

6　Aymonier, *Journal Asiatique*, 9, p. 150.

7　Aymonier, *Journal Asiatique*, 9, p. 150.

8　将大乘佛教视为向东亚布教的唯一担纲者是相当不正确的。中国熟习佛教圣典的方法，起先是通过说一切有部——以古代（小乘的）毗婆沙师（Vaibhāsā）的教义为基础的一个教派——的经典。部分利用海路而来的、较早期的朝圣僧侣，并不太区分小乘与大乘。虽然如此，随着北印度的渐次大乘佛教化，以及因此之故，后来只从那儿横越陆地而将以梵文书写的大乘经典传入中国的这种情况，正说明了一般的见解。中国也正是在这期间里转变成一个纯粹的大陆国家。另一方面，小乘学派在中南半岛的优势，也不是一开始就是如此。相反的，大乘的布教在此多半是比较古老的，直到后来信仰复兴运动时，才给了中南半岛那样的契机——与古代正统教会的传统和邻近的锡兰教会的传统相结合起来。

毗婆沙，"注释"之意。注释经书者，称为优婆提舍；以律、论之注释为主者，称为毗婆沙。——译注

部印度地区的迦腻色迦王（Kaniska）[1]。大乘佛教所正式承认的所谓的第三次，也就是最后一次结集，便是在迦腻色迦王的号召下于克什米尔的一个城市里召开的。大乘佛教在北印度——阿育王举行正统派结集的地方——弘扬开来，并且最终取得优势地位，而小乘则变成一个"南方的"分派，这很显然都有赖于迦腻色迦王的权势。当然，发展至此的过程是一直在进行着的，秘法的大乘的救世论之发展也早就开始了。马鸣至少在结集前的一个世纪，就已写出总之还算有节制的大乘作品。龙树则被视为结集本身的原动力。其他被大乘教徒列为权威的哲学家，几乎都出现在结集之后的几个世纪里，没有一个超出1000年以后。

大乘佛教的主要扩展期直到7世纪为止。不过，自5世纪开始，佛教在印度的光芒就已在慢慢地消退。其中的因素，除了我们前述的要因之外，或许就属那种俸禄化的过程——通常不管任何宗教都会适时采行的，而大乘学派可能还特别重用。授予恩宠的定居圣职者，亦即俸禄受领者，取代了游方的托钵僧。后期佛教，似乎也和耆那教一样，往往喜欢利用仪式方面训练有素的、执着于礼拜的婆罗门来从事他们自家的寺院礼拜工作。尽管佛教徒原先对于婆罗门采取敌对态度，婆罗门仍在许许多多的传说里扮演了惊人的角色，并且也出现在佛教的碑文里。以此，在印度很快地就发展出一种佛教的世俗祭司制：娶妻的佛教祭司世袭地占有僧院的俸禄。至少在尼泊尔和北印度的边境地区，至今都还明白

1　古印度犍陀罗国王，为贵霜王朝第三代君主，其年代虽被认定为印度政治、文化史上之关键时代，然而学界却一直无法确定，目前学者多半认为是在1世纪后半叶，不过，也有主张2世纪的说法。迦腻色迦曾建立一个大帝国，支配今日印度北部、巴基斯坦一带，推广佛教甚力，在佛教史上与阿育王并称为护持佛法最重要的两个君主。韦伯此处虽将大乘佛教的传布归功于他，不过，他与大乘佛教的关系，至今仍不十分清楚，虽然当时的贵霜王朝的确是大乘佛教的主要基地。——译注

显示着此种发展。

一旦有个以布教目的为取向的严密组织出现而加入竞争的行列，佛教必然马上就显露出其弱点来，不只是外在的弱点，同时也是其内在的弱点，亦即：缺乏一种轮廓清晰稳固的俗人伦理，如同见之于婆罗门的种姓仪式主义，以及见之于耆那教的教团组织里的那种俗人伦理。若我们将中国朝圣僧侣的游记作个时代间的参照比较，就可明显看出佛教组织——以其欠缺任何层级上与身份上的统一性——的内在崩坏。

印度教的复兴显然是找到一块轻易即可开发的土地，正如先前提及的，古代佛教教会的一切痕迹如今在中南半岛上几乎全都灭绝尽净。不过，在我们转向正统婆罗门教的这种重新抬头之前，必须先简短地考量一下从迦腻色迦王时代即大大成功地扩展到印度之外，以至于得以成为一种"世界宗教"的大乘佛教。

大乘佛教广大的传播地区是中国、韩国和日本。

一般而言，在扩展过程中，大乘佛教必须比小乘学派要更加考量到政治上的不同状况。在大乘佛教至少因布教而部分征服的那些文化国度里，所面对的是种种王朝，要不是与非佛教的士大夫阶层牢牢地联系在一起（中国与韩国），就是与一种非佛教的国家祭典紧密相连（日本），并且固守着这样的联结[1]。因此，那儿的世俗权力一般而言，与其说是扮演着教会的"保卫者"的角色，倒不如说是立于一种"宗教警察"的地位。因此之故，神权政治式的教权制化的可能性非常有限。

---

[1] 例如京都的天皇的宫廷就是纯正神道教的。江户的纯世俗的将军不可能取得像阿育王那样的"转轮王"的地位，因为他明白承认天皇有较高的社会权位。

二、中国

关于佛教在中国的命运，我们在其他的脉络里已有所陈述，此处不过是加以补充。经历几次徒然无功的布教尝试后，佛教终于在公元初年东汉明帝的统治时期，而且是在皇帝本身的发起下，通过使节僧而传进中国来。不过，直到大约 4 世纪时方告生根，这可由中国本土的僧侣——出现的情形（按：例如竺僧朗、竺法雅、释道安等）表现出来。然后，在 5、6、7 世纪时，佛教在国家官方的保护下不断发展，这包括：派遣许多朝圣僧侣和使节、官方的佛教经典翻译、某些皇帝加入教团，最后——梁武帝治下的 526 年——"高僧"（Patriarch）菩提达摩（Bodhidharma）从印度移居到南京，然后再远到河南府[1]。8 世纪，最终是 9 世纪时，在儒教徒的煽动下，佛教寺院受到激烈的迫害（关于这点已经谈过）[2]，教团在中国的全盛期就此被打破，不过，并无法永远地加以根绝。中国政府的态度打从一开始就是摇摆不定的，从大迫害之后，一直到康熙皇帝的《圣谕》，情形恒常是如此。

关键性的对手，自然非儒教的士人莫属。他们的论难如下：不是对于彼岸之惩罚的恐惧或对于彼岸之果报的期待，而是义务，方为德行的泉源；想要以虔诚来减除罪恶，并不是真正恭顺的表现；以涅槃为理想，不过是将无为理想化。对此，佛教的护教论者则反驳说：儒教所顾虑的只是此世，或顶多是子孙的幸福，而不是

1　菩提达摩为南天竺香至国（波斯国）王子，从般若多学道。5 世纪初泛海至中国，见梁武帝，话不投机，遂渡江至北魏，止于嵩山少林寺，后为禅宗奉为始祖。不过，关于此人之事迹，颇富传奇，有些我们亦难分辨其真伪。——译注

2　845 年（会昌五年），唐武宗下令禁毁佛教，史称"会昌法难"。——译注

彼岸的未来。他们指出，天界与地狱才是使人一心向德的唯一有效的奖惩手段[1]。特别是后面这个主张，很可能动摇皇帝圣听。除此，还有对于佛教文人也具有巫术力量的信仰。因为，佛教最初是作为士人阶层的高尚教义而传入中国的。

剃度为僧侣的许可，最初是 335 年处于大分裂时期中的一个国家所给予的。佛像在（刘）宋治下的 423 年和（北）魏王朝的 426 年遭到破坏，451 年又获得许可[2]。大约 400 年皇帝姚（按：后秦姚兴）为了获得一名学识上十分够格的僧侣（按：鸠摩罗什）而派遣出一支军队，同时，法显也受官方委任而前往印度迎取佛经。在梁朝的一个皇帝（按：梁武帝）成为一名僧侣后，戒律和印度佛教特有的神秘主义也随着高僧之移居中国而引进。直到 515 年，从事巫术性的秘术都还被处以死刑。即使如此，也还是无法阻止巫术在此处（如其他各处一样）的滋生蔓延。自此之后，政府的政策即于两端之间摆荡：一则是支持或容忍寺院；二则是关闭所有的寺院，限制僧侣的数额，并强令多出的僧侣重新回到世俗的职业里（714）[3]，没收寺产以铸造货币（955）[4]。在明朝治下，政府所采取的是此前以来惯行的容忍制度，诸如：限制土地的拥有、寺院与僧侣的数目，以及通过国家考试的方式来控制僧籍。最后（17

1　这些讨论与主张，主要是 Edikins 从宋史当中编采而来。儒教的史家极为洞彻周密地记述他们之容忍佛教徒为可鄙的、卑怯无力的、畏惧面对死亡的人。这在清朝皇帝康熙所修的《明史》里亦随处可见。

2　南朝一直没有大规模禁毁佛教的政策，刘宋时亦然，此处不知所指何事。不过，435 年时，政府的确曾下令，造寺、铸像须取得官方许可，违者没收，然而这也谈不上"破坏佛像"。北魏太武帝的灭佛当然是很有名的，不过，时间是在 446 年。——译注

3　唐玄宗开元元年（713），敕令淘汰僧尼伪滥者，还俗达 1.2 万人。历代类此之事甚多，即使信仰佛教的君主亦如此，主要是为了经济的考量。——译注

4　指五代时周世宗的灭佛。——译注

世纪末），康熙皇帝的《圣谕》全面禁止寺院继续取得土地，并拒斥佛教教理为非古典的[1]。此一政策一直延续下去。

相应于整个中国文化的文书学者性格，中国的佛教必须特别彻底地内在转化为一种纯粹的圣典宗教。印度所固有的争辩与宗教论难全都消失了——中国的政府是不会容许这点的，并且这也与中国文士文化的本质完全相冲突。甚且，中国的佛教也一直都能——同样是与中国官僚制之严格反狂迷的宗教警察相对应的——免于性力宗教思想（Sakti-Religiosität）的丝毫浸染，而印度的大乘佛教并不是一直都能完全幸免此种染指的。

中国佛教[2]打一开始就是没有游方僧的僧院教会。佛教寺院——相对于儒教寺院（庙）和道教圣堂（观），称为"寺"——当中也有供奉本初佛和派生的五佛[3]、五菩萨、阿罗汉和高僧之雕像的寺庙，以及从中国民间的圣徒崇拜那儿接收来的一群守护神（当中还有我们先前提过的、被神格化的战神关帝）。这里头特别是中国才有的一项，是一个女性菩萨的出现：观音，慈悲（Caritas）的守护女神。而且，这尊菩萨似乎是随着时间的流转才慢慢有了女性的性格[4]，或许是受到教派竞争的影响——就像多数非政治的宗派一样，寻求女性的拥护——才产生的。此一姿容，是和西方

---

1 康熙五十年（1711）下令，调查居住各寺庙僧道之来历，禁止创建增修寺庙。不过，没听说拒斥佛教教理为非古典的谕旨。——译注

2 另参见 R. F. Johnston, *Buddhist China*, London, 1913。

3 即五尊佛。又作五智、五智如来等，有金刚界与胎藏界之别。1. 金刚界五佛：毗卢遮那（Vairocana）、阿閦（Aksobhya）、宝生（Ratna-sambhava）、阿弥陀（Amitābha）、不空成就（Amogha-siddhi）。2. 胎藏界五佛：大日、宝幢、开敷华王、无量寿、天鼓雷音。——译注

4 譬如朝圣僧法显（约400）于海难时就已向观音呼救。
 详见《佛国记》。——译注

身为救苦女神的圣母相对等的图像，也是中国对于性力膜拜的唯一一次让步。佛教寺院起先显然也是依照印度教的长幼序列体系而建构起来的。但是在中国政府任命了特定的官吏来负责僧院的管理和戒律的监督之后，再也没有别立于此一层级制而存在的组织了。僧院长老制的萌芽，在大迫害之后并没有继续发展，无疑地是由于政治的因素。不过，僧院共同体倒是保持下来，因为每个僧侣都有到任何僧院做客的权利。除此之外，仍然维持住的只有个别寺院的卡理斯玛威望——因其为仪式肃然端整的名寺古刹。

一如印度的方式，佛教寺院分裂为各个学派，并且，本质上显然是相应于大乘复兴的波潮。在大宗师的影响下，这波潮越过印度而扩大到布教地区来。大乘教义在最初传入中国时，甚至直到高僧菩提达摩来到时，都还没有发展到后来所见的那种（经龙树与世亲衍绎）首尾一贯性。所以，最古老的学派——禅宗，在救赎追求的方式上，仍然带有强烈的小乘性格。古老的冥思(禅定)，将意识"空无化"地追求，拒斥一切外在的崇拜手段，几乎全都是禅宗所特有的。长期以来，禅宗——正因为其与无为思想的亲和性——被视为最优越的，同时也是最大的中国佛教宗派。

前述的龙树与世亲的大乘教说，在华严宗与法相宗那儿找到了代表。前者所接受的是耽溺于超世间之庄严的幻想，后者则是以八个阶段的精神集中而达至究竟境的菩萨之爱的无等差主义[1]。

---

1 华严宗又称贤首宗、法界宗，为中国十三宗之一，以唐代杜顺禅师为初祖（557—640），《华严经》为主要经典。法相宗又作慈恩宗、瑜伽宗、唯识宗，为中国十三宗之一。所谓"八个阶段"指：1. 万法唯识，2. 五位百法，3. 种子现行，4. 阿赖耶缘起，5. 四分，即（1）相分、（2）见分、（3）自证分、（4）证自证分，6. 三类境，即（1）性境、（2）独影境、（3）带质境，7. 三性，即（1）遍计所执、（2）依他起、（3）圆成实，8. 五性各别，即一切有情本具（1）声闻、（2）独觉、（3）菩萨、（4）不定、（5）无性等五种种性。——译注

以此，后面这个宗派在中国明显地成为佛教特有的慈悲的担纲者。

在其他宗派当中，天台宗通过大乘系的《法华经》[1]之翻译与注释，成为最受知识阶层欢迎的一个宗派；在本质上，不过是小乘的冥思与仪式和偶像崇拜的折中性混合。相对的，律宗是最严格的——就律藏而言——仪式主义的一个宗派，反之，净土宗则是最能符合俗人需求的宗派：它所做的是赞美阿弥陀佛和观音主持下的西方极乐世界，或许观音之受到崇奉也是它的功劳。

部分而言，中国的佛教试图以接纳其他两个学派之伟大圣者的方式来创造出一个统一的宗教（三教一体）。16 世纪的碑铭当中已可看到佛陀、老子和孔子并肩而立的图像，类似的情形应该可以确定是早几个世纪以前就有的。虽然如此，至少官方的儒教是拒斥此种企图的；和古代罗马的官僚贵族之看待东方的"迷信"一样，儒教也以同样的眼光来看待佛教。

晚期中国佛教的僧侣制的性格本质上是决定于其愈来愈强的平民性格。现今，有地位且良家出身的人是不会加入寺院的。这应该是从大迫害以来就是如此，在康熙皇帝颁布《圣谕》后更是确定。僧侣是来自无学识的阶层，特别是农民与小市民。此种情形首先是导致僧侣生活本身愈来愈走向彻底的仪式主义。僧侣若违反仪式或戒律，往往会受到相当严厉的处罚——这与中国的形式主义的性格恰相应和；但是（以我们对此字之所指）"道德"的过错却受到较轻微的处置。据说，赌博、饮酒、鸦片、女人，在某些寺院里扮演了可观的角色。更不用说，对俗人生活样式之有系统的伦理理性化，会有任何端倪出现。为俗人开设的僧院学校，

1　见 Kern 的翻译：*Saint Book of the East*, XXI（*The Lotus of the True Law*）。

至少就普及程度而言，几乎不存在，并且，新进者在成为僧侣、然后晋升到期待菩萨果位之前的学识教养，极少带有理性的性格。僧侣生活的重点有三：1.日常的礼拜，亦即经典的诵读，源自古代的布萨；2.独自或（更具特色的）一齐观空冥思，亦即打坐与经行（这是中国所特有的）[1]；3.苦行的达人作为，这是大乘自古印度的巫师所行的民间苦行借用而来的。长老僧侣之晋升为菩萨继承者的高位，要被烧上烙印（香疤）；而被视为达人之作为的是诸如以下的现象[2]：僧侣要不就让自己身体的某个部分烧掉，要不就以规定的诵经者的姿势坐在小木屋里，然后自行点燃堆积在他四周可以燃烧起来的物料；或者，终生闭关幽居。这样的达人，在死后即成为僧院的伟大圣者。

　　总而言之，在一群官吏的管理之下，有时真的具有重要性的中国佛教寺院，部分而言是非理性的禁欲苦行、部分是非理性的冥思观想之所在，但总非理性教育的培育所。越是古老的寺院就越是完全缺乏士人阶层贯穿于全中国的那种强有力的、具有巫术意味的光环，尽管（部分说来，也因为）寺院为了布教而成为书籍印刷的主要中心地——本质上是关于教化用的书和巫术上重要的图版。中国人在生病或遭逢其他不幸时，转而求救于佛教的神明，将已故或尚存活的佛教圣者当作救苦救难者，供奉死者的祭典也受到上流阶层的尊重，并且，圣殿里原始的求签问卜，则在民众的生活里扮演了不算小的角色。不过，一切仅止于此。

　　僧侣必须对俗人信仰做各式各样的让步，其中包括：安置正

1　绕着一张供有礼拜对象的桌子，依讯号而加速步行，有时一旁亦有警策侍候。
2　个人意见支持 Hackmann 前引书（p. 23）的说法，反对 de Groot 前引书（p. 227）的见解。

式的祖宗牌位，为死去的僧侣设位祭拜。佛塔从印度传布到所有受印度教影响的地方去，并且经过必要的变化而成为寺院的形态，在中国，由于和"风水说"相结合，所以从佛教的崇拜场所转变成对付空中、水中之鬼怪的驱邪手段，为此目的，必须遵照巫师所选定的地点来兴建。

源自民间惯习的佛教仪式所具有的重大意义，已于前文提及。伦理的因果报应信仰，通过（较早期的）道教与佛教而深入民间，并且，毫无疑问的，更加强了人们之遵守古来的邻人伦理和中国民间伦理所特有的恭顺戒律。就此而言，正如我们先前提及的，几乎所有一般见之于中国的真挚、对人与动物的慈悲心、同情体谅，在某种程度上都是通过因大量翻译而为人所熟知的佛教圣传典籍而产生出来的。然而，佛教对于中国人的生活态度并未赢得支配性的影响力。

三、韩国

在**韩国** [1]，佛教对于生活态度的影响程度比在中国还要小。韩国的社会秩序只不过是色彩并不那么鲜丽的中国翻版。和中国一样，社会上也有商人行会（Pusang）和手工业者行会存在。封建制度在那儿也被士大夫阶层所取代。以阶段性的文士科考为基础来录用和晋升官吏，也和佛教的布教之作为驯服的手段一样，是北京的蒙古王朝在韩国的建树。早在蒙古人的征服之前的 6 世纪

1　关于韩国，除了一般通行的文献外，另见 Chaillé-Long-Bey 的《旅游记闻》（*Annales du Musée Guimet*, 26）。

起，佛教即自中国传来，然后从 10 世纪以来，特别是 13 世纪时，
达到势力的最高峰。僧院有时成为好战的教团组织之中心。因为，
佛教的僧侣阶层也有和其在中国完全相同的敌对者——士人阶层。

不过，士人阶层在此处确实没有如其在中国所具有的那种威
望。因为他们一方面——和在中国一样——必须和宦官相搏斗，
另一方面则必须与军队的"将军"（最后是六名）相奋战——这些人
便是包办军队之募集的佣兵队长。长久以来完全不好战的战士地位
所占有的年金收入是人们所热切追求的，而军籍的隶属则成为买卖
的对象。军队首领拥有和君王几乎同等的权限，并且与君王共分收入。

在宗教方面，职业巫师的原始巫术，特别是由妇女（Mudang
[巫女]）所激烈进行的神疗与驱邪术舞蹈的那种恍惚忘我的巫术，
和从来只因支配者的保护而繁盛起来的佛教僧院，几乎一点关系
也没有。无疑是由僧侣的竞争者所煽动起来的叛乱，最后终于打
破了教会的势力，并且也因此而破灭了韩国固有文化的一切萌芽。
在最近的报告里，日本政府在那儿兴建大寺院的主导行动，乍看之
下，似乎与日本本国内的反佛教政策互相矛盾。然而，借着这个和
平的宗教来和平地驯服被征服地的想法，恐怕和他们在本国内借着
支持古老的官方仪式来维持好战精神的愿望扮演着同样的角色。

四、日本

在**日本**[1]，和韩国一样，一切的主智主义都是源自中国。当时，

1　既精通日文又有独自见解的两位德国作者，写出了关于日本的精神文化和物质文化之
　　发展的极可靠的著作：在精神文化方面是 K. Florenz，物质文化方面则属 K. Rathgen。

儒教对于日本的君子理想似乎产生了极大的影响，不过，这样的
影响当然也因为（我们后面会提到的）日本的身份结构之异质的
条件而有所变化。

中国的武神为日本所接受。此外，也发现印度教直接传入的
痕迹。然而，整体而言，日本自古以来即以中国为一切文化承受
的媒介。譬如佛教于 6 世纪的第一个十年里出现在日本[1]，是取道于
韩国，后来在 8 世纪时即直接由中国的使节传入，以此，本质上
是中国的佛教。正如日本的整个宫廷文献原先即受制于汉字一样，
其宗教典籍长久以来亦是如此。

至于文化的实际接受，日本也和其他地方一样，是由政府所
主导，并且是基于典型的理由。受到日人极端崇敬的圣德太子即
如此实行，并且很可以确定的是要借此来驯服和训育子民。进一
步，他还利用精通文书的佛教僧侣来服务于官职，直到 18 世纪末，
官职还往往为佛教僧侣所独占。最后，为了更加丰饶日本的文化，
圣德太子以自己身为日本的第一流"文士"之一，醉心于中国的
文化。接下来继承皇位的许多女皇，全都是以感情生活为诉求的
新的宗教信仰的热烈皈依者。

关于日本的佛教和日本宗教的一般情形，我们在此只是附带
地简短谈一谈，尽管论题本身是颇饶兴味的。原因在于：日本人

（接上页注）Nachod 那本有用的书是根据翻译所写出的，主要是古代的《古事记》（由
Chamberlai 英译）和《日本书纪》（由 Florenz 德译），这两本书对于日本的文化史而言
是基本读物，但对我们此处的独特目的而言就不是那么紧要。若干个别的引用会在后文
里注明出处。在法律材料方面，Otto Rudorff 在 *Mitteil. der D. Ges. f. Naturund Volkerkunde
Ostasiens*, Band V（1889）的附录中刊载了极为有名的德川幕府的法令。

1 Florenz 在 "Kultur der Gegenwart" 一文中有非常优美的描述。另外，很值得一读的
（也是基于实地观察的缘故），是 Hackmann 关于宗教史的通俗作品（*Volksbüchern*, Ⅲ.
Reihe, 7. Heft）。

生活样式里的"精神"之固有性格——亦是我们的行文脉络之重点所在，是通过完全不同于宗教因素的其他情境所形塑出来的[1]。换言之，特别是通过政治与社会结构中的**封建**性格。

日本的社会秩序有一段时期是以严格贯彻的"氏族卡理斯玛"为基础，并且显示出一种相当纯粹的"氏族国家"的类型。后来，统治者——主要是为了克服此种社会秩序之缺乏弹性的定型化——改而采取授封政治官职的方式。这样，支配了日本中世纪的社会秩序就一直发展到近代开始为止。

日本的封建制抑制了海外贸易（通过将输入贸易限制在一个条约港口的方式），并妨碍了像欧洲那样的"市民"阶层的发展。以"城市"为自治权之担纲者的概念，完全不存在于日本。的确，在日本有过具有村长及城市区长的大小地域团体。但是，不像中国那样，城市既非帝王的堡垒（唯有两个是例外），亦非诸侯行政的典型驻在地。与中国相反，封臣诸侯的据点是否设在城市，或在乡野堡垒，在法制上完全无关紧要。日本没有中国式的官僚行政机器（Apparat），也没有从一职位转到另一职位的士大夫阶层以及科举制度，同时一般亦欠缺家父长式的神权政治，及随之而来的福利国家的理论。神权政治的首领（按：天皇），在德川开府以后，终归是隐退到京都——在教权制组织笼罩下的幽密御所去。

直属天皇的封臣中的第一人（primus inter pares）——"幕府将军"（Shogun），亦即"宫宰"（major domo）——直接控制了家

1　除了在本文里提及的关键性客观事实之外，对于下判断而言具有决定性作用的碑文资料，我却无法弄到译文。同样遗憾的是，我手边也没有研究价值显然极高的 Asiatic Society of Japan 的会报。

门势力的管辖区，以及封臣诸侯的行政。在采邑层级结构中[1]，明显存在着一道断层。换言之，一方是一手掌握政治权力的地方诸侯——大名（Daimyo），和将军一样，他们同为天皇的直接封臣；另一方是这些地方诸侯（包括将军在内）的封臣与家士，亦即：分为许多不同等级的武士（Samurai），其中骑马打仗的骑士品位较高，而徒步者单只是个家士（徒士 [Kasi]），往往只负责衙门里的勤务。

只有武士拥有武装（带刀）权和采邑受封权，他们才与农民，以及在封建习俗下较农民身份更低的商人及手工业者，严格区分开来。武士是自由人。世袭的采邑（藩）可能因"违反封建义务"（Felonie）或重大的失职而被封建法庭（Lehenshof，按：日本的阁老会议）判决没收，或黜其封等。除此之外，为了决定各藩所应提供的战士数额，采邑是以传统所负担的"年贡米额"（kokudaka）予以登记的，"年贡米额"也决定了采邑持有者的品位。所有这些特点使得日本的采邑非常接近（特别是见之于印度的）典型的亚细亚式军事俸禄制[2]。

不过，封臣的主要义务，在日本，除了传统表示敬意的礼物外，仍为个人的忠诚义务与军事义务。以"年贡米额"的高低来决定品位——甚至决定是否能跻身大名之列——的做法，当然是（时而也见于其他地方）违反原有的氏族卡理斯玛的立场。依此立场，世袭的氏族身份，授予个人有权要求受封相应的官职品位，

1　参见 M. Courant 那本不错的综论性著作 *Les Clans japonais sous les Tokugava*，收于 *Annales du Musée Guimet*（*Bibliothèque de Vulgarisation*, T. XV, 1904）。

2　事实上，除了土地采邑（封土）之外，也有单一的租金俸禄存在。后者不是基于某个地区的收入（知行地），就是基于支配者的仓库（俵物）。

以及传统上随之而来的威权[1]。将军的官厅（幕府）控制了大名的行政与政策[2]，或与政治有关的私人行为（例如婚姻，须先获得同意），而大名则控制自己封臣的上述事项。高龄封臣或被判决不适合继续服务的封臣，必须退隐（inkyo［隐居］）。继承人则须重新受封（Investitur），领主死亡的情况（Herrenfall）也一样。采邑是不可转让的，只能做限期质押。

商业的独占与某些制作奢侈品的作坊，是诸侯"庄宅"（oikos）的一部分。条约港口长崎存在着重要的行会，而职业团体则确实随处可见，但可以发挥政治力量而值得注意的阶层——亦即能推动西方式"市民的"发展的阶层——则不存在。而且，由于海外贸易的规制，使得经济上呈现高度停滞状态，因而资本主义的动态也未得发展。政治的资本主义也几乎完全缺乏，因为作为其存在的首要条件的国家财政完全付之阙如：没有签约包办国家物资调度、保证政府信用及包税的阶层。因为，军事需要基本上是召集自行武装的封臣与家士来充当，战士与战争的经营手段也因而未曾分离。此外，德川将军时代长期的和平，也使得理性化进行战争的机会无从产生，只有私人的械斗和中世纪欧洲一样非常盛行。封臣及家士的下层阶级——武士与徒士——代表了日本典型的阶层。极为高张的、纯粹封建的荣誉概念与封臣的忠诚，形成感情的核心，一切——至少就书本理论——都以此为基轴来运转。

1　这样的情形在德川的支配下也很明显地呈现出来，亦即有某些特定的家族要求可变更的高等官职（家老职）。同样的，在武士团里，上级武士所被赋予的指挥权，亦视其年贡米的高低而定。唯有出身于武士家庭者才能进一步被授予流血禁制权（Blutbann）。
2　特别是将军要求在大名底下出任重臣者（家老）直接向他负责。不过，另一方面，从下级封臣对于最高封建领主并没有直接关系存在这点而言，倒显示出采邑层级制的私人性格。

实际上，禄米则为物质上供养此一阶级的典型方法。

在政治上没有权利的，不只是商人与手工业者，广大的农民层亦是如此。农民存在是为了缴纳租税给领主，因此，至少部分而言，形成了与纳税义务相关联的割地更新的原则。村落严格排斥外人，这是因为，在日本，束缚于农地的义务与要求农地的权利是相呼应的。"喝水者"（midzunomi）一词指的是无权要求农地——因此也无村落权利——的外地人。连带责任组织（gonungumi[五人组]，每五个氏族为一组）普遍贯彻。村长所拥有的尊贵地位是依氏族卡理斯玛世袭而来。村长之上为代官（daikwan），是被授予封建司法权的武士。

遇有重要问题，各诸侯召集手下所有封臣集会。当前一世纪（19世纪）60年代的重大危机之际，就是这种在某些侯国（按：当时的西南大藩）举行的武士集会，决定了转化为现代化军队制度以及导致将军制度崩溃的政策方向。维新以后的过程，逐渐地导致在行政管理上——不只在军队，而且在政府——由官僚制来取代封建采邑制，并取消采邑权。这使得广大的武士阶级转变成小规模年金收入的中产阶级，一部分甚至变成无产者。从前封建时代高昂的荣誉观念，已经由于此前的禄米俸禄制的影响而趋衰歇，渐渐接近了坐食者（Rentner）[1]的心态。但是，仍然未能以此为出发点，自主地建立出一种市民的企业伦理。明治维新后，欧洲的商人常抱怨日本商人"低下的商业道德"，与中国的大商人

---

1 "坐食者"一词来自Rente，其意为所有定期收入的总称，不管是地租、股票利息、资本利息或其他任何收入。不过如薪俸等需要靠实际劳动才能取得的收入，不得称为Rente。所谓"坐食者"（Rentner），即指依靠此种收入生活的人，因此接近"不劳而获者"之意。——译注

大相径庭。只要商业道德仍是以此（低下的）情况存在，此一事实，若从普遍将商业视为一种互相欺骗的形式，亦即对商业一般的、封建的评价，如同俾斯麦的名言"我们现在让谁上钩？"（Qui trompe-t-on？），倒是很容易理解的。

日本在封建时代的情况，与战国时期的中国封建时代最为接近。而中国与日本的不同，主要在下列各点：日本社会中最重要的阶层，不是非军事性的士人阶层，而是职业的战士阶层；规范人们实际生活情境的，不是中国那样的考试等第以及文化教育，而是西洋中世纪的骑士律与骑士教育，既非古代西方的现世内的教化，亦非印度的救赎哲学。

在一个民族中，如果像武士这种阶层在扮演决定性的角色时，此一民族——即使将其他一切情况（特别是闭关自守的态度）置之不论——是不可能靠自己的力量达到理性的经济伦理的。尽管如此，封建的关系下那种可取消的、但又有固定契约的法制关系，对培养西方所谓的"个人主义"提供了比中国的神权政治更为有利的基础。日本虽未能从自己的精神中创造出资本主义，但是比较容易将资本主义视为一种人工制品，而从外部接受进来。同样的，日本也不可能自行产生出印度那种神秘的主智主义的救世论和导师支配。封建武士的身份高傲，必然会激烈抵抗这种对于圣职者的绝对服从。情形也确实如此。

直到开始接受佛教的时代为止，在日本，支配性的宗教信仰不过是功能神的崇拜以及阳具崇拜——尽管装模作样的近代理性主义现今小心翼翼地要抹去这样的痕迹；除此，尚有护身符及类似的巫术性驱邪术和同类疗法的法术，以及作为宗教意识之主要构成要素的祖灵崇拜——自己的祖先和那些神格化的英雄。这些都是贵族感觉对自己生活负有责任的势力。

官方崇拜的类型，彻头彻尾是骑士阶层的贵族仪式主义：经文的诵读和食物的供奉是其基本要素。狂迷与忘我之道，无疑地已被骑士阶层的身份庄严感所泯除，而仪式性的舞蹈也只留下了些许痕迹。会被排除于崇拜的参加行列之外者（正如被排除于乐园秘仪[1]之外的情形），倒不是因为伦理性的"罪"，而是因为仪式上的不净——除了身体残障之外，还包括因杀人罪和近亲相奸所引发的不净。因此，各式各样对于洁净的极为严峻的规定取代了其所欠缺的宗教"伦理"。此处并不存在任何一种彼岸的报应：死者，一如希腊人所想的那样，是居住于冥府。身为太阳神之后裔的天皇，和中国的皇帝一样，是最高祭司长。神判和神谕对于政治决策所发挥的功能，一如其于世界各处一样。

至今，群神之中仍是以被神格化的英雄和善行者占大多数。无数素朴的神社中的祭司职，多半是（至今仍是）由分为八个位阶的国家"神官"的氏族所世袭。被确证的神祇，也和中国一样，

1　eleusinische Mysterien（Elysian mysteries）是希腊的极乐天堂信仰中所举行的秘密仪式。eleusinische Mysterien 为谷神祭典，在雅典西北方的 Eleusis 市为了祭五谷之神 Demeter 而举行的神秘仪式。Eleusis 市有 Demeter 最大的神殿，祭典即此举行。我们所知关于仪式的部分过程如下：春季在雅典附近举行准备，所有想要成为信徒的人先自行到 Eleusis 市的河中洁净；到了 9 月，这些信徒即沿着通往 Eleusis 市的圣路走 14 英里的朝圣旅程，行列前面举着地下神 Iacchus 的肖像。朝圣者到了 Eleusis 市后，即将神像置于神殿中，第一日即在神圣的歌舞中结束。更大的神秘仪式要再持续四天，参加的人要饮用一种谷粉与水的混合物，并进圣饼。然而除此之外，我们即一无所知，因为祭典只限信奉者参加，凡是泄露秘密者一律处死，所以信徒务守口如瓶。推测大概是一种混杂了再生与复活，以及追求与神合一等感觉的神秘仪式。——译注

是被授予位阶的,而神社的位格也同样清楚明确[1]。除了官方的神社崇拜之外，也有家里的私人崇拜。崇拜自家祖灵的古老形式，后来几乎全都被佛教的死者祭拜所取代。此处，和其他各处一样，佛教于其彼世报应和救赎的教义里，自有一番天地；另一方面，与此一外来教义正对反的、被称为"神道"的古老宗教信仰，则使得所有的崇拜，包括祖灵崇拜在内，全都被利用来祈求一己此世的利益。

在皇室的庇护下，佛教原先是作为一种士人阶层的贵族的救世论而传入日本。大乘佛教也趁此以形成学派和宗派的方式[2]，很快地开展其自有的种种可能性。正相对反于（日本原有的）本质上为泛灵论的、巫术的崇拜，亦即没有一丁点直接的伦理要求的一切崇拜，大乘佛教所带来的是相应于其本质的一种——相对而言——理性的、宗教的生活规制，以及现世外的救赎目标与救赎之道，还有感情内容的丰裕。在日本，超越封建的荣誉观的一切动力与感情生活的升华，毫无疑问地全属大乘佛教的功劳。在此，大乘佛教亦保持着印度主智主义的救世论之冷静的平和化。换言之，此种救世论显然是将儒教有关"品行"与"礼节"的戒律——在日本，此种戒律又整个被逆转成封建的态度——加以熔化成一种注重姿态之庄重与距离之礼貌性维持的君子理想；面对欧洲人

1　日本的神社在历史上有多次的整顿，明治维新以后的制度大致如下：1. 官币社，国家皇室尊崇之神社，经费由皇室供应，分为官币大社、官币中社、官币小社、别格官币社四种。2. 国币社，亦为国家尊崇之社，经费由国库供应，分为国币大社、国币中社、国币小社。3. 府县社，地方神社中位阶最高者，三府（大阪、京都、江户）尊崇之社为府社，各县为县社，由府县供应。4. 乡社，郡市崇敬之社，一区一社，由郡市供应。5. 村社，市村崇敬之社，由市村町供应。大体而言，官币社是由天皇亲祭，其他则由相关官吏负责。——译注

2　参见 Haas, *Zeitschrift für Missionskunde und Religionswissenschaft*, 1905。

的率直粗鲁或多愁善感的蜜意贴合，有教养的日本人经常自觉为此种君子理想的代表人。至于在细节上佛教参与此种转化的分量到底有多大，或许只有专家的分析才能够置喙。尽管多半的宗派都由中国传入，日本的佛教仍然显示出自己独特的发展方向。

佛教教派（宗）的数目，一般都只尝试着算出个大概的数据[1]，此处我们所关注的不过是其中几个。在至今仍存在的大宗派当中，真言宗是最古老的（建立于 9 世纪）。在这个宗派里，祈祷文（印度教的曼陀罗）同时是巫术性的咒文，也是带有密教意味的、与神合一的神秘手段[2]。净土宗[3]（建立于 12 世纪末），依照中国大乘佛教的方式，许诺西方净土（Sukhāvati [极乐]），并且为此而推荐如下的方法：充满热切信心地依照一定的形式称请阿弥陀佛。阿弥陀佛是全东亚地区最受欢迎的佛陀弟子，在日本是五个最高神（五佛）之一。比这两个宗派更重要的是比净土宗稍晚创立的禅宗与真宗。

禅宗，包含三个各自独立的分派[4]，特别是以具有神秘意义的修行为训练指标。相反的，真言宗所意指的是自外于所有这些达人

1　通常都是举出十个宗派，不过其中有的是经常替换着的小宗派。

2　《金刚般若经》（*Vagrakhedika*）通常亦被算作是此派的经典（S. B. of the East, Vol. , 49）。"Dharma"和"Samgnas"是论证上的关键词；前者在此意指"形相"（eidos, Form）、"个性"，后者则是"名相"，亦即"概念"的表达。没有所谓"狗"，而只有"这只"狗。因此，概念只是抽象，事物不过是名相，而一切终归是假象。唯有灵魂具有实在性，唯有菩萨知道实相。然而，经验性存在所处的假象世界里，语言亦因此而具有巫术性的力量。

3　此派的经典包括《大无量寿经》和《阿弥陀经》（S. B. fo the East, Vol. , 49）。西方净土被描绘得五光十色。不过，绝对的前提是"信仰"。根据《大无量寿经》（第 41 章），有疑心者不得往生净土，若有疑心，即使是菩萨本身（！）也会妨害其救赎。《阿弥陀经》（第十章）则明白拒斥作为救赎之道的杂行杂修。临终之际，唯有日夜虔心称念阿弥陀佛直至最后一口气，方能确证救赎。

4　即曹洞禅、临济禅与黄檗禅。——译注

行径的一种"祈祷的—信仰的"宗教意识。禅宗的宗教训练最接近于佛教的刹帝利宗教意识之古代印度教的类型。与此相应，禅宗的各派在日本的佛教当中，长期以来一直保持着甚受武士阶级喜爱的贵族形态，也因此特别盛行于寺院。和原始佛教一样，禅宗拒斥一切圣典知识，并且将关键性要点放在精神的修炼和完全漠视外在世界的体验上，特别是对自己肉体的漠视。对禅宗僧侣而言，此种训练意味着：借冥思性的与神合一而自世界解脱。俗人，特别是职业武士，则珍视此种训练为锻炼和坚定一己之使命的手段。有些日本人士也认为，此种宗派修炼可以助长一种轻视生命的气氛，对于日本人在军事上的可利用性可谓贡献良多且巨大[1]。

　　和禅宗形成强烈对比的，创立于 13 世纪初的真宗，至少是以如下的特色而得以与西方的基督新教相比拟，亦即：拒斥一切的善业往生（Werkheiligkeit），而唯以虔敬地信仰阿弥陀佛为意义所在。在这一点上，真宗与我们很快就要讨论到的、自克里什那崇拜中生长出来的印度的性力宗教信仰相类似，但与之不同的是，其拒斥任何狂迷—恍惚的要素，此乃从古印度教的主智主义的救世论所衍生出来的一切宗教意识的特点。阿弥陀佛是救苦救难者，信仰阿弥陀佛是唯一能得救赎的内在态度。因此，真宗不止排除僧侣独身，并且也是唯一一般性地拒斥出家修道的佛教宗派。佛僧（busso，被葡萄牙人讹转为"Bonze"）是娶妻的僧侣，只有在公事时才穿着特殊服装（僧衣），此外，其生活样式与俗人的生活样式并无两样。

1　在织田信长的迫害之后，将佛教复兴的保护者，亦即众所周知的将军德川家康，在根本上似乎是很重视其家臣武士对于佛教极乐世界之为英雄之天堂的期待。

僧侣娶妻，在其他的佛教宗派看来，不管是日本之内或日本之外，都是戒律之堕落的产物，然而，在真宗，这起初或许是个自觉的现象。布道、教育、说教与民间读物，在许多方面都是以类似西方的路德派的方式发展，并且，在"市民"的圈子里拥有极多信徒的这个宗派，是属于最为乐于接受西方文化要素的那个阶层。然而，这个宗派和路德派一样未能发展出理性的现世内禁欲，并且是基于同样的理由。真宗是相应于中产阶级的情绪性感情需求与中产阶级受封建束缚的救世论的一种救世主宗教，然而，并不接受古印度教的民间虔敬意识之狂迷—恍惚与巫术性的倾向，也不接受后期印度教的虔敬意识或西方的虔敬派的那种强烈的感情狂热。此种节制，似乎多半是出于"情绪"，而不是我们所谓的"感情"，毕竟，它是贵族僧侣的产物。

最后，创立于 13 世纪中叶的日莲宗，发起僧侣的反宗教改革运动。他们呼吁回归佛陀本尊瞿昙（Gautama），视其为遍及世界的、开悟的神秘力量，并极力拒斥阿弥陀佛为假偶像。日莲宗试图建立典型的大乘联结，亦即联系起僧侣的冥思性神秘主义，与俗人的祈祷式咒术和仪式性的善业往生（"方便"）。

俗人的虔敬行为之仅限于（部分而言）极高的非理性和一时性，是和任何以理性的生活方法论为目标的教化距离相当遥远的。此种限制，除了真宗外，本为大多数宗派所固有的。事实上，佛教的这些形态，在俗人那儿，只造成了一种漠视现世的气氛，一种对于无常（包括生命本身在内的世间）之空无的信念。除此，不过是散播了报应（因果，大抵与"业"相应）的教说和作为逃脱报应之手段的仪式性巫术。

僧院的外在组织起初与其他布教地区并无二致。但是，由于各个宗派处于个别的封建领主和贵族党派的保护之下，并被加以政治上的利用，而致彼此反目，再加上国内彻底的封建性格（尤其当僧侣，至少僧院的方丈，是由贵族阶层来充任的情况下），导致各宗派间的竞争相当激烈。这种激烈的竞争在在使得日本的僧侣共同体带有信仰战士——僧侣骑士团（按：僧兵）之武士共同体的性格。他们同时也为确保自己在民间的权力地位而战。

11 世纪时，第一支训练有素的僧兵军队在某位方丈（按：根据传说，是 10 世纪末的天台座主良源）的手上创立，尔后亦为他人所仿效。14 世纪时，此一发展达到顶峰。除了某些禅宗的支派外，僧院全体都被武装化，而寺院也同样多半是实行世袭性的俸禄制，僧侣独身制就此崩坏。征夷大将军织田信长重新树立政治威权，而对战斗教团的这种势力加以限制[1]。前所未有的屠戮，永永远远地打破了佛教教团的政治—军事权势，并且，为此目的，胜利者毫不迟疑地援引基督教的助力，尤其是耶稣会传教士的援助。基督教的传教自 1549 年起，亦即圣方济·沙勿略（Franz Xavier）为之打下基础后，获得了不小的成果[2]。

德川将军建立幕府后，为此画下休止符。谁也不愿意佛教的教权主义被外来的教士支配所取代，以此，德川将军一族的成员

1　这里指的是 1571 年织田信长攻灭比睿山僧院一事。比睿山为日本七大高山之一，在近江国滋贺郡，为日本天台宗大本山，寺僧武力强大，与高野山并称日本佛教两大丛林。1571 年，由于寺僧协助朝仓义景反抗织田信长，遭到信长的攻击，寺院被毁，僧侣全被屠杀。——译注

2　Franz Xavier（1506—1552），西班牙人，天主教耶稣会创始会士之一（1534），1540 年前往印度传教，极为成功，为基督教正式传入印度之始。随后前往马来亚、日本等地传教。1552 年决意由印度前往中国传教，在等待中国政府入境许可时，死于沿海的山川岛。他可说是基督教东传运动的先驱者，1622 年罗马教廷封为圣徒。——译注

个人一直是（直到最近都是）佛教尤其是仪式主义的净土宗的信奉者。1614 年的宗教敕令和随之而来的基督教徒迫害，终止了基督教在日本的传教活动。日本的教权主义也跟着普遍地崩溃。佛教本山再度重建，并且开始有系统地被组织起来。然而，这全都在国家的掌控之下。就像（西方）古代末期，唯有向皇帝供奉牺牲，方能证明自己并非基督徒，在德川幕府治下，则唯有登记在某个日本寺院名下方能证明。自德川家光以来，任何僧侣除非通过中国式的科举考试，否则不得出任官职。若要成为布教僧或出任寺院住持，则按照佛教的年功序列（法腊）原则[1]，必得在寺院里度过一定长时期的僧侣生活才行。本末关系的原理支配着位阶秩序和寺院的层级制权利及其领导者。国家为僧侣制定了严格的纪律，亦即独身与素食——虽然不能行之久远。佛教僧院与寺院的数目确实有了惊人的增长，但是僧侣的社会势力却往下掉落。僧职的买卖似乎相当盛行。

至于民间的宗教信仰，则类似于一般亚洲的以及古代的状态，因为神道教、儒教、道教与佛教的众神和救苦救难者，无不依其功能或按时机而被祈请。神道教与佛教在形式上的结合，是在皇室的保护下进行的。虽然这事儿本身颇有点意思，但对我们的行文脉络而言却不具根本重要性。贵族阶层多半是转向儒教伦理。这有其社会因素。佛教僧侣制在数世纪的过程中经历了强烈的内在转化，因为僧侣的递补愈来愈民主化（或许是基于宗派间布教竞争的压力），并且在国家的迫害和统制下，和中国的情形一样，

---

1 指僧侣受具足戒后夏安居之年数。丛林中，每年 4 月 16 日起至 7 月 15 日举行夏安居，并以夏安居之最末一日为一年之终，即受岁日；自 16 日起则为新岁，故比丘、比丘尼受戒后，于每年夏安居结束时，即增一法岁。——译注

他们主要是来自无学识的下阶层。

一般而言，这些僧侣在僧院学校里所学习的，不过是仪式典礼的实际经营所必需之事[1]。以此，僧侣连同佛教一般的威望，在社会上极度地滑落，而这确实也是——除了政治上的理由之外——王政复古之际进行"排佛毁释"（1868）以及神道教作为国教之系统性复兴的一个原因。不过，关键性的因素自然是在于：相对于佛教，神道教一旦被视为"国家的"崇拜形式，那么天皇的正当性也就受到了保证。皇统之为太阳神后裔的事实，以及天皇之超人的禀赋，这是即使日本成为立宪国家后都不变的根本前提：至少真正的日本人是不会怀疑的，或者即使有所怀疑，无论如何也不许公然表明。

如我们已注意到的，儒教在贵族阶层里有许多的信徒，然而，儒教却无法如同其在中国那样扮演起正当化皇朝的角色。因为，对儒教而言，中国的皇帝不但是俗世的君王，同时也是（宗教上的）最高祭司长。在日本，儒教也不像在中国那样有个学院式地组织起来的阶层的支持：在中国，这是个通过科举制度，更重要的是通过国家官职的俸禄化，而在政治上与经济上牢牢组织起来的、利害关系一致的阶层。在日本，儒教不过是个别圈子里的一种学术嗜好。

另一方面，佛教在此亦欠缺它那种（和印度教诸宗派一样）见之于亚洲其他各处的、极为强大的支持，亦即作为巫术性救苦救难者的卡理斯玛导师。此种制度的发展，无疑是因为政治上的

1　反之，在《观无量寿经》（第27章）和日本广为读诵的《金刚般若经》（"金刚能断"，亦即真言宗的经典）里，却说到专心一意于救赎的"良家子"。

理由而受到日本政府——如同中国政府——的打压，一般而言，并未超出相对微弱的萌芽状态。因此，在日本，并没有像中国的士人或印度地区的宗派导师那样有一个享有巫术的一救世论的救赎者之威望的阶层存在。

以此，在外来威胁感的压力之下，军事上与行政技术上的革命推翻了封建的军事组织与官职组织。若纯就政治观点而言，此一革命是在绝佳状况下进行的，换言之，是在宗教的传统主义之白纸状态（tabula rasa）下进行，或者，至少没有遭遇到任何根植于巫术或救世论的、宗教的传统主义势力。此种势力，很可能对革命在经济的、生活样式的领域里所企图做到的事横生阻碍。

五、亚洲内陆：喇嘛教

从北印度向北方传播的佛教，产生出迥然相异于中南半岛及东亚布教地区的形态来。在其发祥地邻近的**尼泊尔**[1]地区，佛教确实也同样经历了典型的俸禄化洗礼，同时，还受到怛特罗派的巫术及其血祭的渗透。此外，它还必须与湿婆教徒的印度教宣传活动相互竞争，并且，也以北印度的大乘佛教的方式，和印度教的种姓体制相融合。

在当地居民的三个主要阶级当中，邦哈尔（Banhar［祭司］）和乌达斯（Udas［手工业者］）被视为正统派，其他的居民则为异端，因为他们是怛特罗派信徒。邦哈尔住在僧院里，但并不独身，俸禄是世袭的。他们当中的最高一级是称为 Gubhaju 的祭司，唯

1　关于尼泊尔，参见 1901 年孟加拉的《普查报告》。

有通过考试而获得僧职授任者，才能晋升到这个位子。凡未得僧职授任者，则单纯只是个"比丘"，除了在特定的祭典上担任俗人的助祭者外，就是从事手工业的行当，特别是金匠。另外，还有总共七个古来一直是属于第一级职业的部门，诸如：银匠、木匠、铸工、铜匠、铁匠等（显然是古代的王室手工业者）。而获得授任僧职的僧侣则于四天作为导师的授任式之后，被豁免其誓约。乌达斯阶级下面划分为七个阶级，其中最高一级是商人，其余为手工业者。邦哈尔是不和乌达斯通婚或同桌共食的，并且也不从乌达斯阶级的手工业者手中接水。

下阶层的民众则视情况而定祈请佛教或婆罗门的教士来当他们的救苦救难圣人。佛陀和湿婆及毗湿奴被三位一体地结合在一起。同时，所有的印度教神祇皆被召请，古老的蛇神崇拜依然存在。中国朝圣僧的早期报告中记载着佛教在此地的后续发展，亦即：随着和种姓组织的接触以及俸禄化的过程，佛教的本质可谓丧失殆尽。越过尼泊尔来到中央亚细亚——极早即有商业关系存在的地方，尤其是**西藏**，情形又迥然不同。

和尼泊尔（的佛教）之缺乏组织形成尖锐对比的，在西藏，有个以喇嘛僧为宗教之担纲者的统一的阶级制存在，此即通常被视为另一种宗教体系的**喇嘛教**[1]。印度教的僧侣，当然还有佛教的游方僧，必然很早就以救苦救难者的姿态来到亚洲内陆和**北亚**：巫术—恍惚的驱邪者被巫术性地称呼为"萨满"（shaman），此乃梵

1　关于喇嘛教，Köppen 的著作 *Religion des Buddha* (Berlin, 1857—1858, 2. Band) 一直都是很值得一读的。当今最为权威的学者是 Grünwedel（见其刊登于 *Kultur der Gegenwart*, I, 3, i 的论述，以及下文中所引用的作品）。此外，俄文的数据亦是基本的，但我未能利用到。

文"沙门"（śrāmana, 巴利文 samana）之东土耳其斯坦的讹转。佛教在此地真正的布教，大约开始于 7 世纪，至 8 世纪时正式确立。也不例外的是，君王为了行政上的利益考量（引进文书技术）和驯服子民，而从邻近的印度地区（此处是邻近克什米尔的乌场国）迎请一位圣者来当导师[1]。这位布教师是个纯粹怛特罗派的（巫术的）大乘系统的代表者：炼金术、魔药以及其他大乘所见的经咒——魔术，似乎都随着他而进入西藏。在他之后的布教，已无须再面对先前那种各竞争宗派不断反击与攻诘的局面，并且，大乘佛教一时之间在东波斯和土耳其斯坦的一大部分地区也都获得优势，直到西方蒙古诸汗的伊斯兰教反动为止，这样的布教才再度被灭绝。然而，另一方面，"喇嘛教"的担纲者——西藏的神圣教会之建立，倒是要感谢蒙古的世界帝国。

"喇嘛"，意即"高人"、"圣者"，原先用来称呼僧院的院长（堪布），后来则是礼貌性地用来称呼所有被正式授予僧职的僧侣[2]。起初，佛教僧院的创设完全是按照一般的方法。但是，在西藏地区，由于较大的政治组织再度分裂——相应于其土地之牧草地的性格——成小部族领主制，所以某些僧院院长的权势地位借此增

1　这位官方称之为"莲华生"（梵文 Padma-sambhava, 藏文 Padma-hbyun-gnas）的"伟大教师"，未知其生平如何。
　　莲华生，西藏红教之始祖，8 世纪左右北印度乌场国人。初住那烂陀寺，博通大小乘。747 年，应西藏君主克梨双提赞之请入藏布教。王为之于拉萨东南方创建桑耶寺，师遂宣传瑜伽秘密法门，翻译经咒，又现种种神通变化，驱除妖魔鬼怪，为藏人所尊崇。师所传之教，后以相对于宗喀巴之黄教，称为红教，即无上秘密乘，以大喜乐禅定之瑜伽观法为最上法，西藏特有之喇嘛教因之大成。——译注

2　原为西藏佛教中主持授戒者之称号，其后举凡深通经典之喇嘛，而为寺院或扎仓（藏僧学习经典之学校）之主持者，皆称堪布。又为西藏地方政府僧官系统之职称，如达赖、班禅之高级侍从亦称堪布，"基巧堪布"即管理布达拉宫宫廷事务之僧官。——译注

长起来；如同西方在大迁徙时代的主教一样，此地的僧院院长手中掌握了唯一的、以理性方式组织起来的权力。因此，僧院院长的教育，同时是宗教的，也是世俗的[1]。

僧院长久以来即纯粹为俸禄所在之处，"僧侣"娶妻生子，因而成为一世袭的种姓。在西藏，和印度一样，某些僧院里，尤其是喜马拉雅山最顶峰附近的萨迦寺（Sakya）里，院长的地位本身即是世袭性卡理斯玛的[2]。萨迦寺的喇嘛首先于12世纪时与成吉思汗的王朝建立起关系，并于13世纪成功地令蒙古皇帝——亦即中国的征服者——忽必烈改宗，且成为教会之世俗的保护者（cakravartirājan［转轮圣王］）。再次地，为蒙古人建立文书体系的需求，亦即政治行政上的利害考量，显然是关键所在。

除此，还有另一层考量：为了驯服难以统治的亚洲内陆人民。为此目的（并且也因为他们是文书技术的担纲者，故而对行政是不可或缺的），萨迦寺的喇嘛被赋予神权政治的权力。前此完全是以战斗和掠夺过活的蒙古部族的此种驯服，事实上是成功的，并且在世界史上有其重要的结果。因为，蒙古人之开始改宗喇嘛教的佛教，为草原民族前此不断东突西进的军事行动设定了一个目

---

1 Grünwedel, *Mythologie des Buddhismus in Tibet und der Mongolei* (Leipzig, 1900). 这是根据 Uchtomski 侯爵关于喇嘛教的史料集成所写的入门书。此书是最佳的喇嘛教发展史，在此我们普遍使用。

2 萨迦寺位于西藏日喀则西南，为喇嘛旧教（红教）之大寺院。该地为白色土壤（藏文 sadkar），故名萨迦。1073 年，此寺由始祖衮曲爵保（1034—1102）所建，尔后遂有萨迦派之称。萨迦派为红教喇嘛最具代表性之一派，因受阿提沙思想影响，故怛特罗色彩极为浓厚，主张娶妻生子以延法嗣。历代学僧辈出，初祖曾孙文殊萨迦班禅（1182—1251）在忽必烈时，被招请为帝师与灌顶阿阇梨，此为喇嘛教普及蒙古之始。其侄八思巴（1239—1280）亦受元朝招请，为蒙古人创制八思巴文字。1270 年，八思巴返藏，忽必烈授予全藏之政权，故自 1270 至 1345 年间，萨迦寺成为西藏政教之中心。宗喀巴新教兴起后，萨迦寺地位遂日渐衰微，然而仍为旧教本山。——译注

标，且使之和平化，并借此而永久地熄灭了所有"民族迁徙"——
最后一次是帖木儿（Timur）于 14 世纪的进军——的古老根源[1]。
随着十四世纪蒙古支配在中国的瓦解，西藏喇嘛的神权政治亦告
衰微。汉民族所建立的明朝对于让唯一的一个僧院拥有全部的支
配权一事颇有疑虑，而令许多卡理斯玛的喇嘛彼此彻底反目成仇。
一个僧院间血腥敌对的时代就此揭开序幕，巫术性的大乘佛教的狂
迷—忘我的（性力 [Sakti]）那一面又再次凸显于台面上，一直到
新的先知，亦为喇嘛教最高的圣者宗喀巴出现，开始进行大规模
的教会改革运动为止[2]。宗喀巴在取得中国皇帝的谅解下，重建僧
院的纪律，并且于宗教问答里支持萨迦寺的喇嘛。自此之后，以
黄色的帽子为标记，因而通常被称为"黄教"的"德行派"（Dge-
ālugs-pa）确立了最高权位。

　　就纪律方面而言，新的教说意味着独身制的树立和怛特罗派
狂迷的巫术受到贬斥——禁止德行派的僧侣施行此种巫术。根据
协定，此种巫术则听任戴着红色帽子的、古老教说之信奉者的一

1　帖木儿，蒙古人（14 世纪末），元朝灭亡后崛起于中亚，曾建立一个强大的游牧帝国，
　极盛时期领土远至小亚细亚，并曾控制部分北印度地区。关于喇嘛教对蒙古人产生和平
　化的影响，Owen Lattimore 表示断然的反对，参见氏著，*Inner Asian Frontiers of China*,
　(New York, 1940), pp. 86f. 佛教于 7 世纪传入西藏，然而在喇嘛教会建立起自己的
　主权之前，起先是被用作世俗君主的工具。虽然蒙古伟大的征服者忽必烈汗（13 世纪）
　喜好喇嘛教，但在明朝建立之后，喇嘛教在蒙古即告消失。到了 16 世纪，喇嘛教再度
　被阿尔泰汗采用为世俗统治的整合工具。后来清朝又给蒙古的教会与国家之间带来一种
　僵持状态，然而西藏的教会却在与满人利益相结合的条件下保全了主权（Lattimore, pp.
　216—221）。因此，喇嘛—佛教似乎（至少在韦伯的理论里）显现为一种寻求外力支持
　或成为外力之工具的教权制。——译注
2　西藏名 Tson-kha-pa（1417—1478），法名罗桑札巴（Lozan-tak-pa）。十四五世纪时西藏
　佛教改革者，喇嘛黄教始祖。现今西藏达赖喇嘛、班禅喇嘛之传承系统，即源自其弟子
　根敦珠巴、凯珠二人。——译注

派施行——就像儒教之容忍道教一样，红帽派被容忍为层级较低的僧侣。此时，重点已从僧侣在冥思和祈祷文上的虔敬心转移到通过辩论而履行的说法与布教活动。为此，僧侣在僧院学校中即接受此种培养，从而成为僧院里学术研究之新觉醒的泉源。

然而，对于喇嘛教特色独具的僧院组织之层级制而言，重要的是：将普遍见于印度教，特别是见于大乘佛教的化身教义的某种特殊形式（以喇嘛教对此教义之见解的方式），和黄教具有一定声名的僧院的卡理斯玛相结合。此项要务完成于宗喀巴之后的世代，因为僧院院长的世袭性，必得由另一种指定继承者的方式来取代才行。

不过，这也只是普遍妥当的思考方式当中的一个特例。喇嘛教的化身教说的本质和意义本身是单纯的[1]。和所有原始佛教哲学极端对反的，此一教说的前提是：一位圣者的卡理斯玛资质，于再生之际，会**更为增强地**转化到另一个同样的担纲者身上。因此，这也不过是下面这种说法的最后归结：在有关佛陀之本质的大乘理论里，佛陀在其最后第二次的菩萨生涯之前的所有过去生涯，被认为是其神圣性不断上升而至最后（佛陀）生涯的前阶段罢了。我们先前提过，大乘佛教的救赎阶段说，在其中，神圣性的程度，一般而言，是由圣者在证得阿罗汉果之前还必须死几次的数目来决定。这不过是从佛陀转生的理论所得来的结果。如今，再首尾一贯地演绎下去就成为：任何一个在生前享有苦行者、咒术师、

1　以下所述大体上是根据 Posdnjejew, *Otscherki byta buddijstkich monastyriei budijstkawo duchowenstwaw Mongolii*（我没能采用到此书，但其关键处已见于 Grünwedel 前引书许多翻译出来的引文里）。

教师之声名与人望的喇嘛,在死后即再生为"活佛"[1],并且为人们所探寻,而且可以找到那样一个小孩来加以养育。不过,原初的圣者的每一次继起的活佛转生,通常都会具有更高的神圣性威望。因此,另一方面,人们就要往前追溯,到底是谁的再生,亦即原初的卡理斯玛担纲者到底是谁:往往都是原始佛教时代的一个布教师、咒术师或智者。任何一位活佛也都因为巫术性卡理斯玛而成为救苦救难者。一个僧院若有个著名的活佛住在围墙里,或者甚至能够集合到更多的活佛,那么便能确保巨额的收入。因此,喇嘛总是四出寻狩以便发现新的活佛。此种神圣性的理论,如今也成为喇嘛教的层级制的基础。

具有高度卡理斯玛资质的僧院院长是伟大菩萨的化身,他在其前任化身担纲者死后的七七四十九天重新转生为一个小孩。因此,要发现他就必然有赖于一定的神谕和征兆——类似于寻找阿

---

1 蒙古文 khutuktu(呼图克图)即"活佛"之意。西藏喇嘛旧教(红教)准许娶妻,故以生子为法位继承者,自宗喀巴创立黄教之后,乃改为独身之规定,故于法位继承过程中,产生重大之转变,此即"喇嘛之转生"。宗喀巴之徒达赖喇嘛一世根敦珠巴在 1475 年圆寂后,一般人相信他转生为根敦嘉穆错,此即活佛转生之初例。未几,班禅喇嘛亦承袭此一制度,因此形成喇嘛教高级地位之继承办法。此种现世活佛化身之思想,遂使各地出现大小活佛,以致各宗派势力互相抗衡。为了维护教团之发展,以后高僧在圆寂前,便会预告下一代转生之方向。其弟子即就其所指定的地点寻出一年之内所出生之儿童,经正式测验之后,推举为继承者,此即 khubilgan(呼毕勒罕,藏语为 sprulsku[化身]),即"自在转生"或"再来人"之意,源自轮回受生与佛陀三身之信仰。经由呼毕勒罕转生方式而接替其前生所遗职位之职称,称为"呼图克图",即"明心见性、生死自主"之意。然而一般而言,呼图克图乃受政府册封的一种行政上的职称,呼毕勒罕则为转生而仍不昧本性之修行者,故凡是呼图克图必为呼毕勒罕,而成为呼毕勒罕之行者则未必皆受册封为呼图克图。今日,在西藏、蒙古、甘肃、青海、西康等地,驻京之活佛计有 160 人。西藏之达赖喇嘛、班禅喇嘛,外蒙古之哲布尊丹巴呼图克图以及漠南蒙古之章嘉,均为历史上著名之活佛。——译注

庇斯圣牛的方式 [1]。此种最高的两大化身，一是现今最大的喇嘛僧
院，拉萨的布达拉宫的首长，亦即噶巴仁波切（Rgyal-ba-rim-po-
che）[2]，另一个则是一般被称为札什伦布寺（Bkra-śis Ihun-po）的
僧院之院长班禅仁波切（Pan-chen-rin-po-che），有时亦依其僧院
之名而被称为"札什喇嘛"（Bkra-śis-Lama, 即班禅喇嘛）[3]。前者于
16 世纪喇嘛教在蒙古重新建立之际被蒙古汗授予尊号，因而多半
被称为"达赖喇嘛"（Dalai-lama）。达赖喇嘛被视为莲华手菩萨莲
（Padma-pāni）的化身，亦即佛陀本人的化身，而班禅喇嘛则被视
为阿弥陀佛的化身 [4]。

1　阿庇斯圣牛（bull of Apis）在古埃及——特别是孟斐斯（Memphis），被视为欧希里斯
　　（Osiris）的化身。这种牡牛必须是黑色；前额有一三角形的白斑，在右侧有一弦月形的
　　白斑，舌下还有一肿瘤。发现这样的黑牡牛后，首先在朝东建筑的屋中养 4 个月，然后
　　趁新月之日运到 Heliopolis，养 40 天再送到孟斐斯神殿，奉之为神。活到 25 岁时即杀掉，
　　尸体经防腐后埋葬，然后再重新寻找新的黑牡牛，其间往往需要数年的岁月。——译注
2　布达拉宫主要完成于 17 世纪中叶，为建筑上之巨构，主楼共 13 层，自地基至宫顶高 110 米，
　　约有纽约帝国大厦之高度，东西长 600 米。全部由木、石构成，而无任何钢骨支撑，可
　　谓建筑史上之奇迹。寺内僧侣最多时有 2.5 万人以上，大小僧房数千间，为世界最大之佛寺，
　　亦为全藏之政教中心。噶巴仁波切，达赖喇嘛之另一尊号，意为得胜尊者。——译注
3　札什伦布寺位于西藏日喀则城西，为后藏第一大寺。bkra-śis 有"幸福、吉祥"之意。——译注
4　莲华手菩萨即观世音菩萨，达赖喇嘛一向被视为观世音菩萨的化身，韦伯此处所说的"佛
　　陀本人的化身"恐有疑问。达赖喇嘛之称号为蒙藏语之并称，dalai 为蒙古语"海"之意；
　　lama 为西藏语 bla-ma 之讹略，乃"上人"之意，原系佛弟子中内有智德、外有胜行者
　　之尊称。达赖喇嘛即统治西藏的法王之意，然而在西藏，达赖喇嘛之称号多用于外交上；
　　此外，另有数种尊称：1. 嘉穆根仁波切，意为救护尊者，2. 噶巴仁波切，意为得胜尊者，3.
　　达穆钦堪巴，意为一切智者。又历代之达赖喇嘛多冠有"嘉穆错"名号，即藏语"海"之意。
　　达赖喇嘛之称号来源有二说，一说 1578 年蒙古俺答汗所赠，另一则为 1650 年蒙古固
　　始汗所赠。西藏佛教于佛、法、僧三宝中，最尊崇喇嘛僧，故主张于精神、物质方面，
　　供奉喇嘛僧即可成佛。达赖喇嘛自第一世以来，即被视为观世音菩萨之化身，更受到全
　　藏士庶之无上尊崇，而且自第五世达赖喇嘛从蒙古接受西藏全土之政权后，历代达赖喇
　　嘛更成为政治、宗教之最高权力掌握者。至于班禅喇嘛（Pan-chen-lama），pan-chen 乃"大
　　智慧者"、"大博学者"之意。1645 年，统治卫、藏之蒙古固始汗，尊宗喀巴之四传弟子
　　罗桑却为"班禅博克多"，令其主持札什伦布寺，并划分后藏部分地区归其管辖，是为
　　班禅四世（前三世为后人追认），班禅喇嘛即自此始。——译注

　　理论上，纪律方面是掌握在达赖喇嘛手中的，而宗教生活的模范性指导方面，则多掌握在札什喇嘛手中：因为相应于阿弥陀佛的独特意义，札什喇嘛成为热情的、神秘的信仰礼拜的对象。就政治而言，达赖喇嘛这方面的意义要重大得多，然而，预言指出，在达赖喇嘛的权力地位没落之后，札什喇嘛将会再兴喇嘛教。

　　达赖喇嘛的化身被带到僧院后，将受到 7 年的僧侣训练，然后再于严格的苦行生活里被授予学问教育，直到成年。面对喇嘛的神圣位格——主要是达赖喇嘛，不过也包括其他以同样方式化身的、最高的、喇嘛教的卡理斯玛担纲者，中国政府要求以下这些必要的政治保证，亦即：1.尽管彼此间的价值并不相等，但相互间确实是竞争的那些化身——尤其是达赖喇嘛与札什喇嘛的化身——必须要维持多数；2.一定数额的最高位喇嘛要常驻于北京（现在是一人）；3.除了达赖喇嘛治下的化身（活佛）的圣职层级制之外，世俗行政则由北京派遣宫宰（按：驻藏大臣）来领导；4.某些特定高位的化身有义务在北京宫廷里逗留，并且，所有的化身都必须从北京政府那儿得到认可状[1]。

　　蒙古人于 16 世纪重新改宗和建立喇嘛教的组织后，那儿即住着许多作为达赖喇嘛之代表的伟大圣者的化身，其中最重要的人物就是如今在库伦（Urga）的麦达理呼图克图（Maidari Hutuktu）[2]。尽管在蒙古维持统治权极为困难，但自从准噶尔部被中

1　事实上此一义务并没有履行，因为早有更简单的办法被实行（例如 1874 年所发生的事）：达赖喇嘛还等不到成年就被毒杀了。

　　　1875 年，达赖喇嘛十二世称勒嘉穆错卒，年 19 岁。——译注

2　Urga 之意为宫殿或贵族之帐幕。古蒙古人称库伦为"大寺庙地"。Maidari 不知何许人也。在外蒙古库伦的活佛是哲布尊丹巴呼图克图，西藏名 Rje-btsun Dam-pa Khotokto。Rje-btsun Dam-pa 有"至尊最上"之意，Khotokto（即 Hutuktu）则为蒙古文"活佛"之意。

国平定后，中国政府即对于此一圣职层级制的化身喇嘛有如下的规定，亦即：只许在西藏找寻活佛的化身，蒙古本地则不行。据此，喇嘛之最终的等级划分，相应于蒙古贵族的等级制，也同样发生于蒙古汗王重新改宗之际。

喇嘛僧院[1]——通常拥有200—1500个喇嘛僧，最大的僧院则不止此数——的僧员补充，大体上（和中国的许多佛教寺院一样）是靠一般人将小孩献给僧院，部分则是僧院将他们买进来。在西藏，营生余地的固有限制，造成了入住于僧院的充沛需求[2]。由于喇嘛僧院拥有高度权势，所以有产阶级之涌入僧院者亦不在少数，而由此阶层出身的僧侣也往往带来他们世袭的个人财产。在喇嘛当中存在着一种强烈的金权政治的组织，这是不证自明的，然而，似乎在喇嘛僧院里发展得特别彻底[3]：无产的僧侣为有产的僧侣劳动并服侍他们，此外则从事编织竹篮和类似的工作、收集马粪作肥料、

（接上页注）为蒙古佛教教主的称号。即喀尔喀蒙古地区西藏佛教格鲁派之最高的转世活佛。1614年，达赖喇嘛四世遭爵南派僧多罗那他赴漠北传教，被蒙古汗王尊为“哲布尊丹巴”。1634年，多罗那他在库伦圆寂，喀尔喀土谢图汗衮布多尔吉适得一子，被认定为多罗那他之转世；后人西藏学法，改宗格鲁派。1691年，受封为呼图克图大喇嘛，是为哲布尊丹巴一世。其后代代转生，至1924年第八代哲布尊丹巴圆寂，方才废止，前后延续约达300年之久。在此称号下，库伦活佛保有外蒙古一带之政治、宗教领导权。——译注

1　关于拉萨的布达拉宫，参见 Perceval Landon, *Lhasa* (London, 1905)，这本杰出的大作是根据英国探险队的成果而写出的。Filchner 的游记是关于一般僧院的优良实用教材，其中可以找到有关黄河上游 Kumbum 僧院的资料（*Wissenschaftliche Ergebnisse der Expedition Filchner*, I, 1906）。

2　根据 Filchner 的记述，几乎每家的第三个男孩都会而且必然会成为喇嘛。

3　根据 Hackmann 的描述，接受出身太高者进入僧院，有时会遭到僧侣们的反对，因为害怕其巨大的社会势力。

从事买卖等[1]。只有正统派的黄帽教会要求童贞的义务,不过也同样容许吃肉和喝酒。

即使是较小的僧院,至今仍维持着授课的活动,主要分成四个学部:1.神学部,也是最重要的学部,同时亦拥有僧院的领导地位[2],因为圣职是由此一学部来颁授;2.医学部,附属僧院的医师及其经验性的草药学;3.礼仪学部(Tsing Ko),古来的古典学,此处,本质上是传授死者祭仪规则的知识[3];4.密学部(Tsu pa),为了萨满的目的而训练怛特罗派的苦行[4]。在课程中,和一切印度式教育的古老性格完全相应,付有赏金的辩论(为的是每月的俸禄)至今仍扮演着要角[5]。

学生(sdom-pa)基于圣职授任式而从学僧(ge-tsul)晋升为正式僧侣(dge-slon),然后再依阶段(总共五个阶段)而上升到堪布的地位——在古老的学识阶级制里,此乃下级圣职者的最高地位,作为僧院院长,握有惩戒权(生杀予夺的大权)。上级圣职者的位阶,自呼毕尔汗起(经过呼图克图,最后为达赖和班禅喇嘛),不能通过圣职授任的方式,而只能经由再生才可获得。作为对抗伊斯兰教的信仰战士,这些僧侣莫不奋勇善战,并且至今——和

1　尤其所谓喇嘛的"神圣交易"是众所周知的。在此种交易中,相应于俗人的恭顺,不管怎样都会交换到较高价值的商品。譬如用丝巾换到羊,用羊换到马等;一种和"幸运的汉斯"相反的方式(参见 Filchner 的游记)。

　　"幸运的汉斯"是《格林童话》里的一个故事,叙述主人翁汉斯牵一头乳牛出去卖,一路上碰到骗子,换来的东西愈来愈不值钱。这是韦伯拿来与西藏喇嘛作比较的地方。当然,根据童话故事的原则,忠厚老实的人最后总是善有善报的,汉斯自然也有他"走运"的一天。——译注

2　由呼图克图来授课。教授职位每 1 至 3 年更换一次,每个学部有 3 名教授。

3　Filchner 说 Kumbum 僧院里的这个学部有 15 名学生。

4　Filchner 说 Kumbum 僧院里的这个学部有 300 名学生;这事业可带来相当高的收入。

5　那些论题往往比《犹太法典》里的一些论题还要得滑稽(参见 Filchner 的游记)。

俗人相反——仍是武装的。此外，喇嘛僧耗费在共同礼拜上的时间，比起其他任何地方的佛教僧院来都要多得多。

对我们的文本而言，去描绘出喇嘛教的万神殿，不啻是浪费笔墨[1]。那只不过是大乘的万神殿的一种变文：大大地添加了非佛教的、吠陀的、印度教的（特别是湿婆派的）和西藏地方性的神祇与鬼灵。其中，特别是加入了古印度民间的女性（性力 [Sakti]）神格，正如（我们下面将简短谈到的）巫术的怛特罗派所做的那样：在此，连佛陀都被安排了配偶女神——部分而言，和后期印度教里毗湿奴也有了配偶女神一样。整个佛教宗教意识里所具有的那种修道僧的主智主义性格，在此，也还是相当缓和了怛特罗派狂迷—忘我的、特别是性爱狂迷的特色。反之，实际的宗教信仰，尤其是俗人的宗教信仰，纯粹是圣徒崇拜，尤其是对喇嘛本身的崇拜[2]，巫术性的神疗术和占卜术对于俗人的生活样式没有一丁点伦理理性化的影响。除了为僧院提供赋役和贡租之外，俗人的重要性也只仅于朝圣者和布施的施主。

既然喇嘛教的最高救赎之道仍是讲究方法与规制的冥思，喇嘛本身的救赎追求因此也带有佛教和印度教的特色。实际上，那几乎纯粹是仪式主义的，尤其是变成怛特罗和曼陀罗主义，并且，借着转经筒、祈祷幡、念珠和类似的手段所形成的祈祷形式崇拜的机械化，最初是在喇嘛教里获得其最为首尾一贯的发展。

伦理性的僧院纪律在各时期的状态，最根本而言，是取决于

1　关于这个问题，在德文著作中，仍以我们此处经常引用到的 Grünwedel 的作品为最佳入门书。

2　Filchner 并不认为这是喇嘛所促成的，每个人都只相信自己独特的巫术力量。

政治关系的秩序，并且多半是微不足道的[1]。类似拉萨山巅的布达拉
宫的建筑、二流僧院里存在着（如今已衰微）的学问、数量一直
相当庞大的宗教文献，以及部分而言第一流的艺术作品之与日俱
增的累积，这一切都呈现在纯粹游牧民族所居住的牧草地和沙漠
高地里，亦即海拔高达 5000 英尺、一年里有 8 个月冰封的土地上。
无论如何，这都是个令人印象深刻的成就，并且也只有在严格的
层级制组织之下的喇嘛教的僧院佛教，对俗人行使其无限权力的
情况下，方有可能毕竟其功。换言之，一方面是中国古代的军事
性赋役组织，另一方面是拥有服徭役、缴租税并且捐献布施的子
民的、喇嘛教的修道苦行僧组织，使得文化在此处生长出来。此
一领域，若就资本主义的利益追求观点而言，部分是广阔无垠的
牧草，部分则只是沙漠，总之，怎么说都不是产生大规模建筑和
艺术作品的适当场所。因此，随着上述那种组织的崩坏，此地恐
怕还是难以逃脱再度地永远为亘古沙尘所覆盖的命运。

1　Filchner 的游记。

第五章

印度正统的复兴

一、一般性格

我们再回到印度来[1]。佛教的一切形式在印度于公元的第一个一千年里逐步地受到压制，最后几乎完全被根除。在南印度，佛教首先让位给耆那教，如我们先前所说的，这可能和耆那教优越的教团组织有关。不过，耆那教的传播范围也跟着缩小了，最后只局限于印度西部的城市，在那儿，耆那教至今仍然存在。以婆罗门为顶峰的印度教获得了胜利。

印度教的复兴似乎也是从克什米尔开始的，那儿是《阿闼婆吠陀》的、同时也是大乘教义的巫术之学的古典地区。在这块发祥地上，梵文的复兴已指示出印度教复兴的先声，不过，前者当

---

1 关于印度的教派宗教，较新的作品是 E. W. Hopkins, *The Religions of India*（London, 1895）。关于近代印度教的著作，特别参见 Jogendra Nath Bhattacharya, *Hindu Castes and Sects*（Calcutta, 1896）——极端反教派的作品。简单的纲要，见 M. Philipps, *The evolution of Hinduism*（Madras, 1903）。较老的作品为 Barth, *Les Religions de l'Inde*（Paris, 1879）和 Wilson 的力作。

然不是单纯地与婆罗门的复兴同时并进的[1]。事实上，如我们所见的，婆罗门主义从来未曾消失过。婆罗门很少真的被异端的救赎宗派所完全剔除。这早有其纯粹外在的因素。

耆那教的救赎者（tīrthankara）和佛教的阿罗汉，并不施行任何的仪式。但是，俗人却要求礼拜，并且要有礼拜的确实担纲者。相应于这种要求，一般而言就由僧侣或训练有素的婆罗门来担当，但是如此一来，僧侣就无法尽其冥思和说法的义务，而婆罗门则屈服于异端的救世论，并且亲自为在家者举行仪式而据有寺院的俸禄。因此，如我们所见的，婆罗门往往充作耆那教的寺院祭司，并且在一些佛教的教团里也可以看到婆罗门在发挥这种功能。种姓秩序确实更加地涣散，其现今所见的大部分传播地区是印度教复兴以后才赢回来的。

1　关于这点，参见 O. Franke, *Pali und Sanskrit* (Strasburg, 1902)。巴利文是古代佛教徒、锡兰圣典、阿育王诏敕，以及似乎是公元前 3 世纪一般有教养的"雅利安人"所使用的语文。按照 Franke 的说法，巴利文由吠陀的梵文发展而来，其发源地为邬阇衍那 (Ujayana)，阿育王在王子时代曾任该地的总督，同时也是他的妻子的出生地。Franke 试图证明，只用来作为文识者的语文（因而是第二义的）梵文，发源于克什米尔与喜马拉雅地方，然后再以诸王的碑文和大乘佛教徒、耆那教徒、婆罗门等的文献和纪念碑文的记述文字方式，于公元前 1 世纪左右推进到马特剌地区 (Mathura, 恒河与阎摩那河流域)，然后再因政治上的缘故而随着婆罗门制度传播到南方与东方。Sylvain Lévy 指出 (*Journal Asiatique*, I, 1902, p. 96 ff. ——见 Burgess 附有批注的翻译，发表于 *Indian Antiquary*, 33, p. 163 ff.)，野蛮的入侵王朝，特别是（对宗教比较冷淡的）Kschatrapa 王朝，和婆罗门—正统的（以普拉克利特语创作和发布告的）Satakarnis 王朝相对反，是保护梵文的，到了 4 世纪的笈多王朝治下（尽管崇拜婆罗门神祇，也宽容各教派），梵文成为北印度知识阶层的普遍用语。就算是这样，梵文极有可能是因为其为古代圣典的用语所具有的**巫术**意味（有时佛教徒也这么强调），而在其被接受的这一点上扮演了重大的角色。Lévy 也这么认为。

　　邬阇衍那，又称优禅尼国，位于摩揭陀国西南之古国名，亦为都城名。位置在今天尼布德哈河 (Nerbuddha) 北方之摩尔瓦 (Malwa)。《大唐西域记》卷十一有关于此国的记载。——译注

　　然而，种姓秩序从未真正在其古老的北印度支配地区里消失过。佛教确实是特别地漠视种姓秩序，但也未曾加以攻击。在印度的文献和纪念碑文里，还没有哪一个时代是不将种姓秩序当作实际上相当重要的前提。但是，我们也看到，行会的势力是如何开始在城市里取得优势。特别是在佛教的影响下，一种真正的"国家理想"，亦即福利国家的理想发展起来。前面提过 Vellala Charita 里所描述的一场有名的争端[1]：一名孟加拉的商人向要求赁贷战费的仙纳王朝国王提出异议，此种异议亦属于彻底异端的态度之一，易言之，君王的律法并不在于遂行战争，而在于照料子民的福利[2]。此种无视于种姓阶序的国民概念（Staatsbuger-Begriff）悄悄地现出端倪，相对应于同样悄悄出现胚芽的原始自然学说，由此学说导出完全非印度教的思想，亦即：人类天生自然的平等，以及人类在和平主义的黄金时代里的自由。

　　强大起来的君主势力，试图同时解脱掉身上的两大桎梏，一是佛教的平民的教权制——如我们所见的，这在锡兰、缅甸以及北印度诸国里发展起来；一是城市市民阶层的金权制。他们与婆罗门知识阶层结盟，并采用种姓阶序的办法而加诸原始佛教的僧侣制度与行会之上，然后再与各方交好，首先是大乘佛教，其次是纯粹仪式性的正统婆罗门主义。如纪念碑文数据所显示的，新正统派的复兴彻头彻尾是决定于君王的权力[3]。通过外在与内在的

1　故事详见第一篇第八章 p.119。——译注
2　我们看到，印度教的君侯自豪于不事杀戮，"除了在战争里"，亦即在其天职（Beruf）里。因此，正统印度教的二元论，并不是"政治伦理"与"私人伦理"的二元论，而只是依行动领域之不同，将律法一般性地个别化后的个别事例。
3　有个王子（Mahadagaputra）入信为毗湿奴教派的成员，被认为是为了捐献的缘故。

重整方向，婆罗门的教权制为此一过程预先铺好了路——在孟加拉的仙纳王朝治下似乎特别是以古典的形态展开。

其实，婆罗门根本从未消失过。只不过，他们是在不守佛教僧侣规定的情况下，被压低在仪式性的寺院祭司的低位上。对婆罗门的捐献，自阿育王时代以降的 400 年间，全然未曾出现于碑文里，再过 200 年，也就是 300 年左右，也很少见到这样的碑文记载。对于作为世俗的贵族祭司阶层的婆罗门而言，最为关键性的问题在于，将自己从处于僧侣集团之下位的这种状况中解放出来——此种状况即使是在极为迎合婆罗门传统的大乘佛教里也是一直存在的。再怎么说，从婆罗门的观点看来，大乘佛教还是印度教社会体系里的异质体。

印度教的复兴，一方面在于主知主义—救世论之异端学说的灭亡，另一方面在于 1 世纪的法典所规制的种姓仪式主义的定型化；不过，最终特别是在于印度古代典型的、源自大王国时代以前且尚未映入我们视野的印度教各**教派**的布教活动。并且，特别是通过异端教派的共同体之所以能够成功的相同手段，亦即有组织的职业僧侣制 [1]。现在我们所要处理的就是这些教派。这些教派的勃兴

---

1 此种激烈斗争的过程，不在此描述，况且现有的文献材料顶多也只能让我们做出并不完备的记述。不过，纪念碑上倒是留下不少的线索。这场斗争不仅发生于佛教、耆那教和正统派之间，也发生于正统派的各个婆罗门学派之间。举几个例子也就够了。

耆那教的寺院被湿婆派教徒所毁，并在那儿造立灵根（Linga）像（*Epigraphia Indica*, V., p.185）。

某个城市的商人为湿婆派的苦行者出资建立僧院（Epigraphia Indica, I, p.269），并且为推广婆罗门的知识而捐地建校（*Epigraphia Indica*, I, p.338）。此处说到婆罗门是"深解数论派教义"、"关于怛特罗法门的独立思想家"、"了解吠陀经典"，并于机械、艺术、音乐、诗歌及胜论派学说等各方面无所不精。湿婆教在西方恰乎怯雅王朝治下的大规模复兴，详细记载于 12 至 13 世纪的碑文里（*Epigraphia Indica*, V., p.213 ff.）。

意味着背离古来的、随着刹帝利时代而衰亡的知识阶层的救世论关怀，同时也意味着培育起一种适合于平民的，换言之，无学识阶层的宗教意识——现在，婆罗门阶层得将他们算作是护持者。"拉吉普"确实是不同于古代的刹帝利：在于其文盲状态。

　　就文学方面而言，婆罗门的复兴理论上是表现于史诗的最后编纂定稿，实际上则是作为其使命的《富兰那书》（*Purāna*）文学的勃兴。史诗的最后编纂是贵族婆罗门学者的产物。《富兰那书》则不同。建构这类作品的不再是古来训练有素的高贵婆罗门氏族，而似乎是古老的吟游诗人 [1]。其素材是由（我们很快就会谈到的）寺院祭司和游方僧侣采集而来的，并加以折中编纂，内容则为特定

（接上页注）其中载有关于自祖父辈世袭湿婆祭司之职的 Samasvara 的行谊，说他具有善于自制、观想、不动心的恍惚忘我、沉默、低吟祈祷和深入冥思之境等优越的性格，并深深地献身于 parameśvara（湿婆神）。大部分的人都通晓逻辑、修辞、戏剧、诗歌或文法的其中一门学问，但 Samasvara 却无所不通。他也精通尼夜耶派和数论派的学说。僧院学校所教授的包括：尼夜耶、胜论、弥曼差、数论和（令人惊讶的）佛学（佛教哲学），以及各种《富兰那书》。因此，也就是个普遍的"通宗派的"学校。不过，在同处（p.227）也提及和敌对者的论争，譬如有个湿婆教的宗派创立者被描述为"佛教之洋中的海上火光"、"弥曼差山脉上的雷鸣"，并且砍伐了 Lokāyata（顺世派）的大树、打杀了数论派的大蛇、根除了不二论（吠檀多）的哲学，并消灭了耆那教；相反的，他护卫 Nayagika 派（？），在有关事物的区别上他是毗湿奴教徒，在事物的说明上则是个湿婆教徒。同处（p.255）提及和耆那教的激烈争论。此外，灵根派的创立者巴沙伐（Basava）也出现了（*Epigraphia Indica*,V.p.23），他的教派和所有其他教派（尤其是耆那教）激烈对立（p.239）。

　　毗湿奴教派的创立者罗摩拏遮被称为"纯正的 Dravida 学说"的代表，破除了"代表幻象学说者（吠檀多主义者）的傲慢"（*Epigraphia Indica*,IV, p.17）。此外，由王侯所促成的宗教问答亦广见于碑文中。7 世纪左右南印度（坦米尔）文学里，根据专家判断，部分是极为优美的性力宗教的圣歌大量出现，成为一种重要的布教手段。造访宫廷的圣歌手和教师，往往就是宗教改宗的担纲者。失去了君王的眷顾，特别是佛教，但也包括因教团组织而较为强固的耆那教，很快地就衰退了，约自 9 世纪起，两者在整个南印度几乎全都销声匿迹了。骨子里，二者都是主知主义的救世论。

1　见 Winternitz, *Geschichte der Indischen Literatur*（Leipqig, 1908），p. 448。

宗派的救赎教义，然而史诗，特别是《摩诃婆罗多》，仍为一种各宗派共同的伦理范例，也因此而得到各大宗派的承认。

首先，若撇开个别的教派神祇和教派宗教特有的救赎财不谈，我们立刻会发现史诗当中到处充斥着那种官方所承认的咒术和泛灵论的特色。拜物教取向的感应的、象征性的咒术，圣河（特别是恒河）、池塘、山岳的精灵，全面大量发展的咒文和手印之类的咒术，基于传统文书技术的符咒等，都和吠陀诸神的古来崇拜一齐并现，并且围绕着各式各样的神格化和被当作是精灵的各色抽象观念而膨胀扩充。此外，正如霍普金斯已明确指出，并且可在现今的民俗学里得到证明的，还有对祖先、祭司与牛的崇拜，与上述现象并存。

另一方面，随着大王国的发展而产生出独特的家父长特色，这是所有家产官僚制王国所必然要求于其子民的。在史诗的较早期部分，君王已是其子民的一种地上神祇，尽管婆罗门的势力亦显示出非常惊人的强化——和古老的婆罗门文书里所呈现的婆罗门势力完全是两回事，并且本质上更为巨大。父母亲与长子（在父母故世后）的家父长地位，被极端强调。无疑的，新兴的婆罗门教特别是通过此种教诲而自我推荐为王权的支柱。因为，在这方面，佛教（尽管极具融和性）确实是相当不家父长取向的。强调归强调，家父长权力在此仍然无法取得像在中国那样的独特地位，原因端在于（在正统派那儿仍维持住的）最高权力的分裂，尤其是苦行僧与导师所拥有的强势地位——我们很快就会谈到。

救赎财同样也增加了。除了因陀罗的英雄天堂和比这更高的梵天宇宙世界，以及最终的，与梵合一的境界之外，在史诗和古老的民间信仰里，也可以看到好人的灵魂会化为星辰的观念。在这不胜枚举的混杂之中，如今又再加上印度教特有的宗派特征。这些特征，部分包含在《摩诃婆罗多》最后被插入的章节里——借此，婆罗门显然是意图促成一种宗派间的平衡与协调，部分特别是包含在各宗派纯粹的信仰问答纲要书——《富兰那书》里。

正如史诗被改写成有训诲意味的部分——这部分在其最后的编纂期时已全然发展成此种文学样式——《富兰那书》亦是如此，特别是《薄伽梵塔·富兰那书》（*Bhāgavata-Purāna*），至今仍是在广大的印度教民众面前吟诵的主题。那么，到底在内容上有什么新要素呢？一方面，有两个人格神登场[1]，他们本身是古老的，但至少在公认的主知主义教义里至今才势力强大起来，亦即毗湿奴与湿婆[2]；另一方面，出现了某些新的救赎财，以及最后层级制组织的重新编整。这些都是中古与近代印度教的教派运动的特色所在。现在，我们先说救赎财方面。

如我们先前所见的，古代高贵的主知主义救世论不仅拒斥而且漠视所有狂迷—忘我的、感情性的要素，以及与此相关联的、粗野的民间信仰里的巫术成分。这些要素与成分是属于位在婆罗门的仪式主义和婆罗门灵知的救赎追求之下的民间宗教信仰里为人所鄙弃的底层，并且无疑地和其他各处一样，是由萨满之类的咒术者所培育而成。然而，在顾及自身权力地位的利害考量下，婆罗门也无法一直完全自外于此种巫术的影响力和将之理性化的需求，正如他们在《阿闼婆吠陀》里承认了非古典的咒术那样。

1　这么说当然必须有附加条件才行。知识分子仍大多认为在此最高神祇背后存在着非人格神的根本原因，或者认为它们本身就是半非人格的力量。

2　古代的佛教徒与耆那教徒冠有毗湿奴派和湿婆派的名称者并不少，所以 Bühler 说那些神祇的崇拜是古已有之的结论是正确的。

在**怛特罗**巫术里，民间的恍惚忘我之术最终也流入到婆罗门文献里，在其中，怛特罗文书被许多人视为"第五吠陀"。因为，在印度，和西方一样，巫术技艺（特别是炼金术与为达恍惚忘我之目的的神经生理学）之有系统的理性化，属于理性的经验科学的前阶段。此处无法再继续追究因此而产生的一些副产品[1]。

怛特罗巫术，就其原始性质而言，便是靠着共同享用所谓的"五摩字"（ma-kāra，后代的术语为"圣轮"[puruabhishaka]）所导致的狂迷忘我。所谓"五摩字"，即是五种以"m"字母为开头的事物：madya（酒）、māmsa（肉）、matsya（鱼）、maithuna（性交）、mudrā（神圣手印，也许是起源于哑剧）。其中最重要的是与酒相联结的性的狂迷[2]，其次是血祭和连带的宴飨。狂迷的目标无疑便是为达巫术目的的恍惚的自我神化。为神所附者，亦即 Bhairava 或 Vira，拥有巫术力量。他会和女性的创造力 Śakti（性力）合而为一，Śakti 后来即以 Laksmī，Durgā，Devī，Kālī，Śyāma 等（女神）名称出现，借着一个喝酒吃肉的裸体女人（Bhairavī 或 Nāyikā）表现出来。

无论其出之以何种形式，此种崇拜本身确实是相当古老的。此处和其他各处一样，狂迷乃是低下阶层（因此特别是德拉威人）的救赎追求的形式，所以正是在婆罗门的种姓秩序直到后来才贯彻的南印度，尤其长期地维持着。直到现代初期，巴利市（Pari）在 Jagannātha 祭典期间，所有的种姓仍一齐同桌共食。在南印度，低阶种姓，如 Parayan 和较之高些的 Vellalar，甚至还常拥有著名

1　关于怛特罗文献的科学作用，见本书第二篇第五章 p. 221 注 1。
2　"女人与酒便是五摩字，能除一切罪"，有个狂迷术士这么说。

寺院的产权：这些寺院是以古老的狂迷之道来奉祀神祇，而这些神祇也曾为上层种姓所崇拜，自那时代所留传下来的遗制，还有许多仍保存着。即使是精力相当旺盛的英国风纪警察也很难将性的狂迷压制下来，或至少完全清除其公然的活动。

人们将作为同类疗法的性狂迷和古老的丰饶精灵联结在一起，其象征则如世界其他各处一样，是阳具（lingam [灵根]，实际上是男性与女性的生殖器的结合）。贯穿整个印度，几乎无一村落无之。诸吠陀嘲讽灵根崇拜为被支配阶层的恶习。我们此处所关怀的并不是此种狂迷之道本身[1]。对我们而言，重要的是其无疑起源于远古时代而又从未断绝且生生不息的这个事实。因为，印度教所有重要的派别，就其心理学上的特性而言，毫无例外的是通过婆罗门或非婆罗门的秘法传授者之手，将此种普遍传播的狂迷的救赎追求加以相当彻底地升华而形成的。在南印度仍可看到此种升华过程残存形态，因为并不十分成功。在那儿，部分的次种姓和移入的王室手工业者抗拒婆罗门的统制，所以仍然存在着残留的分裂形态，亦即"右派"种姓与"左派"种姓：Valan-gai（Dakshinācāra）与 Idan-gai（Vāmācāra），后者保有其固有的祭司及其古老的狂迷之道，前者则顺应婆罗门的秩序[2]。被视为正统婆罗门的这个"右派"

1　英国人的陈述有着如下的危险性，亦即：作者几乎总是带着清教徒一般所见的激越姿态来评断此种"令人厌恶的惯习"，而不是就事论事地可以让人理解其明确的意义［或者如《印度百科全书》（*Cyclopaedia of India*）里许多条目所描述的，以及一些有教养的印度教徒所表示的那样，干脆否认此事之存在］。

2　"左派"种姓所包含的，特别是前文提及的王室手工业者 Panchsala（五种营业）：铁匠、木匠、铜匠、石匠和金匠，其他还有 Beri-Sethi（显然是古代的行会商人）、Devangada（织工）、Ganigar（榨油业者）、Gollur（搬运工）、Palayan（贱民 [Paria]，以前的织工，现在是农人）、Beda（捕鸟者）、Madiga（皮革匠与鞋匠）。

"右派"的婆罗门种姓包括：Banija（大盘商）、Komati（小卖商）、Gujarati（古加种姓的崇拜，褪去了狂迷的性格，特别是血食供奉，而易之以稻谷。

古老的女性丰饶精灵在融合过程中首先是被升格为婆罗门神祇的配偶女神。显现此种过程的特殊造神形式，是吠陀经典中（因众所周知的理由而深受冷落的）丰饶神湿婆（吠陀中的鲁特罗）[1]。此外，还有作为太阳神与丰饶神的毗湿奴。女性的丰饶精灵则被配属于三大正统神祇，或者说服属于他们，例如：拉克什米（Laksmi）配毗湿奴，帕瓦蒂（Pārvati）配湿婆，萨拉斯瓦蒂（Sarasvati，美术与文艺的守护神）配梵天。其他的女神序列而降。古老的传说——在许多方面都令人想起希腊神话，并且是驱邪的、（或者反之）同类感应的狂迷仪式之无误的解释——被接受下来：许许多多未见之于古老文献的神祇，尤其是女神，现在都以"正统"的姿态登场。此一过程遍布于整个印度，各色《富兰那书》即为其文学表现。在哲学上根本是折中性的，《富兰那书》的使命不过是建立起各宗派教义的宇宙论基础并加以解释。

在此种接受与适应的过程当中，婆罗门阶层努力的动机部分而言全然是物质的，换言之，只要全心奉献于供奉这些从未被根绝的民间神祇，那么无数的俸禄与临时报酬便会源源不绝而来。

[接上页注] 拉特 [Gujarat] 出身的银行家）、Kumbar（陶匠）、Rangajeva（染工和棉布印染者）、Naindu（理发师）、Jotiphana（拥有牡牛的榨油业者）等由北印度迁徙而来的成员，以及 Okhalaya（农人种姓）和 Kurubar（牧羊人）、Agasa（洗濯工）、Besta（渔夫与挑夫）、Padma Sharagava（织工）、Upparava（筑堤工）、Chitragara（画工）等下级种姓，此外还有属于 Palayan 种姓的 Wallia 等。在最后这一项中，（贱民）种姓真是一分为二。佛教（应该是属于所谓的左派种姓）和上述分裂有所关联的说法是毫无根据的。左派种姓就是不接受婆罗门为祭司（来取代他们的萨满），并且一直保持着古来的狂迷崇拜践行，至少直到发生分裂的时期都未曾放弃（现今则受到压制）。

1 阳具—丰饶崇拜与鲁特罗礼拜（用来安抚原初根本是疫疬恶神的鲁特罗的仪式）之相结合，似乎早在《摩诃婆罗多》之前即已完成。

此外，他们也被迫去面对着耆那教与佛教等救赎宗派之势力的竞争，换言之，唯有顺应民间的传统，方能将对方拉下马来。在形式上，接受的办法如下：不是将民间的鬼怪或神祇直接等同于印度教里固有的类似神祇，就是——当关系到动物崇拜时——将之视为此等神祇的化身。为此目的，作为丰饶神的湿婆与毗湿奴自然就被考虑进去，当然，人们过去对这些神祇本身的崇拜，的确是出之以狂迷的方式。不过，此种崇拜，已尽可能就着正统的素食主义及禁酒和性的节制之道而被调节缓和。关于婆罗门阶层如何与民间宗教相适应的过程，我们不愿再详究其细节，至于一直相当普遍的蛇灵与太阳神的崇拜 [1]，此处也略而不表，要注意的是那些更重要的现象。

　　女性丰饶神崇拜——尽管被当作非古典的，然而却被接收于正统婆罗门主义门下——的种种形态，通常被称为性力派（Śākta）。怛特罗（巫术—密教的）文献——我们已知其于佛教的意义——的主要部分即性力派的文学表现。将怛特罗理性化并因而投入民间性力女神崇拜的婆罗门，于数论派哲学的性（prakriti）理论与吠檀多派的幻（māyā）理论当中，求取其宗教哲学的连接点，并将之诠释为根本质料（就一元论而言）或女性原理（就二元论而言）——相对于透过梵而被表现为造物主的男性原理。

　　此种宗教哲学的性格彻彻底底是第二义的，因此我们可以完全不予理会，尽管如先前所见的，它对于精密科学发挥了刺激作用。随着主智主义的精神化，狂迷被导引成对圣轮（取代了女性生殖器）

1　婆罗门祭仪中也包含了劝请太阳神（如《梨俱吠陀》中的 Sūrya）。排他性的太阳神崇拜者（Saura），一直到公元初年，在移入的米多拉（Mithra）祭司的影响下才出现。

的冥思性崇拜。市民的性力崇拜往往也被发展成对（作为女神崇拜行为之代表的）裸体女性的仰慕。和民间崇拜里的酒与性的狂迷相结合的，往往是性力派特有的血食供奉，亦即 pujā——源自远古且延续至近代初期的活人献祭，以及肉食狂迷。此种和生活样式之理性化全然沾不上一点边的崇拜，特别是在北印度（比哈尔和孟加拉）的东部，甚至还得到中产阶级的支持。例如 Kāyasth（书记）种姓直到不久之前仍大多信奉怛特罗。婆罗门的贵族阶层，尽管也不得不寻求和民间崇拜有所接触，但总是和此种顺应保持相当距离。从秘密性爱的升华，到性狂迷的苦行翻转，有着极为不同的许多阶段。

二、湿婆教与灵根崇拜

事实上，婆罗门成功地去除了古老的阳具（lingam 或 linga）崇拜所具有的酒与性狂迷的性格，并将之转变成纯粹仪式主义的寺庙崇拜——如我们已经指出的，印度最普遍的一种崇拜[1]。此种被承认为正统的崇拜，依靠其值得注意的简省，一下子就吸引了大众：在通常的仪式里，有水有花也就够了。在婆罗门的理论里，住在作为崇拜物的灵根里的精灵，或者，根据被升华了的观念，以灵根为其象征的精灵，彻底地被视同为湿婆。此种吸纳过程或许早在《摩诃婆罗多》里即已完成：极具特色地相对反于古来的性狂迷，那史诗里的大神在灵根保持纯洁的情况下无不欣喜[2]。相反的，怛特

---

1 至今纯粹为灵根崇拜者的印度教徒，可能至少尚有 8000 万人。

2 不过，Mazumdar（*J. R. A. S.*, 1907, p. 337）反对 Rhys Davids 的意见，而推断凡是《摩诃婆罗多》里提到此种崇拜之处，都是插入的部分。

罗文献——相应于其狂迷的起源——大半部分都是湿婆与其配偶女神的对话。在这两种潮流相互妥协的影响下，湿婆成为中古时期婆罗门阶层真正的"正统"神祇。在此种相当广义下的湿婆教，包含着各种极端的矛盾，因此绝不是个统一体。

　　7 世纪的弥曼差哲学大师兼婆罗门教师鸠摩利罗·巴达 (Kumārila Bhatt)，通称巴达阿阇梨 (Bhattācārya)，是第一个起而反驳佛教异端的伟大论师。然而，若就复兴婆罗门思想的先锋而言，换言之，企图将主知主义救世论的古老哲学传统和布教活动的需求联结在一起，并慎重地加以计划且发挥出持久的效果者，（恐怕）是马拉巴人出身的混血儿商羯罗 (Śankara)，通称为商羯罗阿阇梨 (Śankarācārya)。他是精通吠檀多哲学古典著作且学识广博的注释家，生存于 8 到 9 世纪，据说以 32 岁的青壮之年即溘然长逝（其实是在其宗教改革运动开始后 32 年才死的）。他似乎是第一个有系统地将最高的人格神梵天 (Brahma) 和终极而言、唯一的非人格的超越原理 (Para-Brahman) 纳入于与之相矛盾的吠檀多教义里的人。所有其他的神的存在，无非是梵天的现象形式，而梵天本身虽然是世界的主宰，但究竟不能被认为是世界的根本原因；所谓根本原因，在印度教体系里不可避免地必然是非人格性的、不可测度的。在印度教的所有圣徒崇拜里，商羯罗无不立于顶端，正统湿婆教的所有宗派也全都以之为师，某些宗派甚至视之为湿婆的化身。

　　印度最高贵的婆罗门学派，史曼尔塔派 (Smārta, 名称由其根本经典圣传 Smrti 而来) 也是最严格恪守商羯罗之教义的学派[1]，特

1　有关史曼尔塔派，参见本书第一篇第三章 p. 29 注 1。——译注

别是以南印度斯陵吉里（Śringeri）极负盛名的僧院学校和北印度
尤其是桑喀什瓦（Sankeshwar）的僧院学校为其中心地点而发展
起来的。在商羯罗的运动下，此后一切新的婆罗门宗教改革运动
都必然尊奉一个人格神为世界的主宰，而融合不同信仰的正统派
亦以此而将湿婆与毗湿奴这两位民间神祇与梵天结合起来，形成
印度教古典的三位一体观。

　　相应于其起源乃出自哲学派别的建构，梵天本身自然在基本
上仍为一个理论上的角色，实际上从属于另外两个神。对他的崇
拜仅限于唯一的一个贵族婆罗门的寺庙，除此，他完全落居于湿
婆与毗湿奴之后。这两个神祇在正统的综合信仰里被视为梵天的
现象形态，然而，现实的教派宗教却反而将湿婆或毗湿奴当作真
正最高的或根本上唯一的神。真正属于新兴婆罗门教派的、古典
的救世论，几乎全都是在湿婆的名下发展出来的。

　　不过，比起商羯罗（在性格上属于）折中性的教义更加重要
的，是其实践层面的影响。本质上，他发起了大规模的僧院改革
运动，并且有意识地发动对抗佛教与耆那教等异端教团的战端。
由他一手建立的教团，根据官方传承划分为十个学派，名之为"当
定"（Dandin，源自托钵僧的手杖）。根据严格的戒律，唯有没有
家庭（没有父母、妻子、儿女）的婆罗门，才能成为教团的成员。
因此，《富兰那书》将托钵僧与古来古典的森林隐居者（vānaprastha，
以及 āśrama）区分开来。托钵僧有一项律法：在托钵期间，不可
在一个村落里逗留一夜以上[1]。"atithi"——"意外的访客"，是托
钵僧的老名称。生活样式的伦理规则和婆罗门救世论的传统规定

1　见 *Visnu Purāna*, III, 9 f.。

彻底结合在一起，换言之，清醒的"自我克制"，亦即在行动与思想上对身、口、意的节制，在此同样是基本的。一如西方的耶稣会，新添进来的要素是以布教与灵魂司牧为目的的特殊意图。为此目的，金钱的收受——确实一如佛教的范例——被严格禁止，但是，同时也有被准许的情况。换言之，在商羯罗亲手创立的四大僧院里，每一处皆成立了"修道士"（Brahmachari［梵行者、学僧］）的教团，此种教团的成员并不自行托钵，而是必须以"兄弟服务团"之一员的身份成为"当定"（按：指导僧侣）的扈从，在适切的情况下，可以为兄弟团之故而收受金钱——尽管形态相异，欧洲的托钵教团亦在形式上为无法贯彻的禁令采取了类似的规避手段。在 12 年的修道生活期满后，当定与游方僧（samnyāsin）即可晋升为"Parama Hamsa"（最高位的苦行僧）。他们居住在僧院里，主要是担当学者的任务，上面有个称为"Svāmi"的僧院院长。

　　修道僧通过加入教团的仪式而经历了再生，特别是以此而成为地上的神祇。原本唯有因此而被神格化的完全僧侣才准许成为俗人的导师。僧侣对于俗人的权力自古以来即相当可观，特别是僧院院长的权力。斯陵吉里的僧院院长拥有最高的权势，至今仍能借着破门权的行使，而将整个南印度的任何一个湿婆教徒逐出信仰共同体。任何修道僧，以及任何属于某一教派的正式的在家众，都有自己的导师。对个人而言，导师的所在地可以说就是其精神的寄托处。唯有根据导师的所在地及其与其他导师在精神上的系谱关系，方能无误地确定个人的宗派归属。例如纯正的商羯罗派，就唯其"tirtha"（朝圣地）是问——就像麦加之于伊斯兰教徒，但在此处是指僧院或导师的所在地；同样的，例如后来的柴坦尼雅派（Chaitanya）[1]，则唯其 Sripat（个人所崇敬的导师 "Sri" 的所在地）是问。

依照商羯罗的意图，具有学识教养的游方僧应该要借着宗教论难来打倒对手，而住在僧院的导师则应负起照料信徒之灵魂的责任。不过，双方面都应全权委诸商羯罗阿阇梨所创立的学派的宗教指导者之手。僧院与寺庙供奉的外在组织，在本土支配者的时代里，部分是借着君王的捐献而形成的[2]，不过，事情也经常是如此进行的：君王保证寺院有自愿的、个人的正式捐献，并授予一定的强制权以确保捐献的维持与垄断[3]。不过，碑文数据里显示出，早在公元前已有目前仍常见于印度和中国的、至少是为寺院而成立的基金会[4]，并且也有信托委员会（gosthi）的创立，不但自行管理，并且多半自给自足。宗教的指导和（多半的僧院及有些寺院的）经济活动，交付于宗教创立者所任命的院长之手[5]。为了维持修道僧生活的隔绝性，商羯罗阿阇梨的学派似乎长久以来即将导

---

1 又称黑天派，毗湿奴信仰之一支，16 世纪时柴坦尼雅（1485—1533）所创立。主要崇拜对象为克里什那与配偶神娜达。——译注

2 根据无数的碑铭记录，这是所有的僧院与大学都能证明的通则。

3 例如在一份（给某个寺院的）碑文里（*Indian Antiquary*, XX, 1891, p. 289, 约 8 世纪），有个（毗湿奴派的）坦米尔国王和某个寺院的"护持者"（捐献者）达成"协议"，并同时规定：任何捐献者都必须护持特定神祇的供奉，并且不得护持其他神祇的供奉，否则即课以没收财产的惩罚，换言之，此即强制性的教区编组。惩罚时必须有受过正规教育的祭司在场。

4 公元前 3 世纪左右的碑文里（*Epigraphia Indica*, II, p. 87f.），有个关于某佛教寺院的例子：为了供佛的事宜，成立了一个委员会（Bodhagothi=Bauddhagosthi）。为某印度教的寺院而成立者，见 9 世纪的一则碑文（*Epigraphia Indica*, II, p. 184）：由各地而来的马商群集在一起成立组织，负担各自的分配额，其收益则按分摊额而分配各色圣物。管理事务则交付于名门望族中选拔出来的委员会成员（gosthika）的潘恰雅特来执行，其首长（desin）即为对外的代表人。

5 见 10 世纪的 Kanauj 君王所立的湿婆教碑文（*Epigraphia Indica*, III, p. 263）。

师的独身制强调到最高点。十大僧院学派中被视为古典的三个学派，坚守灵魂司牧者必须是独身者的原则。然而其余各派已不再遵守此一规则。依仪式授予圣职的商羯罗派的 grhastha（家住期中的家长），如今也像以前的修道院僧一样，成为俗人的导师。实际上，差别端在于：他们不再作为家庭祭司（purohita），或一般而言，不再是祭司，因而必须到本身的教团外面去选择自己的家庭祭司和婆罗门。素食和禁酒，在纯正的商羯罗派的圈子里被奉行不二。同样的，还有以下的原则，诸如追求吠陀（梵文）教养、唯有再生种姓方能加入教派、唯有婆罗门方能加入教团。当然，这些并没有被奉行到底。现今，被称为 samnyāsin 者往往是文盲，非再生种姓的成员也容许加入教派，可以收受金钱，并且施行经验性的（一般说来倒不是毫无疗效的）神疗术——他们将之视为秘义而弘扬。

现今，每个高级种姓的婆罗门家里都供奉有作为崇拜偶像的灵根。然而，湿婆教的再兴，并不是凭借着一己之力而使得其正统的救赎教义贯彻于民间，并且使异端根绝。婆薮（Nagendra Nath Vasu）[1] 在论及 12 世纪孟加拉地区的宗教阶层分布时推断：在恒河西岸，除了 800 个移入的正统婆罗门家庭之外，小乘学派是占优势地位的，在其他地区，上流社会（不论僧俗）是以大乘佛教占优势，中产阶级则为瑜伽派和某些佛教与圣徒崇拜的教派，在最低下的阶层里是纯粹佛教的仪式主义和圣徒崇拜居支配地位，而怛特罗宗教则遍布于所有阶层。直到国王——特别是委拉拉·仙纳（Vellala Sena）王——插手干涉后，此地才由婆罗门正统派获取支配地位。

---

[1] *Modern Buddhism.*

湿婆教与后期佛教分享了使得社会阶层——一方面是最上级的知识阶层，另一方面是下阶层——相靠拢的特质。因为，在佛教方面，除了知识阶层的救赎教说之外，也将怛特罗宗教和曼陀罗宗教当作是最为合适于大众的仪式主义而吸收进来；同样的，在湿婆崇拜方面，除了通过史诗而采用的、古来古典的婆罗门传统之外，也吸纳了阳具崇拜的和驱邪的恍惚之道与巫术。以此，湿婆教发展出一种独特的形式化苦行（caryā［遮梨夜］），此种苦行，相应于其根源，特别是在《摩诃婆罗多》里所提到的兽主派（Pāśupata），具有一种极度非理性的性格，换言之，将胡言呓语和偏执妄想的状态，当作是保证破除苦恼和具有巫术神通力的最高救赎状态[1]。

湿婆教的诸教派也为了俗人之故而实行许多禁欲苦行，特别是借着史诗而为一般人所知的禁欲苦行，亦借此而成为一种大众现象。每年的 4 月中旬，下层种姓出身的纯正湿婆派俗众，在其导师的带领下蜂拥群集在一起，举行长达一周的神圣祭仪。关于这些花样极为繁多的圣行，我们感兴趣的端在于：其彻头彻尾（与瑜伽的冥思相对反的）完全非理性的性格，往往表现出纯粹神经性的达人行径。除了多半是栖栖惶惶的各色精灵，以及可怕的神祇本身——被呈现为具有强大巫术威力的达人和渴望血食祭献的神祇——之外，原本的象征意义逐渐消退，以至于完全失去了此种意义的、阳具的灵根偶像，在大众的崇拜里扮演了主要的角色。

高贵的史曼尔塔学派自视为古代传统的继承人，因为他们最

1　关于这点和前面多处所见的，参照 R. G. Bhandarkar, *Vaisnavism, Śaivism and minor religious systems*, Straßburg, 1913（Bühler ed., *Grundriß der Indo-Arischen Philologie und Altertumskunde*, III, S. 6）。

为精纯地持守着吠檀多主义的救赎目标，亦即通过与神合而为一而自我寂灭，以及吠檀多主义的救赎方法，亦即冥思与灵知。古代印度教教说里的三德（guna）：sattva, rajas, tamas[1]，亦在此一学派里存活下来。同样的，神圣精神的非人格性，亦被保留下来。此一精神活动于三种形态里，亦即实存、知识与至福，除此则无法自我显现，只要他愿意的话，倒也可以在宇宙幻象的世界里被显现为人格神和作为个别精神的"自觉"（virāj）。个别灵性之"清醒的"精神状态，是神性之下级状态，而无梦的出神状态则是最高的境界，因为救赎目标即在眼前。

　　一般通行的灵根崇拜当然是和此一教说没有什么关联的。对单纯的灵根崇拜者而言，崇拜的对象根本不是湿婆，而是灵根偶像，以及多半是他所熟悉的、带有强烈泛灵论色彩的（男性的，然而大多是女性的）古老地方神祇。同时，湿婆崇拜以及特别是性力崇拜——对于被视为其配偶的女神杜迦（Durgā）的崇拜——所固有的古老的肉食狂迷和血食祭献，也以民间崇拜的非古典形态而扩大开来。性交狂迷和血食狂迷有时也会以虐待狂的方式交互混融在一起。湿婆教的个人救赎追求似乎与此毫无关联。因为就其极高度的达人苦行行径而言，此种追求往往特别带有极其强烈的禁欲性格。文献里的湿婆本身是个严格的苦行者。印度教在经由婆罗门之手而接受民间的救赎追求之际，正是那种最为严苛的、最使我们反感的修道僧苦行形态，被当作是属于湿婆教的素质而加以接受。无疑地，因难行苦行而获得的卡理斯玛所具有的

1　此即一切存在物都具有的三个根本的要素与性质，依次为喜、忧、暗，与善良、邪恶、无知。——译注

古老威信，在此被珍视为对抗异端的竞争手段。从极端的、病态的难行苦行，到病态的狂迷之间的转换，显然自古以来（部分而言出之以恐怖的方式）即不少见，而活人祭献直到最近也尚未完全消失[1]。

终究而言，所有真正的湿婆教信仰，在与神的感情关系里，一般都表现出某种有节制的冷淡。湿婆绝不是个慈爱与恩宠的神，因此，对湿婆的崇拜，只要不是保守着异端狂迷之道的要素的话，那么若非采取仪式主义的形态，就是采取苦行或冥思的形态。正是由于湿婆神所具有的这种冷冷的思考性的性质，所以特别易为婆罗门的主智主义—救世论所接受。对此种救世论而言，理论上的困难点端在于：湿婆就是这么一个人格神，并且必然具备着这样的神的各种属性。为此，商羯罗阿阇梨提供了联结点。

当然，要将整个非古典的灵根崇拜融合到对此种崇拜一无所知的古典仪式里，实际上是有困难的。湿婆教最盛大的祭典，至今仍是于 2 月 27 日这天向浸沐于牛奶中的盛装的灵根举行纯粹的祭拜。然而，此种崇拜的整个"精神"，和主知主义的传统及古典的吠陀祭仪是如此地相冲突，因此总是潜伏着分裂的危机。这必然也在湿婆教内两大路线的歧异——狂迷的取向与苦行的取

1　因此也有盗贼的教派（在其为印度教徒的情况下）是属于湿婆教的。他们奉献给迦利女神（Kālī）——湿婆的配偶之一——的，除了所分得的掠夺品之外，尚有活人牺牲。也有像达格暗杀团（Thugs）那样，因为仪式上的理由而避讳流血，所以经常是将献祭的牺牲绞杀（Hopkins, *The Religions of India*, p. 493, note 1；p. 494, note 1——根据 30 年代英国军官的描述。关于虐待狂的杜迦狂迷，见同书 p. 491, note 2；p. 492, note 2）。常见的有关湿婆神和湿婆教女神的描写，诸如混合着淫猥与野蛮残忍的形象，在在是与此种狂迷之道有关。

向——当中显露出来。最激烈的例子，是显现于灵根派（Lingayat）[1] 的创立者巴沙伐（Basava）的异端中，依照一般的见解，此一教派是所有印度教的宗教共同体当中信仰最为顽强的一派。这位创立者是 12 世纪出身于印度西南部的湿婆教的婆罗门。他因为坚信诸如披挂圣带和太阳崇拜等吠陀仪式为异端而加以拒斥，并且担任堪纳利国王的宫廷婆罗门及其首相，所以和教权层级制起冲突。他的宗派在堪纳利地区一直是最为强大的，并且遍布于整个南印度。

巴沙伐之排斥吠陀仪式，造成与婆罗门的断绝和种姓秩序的瓦解。他们宣称一切人（包括妇女在内）的宗教平等性，并强化湿婆教之理性的、反狂迷的特色。教派当中的某部派，在性方面被视为"清教徒式的"。不过这似乎并没有被严格遵守，但在其他仪式方面倒是更加严格。他们不止拒绝肉食，并且还拒斥参与任何一种肉类和牲畜的买卖或家畜的生产，同时也拒绝服兵役。他们拒斥怛特罗，而且，至少在开始的时候，是属于怀疑轮回教说的少数教派。知识阶层的救赎追求，是去冥思理论上象征湿婆之种种超自然的潜势力，亦即被精神化的灵根，最后达到完全漠视现世的最高恩宠状态（prasāda［信解］）。不过，民间的救世论[2]，却单纯是巫术性与圣礼秘法的性质。新加入者，由导师逐步施予通往成道的八种秘迹净法（astavarna），唯有借此方能授予完全成员的权利。在教义上，他们是严守"一神教的"，只承认湿婆，并拒斥婆罗门—印度教的万神殿和最高神的三位一体说。

1　参见第一篇第二章 p. 24 注 1。——译注
2　这方面的基本著作《巴沙伐·富兰那书》（*Basava-Purāna*），据我所知，并没有被翻译出来。很遗憾，关于这个教派的其他特殊文献，我也未能加以利用。

不过，他们本质上仍是以巫术—仪式的方式来崇拜湿婆。灵根被当作护身符那样随身携带（Jangama-linga［携带用灵根］）；若遗失此一灵根，则为危害救赎的重大灾难。除了此种护符的崇拜和寺庙灵根(sthāvara-linga, 固定而无法携带的灵根)的崇拜之外，他们认同对圣语和圣音(Om)的祈祷。他们的祭司阶层Jangama(按：世袭的祭司种姓)，部分是属于僧院的游方苦行僧，部分是灵根寺庙的祭司，后者有时是灵根教派村落的一种"制度"[1]。此外，他们也负起担任俗人之导师的功能。服从导师，在灵根教派里是非常严格的，可说是所有印度教派里最为严格的，特别是在仪式和伦理（包括性的伦理）方面；在禁酒方面，最严格的是戒律遵奉派Viseśa Bhakta。他们除了一般所见的饮用导师的洗脚水和类似的圣徒崇拜的实修之外，还令神像本身俯身于导师之前，为的是象征导师之于神的超越性。这在尚未有种姓的古代世界里，就已经非常被坚持的。

虽然如此，正如我们先前提及的，灵根派还是未能免于教派一般的命运：由于环境的压力，在种姓秩序里再度被压制下去。首先，古来的信仰者氏族发展出对抗后来改宗者的贵族主义——唯有他们才能施受八种圣礼仪式。其次，是按照职业的身份性分化——就灵根派而言，在仪式上将职业划分成种种等级，是不可想象的。最后，如先前所见的，各宗派也一如传统的种姓制度那样组织编制[2]。在这方面，特别是sāmānya, 亦即"通常的"灵根派（相对于

1　此一教派与婆罗门是如此尖锐地对立，以至于村落拒斥在村中掘井，因为一旦掘井，就会引来婆罗门住进村落里（他可以借此发落仪式上纯净的水）。

2　上级种姓自称为Vīra-Śaiva婆罗门。祭司与商人（Banyā种姓出身）为第一阶层，其次是手工业者与榨油者，最后是不净的种姓。种姓之间早就不再通婚，下级种姓毋宁是内婚制。

虔敬的戒律遵奉派），很轻易地就适应了。总而言之，表现于教派之纯净主义里的理性主义的特质，终究未能动摇其（以农民阶层占大多数的）信仰群众的圣徒崇拜与传统主义的仪式主义。

三、毗湿奴教与信爱虔敬

印度教复兴的第二大宗教思想（或这类思想的集团）是**毗湿奴教**，显示出明显不同于纯正湿婆教的一种类型——尽管互有影响与交错。婆罗门的正统湿婆教，以仪式主义的方式将狂迷之道去势为灵根崇拜，同时采用古老的古典吠陀救世论，而将人格性的世界主宰神导入其体系内。如此一来，湿婆教里便存在着最高度内在异质性的种种形态，一端是作为新正统派的贵族婆罗门阶层的信徒，另一端是作为村落寺庙崇拜的农民大众的信徒。实际上，不为正统派所认可的血食、酒肉与性交的狂迷，当然还是留存在民间信仰中活跃的湿婆崇拜的领域里。相反，毗湿奴教则将狂迷之道转化为热烈的皈依，特别是出之以对救赎者之爱的方式。古来的湿婆教里的血食祭献和难行苦行的激烈达人行径，都与其无缘，因为原本从古老的太阳神转化而来的毗湿奴，毋宁是个与（丰饶的）性的狂迷之道相结合，然而却是以非血食来崇拜的素食神祇。

惯常和太阳崇拜联结在一起的是化身的救世主，毗湿奴亦借此而体现出印度本土的**救世主**信仰，与此相应，其支持者似乎主要是印度社会里的中产市民阶层。那种转向真挚的感情和日常取向的变化——我们大约可以在意大利的皮萨诺（Pisano）父子的雕刻里观察出来[1]，并且是和托钵僧生活的扩大比肩并进的——可与此种救世主信仰作最佳的比较。除此，当然也可以比之于反宗教改革和虔敬派里感觉上相类似的现象。在印度，克里什那崇拜特别是产生此一发展的基础。

毗湿奴教是"权化"（avatāra）——最高神降生于地上的化身——的宗教。克里什那并不是唯一的神，除了他还有十个、二十个、二十二个……以及更多的神被创造出来。不过，足以和克里什那相匹敌者，是重要性仅次于他且最受欢迎的毗湿奴化身——罗摩（Rāma）。罗摩是个（在历史上恐怕是真的）无敌的君王，也是印度第二大史诗《罗摩衍那》里的英雄。他有时被表现为克里什那的兄弟，有时（在《摩诃婆罗多》里）则为克里什那的现身形式，并且现身为三个不同的人物，不过每一个都被视为同一个英雄的化身，是救苦救难者和救世主。相对于所作所为皆彻底不合伦理的克里什那，罗摩的形象是远远有道德得多。他与古老的太阳神 Sūrya 崇拜的关系，也远比克里什那要紧密得多。植物祭典和不流血的献祭——这至少是和古老的湿婆教的肉食狂迷相对反的、毗湿奴教的特质——似乎便是渊源于此种太阳神崇拜。另一方面，在克里什那—毗湿奴崇拜里往往以纯净化的形式继续存在的性狂迷的要素，在罗摩崇拜里似乎也倒退到幕后去。《罗摩衍

1　皮萨诺（Nicola Pisano, 约 1225—1280），意大利雕刻家。出身于南意大利的亚普利亚，主要在比萨、西耶拿、波罗尼亚等地创作。皮萨诺是中世纪意大利首位具个性的创作者，据其对古代雕刻的热心研究及对自然的敏锐观察力，具有量感、力感的人体被表现出来，为原有的意大利雕刻注入了新生命。皮萨诺之子乔凡尼（Giovanni Pisano, 约 1250—1320）亦为雕刻家、建筑家。传承其父之学，主要活动于西耶拿、比萨一带。他的雕刻异于其父带有古代风格的作品，而为写实的，表现出强烈的动态与感情，对 14 世纪的雕刻有相当大的影响。——译注

那》也提供了哲学思辨的契机。以此，罗摩部分是哲学的教养阶层，部分是（反之）无教养的广泛大众所劝请的、普遍性的救苦救难者，采取的方式则为彻底仪式主义的祈祷。相反的，无学识但富裕的中产阶级所特有的、虔敬的救世主信仰，似乎打一开始就与性爱的或秘密性爱的克里什那崇拜紧紧结合在一起。

前文已叙述过，对于救世主的"信仰"，亦即个人对救世主之内在的信赖关系，是如何在薄伽梵派（Bhāgavat）的宗教思想里成为最显著的特点。后续的发展则添加上一位超世俗的人格神毗湿奴。毗湿奴在吠陀经典里是相当不重要的古老太阳神和丰饶神，但薄伽梵派的古老神祇却被人视同为毗湿奴，而神话中的救世主克里什那亦被视为其最重要的化身[1]。不过，要点毋宁是在于虔敬心这个新的特质——早在《摩诃婆罗多》的后期添加部分里即已开始发展。神圣的知识与灵知，仪式义务与社会义务的履行，禁欲苦行和瑜伽冥思，这些全都不是获得至福的决定性手段。要获得至福，唯有通过**"信爱"**（bhakti），亦即以热烈的虔敬之心内在地献身于救世主及其恩宠。

这种祈祷的虔敬心，有可能早就是与薄伽梵派相异的一个宗派——薄伽塔派（Bhakta）所固有的。不过，此种情感早与史诗最后的编纂时所浮现的恩宠教说结合在一起。信爱的恍惚状态，乃是由狂迷、特别是性的狂迷之道流转而来的，这是毋庸置疑的，因为克里什那崇拜者的性狂迷，即使在婆罗门将之升华为对神的真诚祈祷后，仍然一直延续到近代。所有的种姓一起共食牺牲祭品的 Mahāprasāda 圣餐式，正如先前提及的南印度左派种姓的

1　此种认同显然早在 Megasthenes 时代（公元前 3 世纪）即已完成。

Jaganath 狂迷一样，是婆罗门之前的古代仪式的明显遗迹，并且在几乎所有真正的信爱的宗派里都可以看得到[1]。

关于毗湿奴教各宗派里随处可见的性狂迷的痕迹，我们还得再谈谈，尤其是后面还要提及的柴坦尼雅（Chaitanya）之复兴大众的信爱信仰。众所周知，此一复兴原是要挖掘大众最粗野的性狂迷之道的根基，不过本身仍带有性狂迷的性格，特别是信爱的心理学性质本身为此提供了证明。按照规定的阶段性步骤，应该通过三个（或四个）其他的感情性的持续状态，然后最终达到一种对救世主的内在感情关系[2]，就像献给爱人的性爱恋情那样。以此，取现实的性狂迷而代之的，是在幻想状态下的秘密性爱的享受。为此目的，古老生动而性爱的克里什那神话，被逐渐地增添上秘密性爱的特色。

据传，以牧人戈文达（Govinda）为主角的青年冒险故事，和他的牧女戈比（Gopī）们，自古以来即为克里什那神话和（毋宁更是）克里什那滑稽剧的中心主题。经由里克特（Rückert）的翻译而广为欧洲人所知的《戈文达之歌》（Gitagovinda），本是此一冒险故事的一种火热色情的诗歌表现。不过，毫无疑问的是，作为后世所添加的一种特色，某些基督教的传说（尤其是伯利恒派宗教骑

1　Sir George Abraham Grierson, *Journal of Royal Asiatic Society*（1907, p. 311）。他认为此乃次发性的事物，亦即有可能是在 Nestorius 教派的影响下才形成的。此一见解，毫无反驳的余地。

　　Nestorius 教派，中国称之为景教，5 世纪时的叙利亚大主教 Nestorius 所创，主张基督之神性与人性分别存在。——译注

2　柴坦尼雅教派里宗教成就的几个阶段依次是：1. śānta（冥思），2. dāsya（对神的积极事奉），3. sakhya（像对自己朋友的感情），4. vātsalya（对父亲那样的感情），5. mādhurya（像少女对爱人怀抱的感情，亦即女性特有的态度）。

士团的青春故事）里所表现的真挚感情，亦是此种性爱的救世主信仰的升华与纯化[1]。"信爱"之于古薄伽梵宗教的主知主义救世论，大概就相当于是虔敬派（特别是钦岑朵夫的虔敬派）之于 17、18世纪威腾伯格（Wittenberger）的正统派。信仰中男性的"信赖"，被人们对于救世主的女性的感情所取代。

面对提供此种救赎状态的救赎确证（certitudo salutis），其他一切的救赎之道无不退让。无论是吠檀多派的 advaita 救赎，还是弥曼差派之借行为的正当化，甚或数论派救赎的冷静知识，全都不在信爱实践者的考虑之内。印度教里所有基于虔敬意识的仪式行为或其他任何的救赎实践（一如见之于各个独特的信仰宗教意识里的），唯有在其最终和救赎的神或救世主有所关联时，方有价值——薄伽梵派宗教早已有此明示。不只如此，任何宗教实践最终唯有成为产生出唯一关键性救赎状态的技术性救赎手段时，方才具有重要性。

在此意义上，不管怎样，只要是真正的皈依，一切皆可拿来作为手段。此一恩宠宗教的神学，正相契合于欧洲所熟知的论述。此即"猫儿派"理论与"猴儿派"理论的相对立，换言之，母猫用嘴衔起小猫的不可避免的恩宠（gratia irresistibilis），相对于小猴紧抱母猴之颈的合作的恩宠（gratia cooperativa）[2]。"理智的牺牲"

1　基督教确实见之于 6 世纪的南印度和 7 世纪的北印度。

2　参见 Grierson, *I. R. A. S.*, 1908, p. 337f. 。他也翻译出 Pratapa Simha 于 1866 年出版的现代神学著作（见 *I. R. A. S.*, 1908）。他认为信爱教说首先传布于南印度（*I. R. A. S.*, 1911, p. 800），此一说法尚有争议，不足采信。罗摩拏遮的信徒后来分裂成南北两派，北派信徒认为灵魂抓住神，像幼猴抱着母猴不放一样，而南派信徒则说，神拾起无所依靠的消极灵魂，就如母猫衔起猫儿一样。因此这两种教义称为"摩迦多尼夜耶"与"摩阇罗尼夜耶"，即"猴儿论"与"猫儿论"。后者产生了有害的"多沙波克耶"教义，说神喜好罪恶，总是被要求的，换言之，"不应该以人类的理性来勉强解释吠陀的命令"。"行为"，相应于《薄伽梵歌》的教诲，唯有在"不带利害关心"(niskama)的情况下，才具有价值。"带有利害关心"(sakama)的行为会牵动业，反之，"不带利害关心"的行为则会引动信爱[1]。

根据已被升华的信爱理论[2]，真正的信爱，亦即神的爱，最终是在完全摆脱不净的思维与冲动——尤其是愤怒、嫉妒与贪欲——中而得到确证。此种内在的纯净，产生救赎确证。要达到此一结果，个人必须致力于追求持续性的救赎状态，而不是急切地与神或救世主恍惚忘我地合而为一——这在知识阶层尤其如此[3]。除了仪式主义的婆罗门的救赎之道 Karma-mārga，冥思性的婆罗门的救赎之道 jnāna-mārga，（愈来愈多的）无学识阶层的恍惚的救赎之道 yoga-mārga 之外，bhakti-mārga 如今也成为一门独立的救赎手段。其间，最为醇化且经伦理理性化的各种形态，对峙于基本上大量涵摄着信爱状态的其他形态。因为，"信爱"乃是一种至福的形态，

（接上页注）因为这样就可以扩大他表现恩惠的范围。参见王尔德的《狱中记》："基督通过他具有的某种神圣本能，似乎总是喜欢罪人，认为这是最接近于完善的人。……以世人尚不理解的一种方式，他认为罪恶和痛苦本身就是美丽神圣的事情，也是完善的形式。……如果有人叩基督，他一定会说：'我确实相信，当浪子回头下跪哭泣时，他玩弄妓女耗费资财，放牧猪群无料可食的时刻，都成了他一生中美丽神圣的时刻。'"参见 Charles Eliot 著，李荣熙译，《印度教与佛教史纲（Ⅱ）》，p. 380。——译注

1　一个适用的比喻是：为了赚取佣金的雇工若自己造成损失，就必须自行赔偿，反之，作为主人之财产的家内奴隶若造成损失，则由主人来负担（福音主义派在有关行为的审判时也用类似的比喻："他们自有其报偿在其中。"）。

2　譬如 Śāndilya 的《金言集》(Bhakti-sūtra, Journal of Royal Asiatic Society, 1907, p. 330)。

3　一则 13 世纪的毗湿奴派碑文 (Epigraphia Indica, Ⅶ, p. 198) 里，这么记载着："我一点也不冀求宗教上的成就和财富的积累，也不冀求感官的快乐。哦，神哪，先前的所作所为，该有什么报应就有什么报应吧。我所求于汝者唯此：但愿于任一来世中，生生不息且永远不变地崇奉于汝之莲花足前。"换言之，全心真意地祝祷神的虔敬感情，本身即是目的。同时，此一碑文也显示出所有纯粹的信仰宗教（包括路德派在内）所特有的那种态度，亦即消极的生命态度。

普遍扩及于毗湿奴派印度教的每一个阶层里——部分而言甚至越出这个范围[1]，至今恐怕是印度境内非纯粹仪式主义的救赎追求里，分布最为广泛的一种形态。尽管无论哪一种形态，在古典的婆罗门传统看来，都只是一种非古典的救赎方法。作为一种感情性的救世主宗教意识，这自然是无学识的中产阶层所偏好的救赎追求的形态。几乎所有毗湿奴派出身的印度教改革者，都曾致力于以某种方式来促使信爱救赎追求升华（成为秘密性爱的形态）[2]，或者反之，使其大众化，并且使之与古老的吠陀仪式主义相结合[3]。在南印度，关于信爱的职业教师阿尔瓦（Alvar）和从事讨论的教师阿阇梨（ācārya）是有所区分的。当然，从后者那儿产生出最不以"虔敬主义"—感情性为取向的改革者。

特别属于这一系列的，是奠基于罗摩信仰崇拜的两位毗湿奴教最重要的教派创立者——罗摩拏遮（Rāmānuja,12 世纪）与罗摩难德（Rāmānanda,14 世纪）。他们都是婆罗门，也都是过着游方生活的教师，并且采取和商羯罗阿阇梨完全相同的手法，以组织和训育托钵僧团的方式作为向大众教化其救赎教义和巩固信徒的手段。据说罗摩拏遮传下 74 名（甚或 89 名）导师，他们是他个人的亲炙弟子和亲手指定的灵魂指导者，而他的组织之强韧，似乎

---

1 因为，至少在南印度，湿婆教也极为致力于信爱的培养，并且是一种强烈苦行取向且以此为基础而产生的虔敬感情的核心地。在此，湿婆并不是靠着宗教成就，而是单只靠恩宠方能接近的神，而救赎并不是吠檀多派所指的那种一心思念湿婆，而是逗留于湿婆之处。因而与毗湿奴的竞争在此尤为激烈。参见 Senathi Raja, 6. *Orientalisten-Kongreß*, 1883, Bd. Ⅲ , p. 291。

2 毗湿奴教寺庙的壁画比较不那么玄奇诡异，但也和湿婆教寺庙的壁画一样简明且时而极端猥亵。

3 《毗湿奴·富兰那书》可说是这方面努力的一个例子（英译本见 Wilson, 1864）。

是因为此乃奠基于**世袭性**的层级制上。自此之后，除了湿婆派的托钵僧所用的 Dandin 与 samnyāsin 的名称外，Vairāgin 一词即（多半）被用来指称其毗湿奴派的竞争者[1]。

罗摩拏遮的教义，在关于世界与神的诠释上，是不同于商羯罗的。商羯罗的吠檀多体系认为，在终究属于幻象世界的人格神的背后，是无以探求且无属性的梵天。罗摩拏遮却认为，这个世界绝非宇宙幻象，而是神的身体与启示，人格神（Parabrahman）乃是实在且为世界的主宰，而不是幻象世界的一部分，实体上既不同于精神性的东西(cit, 按：个我)，亦不同于非精神性的东西(acit, 按：物质)。幻象与非人格的神，皆为"没有爱的"教说的产物。以此，被许诺的救赎财，便不是融入于神，而是不死灭。因此，罗摩拏遮之最具影响力的宗派，称为"二元论派"（Dvaitavādin），以其主张作为实体的个我本质上相异于神，因而得出不可能融入于神（亦即吠檀多派的涅槃）的结论。

紧跟着《薄伽梵歌》之后的哲学思维，在毗湿奴教的罗摩派的知识阶层那儿，比在克里什那派那儿得到更大的发展。特别是北方派（Vadagalai）与南方派（Tengalai）之间的斗争尤为剧烈：北方派是合作恩宠说的信徒，也是具有梵文教养的修道僧；南方派是不可避免恩宠说的信徒，亦即以坦米尔语为圣典语的修道僧。后面这个学派表现出极为漠视种姓差别的态度。按照罗摩拏

---

1 此一名称（特别是以 Vaisnava 之形）和 Yogin（按：瑜伽派的修道僧）一名一样，部分而言成为因俸禄化和世俗化而产生的小种姓的名称。一般而言，毗湿奴派修道僧的苦行，相应于其宗教意识的性格，较不像湿婆派那么严格。尤其是罗摩难德的 Vairāgin 修道僧（Vairāgin 意指"逃离现世的"），在入信礼时不分任何种姓皆授予圣带，后来多半娶修道女为妻妾，并且在其广大且富裕的僧院里过着相当世俗的生活。

遮原本的教说，真正的"信爱"之获得，是要与古老正统的冥思"upāsana"，亦即吠陀教养联结在一起的，因此并不是首陀罗能够直接入手的。首陀罗唯有通过"prapatti"，亦即出于完全无助之情而无条件地皈依于神，方能得到救赎，为此，接受具有吠陀教养的导师（作为中介者）之指导是绝对必要的。接受此种指导的低下阶层，由于缺乏情感的动机，所以在他们那儿，纯粹依凭祈祷咒文的仪式主义，便与形形色色的动物崇拜（譬如史诗里的神猴[1]）结合在一起。

　　和湿婆派的竞争有时（特别是在罗摩拏遮之下）无比剧烈与惨痛，相互间的迫害与驱逐、宗教的论难、以消灭对方为宗旨的竞相建立僧院与改革僧院等种种事端，实在不胜枚举。毗湿奴派导师的纪律，部分而言是不甚一贯的，在整体上比湿婆派较少苦行的成分。尤其是毗湿奴教与所有印度教徒都熟知的世袭性卡理斯玛原则，有着极为密切的关联，因此打一开始便建置导师为世袭性的教权层级制。导师的个人权力，在毗湿奴教的各宗派里一般都相当强大，整体而言，比在湿婆教里更为发达。这与毗湿奴教的宗教意识的性格相呼应，换言之，一方面要求对权威的献身[2]，另一方面不断地鼓动虔敬主义的"信仰复兴"。世袭性的导师权力，在罗摩拏遮的宗派里起先似乎是分布很广的，这个宗派的导师家族至今仍部分存在（在 Conjeveram）。

　　罗摩拏遮的改革，在内容上主要是针对阳具（灵根）崇拜。被他视为非古典的咒物崇拜，如今以另一种狂迷升华的形式来取

1　指的是《罗摩衍那》里的主要角色之一，即神通广大的猴子诃曼奴。——译注

2　然而南印度的信爱的湿婆教里，祭司权力是比较有限的（参见 Senathi Raja, 6. *Orientalisten-Kongreß*, 1883, Bd. Ⅲ。

代，特别是往往被当作秘密纪律来进行的祭典餐会。不过，和罗摩派的虔敬情感里的救世主性格相呼应的，是出现一种祈祷咒文，以作为（包括劝请救苦救难圣人在内的）祈祷手段：主要是流行于罗摩难德的罗摩派里——此一宗派，不只在这一点上，尚有其他许多方面，都不同于罗摩拏遮的仪式规律。结果，"曼陀罗"，亦即以少数字眼或一个无意义的音节所构成的劝请形式，有时便获得了层出不穷的多样意义。以此，克里什那和性狂迷的古老痕迹，便由于此种有利于罗摩崇拜和专用于劝请罗摩的祈祷咒文，而全告消失。一般而言，罗摩崇拜在性方面是纯净的，其女性神祇是贞洁的女神，在这一点上，完全相对于克里什那崇拜，相对于其狂迷的性爱和对克里什那爱人的心神相与。

另一方面，在罗摩难德的布教里，首先原则性地揭示出一项重大的社会革新，亦即打破种姓的藩篱。除了我们就要提及的例外，所有的宗派并未在日常的社会组织和日常的礼仪上侵害到种姓的制约。唯一触犯到的一点，是允许下层种姓取得导师地位的问题。如我们所见的，刹帝利时代以来的游方说教的哲学家、论师与救赎教说者，几乎全都是贵族阶层的俗人，并且往往都是年老时或暂时性地过着一种苦行和游方说教的生活。异端，特别是佛教，对于加入教团的资格，原则上并不在乎种姓的归属，并且创立了"职业僧侣"。婆罗门的复兴固然是继承了后者，但是在加入哲学学派和僧院，以及导师资格的认定上，仍然坚持婆罗门种姓出身的要求。湿婆教的各宗派——至少官方所承认的宗派，大体上也维持相同的立场。首先起而公然排斥这点的，是罗摩难德。

伊斯兰教的外来支配突然袭卷印度，当然也从中扮演了一定的角色。此一伊斯兰教支配，如先前所述的，以歼灭、改宗或剥夺政治权利等方式来对付世俗贵族，而唯独继承本土古老传统的宗教权力（包括婆罗门）的地位整体上毋宁是强化了，尽管两者也相争得厉害。虽然如此，婆罗门的外在权力手段确实往下滑落，而教派创立者却比以往更加着意于与大众紧密联系。虽然直到罗摩难德为止，所有有力的印度教教派创立者全都是婆罗门出身，并且，就吾人所知，唯有婆罗门被承认为门徒与导师，但罗摩难德打破了此一原则。

根据传闻，在罗摩难德的亲炙弟子里，有个拉吉普出身的 Pīpā，一个甲特族（Jat）的 Dhanā，一个织工 Kabīr，甚至一个 Chāmār（鞣皮工）出身的 Rai Dāsa。然而，比起此种非婆罗门要素之——归根究底，根本就从未完全断绝过——混入托钵僧生活的情形更加重要的一个现象是：自此之后，不管是以怎样的形式，各种教派事实上全都是以依照身份或职业之不同而划分开来的无学识阶层为基础而发展起来的。史曼尔塔（Smārta）派本质上之为一个纯粹的婆罗门宗派，和其作为"学派"的性格相关联。在以罗摩难德为开山祖师的各宗派当中，正是冠以其名称的那个宗派（Rāmānandin），对其改革的"民主"倾向恰恰采取独树一格的反动姿态，后来，得以加入此一宗派者只限于贵族阶层，亦即婆罗门与被归类为刹帝利种姓者。属于罗摩派而最具声望的托钵僧阶层 Āchārin，同样的也仅限于婆罗门出身者。他们是纯粹仪式主义的。另一方面，由罗摩难德之鞣皮工出身的弟子 Rai Dāsa 所创立的宗派 Rai Dāsa Panthī，相应于其社会情境，基于信爱的虔敬心而发展出社会的、慈善的爱的无等差主义，也基于与婆罗门对抗的意识而发展出对祭司权力和偶像崇拜的拒斥。和这些受鄙视的职业种姓的社会状况相呼应的是，传统主义与顺应于世界之不变秩序的态度，成为极为多数的教派所抱持的基调[1]。

Malūk Dāsī 派得出寂静主义的结论，而 Dādū Panthī 派——由洗濯业者于 17 世纪所创立的罗摩难德宗派之一——则从《薄伽梵歌》的教说里得出严格宿命论的归结：人没有必要刻意追求天堂或地狱，因为一切都是注定的，唯有精神性的爱罗摩的能力，以及克制贪欲、幻想与傲慢，方能保证恩宠状态。这个宗派除了严格恪守一无所有的托钵僧（Virakta）之外，尚有居于印度君主（Rāja）的佣兵（Nāgā）之位的阶层，以及从事市民职业的阶层（Bhistu Dhari）。

最后，由罗摩难德的弟子 Kabīr 所创立、特别在织工种姓当中广为传布的教派 Kabīr Panthī，基于拒斥婆罗门的权威且拒斥一切印度教的神祇与仪式，而导出一种严格的和平主义的——令人联想起西方教友派（Society of Friends）[2] 的——禁欲的救赎追求：爱惜一切生命，避免虚妄之言且回绝所有的世俗享乐。此处，和西方一样，限于家内规模的纺织手工业，以其具有冥想的机会，似乎是助长了此种几乎完全弃仪式于不顾的宗教信仰。不过，和印度教之基调相对应的是，此种宗教意识并未采撷积极禁欲的性格，

---

1 事实上，他们的宗教意识基本上很快就变成鬼神信仰，而"信爱"也成为巫术手段。他们的圣典是由诸《富兰那书》编纂而成的。

2 教友派又称为贵格派（Quaker），是 17 世纪中叶由 George Fox（1624—1691）创始的一个基督教教派。这是一个强烈反对制度宗教的新教教派：一方面，它憎恨教会的一切仪式、传统、权威，否认圣礼的价值；另一方面，它强调个人心中的灵性，视之为信仰的最高权威，强烈批评卡尔文教派的悲观、消极态度，教义是以"内在之光"为其中心论点。换言之，人只有在透过圣灵而被赋予"内在基督"、"来到此世照耀一切人身上的内在之光"后，才能体悟《圣经》的真理。属于虔敬主义的一派，由于祈祷时使虔敬的身体颤抖，故称为"quaker"。1682 年，政治家威廉·潘（William Penn, 1644—1718）率领大批贵格派人士移居美国宾夕法尼亚州，并依其宗教及政治理想组织殖民地团体，实际掌握该州政权。——译注

而是虔敬地崇拜其祖师为救苦救难的圣人，并且以绝对服从导师为首要道德。因此，西方性格里那种"内在于现世的"、自律的生活方法论，在此是不可能的。

这些教派的某些部分所共同的特点正是**对经济活动的鄙视**，以及，当然，尤其是针对军事方面。

换言之，具有新兴印度教之宗教意识的托钵僧与苦行僧，亦促成了一种现象。此一现象在亚洲、特别在日本的佛教徒身上，但最为首尾一贯的是在伊斯兰教的苦行僧（Derwisch）[1] 那儿发展出来，亦即：修道僧的信仰战士，此乃教派竞争的产物，也是外来支配（起先是伊斯兰教，后来是英国的支配）的产物。相当多的印度教教派发展出所谓的"Nāgā"类型，这是裸身但武装的、在一个导师或法师（Gosain）的严格统制下宣传信仰的苦行僧。若就种姓归属而言，他们一方面是"民主主义的"，另一方面，如Dādū Panthī 派的 Nāgā，完全只限于"再生"种姓。他们的确给英国人带来不少麻烦，但彼此间亦反目成仇而血战不已。譬如发生在 1790 年印度本土治下的一场湿婆教的 Nāgā 与 Vairāgin 之间的斗争，前者将后者逐出哈德瓦（Hardwar）大市场，且让后者的 1.8 万人死于战场。同样的，他们也一再地攻击英国军队。他们部分发展成盗贼集团，靠着居民的献金过活，部分则发展为职业佣兵[2]。信仰战士教团的这种发展，最具重要意义的一个实例是锡克教徒

---

1 或作 Dervish，中译"得未使"，原来是"贫者"之意，不过并不单指物质上的贫穷，而另有"求神之恩宠者"与"信心深者"之意。得未使在修道院里过着集体生活，靠捐献与托钵为生。——译注

2 Nāgā，包括 Malabar 出身的首陀罗居民大众在内，大体上是君王的佣兵，同时由于有组织的休假制度，也是农民。他们的教养身份相对是高的，多半是素食主义者，并且是克里什那和罗摩的崇拜者。

(Sikh，亦即宗派创立者及其后继导师之"弟子"的意思)。他们直到 1845 年臣服之前，曾于旁遮普省主政过一段时期，并在那儿创建出一个独具一格的纯战士国家。不过此处我们并无意再追索这个本身相当有意思的发展。

对我们而言，比较重要的毋宁是其他几个教派组织——奠基于毗湿奴派的救世主宗教上的教派组织，尤其是瓦拉巴（Vallabha）[1]和柴坦尼雅的弟子们所成立的教派。为对抗婆罗门之独占冥思的救赎手段，这些全都是狂迷之道的复兴。二者皆显示出，在背离婆罗门的仪式主义与避世的冥思之余，并不走向积极入世的禁欲苦行，而是走向**非理性的**救赎追求的狂热里——尽管引进了超越世界的神。

16 世纪初由婆罗门瓦拉巴所创立的教派，称为瓦拉巴阿阇梨派（Vallabhācārya），或 Mahārāja 派，或 Rudrasampradāya 派，至今，至少就重点而言，是个商人与银行家的教派，主要分布于印度西北部，但也扩及于全印度。此一教派倾心于克里什那崇拜，其救赎追求的手段和主智主义的传统相反，并不是苦行或冥思，而是洗练升华了的克里什那狂迷——一种严格的祭典主义。根据创教者的教导，并非清贫、独居、污秽和美的鄙视，而是相反，正确地运用荣耀、地上的欢乐与美好，方为郑重地敬奉神、得以与神结成共同体的手段（pustimārga，类似圣餐礼的救赎教义）。同时，他也以下面的规定，大大地强化了导师的意义，亦即：唯有在导师的家里，某些最重要的典礼方有可能以有效的方式来举行。每

1　瓦拉巴（Vallabha, 1479—1531），毗湿奴教派中薄伽梵派的一个导师，他注释毗湿奴教的圣典《薄伽梵塔·富兰那书》，而开创了强调崇拜克里什那之爱人神娜达的宗派。他的子孙继承了他的教团，其中最为有力的一支是他的孙子哥古拉萨的系统。——译注

日 8 次的造访，有时是必要的。

瓦拉巴本身立其子维他那萨（Vitthalnātha）为其身后的领导者，后者诸子则分立各派来继承这个导师王国。其中最有力者为继承哥古拉萨（Gokulanātha）的法师们的 Gokulastha 派。位于 Ajmer 的 Steri Nath Dwar 寺院是此派的圣地中心，每个教徒一生当中都应该来朝圣一次（显然是模仿麦加的朝圣）。导师对信徒的权力是极大的，1862 年发生在孟买的一件丑闻诉讼案件就说明了下面这个事实：导师有时可以对女性教团成员行使初夜权，此时，按照古老的狂迷惯习，神圣的性交要在教团成员的面前进行[1]。

肉食与酒的狂迷已被升华为精致烹调的圣餐，性的狂迷也产生同样的转变。印度教富裕的商人种姓，尤其是邦尼亚（Bhaniya）这类富豪阶层，自然是偏好这种敬奉神的方式。他们绝大多数是属于这个在社会上相当闭锁的教派[2]。此处，极为明显的是：禁欲的宗教意识，根本完全不是如我们所一再主张的，是由市民的资本主义及其职业代表者的内在“本质”**产生出来**，而是恰好相反。有“印度的犹太人”之称的邦尼亚[3]，正是此种明明白白反禁欲的——部分是快乐主义的，部分是祭典主义的——崇拜的主要担纲者。救赎目标与救赎之道被分为几个阶段，和信爱原则相对应，全然取决于“pusti”，亦即恩宠。以获得恩宠为取向的“pustibhakti”，可以单只是现世内的、仪式性的行为之端正（pravāha-pustibhakti），

1　这个商人教派的法师以定出其服务的价码见称，譬如准许喝导师的洗澡水，要价 17 卢比，“和导师辟室密谈”的特权，要价 50—100 卢比（参见 J. N. Battacharya, op. cit. , p. 457）。

2　理论上，除了鞋匠、缝纫工、洗衣匠和某些下级的理发师种姓之外，任何种姓都可以加入这个教派。实际上，只有有钱人方可加入，并且主要是邦尼亚阶层。

3　特别是 Gujarati 族和 Rastogi 族的邦尼亚。

或是一直献身于对神的事奉（maryādā）——这可导致"sayujya"，
或是靠一己之力获得那带来救赎的"知识"（pustip），或是，最后
借着纯粹的恩宠而授予热情的信奉者以救赎（Nuddhap）。以此，
人们就可以上升天堂而和克里什那共享永远的欢乐。这样的救赎
之道，压根儿不是伦理理性的。

尽管此种崇拜的"精神"并不怎么符合婆罗门的传统，但是
的确吸收了相对而言较高级的、诸如 Deshasth 的婆罗门来加入，
着眼点在于极为丰厚的俸禄，此种俸禄代表着教派寺院的地位。
教团里的精神领导者——法师，确实是可以结婚的，但在一般的
方式下，他负有不断巡回视察其教区的义务。由于法师本身多半
是大商人，所以此种巡回各地的生活成为有利于生意往来上的交
涉与结算的条件。此一教派在地区间紧密的组织，一般而言成为
直接有利于其成员之商业往还的重要因素。除了帕西教徒（Parsi）[1]
与耆那教徒之外，此一教派——基于完全不同于他们的因素——
拥有最大多数的印度教大商人阶层的信徒。

由于瓦拉巴阿阇梨派排除下级种姓，其圣餐礼（pustimārga）
又花费甚巨，因此使得湿瓦米·那拿耶那（Svāmi Nārayana）所
创立的彻底道德主义的教派，可以趁机在下级阶层和中产阶层里，
再次重创瓦拉巴派。

另一方面，北印度东部直接与瓦拉巴阿阇梨派相对抗的克里
什那狂迷，在某些教派里得到发展，这些教派可以溯源自 16 世纪
初的一个出身于婆罗门的人物柴坦尼雅（Chaitanya）。他本身显然

1　或作 Parsee，是印度的祆教徒。7 世纪时，伊斯兰教徒侵入伊朗，一部分祆教徒逃到印度，
　　形成封闭性的共同体以维持其信仰，被称为帕西教徒（由"波斯"一词而来）。据说今
　　天仍有 10 余万人，有许多活跃于企业界。——译注

是个患有癫痫症的狂迷忘我者，倡导的是克里什那与钵罗摩特曼（paramātman）为一体之说，后者乃非创造性的世界精神，不断地以无数的暂时姿态显现。其吸引人的重要新手段是 Samkīrtana，一种合唱的大游行，特别是在大城市里成为第一级的民族祭典。同时又有哑剧或戏剧的舞蹈形式。素食与禁酒，至少是上级阶层所固守的戒律，特别是卡雅斯特（Kayasth［书记］）和洁净的首陀罗（Satshudra［礼仪上洁净的手工业者］），另外譬如在奥利萨省（Orissa），古来的酿酒业种姓（现在多半是商人）亦成为此派的重要担纲者。

　　世袭导师制的原则亦为此一革新教派所遵守。至少在北印度，尤其是孟加拉一带，这是最受民众欢迎的教派。相对于怛特罗之道，这个教派里没有任何秘法存在；而相对于高贵的知识阶层，则欠缺对神圣知识的任何欲求（没有梵文！）。任何人都可以不借助于他人而进行信爱的礼拜。在大众的宗教意识里，具支配性的则单只是性的狂迷。由下级种姓出身者所构成的柴坦尼雅派的成员里，就数量而言，最重要的阶层是毗湿奴教徒（在孟加拉有 1000 万到 1100 万人），并且全体都是以狂迷的方式来劝请克里什那（譬如：Hari,Hari,Krisna）以及罗摩，不过他们（至少其中的大部分）同时也以性的狂迷来作为自我神化的主要手段，尤其是 Baul 派且将性狂迷的此种作用加以绝对化。

　　Sahajiyā 派，在性狂迷之际，将所有男性皆视为克里什那，而所有女性皆为娜达（Rādhā［克里什那的爱人］）。Spasta Dāyaka 派则有可供异性相接触的僧院作为性狂迷的场所。另外，在一些较不那么显著的形式里，亦可看到克里什那狂迷的痕迹。在某些崇拜里，除了克里什那之外，特别是将娜达提升到中心的地位——这些崇拜，在几乎全印度，而不只限于毗湿奴教派，至今仍被视为一般的民族祭典而加以庆祝。《薄伽梵塔·富兰那书》（*Bhāgavata-purāna*）第十卷——相当于《旧约圣经》里的《雅歌》，描写着克里什那与娜达的爱情生活，作为神与人的灵魂彼此间神秘之爱的象征。上述这些祭典即以歌谣、舞蹈、哑剧、五彩碎纸和性狂迷的解放方式庆祝。

将纯粹**入世的**行为评价为救赎方法的这种结论，只出现在几个式微中的小毗湿奴教团里。最早先的恐怕就是威尔森（H.H.Wilson）[1]所提及的摩陀婆派（Madhva）。此派所信奉的是 13、14 世纪时的婆罗门摩陀婆(斯陵吉里修道院的院长，也是 Vijayanagar 王的大臣)所创始的教说。摩陀婆是毗湿奴教徒，吠檀多派的论敌，罗摩派之非古典的 Dvaita（二元论）教义的信奉者[2]。不过，他所指的二元论自然不是"善"与"恶"或"神"与"被造物"的对立，而是无常的个我与永恒的存在之间的对立。然而，至少就人类的奋斗而言，所谓实在（Reale），并不是永恒的存在，而是个我。

个我是永恒且无可逆转的。婆罗门的教义，尤其是吠檀多所谓的归入于形体上永恒的"存在"，对人类而言是没有的事。因此，婆罗门的救世论里的所有前提，全被弃置。人类必须在此世的生活里创造出自己的救赎。自我神化是无法达成的，归入于神而与神合一，亦是不可能实现的，因为永恒的神是绝对超现世且超人类的。瑜伽和主智主义救世论的一切精进，全属无谓，因为神是对正确的行为施加恩宠的。以此，西方意义下的、积极入世的行

1　*Religious Sects of the Hindus*, London, 1861. 我没有办法看到原始资料。

2　关于摩陀婆，参见 Balfour, *Cyclopaedia of India*, Vol. Ⅱ, p. 766。

为的伦理大道，似乎便因而畅行无阻了。尽管如此，在此，冥思仍被视为最高的救赎手段，而唯有"毫无利害关心的"行为方能免于罪恶。况且，此中仍保持着印度教的神义论之一般性的前提——轮回与业报。此外，尚有具备神圣（吠陀）知识的灵魂司牧者对于信徒的绝对权威。的确，资格完备的导师所具有的卡理斯玛，正是在此教义里被提升到最高点，并且被当作是可以抵押或出售给条件俱足的信徒的一种人格财产[1]。无条件地皈依于导师，被认为是俗人的救赎所无可或免的：唯有从导师那儿，而不是从书本上，方能获取知识。

四、教派与导师

　　导师之于信徒的优越地位，一般而言，特色独具地凸显于婆罗门复兴以来大量形成的印度教共同体里。此种地位乃承袭自吠陀教师（guru）之受学生（brahmachari [梵行者]）跪拜的绝对权威。当时，此种情形只见于教学活动内部。这些古来的、具吠陀教养的导师——法典里都还提到他们，不但是王室及贵族之家庭礼拜堂的祭司，同时也是王孙公子们的家庭教师，传授着刹帝利时代的上流教养。然而，自新兴的婆罗门主义之教会改革以来，这种导师渐被一个往往是平民的、较无学识的秘教者和灵魂司牧者阶

1　与普遍分布的湿婆教派相较之下，毗湿奴教各教派的地理分布如下：罗摩拏遮和摩陀婆的信徒集中在德干一带，其他的信徒则分布于印度大陆，确切地说，瓦拉巴派集中在西部，柴坦尼雅派在孟加拉，崇拜罗摩的罗摩难德派在北印度。此种地理的分布很可以明显看出，本质上是受到政治情况的制约。毗湿奴教派在南方的相对弱势，原因在于摩诃剌侘国的 Peschwa 是个湿婆教徒（*Cyclopaedia of India*, Vol. Ⅰ, p. 662）。

层所取代，尽管这正是商羯罗阿阇梨所欲改革的重点。原因在于：一方面，以学堂和僧院的方式来创造出有组织的游方托钵僧；另一方面，导师制度的全面加以实行，显然是婆罗门（除了和宫廷的联结之外）得以获胜的手段。正如反宗教改革的教会通过提升忏悔强度和教团的建立来重新掌握他们对于大众的宗教支配力量一样，印度教也同样借此手段来击败耆那教与佛教的竞争。至少一开始，托钵僧和导师绝大多数都是婆罗门，或者几乎全都在婆罗门的掌控之下。基本上至今仍是如此。

导师自大众教派那儿取得的收入（尽管部分成为王侯的收入），必然使得婆罗门对于接受此种地位的抗拒大大减低。因此，并非新的教义，而是导师权威的普遍性，成为复兴后的印度教的特征。若完全不计为其所合并的克里什那崇拜和罗摩崇拜，此种印度教可说是别具特殊意味的一种"救世主"信仰。它所提供给大众的是有血有肉、活生生的救世主，亦即作为救苦救难者、顾问者、巫术治疗者尤其是身负特殊宗教价值——无论是通过指定继承的方式或世袭的方式——而成为崇拜对象的导师或法师。

所有的教派创立者皆被神格化，而其继承者则成为崇拜的对象，迄今仍然如此。导师阶层如今形同婆罗门的典型角色。作为导师，婆罗门是个**活生生的**神（Thākur）。任何纯正的首陀罗都不会错过机会去喝一口婆罗门脚趾浸过的水或吃一口婆罗门盘子里剩余的菜肴。在入教仪式 Gāyatrī-kriyā 典礼中吃导师的排泄物（据说行之于北印度由刹帝利所创设的 Satnāmī 教派，直至最近仍行之不误），只不过是此中的极端事例。领导某一地区的导师，正如西方教会的主教一般，在其扈从的陪伴下巡访其（传统的或甚为明确的）教区，将犯有重罪者处以破门律而赦免忏悔者，并向信徒征收贡租。不管在哪一方面，导师都是最具决定性的顾问与告解权威。

每个教派信徒都有自己的导师，由导师来授予宗教教育，并借着传授曼陀罗（祈祷文）和教派识别标记（烙印或彩绘）的方式接引入教派，以此，信徒在所有的生活环节上都向导师寻求忠告。在克里什那教派里，每个小孩在6—7岁时都要被带到导师那儿，由导师戴上念珠串，至12—13岁时举行相当于坚信礼的samupanayana仪式，尽管所采取的是古来的披挂圣带的仪式形态（samāvartana仪式），但就意义而言则是将自己的身体奉献给克里什那之意。

在经济上，如先前所说的，导师的教区一方面被视为导师个人的财产，并且如同手工业者的"主顾关系"一般，不只是（多半的情况下）世袭的，而且还是可以让渡的。在宗教上，大众的导师崇拜往往取代了所有其他的救世主信仰，换言之，活生生地处于信徒之中的救世主或神，排除了一切超越性的崇拜对象。在日常生活样式的种种事情上，导师权威的实际作用程度，随教派之不同而各有差异，不过相当可以理解的是：在平民特属的教派里多半极为强而有力。此种制度同时亦提供给异端的密教者以灵魂指导者的身份出现和招来信徒的机会，尤其是自婆罗门失去其政治支配的支柱之后，印度教的改革者也只得忍受这点。整体而言，婆罗门教师的这种平民化，意味着其权力的极度强化。在伊斯兰教外族支配和迫害的时代里，导师因而成为印度教大众一切内在连同外在苦难的坚固支柱，就如同天主教的主教在民族大迁徙及其之前的时代里的情形。

和此种平民化的发展相关联的，是复兴期以来婆罗门阶层之地位与组织的激烈变动[1]。早期高贵的婆罗门不是国王的宫廷祭司（purohita），就是贵族的家庭祭司，尤其是见之于拉吉普塔那地区（Rajputana）的情形。可与宫廷祭司的高贵地位相匹敌者，首先是婆罗门出身的独立的教师，其次是借着"布施"（dakṣiṇā）来赎罪的、贵族出身的独立教师。高级种姓的婆罗门只能够从贵族种姓那儿接受布施[2]。另一方面，在种姓顺位当中高贵且具备吠陀教养的（vaidika）婆罗门则要求高贵种姓拥有垄断布施的独占权（因此被称为 Dakṣiṇācāra 派）。

如前所述，中世纪的发展为精通礼仪的婆罗门带来君王与贵族所提供的大量俸禄捐献，而婆罗门则相应于诸侯贵族的需求提供仪式服务、文书与行政技术以及教授能力。争取此种采邑——为礼仪和教授服务所提供的采邑——的本事，自然而然是被种姓最高顺位的 vaidika 婆罗门所独占。此种领取采邑的资格往往仅限于过着比丘生活者，不过，尽管他们保持着这样的特征，但后来像佛教的"和尚"那样，舍弃独身生活而变成世俗僧侣的情形也不少。此种世俗僧侣只不过在出身上和吠陀教养上有所不同于没有资格领取俸禄的俗人婆罗门（被称为 Laukika 或 Grhasta）而已。在这些俗人婆罗门当中，最最高贵的是那些以行政服务的功劳而获取世俗采邑者，例如比哈尔和班纳尔地区的 Bhuinhar 婆罗门（名称源自 bhūmi，意即土地采邑），以及其他地方的类似阶层。

1　关于决定性的事实，最简便的办法是参见 Jogendra Nath Bhattacharya, *Hindu Castes and Sects*。

2　对那些不希望自己的品位大幅跌落的婆罗门而言，其接触的极限范围只到"洁净的首陀罗"（Satśūdra）。这个种姓所提供的布施只能在某种情况下被接受——例如在孟加拉，只有当布施的量**非常大**的情况下！不过，最高贵的（婆罗门）是从来不接受首陀罗施物的"Aśūdra pratigahi"，他们往往瞧不起"Śūdra-yājaka"（为首陀罗举行祭礼者）。

前面提过，所有的寺庙祭司（在孟加拉称为 Madhya）都被降格。原因之一，是他们不上道的种种作为全不以吠陀教养为前提，也因而多半无此教养；另外，也因为他们靠着低下的、往往是不净的种姓的布施来维生，有时布施甚至是来自洁净程度不明的外族朝圣者[1]。在纯粹的婆罗门当中，拥有高等顺位——根据他们本身的主张是最高顺位——的圣法习得者（Pandit），是负有责任的宗教法律家与审判官，其最高者在外族支配以前的时代里往往被视为国中的第一人。其地位在复兴时期里，乍看之下也和其他许多源自克什米尔的印度教制度一样，得到进一步的发展。和他们竞争权力宝座者，是卡理斯玛大僧院的院长，这些院长的 "Srimukh"（教令，相当于伊斯兰教的传法者 muftī 和 fatwā[2]），对于特定教派的信徒而言，具有礼仪问题上的强制性力量[3]。然而，这也只是限定在特定的教义共同体内部——当然，这指的是包含大多数教派在内的情况下[4]。

在所有这些有着古老历史的婆罗门权势地位里，拥有神圣知识即意味着具备垄断各式各样宗教俸禄的资格，而世俗的法学知识与文识教养则成为肯定获得俗世地位的资质。

因此，摩诃剌侘国有学识的 Bhiksu-deśastha 派里，除了 Vaidika 之外，还有 Śāstrī（法学者）与之并存，其他例如 Jyotisika（占星学者）、Vāidya（医学者）、Paurānika（《富兰那书》的吟诵者）

1　譬如班纳尔地区的某些著名的朝圣地，一般富裕的祭司即是如此。
2　在伊斯兰教，fatwā 指的是：以问答体方式表达出来的律法意见。——译注
3　譬如斯陵吉里的僧院院长所下的教令就对迈索尔婆罗门内部一定集团的种姓归属关系具有决定性。
4　例如斯陵吉里即是。此一僧院有权对南印度所有正统的湿婆教派行使破门律。

等，亦享有同等的顺位。次于司礼官之地位[1]，虽非总是但也往往得以决定社会评价的，是继承吠陀与梵文教育传统的交互相关程度[2]。再其次是秘法知识、特别是怛特罗"知识"的程度，这尤其是湿婆派婆罗门的重要权力来源。相反的，瑜伽教育现今在譬如南印度（Telinga 地方）仍行于婆罗门（Niyogin）之间，不过也如同其他地方一样，已不再是一种俸禄资格[3]。担任圣职的婆罗门和俗人婆罗门之间的区分并非完全一致[4]。崇拜的程序内容对于地位的决定作用，是视其重不重视礼仪的程度而定。例如在孟加拉、奥利萨、米提拉（Mithila）和旁遮普等地的贵族婆罗门，尽管是性力宗派，但始终是保持温和的崇拜形式，亦即虽然参加血食祭献，但并不享用酒类与烟草。"极端的"，亦即饮酒的，譬如在信德和摩诃剌侘国的性力派婆罗门，就被视为品级较低的。南印度高贵的德拉威婆罗门几乎全属湿婆派，这纯粹是历史因素使然；在拉吉普塔那，毗湿奴派的 Srīmālī（按：印度西部的商人种姓）特别高贵（因为纯为雅利安种）。

毗湿奴教里只有某些形态，诸如放弃梵文，或从低下种姓那儿接受布施——两者多半是同时发生——而导致地位下降，例如柴坦尼雅派的导师即是如此，尽管他们遵守禁酒戒律[5]。诚然，在奥

---

1 属于此一地位的譬如 Sapta Sati：在 Adisaur 王之前（9 世纪）移入孟加拉的七个氏族；或者"Panch Gaur"：整个北印度最高贵的五个氏族。
2 例如奥利萨（Orissa）地方最高贵的 Kulin 婆罗门，是出身于专给 Vaidika 居住的 16（sodaśan）村落（古代由国王所捐献的村落），其梵文教养不过中等程度。
3 在那儿，作为"Niyogin"的婆罗门很可能是不同于 Vaidika 的婆罗门祭司。
4 在北印度，"世俗的"婆罗门也多半可以作为导师的身份而取得布施（问题是这往往只牵涉到较低位阶的婆罗门）。
5 孟加拉古老的酿酒种姓（现多半为商人）即是守酒禁的柴坦尼雅派信徒。

利萨，柴坦尼雅派的（adhikāri，按：正式的）婆罗门，地位刚好处于 Vaikika 婆罗门与俗人婆罗门之间，而俗人婆罗门之下则有个仪式上不净的次种姓（Mathan）。不过，一般而言，身为柴坦尼雅派导师的婆罗门，是遭人鄙视的，原因在于：一来，他们既不起用也缺乏吠陀和梵文知识，连同怛特罗的秘法知识也没有；二来，他们（多半）从所有的（或几乎所有的）种姓那儿接受布施。

这些普及的毗湿奴教的教派（主要是源自罗摩难德和柴坦尼雅），如今将婆罗门的地位推到一种最最一成不变的形态上。首先，本身已相当微弱的统一组织，在正统的湿婆教而言主要是商羯罗阿阇梨的建树，在毗湿奴教则尽然毁弃。在北印度，趋于衰微的湿婆教已完全看不到宗教首长——例如南印度的斯陵吉里和其他一些僧院里长驻的僧院院长；因为桑喀什瓦的权力地位似乎是掌握在某几个贵族婆罗门种姓的手中。然而此一要素在毗湿奴教，尤其是柴坦尼雅派的大众毗湿奴教里，则全然付之阙如。任何一个曾被承认的导师王室都自我形成一种（多半是）世袭的教权制的共同体。随着此种教派分裂的扩大，权力手段的性格也产生变化。吠陀的礼仪知识和怛特罗—性力的秘法知识，在以"民主"为取向的教派里已失去其作为卡理斯玛权力地位之基础的作用。取而代之的是教派间公然的情绪性煽动与竞争，并诉诸宣传招揽和聚众募款这类特别是平民的手段：除了游行和民俗祭典之外，还有募款巡回推车及类似的活动。小市民和普罗大众人数的增加，城市里的市民阶层之财富的增长，在在提高了导师转向群众煽动的营利机会。贵族婆罗门尽管打从心里瞧不起此种竞争，但毕竟无法免除这样的痛苦经验，亦即在他们的同侪中产生了背离怛特罗和其他秘法阵营而走向毗湿奴教信仰的倾向。圣法习得者的权威，面对着相对而言无学识的（亦即无梵文教养的）大众的圣职者，至少相对而言是式微了，正如利用具有教养的商羯罗派的贵族婆罗门和其他被视为纯古典的婆罗门来作为导师的惯行也式微了一样[1]。

借着英国的支配而渐次普及的资本主义发展——及其创造财富积累和经济扬升的全新契机——刚好强力促成此种变革。对婆罗门的古老称呼"泰戈尔"（Thākūr），亦即"神"，不只成为迂腐陈词，并且由于现今唯有平民教派的导师才是真正被热诚崇拜的这个事实，而尽失其价值。

此一发展，在举凡新兴印度教的救赎手段和佛教的救赎手段相结合之处——在（特别是传播于爪哇）受瑜伽和曼陀罗影响的真言乘（mantrayāna）学派，情形尤其如此——都可以见到。换言之，小乘佛教的导师的权威，在布教地区无疑是相当强大的，而信徒对于他的无条件服从，至此更被提升到成为绝对救赎手段的地步[2]。

导师所拥有的这种神的或类似神的地位，在彻底排除一切偶像崇拜及其他一切非理性的、恍惚忘我的、狂迷的或仪式性崇拜手段的印度教教派里，一如我们所见的，往往得到最为极致的发展。于是，崇拜活生生的救世主，便成为印度教的宗教发展之最终极

---

1 关于此种怨恨，J. N. Bhattacharya 在前面所引的著作里已历历如绘。他本身是个高等的圣法习得者（Pandit），英国支配和种姓秩序的忠实信奉者，瞧不起平民出身的导师。

2 关于这点，参见 J. Katz 出版 *Sang hyang Kamahāyānikan*（《圣大乘论》Koninklijike Instituuet Voor de Taallanden Volkenkunde van Nederlandsch Indie, 1910）时，J. S. Speyer 的论文（Z. D. M. G., 67, 1913, S. 347)（按："Einsltjavanischer Mahāyānistischer Katechismus"）。佛教伦理除了些许残迹外（取代修道僧之童贞制的，是禁止在佛像附近性交！），可说是消失无踪。通过 pajā（佛陀的崇拜）、瑜伽、关于曼陀罗的冥思、对导师的无条件恭顺而到达 prajnā（最高之智慧）者，即不禁止任何享受（梵文《偈颂》第 37 节）。

的表现。

　　和天主教之制度教会的差异，就外在而言，是组织上的这几方面：首先，修道僧和卡理斯玛的或世袭的秘法传授者，乃是唯一的担纲者。其次，在形式上，可以依自由意志而行动。正如中国的情形，为官方祭献或婆罗门学派所成立、但不由王侯的捐献而来的寺院，一般而言都借着形成与寄名于一个委员会的形式来掌握外在组织与经济运作。此种建立新祭祀的方式，在信奉印度教的王侯那儿是难以成为主流的。但是在异教徒的外族支配之下，这几乎全变成了宣传教派祭祀的外在形式，并且借此而成为市民营利阶层的支配下最为通行的办法，况且也因此而在经济上有可能从官方正统的婆罗门阶层那儿解放出来，或迫使婆罗门阶层调适于他们。

　　碑文显示，此种组织形态几世纪以来，至今仍典型一贯地保持着。同样典型维持住的是导师的精神支配。这些圣职者的政治地位，当然也是很大的。游方托钵僧被国王利用来做间谍（这样的苦行僧在孟买的早期历史里扮演着典型的角色），而婆罗门一般则为官吏与顾问。可以确定的是，导师崇拜的最极致归结显然是在最近这五六世纪里才告尘埃落定。这不难理解。不管是国王，还是婆罗门的世俗祭司阶层，都有着同样的利害关怀，亦即不容秘法传授者、巫师和修道僧阶层等一般的权力过度膨胀。他们不会让教派领导者的权力超越自己，即使要利用这些人来驯服大众。

　　直到伊斯兰教的外族支配，才打破贵族印度教种姓的政治力量，让导师权力的发展自由伸张而成长到异样的高度。我们从导师权力之演变成人的神格化的这种发展中可以学到的是：在西方，教皇权力的发展，具有多么重大的意涵。教皇权力首先是将布教地区的修道僧教会，特别是爱尔兰教会及其分派，收拢归服，并使之正当化，亦即将修道僧之建立教团拘限在其严格的官职纪律之下。从修道僧到人类崇拜的这种出现在印度的发展，在西方之所以被阻止，并**不是**因为超世俗的人格神（就是教派性的印度教信仰亦有此种人格神的存在），而是古罗马的遗产——主教制的**官职教会**。值得注意的是，阻止此种发展的也**不是**教皇政治强大的层级制力量，因为达赖喇嘛即是具有最高权力的圣职者，而印度各教派的大僧院院长亦是如此。其实，**行政上理性的官职性格**，才是决定性的要素，并且恰恰有别于导师的个人性或世袭性卡理斯玛。关于这点，我们后面会再说明。

除了通过种姓秩序及其与轮回—业报说的结合（没有任何一个台面上所见的教派得以从根本上动摇这点[1]）所形成的仪式主义与传统主义的内在约制性之外，印度本土的另一个现象是，印度教俗人信徒对于导师——本质上极为传统主义的卡理斯玛圣职者——的宗教性人类崇拜。这些现象在在阻挠了生活态度之任何由内而外的理性化。一个在此种内在力量支配下的共同体，会从内部当中产生出我们所谓的"资本主义精神"，这显然是完全不可想象的。将经济与工艺成品一如其样地引进来，就像日本人所做到的，在此显然而且可以理解的是要比在日本遭遇到更为重大的困难。今日，即使资本主义的利害关系已如此深刻地渗透到印度社会里，以致根本无法根绝，但就在数十年以前，熟悉印度且杰出的英国专家已经相当有凭有据地提出这样的论证：在一小撮的

1　除了以宿命之不可避免性为主题的冗长传说之外，在《格言集》当中亦显示出颇为强烈的**命运**信仰（*Liebech, Sanskkrit-Lehrbuch*, Leipzig, 1905, 例如 pp. 274—275, Nr. 87, 80, 93）。唯有业，亦即前世的所作所为，是明确决定命运者，而命运则支配人与神（同上，Nr. 88, 93, 96, 101）。

欧洲支配阶层及其强制之下的大英帝国和平（pax Britannica）没落之后，相互敌对的种姓、教派与部族在生死争斗之余，印度中古时期那种完全古老封建的掠夺者—浪漫主义，便会再度神龙活现起来。

　　除了种姓的约束性和导师对于大众的支配之外，让我们再来弄清楚，到底还有哪些"精神的"要素构成印度教在经济上与社会上的传统主义特征的基础。除了权威的束缚外，在知识阶层里特别还存在着一则世界秩序之不变性的教条，这是所有正统与异端的印度教思维倾向所共通的。任何救赎宗教都会表现出来的贬斥世界的倾向，在此只会演变成绝对地逃离现世，其最高的手段并非行动上的积极禁欲，而是神秘的冥思。此种高于一切之上的救赎之道所具有的威信，实际上不会因任何大众的（相互间极为不同的）伦理教义而有所减损。救赎手段之非日常性和非理性，不管怎样总是所在多有。若非狂迷性格，亦即直截了当地走向非理性的、与任何生活方法论都相敌对的道路，即是方法上确实理性，但目标却是非理性的。然而，譬如在《薄伽梵歌》里具有最为首尾一贯性的主张："职业"的履行，却是"有机的"[1]，换言之，具有

1　特别如《格言集》所显示的，这彻底保存于教派的宗教意识中。在 Liebich 前引书中，借着翻译我们可以很容易就理会到浮现在其中的字眼，如爱或森林（苦行），见 p. 281, Nr. 14。所谓失败的人生，就是指那些**既不**专心事奉湿婆，**也不**曾过着爱的生活者（p. 299, Nr. 11），那些**既不**关心学问，**也不**关心财富利得，**既不**恭顺，**也不**关照性爱者（p. 305, Nr. 47），那些**既不**曾拥有知识或战功，**也不**曾拥有美貌的女子者的人生（p. 313, Nr. 87, 此处的诗形容特别的美）。以此（p. 319, 此一集成的最终诗节，及其他地方），这些林林总总的价值一股脑地罗致并列在一起。至于诸如湿婆、梵天和毗湿奴等神祇则被描写成爱神的"奴隶"（p. 278, Nr. 1），另一方面，湿婆则成为女性的敌人（p. 283, Nr. 83）、爱神的敌人（p. 302, Nr. 28）或其"惩罚者"（p. 313, Nr. 90）。这一切都相应于先前在某些纪念碑所表明的：印度人的整个伦理之有机的—相对主义的基础。

严格传统主义的特征，但若从在世俗中行动而非世俗的行动这点看来，却带有神秘的色彩。任何印度人想都不会想到的是：要将其在经济的职业忠诚上所获得的成果，看成是其恩宠状态的表征，或者，更重要的是，将依据切事的原则而理性地改造世界，评价为神之意志的实现，并且着手去做。

值得注意的是，不管过去或现在，真正主智主义的阶层和一般而言关心"救赎"——无论是何种理性意义上的"救赎"——的阶层，在印度到底有多么的薄弱。大众，至少现今的印度教徒，对于"救赎"（moksa, mukti）根本一无所知。他们不仅不知这样的字眼，更不用说是意义。除了短暂的时期外，事情想必一直就是这样。一面倒的纯粹此世性的救赎关注、粗俗的巫术，或是再生机会的改善，从过去到现在，始终都是他们所致力追求的。各教派，至少现今，并不在意真正的"大众"。若以明确的教派归属（通过曼陀罗的传授或彩绘、烙印）为基准，根据早先提及的资料，毗湿奴教徒、湿婆教徒、耆那教徒和佛教徒加起来，很难超过总人口的 5%，实际上可能更少。确实，已有学者提出且议论纵横地辩护这样的理论[1]：任何非异端的印度教徒，本身并没有自觉到，若非湿婆教徒，即为毗湿奴教徒。换言之，他所求的，就前者而言，是融入那独一无二者之中，就后者而言，是永恒的生命。这表现于其临终时惯有的态度上，亦即出之以呼唤救难圣人的咒文（曼陀罗）的形式。然而，这样一种特别用于临终时的曼陀罗，实际上并不是普通惯见的；而且即使湿婆教徒是追求不死性的，然而

1　譬如贡献良多的印度学学者 G. A. Grierson。关于他的见解和针对这点，参见 Blunt 在 1911 年的《（联合省）普查报告书》里的详细论述。

其通常惯行的咒文形式（尤其是劝请罗摩）[1]，一点也不表示说，可以从这当中和神及其特殊的共同体产生出不管怎样的一种关系。印度教的大众，有时甚至连湿婆和毗湿奴的名号也不知道[2]。他们所了解的"救赎"（mukhti），无非就是美好的再生，而且，和古老的印度教救世论相呼应，在他们看来，这完全是根据自己的行为，而不是神的。

印度教的大众所祈求于其地方村落神的，是下降甘霖或阳光普照，所求于家族神或 Mailar Linga, Kedar Linga（持咒物）的，是其他日常生活需求上的帮助。想要从他们用来作为顾问的导师那儿学得什么"教派的"教育，根本是不可能的，因为导师所教的，除了礼仪形式之外，就只有俗人大众完全无法理解的婆罗门神学，这更显示出存在于知识人的宗教意识和大众的日常要求之间的鸿沟。教派的加入取决于婆罗门导师，只有他对教派归属问题还稍有理解。大众是绝对不会将自己绑在某个教派上的。就像古希腊人根据不同的时机而崇拜阿波罗或戴奥尼索斯，中国人虔敬地参与佛教的法会、道教的巫术和儒教的庙堂祭典一样，普通的印度教徒，亦即没有特别加入某个教派者，也同样是如此地看待祭祀与神祇——特别是不仅止于被视为正统的祭祀与神祇。不只耆那教和佛教的圣者，连同伊斯兰教和基督教的圣者（例如耶稣会最早的传教士圣方济·沙勿略[3]），也都能够欢喜享用印度教徒为他们所备办的祭典。

教派及其救世主信仰，无论过去或现在，都不过是（多半）

---

1 譬如毗湿奴派念诵：Ram, Ram, satya Ram。
2 此种情况下，一般所崇拜的是"最高"神，其次是古老的 Parameśvara（绝对神）。
3 有关圣方济·沙勿略的事迹，参见本书第三篇第四章 p. 398 注 2。——译注接受知识人劝导的中产阶级的事，而借冥思之力得救赎，则是知识阶层的事。当然，如先前所论的，我们也不能够因此就说：知识人的宗教及其救赎许诺的特色，一点儿也没有对大众的生活态度发挥极为持续性的间接影响。其实，这样的影响还是蛮大的。不过，就效果而言，此种影响从来就不是发生在对大众的生活态度产生入世的、讲求方法的理性化的这个层面上，而多半是恰好相反。财富，尤其是金钱，在印度的格言里，享有几乎是过分的评价[1]。除了自己享用或赠予他人外，第三个选择不过是消费[2]。印度教所创发出来的，并不是对理性的、经济上的财富积累和重视资本的动机，而是给予巫师和司牧者非理性的积累机会，以及让秘法传授者和以仪式主义或救世论为取向的知识阶层有俸禄可得[3]。

知识阶层，在此情况下，特别是受到欧洲影响与训练、或因此而感受良深的现代知识阶层的一个问题，本质上，便在于印度教内部之现代的"改革"运动。换言之，在欧洲已多受讨论的结社，

1　参照 Liebich, Sanskkrit-Lehrbuch, p. 265, Nr. 40, 41。

2　同上，Nr. 43。

3　印度特有的累积财富的形式，在这样一个 Vaidika 出身的幸运儿身上表现得最为清楚：13 世纪时，这个人被一个拉甲召唤到 Kotalihapur 去，因为拉甲家的屋顶上有一只死掉的老鹰掉下来，为了怕此一不干净的恶兆带来坏事，所以请他以仪式来破除。除了仪式本身所需的巨额款项之外，他所领得的谢礼还包括被授予土地采邑和查米达的地位，也因此，他这一家直到晚近还是孟加拉一数二的巨富。

在 Pancatantra，商业有时优先于其他（诸如乞食、事奉王室、农耕、知识、高利贷等）的赚钱方法（参见 Liebich, p.99）。不过，作为商业经营的方法，除了香料交易、存放业务、会社经管、对外贸易和货物运送之外，还有以伪报价格、伪造数量与重量来获利，以及种种这类的方法，同时交互运用。这和清教徒及耆那教徒的伦理，形成强烈的对比。

如"梵教会"（Brāhma Samāj）[1]，以及或许更重要的"雅利安协会雅利安协会"（Ārya Samāj）[2]。此一改革运动的历史，对我们的行文脉络而言，和英—印系大学教育所训练出来的、在政治和新闻界成为担纲者的那些人的观点一样，并不是那么重要。这些担纲者同时也是在这个国家——因相互尖锐敌对的种姓、教派、语言、人种等各种集团而分崩离析的这个国家里，渐次浮现出来的近代（西方意义下的）印度国家意识的担纲者。只是，此种现象和我们此处所要刻画的本土印度人的性格，必然完全异质。因为，此种现象只是在统一的市民阶层——连同其所怀抱的民族文学、特别是其出版活动——的基础上成长起来，并且，一般而言，是以一种可说是统一的（外在的）生活样式为前提。这一切和以印度教为传统的印度，正相对反。

1　又称"梵协会"、"梵社"。1828 年由蓝姆汉罗伊（Rām Mohan Roy, 1772—1833）创立于加尔各答。教义是以"梵"为唯一之神，提倡以《奥义书》为中心，回归传统之纯粹婆罗门教。罗伊深受西欧理性思想与基督教精神之影响，乃将其设法融入梵教会，进而排斥多神教及偶像崇拜，否定轮回观念，革除一夫多妻制、寡妇殉葬等社会习俗。梵教会在 19 世纪中叶时曾颇为兴盛，后来由于分裂而逐渐衰微。——译注

2　又称"圣社"。1875 年由戴雅南达沙热斯婆地（Dayānanda Sarasvati）创立，主张改革印度教，反对偶像崇拜、种姓隔离与童婚，回归吠陀传统，重视社会福利与教育，并创建保护母牛协会。1877 年该协会以拉合尔为活动中心，初期成员多为商人与手工业者，后亦有王公等上层阶级人士参与。——译注

第六章

亚洲宗教的一般性格

亚洲世界的文化具有他处所不及的多样形态，当我们越过表面的观察来加以回顾时，那么还有以下这些要说说：

对亚洲整体而言，中国扮演了类似法国在近代欧洲所扮演的角色。所有世情通达的"洗练"，莫不是源自中国，再传布于日本和中南半岛。相反的，印度的意义则可媲美于古代的希腊世界。在亚洲，举凡超越现实利害的思想，很少能不将其根源追溯到印度的。尤其是，印度的（不管正统或异端的）救赎宗教，在整个亚洲地区扮演了类似于基督教的角色。只不过，这其间有个重大差异：撇开地方性的和多半是一时性的例外不谈，那些宗教之中没有任何一个成为永远高居于唯一支配权地位的宗派，可以像西方在中世纪和直到《威斯特法利亚条约》签订之前的情形[1]。

原则上，亚洲过去是、现在仍是各种宗教自由竞争之地，类

---

1 《威斯特法利亚条约》(*Peace of Westphalia*) 签订于 1648 年，结束了欧洲自 1618 年以来的三十年战争 (Thirty Years' War)。三十年战争的起因相当复杂，不过，其中也包含了基督新教与天主教的对立。此一条约基本上承认了彼此的势力范围，换言之，一个教会——梵蒂冈的教皇为上帝在人间唯一之代表——的理想，至此遂告破灭。——译注

似西方古代晚期那种宗教的"宽容"。换言之，是在国家理由的限制下的宽容——可别忘了，这同样也是我们现今一切宗教宽容的界限，只不过，作用方向有所不同。一旦此种政治利害（按：国家理由）出了不管怎样的问题，即使在亚洲，最大规模的宗教迫害也是少不了的。最激烈的是在中国，日本和印度部分而言也有。和苏格拉底时代的雅典一样，亚洲也一直有基于迷信而被强迫牺牲的情形。结果，宗派间和武装僧团间的宗教战争，直到19世纪都还不断上演着。

然而，我们注意到，整体而言，各式各样的崇拜、学派、宗派和教团都相互并存着，亦如西方古代固有的情形。当然，在当时多数的支配阶层眼里，以及往往包括当时的政治势力在内的立场看来，那些相互竞争的方向绝非具有同等价值。事实上既有正统与异端之分，而正统派之下又有较古典或较不古典的各种学派、教团和宗派之分。尤其是——这点对我们而言显得特别重要——他们彼此间又有社会性的区别。一方面（占较小分量），是依他们所驻足的阶层而定，另一方面（主要重点）是依他们所给予不同阶层的信徒的救赎方式而定。第一种现象部分是以这种方式呈现出来，亦即：严格拒斥任何救赎宗教的社会上流阶层对立于一般大众的民间救世论，中国代表此种类型；部分则呈现为：不同的阶层钟情于不同形式的救世论。此一现象在多半情况下，亦即在没有导致社会依阶层而形成专属宗派的所有情况下，与下面的第二种现象是一样的，换言之：同一种宗教给予种种不同的救赎财，依此，各个不同的社会阶层对救赎财的需求强度亦各自不同。绝少例外的，亚洲的救世论所知唯有模范型的许诺，其中多半是过着僧侣生活者方能获救的许诺，但也有些是给俗人的救赎许诺。

所有发源于印度的救世论，几乎毫无例外的都有这种类型。

　　这两种现象的根底是相同的。特别是，两者是紧密相关联的。一方面，有一道鸿沟将有学识的"教养人"和无学识的俗民大众相隔开来；另一方面，与此相关联的，是亚洲所有哲学和救世论所特有的共通前提：知识，不管是学识性的知识还是神秘性的灵知，终究而言，是通往此岸与彼岸之最高救赎的绝对唯一途径。值得注意的是，此种知识并不是关于此世事务的知识，亦即并不是关于自然和社会生活的日常知识或支配此二者之法则的知识，而是关于世界与生命之"意义"的哲学知识。这样一种知识显然根本无法以经验性的西方科学方法来取代，并且也绝对无法借此——就其自身的目的而言——极力求取到。这样的知识是超出于科学之外的。

　　亚洲，再次，也就是说印度，是专一地以主智主义的态度来奋力求取"世界观"——就此词原本的意味而言，换言之，人生在世的"意义"——的典型国度。此处，可以确信的——有鉴于言语表达的不完美，也只有姑且作这样不十分完整的论证——是：在有关世界与生命之"意义"的思考领域里，完全没有什么是亚洲地区未曾以不管是怎样的一种形式作过思考的。亚洲的思考所致力寻求的那种知识，按其原来所意味的性质，无可避免地（并且通常事实是如此）都带有灵知的性格；此种知识对于所有纯正亚洲的（也就是说印度的）救世论而言，是通往最高救赎的唯一之路，同时也是达到正确行为的唯一途径。因此，再明白不过的，是与所有主智主义相亲和的这个命题：德行是"可以教导的"，对于正确行为的正确认知会导致完全无误的结果。在（譬如大乘佛教的）民间传说里——对于造型艺术，这样的民间传说扮演着类似于西方的圣经故事所扮演的角色——此一命题处处皆是不证自明的前提[1]。唯有知识能对自己本身或他人发挥——视情况而定——伦理的或巫术的力量。关于此种知识的"理论"与"认识"，完全不是经验科学知识的一种理性表现与学习——如西方那样，使得对自然与对人的理性支配成为可能；而毋宁是对自己和对世界的神秘性与巫术性的支配手段，亦即灵知。这可以通过肉体与精神极为密集的训练而获得，换言之，若非禁欲苦行，即是（照例如此）严格讲求方法规制的冥思。

　　由于这样的知识在实际上保持着神秘的性格，因而产生出两个重要的结果。其一是救世论的救赎贵族主义。因为，神秘灵知的能力是一种卡理斯玛，并非任何人都可以获致的。还有，与此相关联的，是救世论的非社会与非政治的性格。神秘的知识并不是，至少不是可以适切地和理性地传递给他人的。亚洲的救世论总是将最高救赎的追求者导引到一个隐于俗世背后的国度（hinterweltliches Reich），一个不具理性形式的国度，并且正是因为这种不具形式性，而成其为可以得见神、保有神、被神附体或与神合一的一种禅悦的国度，此种禅悦并不属于世间，然而却可以（也应该可以）通过灵知而在此世的生活里获得。此种禅悦，在亚洲的神秘的直观的最高形式里，被体验为"空"：跳脱出现世及其一切造作的空。这和神秘主义标准的意义特性完全相应，只不过是在亚洲才开展到终极的形态。对于俗世及俗世造作的贬斥，乃是一种纯粹心理学上不可避免的结果；这种神秘的救赎拥有的

1　参见前面引用的 *Mahasutasomajataka*，Grünwedel 译，*Buddhist. Studien*，V. d. Kgl. M. f. Völkerk. Berlin, V. , S. 37 f. 。

意义内涵，并不是可以理性的方式再进一步加以解释的。

在理性的解释下，此种被神秘地体验到的救赎状态就是：安静，对立于不安。前者是属于神圣境界的，而后者则是特属于被造物的，因此，最终若不是完全表象的，就是在救世论上毫无价值的、受制于时间—空间的、无常的。此种取决于体验的对待世界的内在态度，对于被造物状态之最理性的解释，同时也是几乎在全亚洲普遍取得支配性地位的解释，便是基于印度的轮回与业的教义。借此，在救世论上受到贬斥的现实生活的世界，获得一种相对而言合理的意义。

根据理性上最极度推展的观念，支配着俗世的是决定论的法则。按照特别是在日本发展起来的大乘教义，则支配着外在自然的是我们西方意味下的严格的因果律。支配着灵魂之命运的是伦理性的、业的因果报应的决定论。这是无法逃脱的，除非借着灵知的手段逃进那俗世背后的国度里，在那儿，灵魂的命运可以单只被理解为"寂灭"，或永远处于无梦之眠的个体静寂的状态，或者一种直觉见神的、永远寂静的感情禅悦的状态，或是与那神圣唯一者合而为一的开悟状态。

总之，以下这样的想法（基督教的观念）——在这个地上的无常的存在所做出的无常的作为，会在"彼世"里得到"永远的"惩罚或报偿，并且是出于一个同时是无所不能而又良善的神的支配——对于所有纯正亚洲的思维而言，不啻是荒谬的，并且似乎在精神上是第二义的，而往后恐怕也一直都会如此。因此，像西方的救世论里的来世教义那样极力强调此世的短暂生命的情形，在此消失无踪。在漠视世界的既有态度下，所能采取的若非外在的逃离现世，就是内在于现世的态度，只不过是漠视世界的行为；

然而，**面对**世界与一己的行为而得确证，是不会在以上两种态度当中、也无法通过这两种态度来达到的。

最高的神性以人格性来表现，或者如通常所见的，以非人格性来表现——这点对我们而言并非不重要——是程度上的问题，而不是原理上的差异。很少（但有时）出现的人格神的超世俗性并不具有决定性。具决定性的是被追求的**救赎**财的性格。然而，这最终还是取决于是否有个知识阶层——对于世界之意义的思考有所追求，并且为思考而思考的知识阶层——成为救世论的担纲者。

此种主智主义的救世论，如今所面对的是在生活上采取实际主义行动的亚洲各阶层。要在现世内的行动与超俗世的救世论之间产生一种内在的关联，是不可能的。内在的彻底首尾一贯的唯一形式，是印度吠檀多派的婆罗门教里的种姓的救世论（Kastensoteriologie）。其职业观念必然对政治、社会与经济等各层面产生极端传统主义的影响。然而，此一救世论正是历来所曾开展过的"有机的"救赎教义与社会理论当中，唯一在逻辑上彻底完备且颠扑不破的形态。

面对救世论，有教养的俗人阶层所采取的是和其内在情况相应的态度。若是本身在身份上是权贵阶层，那么还有更多的可能性。第一，这是个有学识教养的、世俗的武士阶层，对立于具有学识教养的、独立的祭司阶层，诸如印度古代的刹帝利和日本的宫廷武士阶层。在此情况下，他们部分而言参与了免于祭司干涉的救世论之创造，例如主要见之于印度的情形，部分而言则表现出对于所有宗教都抱持怀疑的态度，例如在古印度的一部分高贵俗人阶层所见的，而见于大多数日本的贵族知识阶层。对后者而言，怀疑尽管归怀疑，只要他们还有和宗教惯习相互妥协的动机，那么他们通常是以纯粹仪式性的、形式主义的态度来对待这些惯习。在日本古代和印度古代的部分贵族教养阶层身上，都可以看到这样的态度。

第二，这个阶层是官吏和高级武士，例如在印度。此时，只能有上述提及的这种态度出现：他们固有的生活态度全都（包括我们截至目前所曾提及的所有情况）受到祭司阶层的规制，当然，在仪式上是相应于其本身的固有法则性，并且这个祭司阶层足够有力的话——例如在印度的情形。在日本，祭司阶层自从遭受将军的打压之后即不再有足够的能力（除了在外在的名目上）来规制武士阶层的生活态度。

第三，和截至目前所说的情况相反，这个高贵的俗人阶层不只是家产官僚制里的世俗官吏、官职俸禄受领者和官职候补者，同时也是一个并无有力的祭司阶层与之竞争的、国家祭典的担纲者。在此情况下，这个阶层发展出自己严格仪式性的、纯粹现世内取向的生活样式，并且将礼仪当作是身份性的仪式来进行，就像儒教在中国之被其——以（相对而言）民主的方式来补充员额的——士人阶层所实行的那样。在日本，相对自由于祭司势力之外的世俗贵族教养阶层，虽然还是要对政治支配者克尽仪式性的义务，但是却没有中国家产制官僚和官职候补者的那种特质。他们是武士贵族和廷臣，也因此，他们缺少了儒教那种惩戒的、学问的要素。他们是特别强烈地将关注重点放在接受与融合各式各样的文化要素上的一个"教养人"的阶层，并且，至少在其内在核心里，深受封建的名誉观念所束缚。

由于亚洲的救世论的特质所致，在亚洲，无学识的"中产阶级"，亦即商人和属于中产阶层那部分的手工业者所处的状态，和西方有着本质上的差异。他们的最上一层，部分而言也参与了以理性的方式来完成主智主义—救世论的工程，换言之，要不是消极地拒斥仪式主义和圣典知识，就是积极地宣传个人救赎精进的唯一意义。只是，此种救世论，因其所具有的灵知的、神秘的性格，终究并未能提供给这个阶层任何基础，以发展出适合于他们的、讲究方法的、理性的、现世内的生活态度。因此，只要这个阶层的宗教意识在救赎教说的影响下被升华了，那么他们就会成为各式各样的救世主宗教信仰的担纲者。只不过，在此情况下，贯穿于所有亚洲的主智主义救世论里的灵知的、神秘的性格，以及陶醉于神、人神和凭神状态之与神秘主义者和**巫师**的内在亲和性，也是具有决定性作用的。

在亚洲，举凡巫师没有受到像中国或日本那种强力压制的地方，救世主宗教信仰所采取的就是圣徒崇拜的形式，并且特别是对**活生生的救世主**的圣徒崇拜，诸如导师或其同类的（不管是比较偏向秘法传授者式的，还是巫术式的）恩宠授予者。这赋予了无学识的中产阶级决定性的特征。此种多半是世袭性的卡理斯玛担纲者（巫师）所具有的绝对且无限的力量，只有在中国与日本被基于政治的理由与力量所大举破坏。在中国，此种破坏是缘于（民众）对于政治的士人阶层的服从，在日本，则缘于所有圣职者和巫术势力的威望一般性的衰落。除此，亚洲地区一般而言总存在着这样一个卡理斯玛阶层，这个阶层决定了大众的实际生活样式，并且授予他们巫术性的救赎：对于"活生生的救世主"的皈依，乃是亚洲虔敬心的特征类型。除了巫术（普遍而言）和氏族势力的完整性之外，此种卡理斯玛（就其最古老的意涵：作为一种纯粹巫术性的力量）的完整性，是亚洲的社会秩序的典型特色。

一般而言，特别是高贵的政治士人阶层和教权制的知识阶层，成功地将大众的狂迷升华或质变为对救赎者的爱与崇拜，或转化为圣徒崇拜的形式主义与仪式主义，只不过，有着各色不同的成果：在中国、日本与佛教化的中南半岛成果最著，在印度半岛成果最小。然而，就打破巫术的支配而言，这个阶层的企图与尝试，不过偶尔能获得成功，即便如此，成果也只是一时的。

以此，大众的宗教意识，特别是在农民、劳动者和包括中产阶级在内的宗教意识里，核心成分一直就是"咒术"（Zauber），而非"奇迹"（Wunder）。两者——奇迹与咒术——皆有双重意涵。若将西方的"圣徒传说"与亚洲的加以比较，就很容易确认这点。两者可以被看作是相当类似，特别是原始佛教和在中国经加工过的"圣徒传说"，与西方的"圣徒传说"有时在内在方面也很相似。然而，平均说来，两者是恰成对比的。"奇迹"，就其意义而言，总是被视为某种理性的世界支配的行为，一种神的恩宠授予的行为，因而，比起"咒术"来，往往是基于内在动机的行为。"咒术"，就其意义而言，是借此发生的：全世界都被巫术性的潜势力所充满，而此种潜势力是以非理性的方式来运作，并且是由具有卡理斯玛禀赋且按自由意志行动的存在，换言之，是由这样的人或超人，通过禁欲的或冥思的成就而蓄积起来的。

对我们而言，圣伊丽莎白的玫瑰奇迹显得颇有意义[1]。相反的，

1　圣伊丽莎白（Elizabeth of Hungary, Saint, 1207—1231），匈牙利公主，国王安德鲁二世之女。1221 年嫁路易四世为妻，不久，路易参加第六次十字军东征，1227 年卒于军中，伊丽莎白离家加入圣方济会第三教团，在 Marburg 成立济贫院，终身服务贫民。关于她的传说甚多，也有不少被作为艺术题材，最为常见的艺术作品显示她在进行慈善活动时与亡夫之灵相遇，奇迹出现——她所携带的面包变成玫瑰。——译注

咒术的普遍性却破坏了诸事象的所有意义关联。我们可以在典型的、一般见于亚洲的（例如大乘佛教徒的）"圣徒传说"里看到：此种现世内的机器降神（Deus ex machina），是以一种乍看之下极为不可理解的方式，和完全相反的、但同样极为非艺术的欲求相互联结在一起——此种欲求之所以是非艺术的，原因在于其理性主义的意涵，换言之，尽可能地要将传说里完全无关紧要的、不管是怎样的个别事象，都冷静地赋予其历史上的缘由。以此，印度童话、寓言与圣徒传说的古老宝藏——全世界的寓言文学的历史泉源——后来即通过此种对施行咒术的救世主的信仰，而变形为一种具有彻底非艺术性特征的文学艺术；对其读者层而言，此种文学艺术的意义，相应于被通俗性的——塞万提斯不得不奋起抵抗的 [1]——骑士小说所唤起的感情。

　　在这个咒术遍在的、极端反理性的世界里，经济的日常生活亦是其中的一环，因而由此世界中不可能开展出一条道路通往现世内的、理性的生活态度。咒术，不只是治疗的手段，而且也是为了达成以下种种目的的手段，诸如：为了出生，特别是生而为男子的手段，为了考试及第或为确保获得一切可以想象得到的地上财货的手段，以此而有对付敌人、对付恋爱或经济上之竞争者的咒术，赢得诉讼之雄辩的咒术，债权人得以强制债务人实行清偿债务的降魔咒术，为了企业的成功而影响财神的咒术——所有这些，要不是形式十足粗糙的强制巫术，就是较为精致的借着供物来赢得功能神或恶魔的助力。通过这些手段，亚洲地区广大的无学识的大众，连同知识阶层本身，试图支配自己的日常生活。

1　塞万提斯（Cervantes, 1547—1616），西班牙作家，著有《堂吉诃德》。——译注

此处，在这样一个将"世界"之内所有的生活都笼罩在里头的咒术花园里，不会产生出一种理性的实践伦理和生活方法论来。当然，此中仍有神圣的与"俗世"的对立，而此种对立，在西方，决定了生活态度之统一的体系化之建构，并且在历史上通常是以"伦理的人格"（ethische Persönlichkeit）表现出来。只是，在亚洲，此种对立从来就不是西方的这种情况[1]，换言之，在西方的情况是，伦理性的神对立于一种"原罪"的力量、一种根本的恶的势力——可以通过生活上的积极行动来加以克服。而亚洲的情形毋宁是：1. 以狂迷的手段获得恍惚的附神状态而对立于日常生活，同时，在日常生活里，神性却又并不被感受为活生生的力量。换言之，非理性的力量昂扬高涨，正好阻碍了现世内生活态度的理性化。或者，2. 灵知的不动心—忘我的入神状态对立于日常生活，在此，日常生活被视为无常且无意义的活动场所。换言之，同样是一种非日常性的、特别是消极的状态——若从现世内的伦理的立场看来，由于其为神秘的，所以是非理性状态——舍弃俗世里的理性行动。

举凡现世内的伦理被分门别类地依专业而体系化之处——正如为印度教之现世内的种姓伦理的相应态度，提供极具首尾一贯性且在实践上十分有效的救世论的报偿那样——此种伦理也同时会被传统主义—仪式主义地彻底定型化。若非如此，那么"有机

1　只有在这层意义上，Percival Lowell 才气纵横地揭示出来的命题——举"非人格性"为东亚的基本特征（*The Soul of the Far East*, Boston and New York, 1888）——方能为人所理解。此外，关于他说到亚洲生活之"单调"的论断——特别是以一个美国人的立场来说——必然成为所有东亚人大大惊叹的对象。关于"单调"的真正精髓所在，美国的一个公民 James Bryce 倒是很可以作个古典的见证人。

的社会理论"的胚芽就会浮现出来，只不过这其中缺少了为相应的实际行动提供在心理上有效的报偿，并且也缺乏一种首尾一贯的、具有心理效用的体系化。

俗人，被拒于灵知、也就是最高救赎之外（或者他们本身也拒斥此种救赎），在行动上是仪式主义与传统主义的，并且也依此来追求自己日常的利害。不管或大或小，亚洲人无止境的营利欲在全世界是无与伦比地恶名昭彰，并且一般而言此种恶评还真是对的。然而，这种欲望甚至可说是一种穷尽一切计谋、包括寻求普遍性手段——亦即巫术——之助力的"营利冲动"。其中所缺乏的正是对西方的经济而言关键性的要素，亦即：对营利追求的这种**冲动**性格加以破除，并加以理性地切事化，且将之规制于一个理性的、现世内的行动伦理的体系里——一如西方之基督新教的"现世内的禁欲"所完成的（和其有内在相似性的东方先驱者很少继续下去）。为此所需要的各种前提，并不存在于亚洲宗教的发展里。如果说要求俗人过着神圣的苦行者的生活，亦即过着像尊者（Bhagat）那样的生活，而且还不只是作为一种老年人的生活目标，而是在一般的生活上遇到没有工作时即暂时去过一段游方托钵僧的生活——而且并非没有成果[1]，并且在宗教上是受到称扬的，那么，"现世内的禁欲"如何能在这样的一种宗教意识的地基上生长出来呢？

在西方，理性的现世内伦理的发生，是与思想家和先知的出现联结在一起的，而这些人物，就我们的观察，是在某种社会结

1　在印度，主要是在4月份时，下阶层的种姓成员暂时过一段游方托钵的生活，是一种仪式上的义务。

构的**政治**问题的地基上成长起来的，换言之，那是一种不为亚洲文化所知的社会结构，亦即：**城市**的政治市民阶层，若无城市，则不仅犹太教和基督教，就连希腊思想的发展，都是无法想象的。然而，在亚洲，此种意味下的"城市"，部分受阻于氏族势力之未受破坏的完整性，部分则受阻于种姓之间的异质性，因而无从产生。

亚洲的知识阶层所关怀的既然是超越日常生活的事物，因此多半将其关注点放在政治之外的方向上。政治上的文人，例如儒教徒，与其说是政治人，倒不如说是个具有审美教养的文书练达者、清谈者（在此意义下，可说是沙龙人士）。政治与行政，对他们而言只不过是维持俸禄的生计，实际上多半交付下面的僚属来处理。反之，不管正统还是异端派的印度教与佛教的教养人，发现其真正的关怀领域是完全外在于此世的事物，换言之，是在于追寻灵魂之神秘的、超越时间的救赎，以及从存在之"轮"的无意义机制当中跳脱出去。为了使这种追寻不受干扰，印度教徒尽量避免和西方的野蛮人太过接近，儒教的士绅也是如此，而他们是为了避免使自身优雅的身段受到损伤。

在儒教徒的印象里，西方人是热情洋溢的，但这种热情却未受到克制、没有加以纯化且肆无忌惮，如果可以的话，便自在地在生活样式、姿态、言谈里表露出来，缺乏应有的谨慎羞怯，在此意义上，就是欠缺对自己本身的支配。只是，亚洲这种独特的、对自己本身的"支配"的固有特征，反过来对西方人而言，却只能得到纯粹"消极的"评价。因为，那种时时清醒的自我克制——毫无例外地为所有知识分子、教养人士和救赎追求者规制出亚洲人的生活方法论的自制，到底是针对着什么样的重心呢？那种紧张地集中心神的"冥思"或皓首穷经的毕生研究——至少在其以追求完美的性格作为最高目标而摒挡外界干扰的精进情况下——
的终极内容又是什么呢?

　　道教的无为,印度教的"解脱"(解脱俗世的关系与关怀),
以及儒教的"保持距离"(远离鬼神和对不实在问题的执着),所
有这些就内容而言都是在同一线上的。西方那种积极行动的理想,
因此,也就是根植于某种中心——不管是放眼彼岸的宗教的中心,
还是现世内取向的中心——的"人格性",在所有亚洲最高度发展
的知识人的救世论看来,若不是本身即为终极矛盾的,就是庸俗
小道片面性的,要不然就是野蛮的生之欲望,而遭到拒斥。在亚洲,
要不是见诸儒教里的那种传统的身段之美(通过沙龙的精炼而升
华的身段之美),就是隐于俗世背后的、从无常里获得解脱的国
度——一切最高的关怀都指向那儿,而"人格性"也从那儿获得
该有的品位。这在最高的(而不只是正统佛教的)观念里,称作"涅
槃"。不只是在言词上,就连事实上我们都无法直截了当地把它翻
译成"无",虽然一般通行的做法是如此。只是,在"俗世"的观
点下,并且从俗世那方面来看,事实上这除了"无"之外似乎也
没有别的意义。当然,从救赎教义的观点看来,救赎状态确实是
两回事,并且有极为正面的评价。然而,绝对不可或忘的是,典
型的亚洲圣者所致力追求的无非是"解脱",而那种不可说的、逃
脱死亡的、此岸的、积极的禅悦的救赎状态,作为达成救赎的积
极补充,也只不过是**被期待**着的,并不总是能达成。相反的,事
实上达到此种拥有神性的状态,所必要的是受恩宠者的高度卡理
斯玛。如此一来,那些无法达成此种状态的大多数人又将如何呢?
对他们而言,还是那句老话:"目标不算什么,起而行就是一切"——
行向"解脱"的方向。

亚洲人，特别是饱学的或半吊子的亚洲知识分子，很容易就给西方人"谜样的"、"充满秘密的"印象。有人尝试通过"心理学"的取径来穿透这种想象中的秘密。当然，无可否认，亚洲人的气质的确存在着心理上与体质上的差异[1]：不管怎样，我们总可以确定，再没有比印度人和蒙古人之间存在着更大的气质上的差异了，但是，二者却能够认同相同的救世论；因此，必须强调的是，这样的取径并不是理解事情的根本办法。最能够促成理解的关键，毋宁是借着教育所赋予人的特征，以及客观环境所规制出来的关怀方向，而不是"感情内容"。对西方人而言，亚洲人的态度之最为非理性之处，是在于其受到礼节与仪式之惯习的制约，而这些惯习的"意义"，连他们自己也不了解。当然，这种了解上的困难，对我们而言和对亚洲人而言并没有两样：这类风俗习惯的原始意义，对于在其熏陶下成长起来的人而言，往往早已不再是清楚明白的了。

在此情况下，亚洲知识分子的那种自制且贵气的谦恭有礼，以及意味似乎无限深长的沉默，在在折磨着西方人的好奇心。在此种沉默背后，究竟存在着什么样的内容？关于这点，或许最好还是放弃某种明显的偏见。站在自然的宇宙跟前，我们会想：自然——不管对分析着它的思想家也好，或是对观看着它的整体图像而深受它的美丽所感动的观察家也罢——必定有些关于它自身

1　就我们的文本而言，特别是印度人所具有的那种似乎极为容易歇斯底里和自我催眠的性向，值得作人种神经学上的进一步观察。问题在于：此种性向上的差异，难以确定在多大的程度上是基于神经病理的恍惚忘我手段——在几乎所有的"原始民族"里都可以发现其萌芽阶段，但在印度却被发展成艺术的忘我技术——所造成的。

的"意义"的"终极的话"要说。就像狄尔泰曾经提过的[1]，宿命的事实是："自然"甚至没有必要去透露这样一种"终极的话"，或者，并不认为自身是处于要这样做的一种状态。这就和下面这样的信仰相类似：凡是有品味地保持沉默者，就必定是有更多必须保持沉默的缘故。然而，对亚洲人而言，实情并非如此，就像对其他地方的人来说也一样。当然，亚洲文献当中的救世论作品，对于在这个特有领域中浮现出来的多半问题，比西方人要更加不顾一切地彻底呈现。

亚洲之一般缺乏经济的理性主义和理性的生活方法论，除了另有精神史上的缘故之外，主要关键在于社会结构的**大陆**性格，而此种性格乃是由地理结构所造成的。西方的文化发祥地全都是海外贸易或中继贸易的所在：巴比伦、尼罗河三角洲、古代城邦以及叙利亚沙漠商队贸易走廊沿线的以色列誓约共同体，都是如此。亚洲又是另外一种景观。

亚洲的各民族之对外贸易，主要是采取闭锁或极端限制的立场。直到被武力强迫开放门户之前，中国、日本与韩国莫不是如此，而中国西藏至今仍然不变。印度的大多数地区虽然本质上较不那么强烈，但仍然可以感受到那样的立场。在中国与韩国，对外贸易的限制是取决于俸禄化的过程，由于俸禄化，经济被自然而然地导向传统主义式的停滞状态。任何的改变都会危及官绅阶层的收入利益。在日本，封建体制的利益同样导致经济的停滞化。

此外，另有一层仪式性的因素也起了作用（中国西藏即是如此）：外国人踏入神圣场所会惊动鬼神，并带来巫术性的祸害。根

---

1 狄尔泰（W. Dilthey, 1833—1911），德国哲学家。——译注

据游记（主要是关于韩国），我们看到：当欧洲人出现在神圣场所时，民众是多么狂躁不安地害怕会有这种结果。在印度——最不那么封闭的地方，对于旅行愈来愈强的仪式性顾忌，特别是在仪式上不净的野蛮地区旅行的疑虑，使得对外贸易遭到反对，并产生政治上的顾虑而尽可能限制外人的入境许可。政治上的顾虑在所有其他地方，特别是在东亚地区，毕竟也是政治权力听任仪式性的外人恐惧自由发展的最关键性因素。

本土文化的这种森严的门禁，是不是会产生出某种所谓的"民族感情"（Nationalgefühl）呢？答案是否定的。亚洲知识阶层的本色根本地阻止了"民族的"政治实体的产生——如西方自中古后期以来所发展起来的那样一种类型，而我们对于民族国家的完整观念，也是近代西方的知识阶层才开展出来的。亚洲文化地区本质上欠缺语言共同体。文化用语，若非宗教语言，即为文人语言。换言之，在贵族的印度人地区，用的是梵文，在中国、韩国与日本，用的是中国官绅的语言。此种语言，相当于拉丁文在中古时期的地位，或者如希腊文在古代末期的中东、阿拉伯文在伊斯兰教世界，或教会用的斯拉夫文和希伯来文在其相应的文化地区里的地位。在大乘佛教的文化地区，情形一直是如此。在小乘佛教地区（缅甸、锡兰、暹罗），民族方言基本上被当作布教用语，而且导师的神权政治是如此的绝对，以至于根本不可能产生任何一种由知识阶层所构成的俗世的政治共同体，除了由僧侣来组成的之外。只有在日本，封建制的发展带来一种真正"民族的"共同体意识，只不过主要是奠基于身份性的—武士的基础上。

在中国，儒教审美的文书文化与所有庶民阶层的文化之间存在着巨大鸿沟，以至于那儿只有士人阶层的一种教养身份的共同体存在，而整体意识也只扩展到这个阶层本身能直接发挥影响力的范围内（当然，这影响力是不小的）。换言之，帝国（Imperium），如我们先前所述的，基本上是由各省组成的联邦国家，只不过是靠着职权定期交替的高级官员四出于非故乡地区当政，才融合为一个统一体。无论如何，在中国，日本也一样，总是存在着这么一个用心于纯粹政治利害关系的、因而也是具有学识的阶层。就连这么一个阶层也没有的，是印度独特的救世论所驻足的整个亚洲地区，除了中国西藏——在此，这个阶层作为僧院领主阶层而高踞于大众之上，也因此和他们没有什么"国民的"关系。亚洲的教养阶层总是一径地"固守"在自己固有的利害关怀里。

如果有个知识阶层深入地追索世界及其自身生命的"意义"，并且——在此种直接理性主义的努力失败之后——体验性地去加以掌握，接着再将此种体验间接理性主义地提升到意识上来，那么，这个知识阶层总会走向印度之无形式的神秘主义，而进入那隐于俗世背后的平静绿野里。另一方面，若是一个知识阶层抛弃那种逃离世俗的努力，而代之以有意识地、意图在优美身段的风雅与品位里追寻现世内之自我完成的最高可能目标，那么，不论怎样他都会走到儒教高贵的（君子）理想的轨道上来。不过，亚洲所有的知识人文化，本质上都是这两种要素交错融合而成的。

通过应付"日日之要求"的单纯行为，以赢得与真实世界的那种关系——此乃西方特有的"人格"意义之基础，这样的思想，对于亚洲知识人文化而言，和以下这种想法一样的遥远：借着发现世界固有的、非人格的法则性，而实际地支配世界的那种西方的、纯粹切事的理性主义 [1]。亚洲的知识人以严格的仪式性和教权制的方式将自己的生活样式定型化，以免落入西方近代那种方式的追寻，亦即：将自己与所有其他人对立起来，以追求唯一个自己的独特所在，紧紧抓住自己以逃脱泥沼，直到形成一种"人格"。对他们而言，这不啻是一种徒劳无功的努力，就像试图有计划地去发现某种特有的艺术形式一样，结果不过是"样式"罢了。他们那种半是神秘主义的、半是现世内审美的自律目标，除了借着完全脱离于生活的各种现实势力的方式来追求以外，别无他法。这就远离了"大众"在实际行动上的利害关怀，也因此而听任他们束缚于完好无缺的巫术网罗里。

整个社会分裂成两半，一边是有知识、有教养的阶层，一边是没有教养的平民大众。对于高贵的阶层，诸如自然、艺术、伦理、经济等现实世界之切事的内在秩序，全都隐而不显，因为他们对这些似乎一点儿兴趣也没有。他们的生活样式是以获得非日常性为取向，例如，将其重点彻头彻尾置于追寻**模范型**先知或智者上。然而，对于平民大众，伦理地、理性地规范其日常生活的**使命型**先知预言却没有出现。这样的先知预言出现在西方，特别是在近东，带来极为广泛深远的影响，不过，却是以极为独特的历史情境为其先决条件的，若无此种先决条件，则尽管自然条件有多么不同，那儿的发展还是极可能轻易地就走上类似亚洲尤其是印度的轨道。

1　中国的某些（不是全部）发明是用来派在艺术的用场上，而不是派作经济用途——此事并不是像 Percival Lowell 所想的那样具有征性的意义。实验，在西方是从艺术里生发出来的，许多的"发明"，也包括在亚洲很重要的战争技术和神疗术目的的发明，原先都属于艺术。然而，艺术被"理性化"，并且实验在此基础上步向科学，这些对西方而言都是关键性的。在东方，我们所谓的朝向专家理性的"进步"之所以受阻，并不是由于"非个人性"（Unpersönlichkeit），而是由于"非切事性"（Unsachlichkeit）。

附

录

参考文献

　　要认识印度，尤其是种姓制度，基础在于统计数字以及特别是出色的社会学研究，这都包含在行之十年的普查报告公刊里（《印度普查报告》，通常是以一篇通论性的报告为首，然后是各州的详细资料，除了纯粹的数据篇章之外，尚有明列统计图表的报告。出版地点：加尔各答）。1901 年的普查之所以有其特殊价值，是因为它首度提供了有关全印度的综合性素材，尔后 1911 年的普查则在许多重点上加以补充。李士莱（Risley，《孟加拉的种姓与部族》[1]的作者）、布兰特（Blunt）、盖特（Gait）等人综论性的著述和地方性的描述，是一般社会学文献当中最为上乘之作。

　　有关印度的一本独到的工具书是《印度帝国地名辞典》（*The Imperial Gazeteer of India*），地名依字母顺序排列，为首的四卷绪论名为《印度帝国》（*The Indian Empire*,New Ed.,Oxford Clarendon Press,1908-1909），有系统地论述自然、历史、经济、社会及文化等状态。有关种姓的起源，普查报告的作者亦讨论

1　*Castes and Tribes of Bengal*, Calc, 1891-1892.

了诸多近代学者的理论，诸如塞纳（Senart）的《印度的种姓》（*Les Castes dans L'Inde*,Paris,1896）、布格列（Bouglé）的《种姓制度论》（*Essai sur le Regime des Castes*,*Travaille de L'Annee Sociologique*,Paris,1908），以及聂斯菲德（Nesfield）的旧作《西北诸省及奥德地区的种姓制度简论》（*Brief View of the Caste System of the Western Provinces and Oudh*,Allahabad,1885）。最出色的晚近著作为拜尼斯（Baines）的《民俗志》（"Ethnography",*Grundriss der Indo-arischen Philologie*,*Bühler* Ed.,Strassburg,1912），附有详尽的文献目录。以上这些著作以及德国杰出的印度学学者韦伯（A.Weber）、齐默（Zimmer）、奥登堡（H.Oldenberg）等人关于文化史方面有名的大部头研究，我们当然通贯全书处处引用，唯在涉及独特事实之处，便会特别加以注明。

　　在印度社会史方面，最好的一本着作是费克（R.Fick）的《佛陀时代之东北印度的社会结构》（*Soziale Gliederung im nordestlichen Indien zu Buddhas Zeit*,Kiel,1897）。在适当之处我们也会引用霍普金斯（Washburne Hopkins，特别是其所著的《印度今昔》[1]）及戴维斯（Caroline Davids）等人的著作加以补充。在历史文献方面，我们特别是参考史密斯（A.Smith）的《印度古代史：从公元前 6 世纪到伊斯兰教的征服》（*Early History of India from 600 B.C. to the Mohammedan Conquest*,Oxford,1904）、杜夫（Grant Duff）的《摩诃剌侘族的历史》（*History of the Mahrattas*,London,1911），以及类似《印度统治者丛书》（*Rulers of India Series*,Oxford）之类的作品。好的入门性概说则可在《印度

1　*India Old and New*, NewYork, 1911.

帝国》中找到。其他的文献则在适当之处引用之。关于近代军事
史就属侯恩（P.Horn）的《莫卧儿大帝国的军队与战事》（*Heerund
Kriegswesen der Großmghuls*,Leiden,1894）最称便捷。在经济史方
面，参考数据则于引用处加以注明。

　　纪念建筑物上为数甚伙的铭文为专题历史提供了莫大的数据
来源，然而这些材料至今尚甚少被综合性地运用。这些碑文大多
数是以原文附上翻译的形式加上语文和内容的批注陆续出版，部
分刊登于考古举杂志《印度古代学》（*Indian Antiquary*,至今已刊
行 4 开本 45 卷），部分刊登于纯粹的碑铭学辨认《印度碑铭学》
（*Epigraphia Indica*）。两个杂志里刊载着胡尔采（Hultzsch）、弗
利特（Fleet）以及特别是必勒（Bühler）等人精彩的专题研究。
可惜作者手边无法找到胡尔采的《南印度碑文》（*South Indian
Inscriptions*）与《印度碑文集成》（*Corpus Inscript.Indic*）。

　　在无以数计的文献资料中，吠陀经典最重要的部分已有
德文与英文的翻译。此外，社会学角度的研究可参考皮歇尔
（Pischel）与葛德纳（Geldner）的精彩著作《吠陀研究》（*Vedische
Studien*）；关于婆罗门的发展可参考布伦菲德（Bloomfield）的
《阿闼婆吠陀》（*Atharva Vedar*,in *Grundriss der Indo-arischen
Philologie*,Bühler Ed.,Strassburg,1899）；在宗教发展方面则可参考
奥登堡（H.Oldenberg）的《吠陀的宗教》（*Die Religion des Veda*）。
史诗当中,《摩诃婆罗多》(*Mahābharata*)与《罗摩衍那》(*Ramayana*)
已有部分被翻译出来，关于前者可参考达曼（S.J.Dahlmann）所著
的《兼为史诗与法典的摩诃婆罗多》（*Das Mahābharata als Epos
und Rechtsbuch*,Berlin,1895）。关于首陀罗的文献，目前已翻译出
来的可于《东方圣书》（*Sacred Books of the East*）中找到。前面提

及的费克、戴维斯夫人和霍普金斯等人关于佛教早期印度社会的研究，所根据的是早期佛教徒非常重要的传说《本生经》（*Jataka*，已翻译为英文），其次为 Apastamba,Manu,Vasishtha,Brihaspati,Baudhāyana 诸法典（都已收入《东方圣书》中）。关于印度的法律，我们特别是参考了乔利（Jolly）的著作（收于必勒编的 *Grundriss der Indo-arischen* Philologie）以及必勒与魏斯特（West）合著的《印度法律汇要》（*Digest of Hindu Law*,Bombay,1867-1869）。希腊的资料由麦克葛林德（McGrindle）收集，以英译文出版。中国人法显的游记则有理雅各（Legge）的译本。《梵书》（*Brahmana*）与《富兰那书》（*Purāna*）时期数量颇为可观的固有宗教文献当中，只要是被翻译出来且被利用到的，皆于本书第二部中注出。

对于印度教于今之为一种宗教体系，先前提及的普查报告书刊当中已有入门性与概括性的介绍。至于历史性的叙述，则见于比较宗教学方面的种种汇集资料及《印度帝国》中。另参见巴斯（Barth）的《印度的宗教》（*Les Religions de L'Inde*,Paris,1879），威廉斯（Monier Williams）的《印度的宗教思想与生活》（*Religious Thought and Life in India*,Part I,1891）。其他利用到的著作与专题论文则于第二部中引用。大多数的专题论文可在下列期刊中找到：*Journal of the Royal Asiatic Society*（J.R.A.S）,*Journal Asiatique*（J.A.）,*Zeitschrift der Deutschen Morgenländischen Gesellschaft*（Z.D.M.G.）。可惜我手边没有关于各州的《地名辞典》（*Gazetters*）可以参考，《孟加拉的亚洲协会期刊》（*Journal of the Asiatic Society of Bengal*）也只看到一部分。关于印度文学，整体而言，参见温特尼茨（Winternitz）的《印度文学史》（*Geschichte der indischen Literatur*,Leipzig,1908）。

附录二

门户开放的种姓

　　和所有关于印度教的一般观念一样，此处所谓的"门户开放"也只是相对正确的。尽管同等顺位的高级种姓间自古以来的排他性，如普查报告所刊载的，到了近代也时有松动的情形，但低等种姓则不只收容先前被破门出家的其他种姓成员，而且有时甚至行之完全漫无章法。例如孟买省的不净种姓 Bhangi，部分而言即是由上等种姓的破门出家者所组成。"联合省"的 Bhangi 则是容许个人个别加入的一个例子（也因此，如布兰特于 1911 年的《普查报告书》所说的，Bhangi 往往被视同为古法典中最低贱的不净种姓羌达拉）。其他也有些种姓原则上接受个别加入者，特别是Baishnab，此一教派种姓（毗湿奴派）即大量招徕丧失种姓者，如今更是招纳反对婆罗门支配的叛离者。尚未完全被印度教化为"种姓"的"部族"，以及仍然保有部族源起时之遗习的"部族种姓"，也往往宽大地接受个别加入者。其中尤以织席者与织篮者这种异常低级的贱民部族最为宽容。愈是严格依照古典样式而印度教化的种姓，排他性就愈强，而对于真正古老的印度教种姓而言，接受个别者的"加入"更是不可思议的事。

就以上事实，凯特卡（Ketkar）得到以下的结论[1]：各个种姓是否接纳外来者，印度教是"听其所好"，在这方面没有任何种姓有权替别的种姓立下规矩。这也未免太言过其实，虽然后半段在形式上倒的确如此。只不过，当一个依印度教方式组织起来的种姓接受个别加入者时，便会危及其整个的血族关系。至于这种个别加入的种种前提条件与方式的相关"规则"则至今尚未得见。实际上的个别加入事例，只不过表现出规则之所无，而非规则之存在。当一个地区体系性地施行印度教化之际，至少在古老的理论上，被印度教化的野蛮人（Mleccha）最多也只能加入最低下的不净种姓羌达拉。

到底在怎样的情况之下，一个被征服的蛮人之地才可作为献牲祭典的所在，换言之，成为一个仪式上"洁净"的地方？这个问题也时而被论及（例如《摩奴法典》卷二，页 23），而答案是：唯有当国王在那儿设下四大种姓，而使被征服的**野蛮人成为羌达拉**之时。其他的种姓（包括首陀罗种姓在内）之得以在某处成立，也唯有在属于该种姓的印度教徒进住当地之后才有可能，这根本就是不证自明之理[2]。总而言之，野蛮人除了这么"寒微起家"、从而通过轮回再图攀升之外，别无他法。这倒不是说"野蛮人"的社会地位就一定比被接纳的不净种姓来得低下。决定的标准在于生活样式与生活习惯。

根据 1901 年的普查报告，在"中央省"里，置身于种姓体制之外的部族，倒由于本身并非"被征服者"，而享有比那些不净的

---

1 参照其所著的 *Hinduism*（London, 1911）。

2 参照 Vanamali Chakravanti, *Indian Antiquary*, 41, p. 76（1912）。他认为东南部地区之所以会有这么多羌达拉种姓，就是由于此种征服之际的"类似规则"使然。

村落劳动者下级种姓更高的地位。如果他们被接纳为种姓，当然也在洁净的种姓之列。这和美国的印第安人与黑人享有不等的社会评价的情形，有着惊人的相似。究其实，印第安人之所以享有较高的评价，原因端在于"他们并未沦为奴隶"。因此，美国绅士可以和印第安人通婚、同桌同食，和黑人则从来不这样。在种姓秩序未遭破坏的地区，一个非印度教徒，譬如一个欧洲人，只能雇到不净种姓的成员来做家务，而仪式上纯净的印度教种姓人家所雇用的家仆，则毫无例外的是（而且也必须是）洁净种姓出身者。本文中还会详述这点。

附录三

印度史纲[1]

康乐

　　印度历史的暧昧模糊，恰与其宗教思想的光辉灿烂形成强烈的对比，这的确也是人类文明史上极端罕见的现象。不过，为了读者阅读本书时的方便，提供一幅简单的历史图像，似乎还是有其必要。下面我们就以表列的方式简述各个主要时期。但是这个年代表并非连续不断的，而且即使在编年秩序上没有间隙，也往往只是某一个政治区域在一片黑暗中独放光芒，通常也没能持续太久。

　　一、一般公认，在年代不太能确定的公元前一千年以前的某一个时期，有一群称为雅利安人的侵略者，从西北山区进入印度，他们与古代的伊朗人有相当密切的关系。当时的印度有其他的种族（或许是更早时期移入印度的），也有相当程度的文明，只是这并无助于他们抵抗入侵者。他们被迫退往南方，通常称为德拉威人（Dravidas）。编写早期《梨俱吠陀》之时，雅利安人显然是住

1　本文主要参考 Charles Eliot 著，李荣熙译，《印度教与佛教史纲》第一卷（高雄：佛光出版社，1990），页179—209。

在旁遮普，对海洋一无所知。这些雅利安人分成几个集团，其中特别被提到的有五个。我们听说在拉维河上发生过一次大战，在此次战役中，有十个国王的联军想以武力向东推进，结果遭到挫败。但是另外一支向东南方前进的军队，则成功地越过现在的联合省而抵达孟加拉一带。到了《梵书》及早期《奥义书》编成之时（约前800—前600），主要的政治势力是住在德里地区的畔遮罗人和拘卢人。

二、印度的信史开始于公元前6世纪佛陀生活的时期。当时北印度的诸小国虽然已有君主或贵族，但权力仍受到部落会议的极大限制。而其他的一些大国则已经转化为绝对君主专制的政体，并亟谋吞并这些小国。佛陀自己的国家（加毗罗卫），当他还在世时，即已为拘萨罗所征服。在此时期及以后的大约两百年间，波斯帝国在这个地区有两个属地：一个被称为"印度"，包括印度河以东、部分旁遮普地区；另一则为"犍陀罗"，在今巴基斯坦白夏瓦一带。

三、公元前327年，亚历山大大帝在消灭波斯帝国后，侵入印度，他在印度只逗留了19个月。公元前322年，亦即亚历山大死后的第二年，摩揭陀国王室的后裔旃陀罗笈多结束了马其顿人在印度的势力，取得王位，建立了孔雀王朝。他的孙子阿育王是第一个统治全印度的君主，在他统治时期（约前273—前231），孔雀王朝扩张成一个帝国，统治领域从阿富汗一直延伸到印度半岛的最南端。阿育王是个虔诚的佛教徒，佛教在此后的几个世纪中成为印度最为重要的宗教，基本上也是由于他的努力。在内政方面，阿育王颇为接近我们儒家所强调的圣君，虽然是个专制君主，实行的却是一种我们或可称之为"福利国家"的政策。阿育王的帝国在他去世后即告崩溃，印度也再度进入一个混乱时期。

　　亚历山大的侵略没有产生多少直接的影响，印度的文献中根本就没有提到这件事。但是它对于印度人的政治、艺术和宗教发展则有很大的影响，而且也为以后一连串从西方及北方来的侵略铺平了道路，从而在印度的西北部兴起了许多的小国，《弥兰陀王所问经》里的希腊人弥兰陀王，就是公元前2世纪中叶这样的一个君主。这些侵略带来了一种包含有希腊、波斯及其他因素的混合文化。

　　月支人也是这阵入侵浪潮中的一支，他们原本游牧于中国西部的敦煌、祁连山一带，到了公元前2世纪中叶，受到匈奴人的攻击，向西迁移，"过宛，西击大夏而臣之，遂都妫水（阿姆河）北，为王庭（《史记·大宛列传》）。"此后的发展，在《后汉书·西域传》里有一段简短的记载："迁于大夏，分其国休密、双靡、贵霜、肸顿、都密，凡五翕侯。后百余岁，贵霜翕侯丘就却攻灭四翕侯，自立为王，国号贵霜。侵安息、取高附地，又灭濮达、罽宾，悉有其国。"这就是贵霜帝国。贵霜帝国继续扩张，到了1世纪中叶，领土已包括有今日的阿富汗、巴基斯坦与印度西北地区。这个王朝最著名的君主就是迦腻色迦，他与大乘佛教的兴起有着密切的关系。这个帝国结束于3世纪，其崩溃的原因则含糊不清。

　　四、印度本土的笈多王朝兴起于320年，我们再度回到比较清楚的历史脉络中。这个王朝大致标志着现代印度教的开始，也是反对佛教的复古运动的开始。笈多王朝统治了几乎整个的北印度，一直到5世纪末才被厌哒人（匈奴人的一支）所推翻。北印度再度陷入混乱之中。

　　7世纪初，戒日王（606—647）经过多年的争战，重新建立了一个国家，大致可与笈多王朝的富贵和繁荣相媲美。唐代玄奘西行取经时，曾经访问过他的朝廷。不过，这个帝国在戒日王去世后即告崩溃。

五、从 650 年至 1000 年，印度分裂成许多独立王国，没有显著的中央权力存在，印度史上称之为拉吉普时期。

六、1000 年以后，伊斯兰教徒的侵略成为印度史上最重要的大事。他们以巴基斯坦及印度西北边境为基地，对印度本土发动一连串的攻击，在这些攻击行动中，北印度与中印度的王国几乎全部被摧毁，连带的当然还有无数的印度教与佛教的寺院和僧侣，印度教在此后的岁月中逐渐复苏，佛教则一蹶不振，从此自印度销声匿迹。

不过，即使是在这么艰困的环境中，南印度及孟加拉、奥利萨和拉吉普特一带仍顽强抵抗，这些地区的印度教徒一直到阿克巴时代都能够维持政治上的独立。

七、1526 年，莫卧儿帝国兴起，到了第三代君主阿克巴的统治时期（1556—1605），帝国声势达于极盛，几乎奄有印度全境。由于在宗教上采取容忍的政策，阿克巴及其后继的一两个君主得到其印度教臣民的敬服，这也是莫卧儿帝国在他之后还能维持近百年长治久安之局面的主要缘故。然而，与此同时，欧洲人的势力从 16 世纪开始，也已悄悄伸展至印度半岛，首先是葡萄牙人据有半岛南端的果阿，接着是法国人与英国人。等到 18 世纪初，莫卧儿帝国由盛转衰，欧洲人逐步掌控大局，最终则是整个印度半岛成为大不列颠帝国的属地，这已经进入印度史上最近代的阶段。

译名对照表

Abbe Raynal　雷纳神父

abhimukhi　现前地

abrāhmana　无祭司者

acalā　不动地

ācārya　阿阇梨，师傅

Acela-Kassapa　阿支罗迦叶

Acharanga-Sūtra　《阿迦朗迦经》

Açoka　阿育王

Adhvaryu　祭供者

adhyātma-vidyā　内明

Ādibuddha　本初佛

Ādi Granth　（锡克教）《根本圣典》

Aham Brahma asmi　我者梵也

Ahimsā　禁止杀生，杀生戒

Ahmadabad　阿玛达巴德

Ajenda Cave　阿京达佛窟

ajīva　无命

Ājivika　阿时缚迦派

Akbar　阿克巴

Aksobhya　阿閦

ālaya-vijñāna　阿赖耶识

Allahabad-Kausambi　阿拉哈巴—乔萨弥

Allmend　共有地

Altersklassen　年龄阶级

Alvar　阿尔瓦

Amatya　阿玛泰雅

Amitābha　阿弥陀

Amogha-siddhi　不空成就

Amritsar　阿穆利萨

Ānanda　阿难

anāgāmin　阿那含

anitya　无常性

Anomismus　无规范状态

Anstaltsgnade　制度恩宠

anustubh　阿鲁西图布

anuttarayoga-tantra　无上瑜伽怛特罗

aparigraha　离欲

Apparat　机器

Aquinas, Thomas　阿奎那

Āranyaka　《森林书》，《阿兰耶迦》

arca　恭敬

arcismati　焰慧地

arhat　阿罗汉，圣者

Arivar　苦行者

Arjan Mal　阿尔琼

Arjuna　有修

Arrian　阿里安

Arthaśāstra　《实利论》

arti maggiori　上层行会

arti minori　下阶层行会

arugah　扈从

Ārya　雅利安

Ārya Samāj　雅利安协会

assal　贵族

asteya　禁受非自愿的供物

aśvamedha　马祭

Ataraxie　不动心

Atharvaveda　《阿闼婆吠陀》

ātman　阿特曼，自我，本我

avadhi　自觉智，他界智

avatāra　权化

avidyā　无明

aviyabhicarin　不变的

Babur　巴布尔

Bādarāyana　跋多罗衍那

Badami　巴达密

Baden-Powell　巴登－鲍威尔

bahishkara　破门律

Baidya　拜迪雅

Baines　拜尼斯

Bakchylides　巴奇里底斯

Banhar　邦哈尔，祭司

Bankura　邦库拉

Basava　巴沙伐

Bazar　市场

Bazarhandwerk　市场工匠

Becker,C.H.　贝克

Benares　波罗奈，贝拿勒斯

Berserker　（北欧的）勇猛战士

Beruf　职业

Berufsstand　职业身份团体

Berufstreue　职业忠诚

Berufung　召唤

Besārh　毗萨尔

Bhagavad Gita　《薄伽梵歌》

Bhagavat　薄伽梵派

Bhakta　薄伽塔派

bhakti　信爱

Bhaniya　邦尼亚

Bhattācārya　巴达阿阇梨

bhava　有

bheda　挑拨离间

Bhrigu　波利怙

bhūmi　地，住处，住持

Bhūta-tathatā　真如

Bimbisara　频婆娑罗

birt　地权确认

Bkra-śis lhun-po　札什伦布寺

Blunt　布兰特

Blutbann　流血禁制权

bodhi　开悟

bodhicitta　菩提心

Bodhidharma　菩提达摩

Bodhisattva　菩萨，救赎者

Bopp, F.　伯普

Bouglé　布格列

Brāhma Samāj　梵教会

Brāhmana　《梵书》

Brahma　梵天

Brahmacārin　梵行期，见习僧

Brahmacarya　贞洁

Brahman　祈祷者，婆罗门

Brahmanismus　婆罗门教

Bühler　必勒

bull of Apis　阿庇斯圣牛

Bürgermeister　市长

Bürgertum　市民阶层

Burnouf, E.　布诺夫

çaçvata dharma　永恒的法

cakravartirājan　转轮圣王

Calcutta　加尔各答

capitano del popolo　人民首长

Caraka-Samhitā　《恰拉卡本集》

Cārvāka　迦尔瓦卡

caryā　行为，遮梨夜

caryā-tantra　行怛特罗

Castri　法典解说者

certitudo salutis　救赎确证

Certosa　塞脱萨

Cervantes　塞万提斯

Chaitanya　柴坦尼雅

Chalukya　恰罗怯雅

Chanaukya, Chanakya　旃纳基亚

chanda　欲

Chandala　旃荼罗，羌达拉

Chandragupta　旃陀罗笈多

Chola-Reich　逑拉王国

cikitsā-vidyā　医方明

Cincinnatus　辛辛纳佗

Citeaux　西妥

Clan　氏族

Cluny　克鲁尼

coge intrare　强制加入

Cologne　科隆

compelle intrare　强制加入

conjurationes　誓约共同体

Consilia evangelica　福音的劝告

Coomaraswamy　库马拉斯瓦米

Count of the Palatinate　巴拉底奈特伯爵

curah　英雄

Dahlmann, S.J.　达曼

daikwan　代官

dakshinā　衬，赠礼

daksinā　布施

dāna　布施，贿赂

danda　出兵讨伐

Dandin　当定

Darbar Sāhib　（锡克教本山）黄金寺

darśa-māsa　新月祭

daramgamā　远行地

Daśāhārā　达舍诃剌

Dasyu　大斯尤

Dayānanda Sarasvati　戴雅南达沙热斯婆地

decuriones　市议员

Demiurg　造物主，狄米尔格

Democritus　德谟克里特

Deputatleute　实物给付雇工

Derwisch　得未使，伊斯兰教的苦行僧

Deus ex machina　机器降神

Deussen,P.　多伊森

Deva　神

deva-loka　天，提婆

Devadatta　提婆达多，调达

devayana　天道

dhāranī　真言，陀罗尼

Dharma　法

dharma kāya　法身

Dharma Mahāmatra　正法官

Dharma-Sūtra　《法经》

Dharma-rāja　法王

dharmameghā　法云地

Dienstland　服务领地

Digambara　天衣派

Dilthey,W.　狄尔泰

Dinggenosse　司法集会人

Diocletian　戴克里先

Diodorus　迪奥多罗斯

Directeur de l'âme　精神指导者，灵魂司牧者

Draupadi　德珞帕娣

Dravidas　德拉威人

Duff,Grant　杜夫

Duke of Saxony　萨克森公爵

Dumont,Louis　杜蒙

Durgā　杜迦

Dvaitavādin　二元论派

Dvapara　德瓦帕拉

ecclesia pura　纯粹信徒团

echtes Ding　司法集会

Ehekartell　婚姻联盟

Eigengesetzlichkeit　固有法则性

eleusinische Mysterien　谷神祭典

Elizabeth of Hungary,Saint　圣伊丽莎白

Empedokles　恩培多克立斯

Epiphanien　道成肉身

ergasteria　作坊

Eteobutadae　埃提欧布塔德

ex opere operato　因其作为

extra ecclesiam nulla salus　教会之外无救赎

Faraday　法拉第

Felonie　违反封建义务

Fichte,J.G.　费希特

Fick,R.　费克

fides explicita　信仰之宣示

fides implicita　信仰之默示

Fontenoy　丰特努瓦

Franz Xavier　圣芳济·沙勿略

Fürstentum　君侯制

Gait　盖特

Gandak　干达克河

Gandhāra　乾陀罗，健驮逻，犍陀罗

Gandharewa 乾闼列瓦

Gandharva 乾闼婆

Ganeśa 智慧学问之神

Garbe 盖伯

Garuda 金翅鸟迦楼罗

Gastvolk 客族

Gautama 乔答摩

Gautama Buddha 瞿昙佛陀

Gavāmayana 迦凡阿雅纳

gāyatrī 家耶特利

Geburtsreligion 血族宗教

Geburtsstand 血族身份团体

Geldner 葛德纳

Gemeinde 教团

Gentilcharisma 氏族卡理斯玛

Ghetto （犹太人的）聚居

Gilde 商人行会

Gitagovinda 《戈文达之歌》

Gladstone 葛莱斯顿

Glaubenswahrheit 信仰真理

Gnadenanstalt 恩宠机构

Gnosis 灵知

Gnosticism 诺斯提教派

gnostiker 灵知者

Gokulanātha 哥古拉萨

Golden Bull 金皮书

Gopī 戈比

Gosāīn 法师

Govind Singh 哥宾德辛格

Govinda 戈文达

gratia cooperativa 合作的恩宠

gratia irresistibilis 不可避免的恩宠

Gregory VII 教宗格雷戈里七世

grhastha 在家者，家长，家住期

Grihya-Sūtra 《家庭经》

Großmoghul 莫卧儿

Grundherr 庄园领主

guhyā ādeśāh 秘密教义

Gujarat 古加拉特

guna 功德

Guru 导师

Guttmann, J. 古德曼

Hagiolatrie 圣徒崇拜

Hanover 汉诺威

Hardwar 哈德瓦

Harsha of Kanauj 戒日王

hatha Yoga 哈塔瑜伽

Helotenhandwerk 隶属民工匠

Henotheismus 单一神教

Herakleitos 赫拉克利特

Herrenfall 封君死亡

hetu-vidyā 因明

Hierurgie 圣仪学

himsā 杀生

Hinduismus 印度教

hinter-weltliches Reich 隐于俗世背后的国度

ho gnostikos 智者

Hohenstaufen 霍恩斯道芬

ho pneumatikos 灵人

ho psukhikos 心灵人

ho sōmatikos 肉体人

Hopkins,W.　霍普金斯

Hotar　劝请者

Huysmans　修斯曼斯

hyliker　唯物者

Hyper-gamie　上嫁婚

Ignatius　伊格那修

Imperial Gazeteer　《印度地名辞典》

in jus vocatio　传唤法

Inatriputra　伊那特里普特拉

Incognito　偷生微行

Indra　因陀罗

Inkarnationsapotheose　化身神化说

inkyo　隐居

Instleute　实物给付雇工

Intellektuellensoteriologie　主智主义救世论

īśvara　支配者

Īśvarakrishna　伊湿伐罗克里什那

jagatī　第耶嘉提

Jagirdar　查吉达

Jaimini　耆米尼

jajmani　主顾关系

Jalalabad　迦拉拉巴

Jalasa-bhesaja　治疗者

janapad　乡民

Jangama-linga　携带用灵根

Janus　门神

Jataka　《本生经》

Jina　胜利者

Jinismus　耆那教

jīva　命

jivanmukti　生前解脱

jñāna-yoga　正知，智瑜伽

jñānakānda　智品

Jumna　朱木那河

Jyaistha　逝瑟吒月

Kabinettsjustiz　王室裁判

kachcha　水煮的食物，卡恰

Kadi　卡地

Kalaçoka　黑阿育王

Kali　卡利

Kalinga　羯陵迦

Kalpa-Sūtra　《劫波经》

kāma　爱欲

Kambojas　柬波迦人

Kammalar　卡玛拉

Kanāda　羯那陀

Kanauji　卡娜齐，羯若鞠兰

Kanawsa　迦纳瓦沙

Kaniska　迦腻色迦

Kapilavastu　迦毗罗卫国

Kapila　迦毗罗

Kaplanokratie　助理司祭

Karma　业报

karma-sthāna　业处

karma-yoga　正行，业瑜伽

karmakānda　业品

Kartell　卡特尔

karunā　慈悲

Kasbah　军营

Maharastra　马哈拉施特拉邦

Mahāratha　摩诃剌侘

Mahāsanghika　大众部

Mahāsena　（锡兰）摩诃斯那

Mahāvira　大勇

Maheśvara　摩醯首罗，大自在天，湿婆

Mahinda　玛兴达，摩哂陀

Mahratten-Peschwas　摩诃剌侘·波斯瓦

mahta　代理人

Maidari Hutuktu　麦达理呼图克图

Mainz　美因兹

Maitrāyana　《美特罗耶那奥义书》

Maitreya　弥勒

maitri　慈悲

majha　王田

major domo　宫宰

Malabar　玛拉巴

Malukya　摩罗迦

Malwa　摩尔瓦

manahparyāya　慧智，他心智

Mānava-Dharma-Sūtra　《摩奴法经》

Männerbund　男子联盟

Männerhaus　男子集会所

mantra　曼陀罗，真言

mantrayāna　真言乘

Manu　摩奴

Manu-Smrti　《摩奴法典》

mārga　道，救赎目标

Margrave of Brandenburg　布兰登堡侯爵

Marktflecken　市镇

Marktherrn　行会长老，市场有力人士

Maruts　马尔殊众神

maschiach　弥赛亚

Maskari Gośāliputra　末伽梨拘舍梨子

mata　教义

Math　修道院

Mathenat　僧院院长

Mathurā　秣菟罗，摩头罗

mati　思智

Maurya　孔雀王朝

Max Müller　缪勒

Maya　摩耶夫人

māyā　幻象

Megasthenes　麦加斯梯尼

Melier　迈利尔人

Memphis　孟斐斯

mercanzia　商人团体

Meyer,Ed.　迈尔

Miβehe　非正婚

midzunomi　喝水者

Milinda　弥兰陀王

Mimāmsā　弥曼差派

Ministeriale　家士

mirasi　出身权

Missionsreligion　布教的宗教

Mithra　米多拉

Mleccha　弥戾车，蛮人

Monotheismus　单神崇拜

Montanus　孟塔奴斯

Moshuah　（以色列的）摩修亚

mouza　市场

Mudeka　《穆达卡奥义书》

Pārśvanātha 巴湿伐那陀

Pārvati 帕瓦蒂

Pāśupata 兽主派

Paśupati 兽主

Patañjali 巴丹阇梨

Patel 村长

Patitasāvitrīkā 失权者

Patna 巴特那，华氏城

paura 市民

paurna-māsa 满月祭

Peace of Westphalia 《威斯特法利亚条约》

Peschwa 波斯瓦

Peshawar 白夏瓦

Pfründe 俸禄

Phratrie 氏族

Phratrieverband 氏族团体

Pisang 农民

Pisano 皮萨诺

Pischel 皮歇尔

Pitr 父祖

pitryana 祖道

Pius X 庇护十世

pizza del campo 比武，竞技场

Platon Karatajew 普拉东·卡拉塔耶夫

Pocahontas 波卡洪塔斯

popolo grasso 富裕市民

posadha 布萨

Prädestination 预定

prabhākarī 发光地

Prabhu 普拉布

Prajāpati 生主

prajñā 智慧

prajñā-pāramitā 般若波罗蜜，到达彼岸的
    智慧

prakriti 自性

pramudita 欢喜地

prasāda 恩宠，信仰

pratimoksa 戒律，波罗提木叉

Pratyeka-Buddha 缘觉

pravrajyā 出家

Preta-rāja 死者之王

Pulakesin 补罗稽舍

pura 要塞

Purāna 《富兰那书》

purohita 帝师，宫廷婆罗门，宫廷祭司

puruabhishaka 圣轮

purusha 神我

Purusha Sukta 《原人歌》

Quaker 贵格派

Qui trompe-t-on 我们现在让谁上钩

Rādhā 娜达

Rāma 罗摩

Rāmānanda 罗摩难德

Rāmānuja 罗摩拏遮

Rāmāyana 《罗摩衍那》

Rām Dās 拉姆达斯

Rām Mohan Roy 蓝姆汉罗伊

Rāja 氏族长

rajas 激质

Rajbansi 拉吉旁西

Rajput　拉吉普

Rajputana　拉吉普拉那

Ratna-sambhava　宝生

Rausch-Orgie　陶醉狂迷

Rechtsfindung　法发现

Rechtsweisen　律例的宣示，判决提案

religiöses Virtuosentum　宗教达人

Rentner　坐食者

Rgyal-ba-rim-po-che　噶巴仁波切

Rhys Davids　戴维斯

Rigveda　《梨俱吠陀》

Rishi　仙人

Risley　李士莱

rita　天则

robe courte　短袍

robe longue　长袍

Robert　罗伯特

roi fainéant　怠惰的王

Rückert　里克特

Rudra　鲁特罗

Rupnath　罗钵娜

Sabbakāmin　一切去

śabda-vidyā　声明

sabhā　集会，萨巴

sādhu　修道僧

sādhumati　善慧地

sādhya　化

Śaiśunāga　西苏纳加

sakama　带有利害关心

sakrd-āgāmin　斯陀含

Śākta　性力派

śakti　性力

Salian　撒利安

salokya　在神的世界里

samādhi　三昧

Samāvartana　归家礼

Samaveda　《娑摩吠陀》

sambhoga kāya　报身

samgha　僧伽

samgīti　合诵，结集

Samhitā　《吠陀本集》

samipya　靠近神

Sāmkhya　僧佉，数论派

Sāmkhya-Kārikā　《僧佉颂》

sammā-sambuddha　三藐三佛陀，正等觉者

samnyāsin　游方僧

sāmrn　甜言蜜语

Samsāra　灵魂轮回信仰

samsad　集坐

Sanchi　馨溪

Śankara　商羯罗

Sankeshwar　桑喀什瓦

Sannyāsin　遁世期

Sar panch　种姓首长

Saranyu　娑郎尤

Sarasvati　萨拉斯瓦蒂

sarupya　化身为神

Śarva　杀者

Sarvāsti-vāda　说一切有部

Sakya　萨迦寺

Śāśvata　常住

Śatarūpā 舍多噜波

satpadārtha 六句义

Satśūdra "洁净的"首陀罗

sattva 有情，众生，纯质

sayujya 灵魂与宇宙全一者合一

Schelling,W.J.V. 薛林

Schmidt,Richard 施密特

Schmoller,Gustav 史摩勒

Schröder,V. 施罗德

Schreschthi 行会长老，富裕商人

Schri Śankarācārya 商羯罗阿阇梨

Schurtz,Heinrich 舒兹

Schwertschlag 臣服礼

Sekte 教派

Sekten-Kaste 教派种姓

Selbstvergottung 自我神格化

Seligkeit 禅悦

Sena 仙纳

Senart 塞纳

shaman 萨满

siddhi 悉地，成就

Siena 西耶那

Siggava 悉伽婆

Sikh 锡克教徒

Śilāditya 戒日王，尸罗阿迭多

Śilpa Castra 《工作论》

Śilpasthāna-vidyā 工巧明

śima 布萨界，四摩

Sindh 辛德

Sippe 血族

śishya 弟子

Śiva 湿婆

Sivagana 湿婆迦纳

skandha 蕴

Smārta 史曼尔塔派

Smriti,Smrti 圣传文学，圣传

Society of Friends 教友派

Soma-Opfer 神酒献祭

sopadhiśesa-nirvāna 有余涅槃

śrāddha 祖先祭

śramana 沙门

Srauta-Sūtra 《天启经》

śrāvaka 声闻弟子

Śrāvasti 舍卫城

Śringeri 斯陵吉里

srota-āpanna 须陀洹

śruta 闻智

śruti 天启

Stamm 部族

Stammeshandwerk 部族工匠

Stand 身份团体，身份

Starjez Ssossima 史塔列兹·曹西玛

Steinen 斯坦恩

sthāvara-linga 寺庙灵根

Strabo 斯特拉波

stūpa 佛塔

Sudas 苏达斯

Śūdra 首陀罗

sudurjayā 难胜地

Sūfī （伊斯兰教）苏非派

Sukhāvati 极乐

sūnrta 禁不实

śūŚnya 空

Sūrya 太阳神

Svāmi Nārayana 湿瓦米·那拿耶那

Svat 苏伐多河

Svayambhava 斯婆阇菩婆

Śvetāmbara 白衣派

Śvetaketu 休外他凯都

Sybaris 西巴利斯

Synodalordnungen 最高宗教会议

Ta Indika 《印度记》

Tarai 塔拉伊

Takshaśilā 呾叉始罗

Talukdari 土地领主

tamas 翳质

Tamil 坦米尔

tantra 怛特罗

Tapas 苦行，多波尸

Tarkavadins 怀疑派

tat tvam asi 此即尔也

Tatenfremdheit 漠然于行动

Tathāgata 如来，救世者

Tempelprostitution 神殿卖淫

Territorialwirtschaft 领域经济

Tertiarier 第三教团

thakur 封建领主

Thammaraja Luthai （暹罗）立泰王

The Sacred Books of the East 《东方圣书》

Theophratrien 信仰共同体

Tilorakot 提罗拉寇特

Timur 帖木儿

Tirthankara 悌尔旃卡拉

Tosali 杜啥离

Totem 图腾

trayah kāyāh 三身

Trent 特伦特

Treta 特列塔

Treves 托来弗

tristubh 特利西陀布

Troeltsch,Ernst 特洛尔区

Tryambaka 三母

Tschandala 羌达拉

Tson-kha-pa 宗喀巴

Tulukdar 吐鲁达

Tusita 兜率天

Udas 乌达斯，手工业者

Uddalaka 乌达拿克

Uddiyāna 乌场

Udgatar 咏歌者

Ugradeva 荒神

ūha 理性深思

Ujayana 优禅尼国，邬阇衍那

Ulūka 优楼佉

Ulavar 乌拉瓦

Umstand 见证人

Unpersönlichkeit 非个人性

Unsachlichkeit 非切事性

upādhi 物质化

upadhi-samniśrita 物依止，执着

upādhyāya 和尚

Upāli 优婆离

upāyav 策略，方便，义务

Upanayana 入法礼

Upanisadv 《奥义书》，近坐，侍坐

Upapurāna 续富兰那

uparaya 副王

upāsaka 优婆塞

uposathāgāra 布萨堂，说戒堂

Urga 库伦

Urteilsfinder 判决发现人，审判人

Urteilsfrage 判决质问

Urteilsschelte 判决非难

Urteilsvorschlag 判决提案

Vagrakhedika 《金刚般若经》

Vaiśāli 毗舍离

Vaiśeshika 胜论派

Vaiśeshika-Sūtra 《胜论经》

Vaiśya 吠舍

Vaibhāsā 毗婆沙师

Vaikhānasa 掘根者

Vairocana 毗卢遮那

Vallabhācārya 瓦拉巴阿阇梨派

Vallabha 瓦拉巴

Vallala Sena 瓦拉拉仙纳

Vānaprastha 林栖期

Vanik 商人

varna 颜色

Varuna 婆楼那

Vasischtha 婆薮仙人，婆私吒

Vasubandhu 世亲

Vasudeva 婆薮天

Vedānga 吠陀六支分

Vedānta 吠檀多派

Vellalar 委拉拉

Veralltäglichung 日常化

Verbrüderung 兄弟爱

Vergesellschaftung der Krieger 战士组合

Verwehen 入灭

vihāra 僧房

vimalā 离垢地

vimoksa 解脱

vinaya 毗奈耶，律藏

virāga 离染

Visnu 毗湿奴

Viśvakarma 毗首羯磨，工艺之神

Viśvamithra 毗湿瓦米多拉

Viśvedevāh 维须外瓦哈

Vitthalnātha 维他那萨

Vivanhvant 威梵哈梵特

Vivasvat 日神，毗瓦什瓦特

Vrātya 浮浪者

Vritra 乌里特那，龙

Vyāsa 广博仙人，毗耶娑

Wasserherr 水主

Watan-Land 职田

Weltepochentheorie 世界时阶理论

Werkheiligkeit 善业往生

William Penn 威廉·潘

Willkür bricht Landrecht 自由裁量高于一
般法

Wilson,H.H. 威尔森

索 引